国家社会科学基金项目·管理学系列丛书

公共项目公私合作机制研究

——基于西部城市 PPP 项目实践

叶晓甦　著

科学出版社

北　京

内 容 简 介

本书从我国全力推行的公共项目公私合作（PPP）模式的改革历程出发，通过对国内外PPP研究理论与实践案例的梳理，基于政府与社会资本投资人合作构筑的伙伴关系理论展开分析，以此形成PPP模式命运共同体运行机制。全书围绕构建我国政府与社会资本投资者合作伙伴机制的基本出发点，运用规范与实证研究方法深入分析我国公私合作伙伴关系的关键因素，对比分析国外物有所值（3E）和中国的物有所值（3E+P）嵌入在伙伴关系里的价值结构和价值导向的本质、特征和组成，并基于伙伴关系系统，构建我国PPP伙伴关系下的价值机理、治理机制、监管机制和政府伙伴创新路径。最后以我国西部地区PPP的理论与实践为背景，构建PPP伙伴关系的理论与实践机制。

本书对于研究我国PPP创新命运共同体、PPP价值管理、PPP可持续发展等方向的研究学者和实践专家有一定的参考价值，亦可供政府及政府部门管理人员、高等学校相关专业师生参考阅读。

图书在版编目(CIP)数据

公共项目公私合作机制研究：基于西部城市PPP项目实践/叶晓甦著.
—北京：科学出版社，2019.1
ISBN 978-7-03-057417-6

Ⅰ.①公…　Ⅱ.①叶…　Ⅲ.①公共管理–项目管理–研究　Ⅳ.①F062.4

中国版本图书馆CIP数据核字（2018）第103698号

责任编辑：罗　莉　陈　杰／责任校对：彭　映
责任印制：罗　科／封面设计：墨创文化

科学出版社 出版
北京东黄城根北街16号
邮政编码：100717
http://www.sciencep.com

成都锦瑞印刷有限责任公司 印刷
科学出版社发行　各地新华书店经销

*

2019年1月第　一　版　　　开本：787×1092 1/16
2019年1月第一次印刷　　　印张：17 3/4
字数：420千字

定价：135.00元
（如有印装质量问题，我社负责调换）

前　言

　　中国特色社会主义建设已经进入新时代,促进中国特色的公共项目公私合作(PPP)事业可持续发展是满足人民日益增长的美好生活需要的新思想,是构筑政府与企业合作命运共同体的新目标,是开创政府与企业合作伙伴关系管理的新机制,是开启 PPP项目高质量建设与管理的新征程。

　　本课题的概念是政府与私人投资人合作,为提供公共产品或服务而建立的项目全生命周期合作伙伴关系,即政府和企业合作提供公共项目的命运共同体。本书中的"私人投资人"并非是私有制概念,而是我国混合所有制下的各类"企业"。PPP 机制基于公共项目公私伙伴关系价值导向,政府与社会投资人嵌入在公共产品/服务全过程运行中,是伙伴利益关系、伙伴契约关系、伙伴产权关系和伙伴监管关系的共同体,通过政府与企业最优资源配置的治理结构从而获得预期最佳回报的目标、观念和行为运行规则。在合作伙伴机制的维系与保障下,政府与企业投资人依据"3E+P"原则,发挥各自的优势,共同创造价值,更有效地为人民提供实现美好生活愿望的公共产品及服务。

　　本书作者于 1995 年开始从事我国的 PPP 项目探索,基于对西部地区 PPP 机制的伙伴关系本质的认识,在系统分析国内外公共资源领域公私合作伙伴机制的相关文献、了解最新的公私合作的相关理论和研究方法,特别是在国内外实践经验与教训的基础上,本书围绕构建我国政府与社会资本投资者合作长效机制这一基本点,运用实证研究方法深入分析公私合作关键因素,以重庆市不同发展阶段 PPP 项目为典型案例,系统总结 PPP 项目运行中伙伴关系和运行机制的经验及教训,借鉴英国和我国香港地区的 PPP 运行机制、治理机制和健康发展的伙伴关系的经验,梳理公私合作伙伴关系的本质、影响因素及作用路径,阐述"3E+P"嵌入在伙伴关系里的伙伴价值导向概念,描述相对系统的 PPP 市场准入与退出、定价与协调、特许期内的激励与约束等理论分析思路框架。特别是针对我国PPP 案例的伙伴机理、运行方式和组织结构形式及相互关系进行设计与思考。本书在经济学、管理学、工程学和公共管理学等多学科、多视角整合的基础上,通过定性与定量、实证研究与规范研究相结合的方法,结合中国全国及西部地区 PPP 项目实际情况开展深入的研究和探讨。在此基础上,通过全面了解和把握中国 PPP 开展的现状、存在的问题及主要影响因素,立足于中国混合经济体制的基本特征,系统地构思 PPP 中政府的治理能力和治理机制,通过构建公私伙伴运行机制,加强政府伙伴监管能力、提升政府协调能力和政府协同能力,形成伙伴型政府行政监管、社会监督和公众参与监督的合力,从而提出确保伙伴关系在运行过程中健康发展的多方面政策建议。

　　本书厘清并界定 PPP 伙伴关系和 PPP 机制的基本概念及特征,分析 PPP 项目的公共性、同体性和经济特性，梳理、归纳 PPP 研究的主要理论依据，并加以有效应用；探索 PPP 伙伴关系下的政府与企业合作伙伴关系机理，提出我国 PPP 合作伙伴机制理论基础是"3E+P"原则，构筑公共项目政府与企业合作伙伴的准入与退出机制、定价与协调机制和激励与风险机制，并基于政府伙伴治理视角，探索伙伴型政府治理结构和治理机制，特别构筑 PPP 伙伴关系模式化的政府监管机制。在此基础上，提出构建我国省(自治区、直辖市)政府的"政府与社会资本合作伙伴关系基本指南"和"政府与社会资本投资人合作 PPP 项目具体指南"及"政府与社会资本合作应用指南"等理论思考，为 PPP 伙伴关系的可持续发展提供可供参考的决策依据。

事实上，我国 PPP 模式仍处于起步阶段，相关论文、书籍和研讨会文集几乎都是基于经济学、管理学等理论。PPP 实践中政府始终都是关键要素，其研究的理论基础是经济学、管理学、工程学和公共管理学。另外，政府的投资活动与 PPP 产生的动因存在必然联系。仅仅研究政府与社会投资者合作的关系与属性、过程与后果、政府意愿的持久性与有效性，以及政府植根于公共资源管制的灵活性是不足的，应该拓宽其研究内容。

基于这样的判断，本书以 PPP 伙伴关系价值研究为导向，从多学科、多视角探索 PPP 伙伴机制，逻辑思路清晰，形成了"伙伴关系—伙伴价值—伙伴机制和伙伴治理"的理论研究线路，从而确定了公共部门与私人部门合作伙伴机制的本质。

目　　录

第一章 导 论

公共项目公私合作(public-private partnerships，PPP)机制是政府公共部门投资治理体系中重要的组成部分，通过集成市场配置资源和政府配置资源"两只手"来优化公共项目或服务供给方式。它既能有效地提供公共产品或服务、实现公共利益最大化目标，又能转变传统政府公共产品供给的价值观念、公共资源配置方式和公共项目管理模式；更为重要的是能促进政府创新公共投融资模式，创新公共投融资公平与效率的市场机制，为我国公共产品或服务供给方式的政策选择提供科学与实用的制度化保证。

本书在深化我国社会主义市场经济体制改革的背景下，基于经济学、管理学、工程学和公共管理学等理论，重点研究 PPP 机制的内在构成要素、要素互动关系及其运行规律。针对西部城市公共项目政府供给方式存在的问题，以构筑公共项目公私合作伙伴关系为理论基础，探析政府和企业、市场和公众与公共项目之间交互关系的逻辑脉络，分析公共项目公私合作伙伴关系基点、伙伴价值表现形态、组织结构和伙伴关系运行机理，构建我国公私合作伙伴的运行机制。基于此，本章内容主要梳理课题研究背景和学术背景，分析课题研究对象和研究范围，概括研究问题、研究意义、研究内容、研究思路和研究方法。

第一节 研 究 背 景

一、我国公共项目投融资机制改革路径

自改革开放以来，随着我国社会主义市场经济体制的逐步建立，政府的财政管理逐步进入以财政管理改革为重点的新阶段(朱志刚，2003)。2004 年发布的《国务院关于投资体制改革的决定》突破了我国长期以来公共项目投资领域高度垄断的体制，形成了投资主体多元化、资金来源多渠道、投资方式多样化、建设模式市场化的新局面，促进了国民经济持续快速发展(陈元生，2004)，标志着市场经济环境下的公共投资体制逐步形成(沙冶慧，2004)。在学术研究方面，我国学术界从公共投资资源配置的科学性、投资决策有效性和投资绩效评价实用性等理论基础的研究，逐步转向研究公共投资政府与市场关系、公私合作伙伴关系及公私合作运行机制；重点探索政府与社会资本投资者合作关系的理论基础、管理方法和政企合作的风险分担、收益分配的运行机制，重构政府在公私合作中的监管功能以及保障政策，以求实现公共投资最优化的价值目标。

中国投融资体制改革三十多年来，在公共项目投融资体制改革领域没有先例可循，改革所涉及的不仅是投资规模、效益与决策问题，还与国家投资管理体制、财税体制、金融体制和市场体制等密切相关。因而，公共项目投融资体制改革是"顶层设计与摸着石头过河"地不断推进，其改革长期徘徊于政府与市场关系的探索与推进中。主要包括三个阶段，见表1-1。

表1-1 我国基础设施领域投融资发展阶段

阶段	时间	背景	特征	代表项目	关注
尝试阶段	20 世纪 80 年代中期至 1993 年	①改革开放，基础设施领域尝试引入外资；②发达国家如英国的BOT模式，通过香港引入内地	①国务院批准的经济特区城市和沿海省会城市；②投资人发起；③通过定向谈判	深圳沙角 B 电厂BOT 项目；广州白天鹅饭店；北京国际饭店等	建设合同；运营期限；移交关系；产权边界不清晰；个案为主
	1994～2002 年	①1992 年十四大确立建设市场经济体制目标；②1993 年国务院提出投融资体制改革，包括试行BOT模式	①政府（包括中央和地方）鼓励、试点；②一些政策、法规、指导意见相继出台；③项目以 BOT 为主；④PPP模式案例引入	广西来宾 B 电厂BOT 项目；北京第十水厂 BOT 项目；重庆中法水务项目等	BOT 项目系统研究；项目风险研究；政策研究。主要政府重点项目
探索阶段	2003～2008 年	①十六大提出市场配置资源的基础性作用；②建设部出台一系列公共事业市场化相关文件	①省市推出BOT\BT\PPP项目；②PPP 正式试行；③基础设施领域市场化改革引起争议	国家体育场 PPP 项目；北京地铁四号线项目；重庆同兴垃圾发电 BOT 项目等	①第一个 PPP 项目；②公私合作概念；③国有融资平台出现
	2009～2013 年	①国际金融危机；②政府为应对国际金融危机实施"一揽子计划"；③银行信贷放宽，项目融资容易；④国企参与地方基础设施建设	①PPP 环境受到破坏；②国家开始重视民营资本；③国有资本占公共项目主角；④PPP 竞争力不足	重庆市率先推出"八大投资平台模式"，西部各省、自治区政府融资平台模式	出现了"玻璃门""弹簧门"等民营资本准入难的现象
砥砺阶段	2014 年至今	①十八大提出市场配置资源决定性作用和更好地发挥政府作用；②地方政府债务问题，土地财政问题；③政府主导 PPP 推进；④十九大提出中国特色社会主义新时代，砥砺创新PPP 命运共同体	①提出"政府与社会资本合作"概念；②国务院政策顶层设计；③发展和改革委员会、财政部全面提出实施PPP模式意见；④PPP 指标创新、绩效评价、命运共同体	国务院试点 80 个项目；财政部公布 30 个示范项目等；重庆市 PPP 项目 20 个，达 2000 多亿元。2017 年底 PPP 项目达 1.4 万个，金额 18.2万亿元	①国企混合所有制改革；②多类型的 PPP 项目；③政府全面规范PPP 操作；④政府和社会开展 PPP培训；⑤落地项目2388 个，金额 4.1万亿元

注：根据课题组研究成果和国家有关历史文件资料整理。

进入 21 世纪初期的探索阶段，面对全球金融危机的严重影响，我国政府采取了积极的财政政策、适度宽松的货币政策和扩大内需的经济政策。依据《国家统计年鉴》2003～2009年数据，我国国家财政投资率分别为 41.0%、43.2%、42.6%、41.5%、41.7%、41.6%和 43.8%。2006 年当年新增国内生产总值有 90%以上转化为固定资产投资(郭有群，2007)。2008 年，国务院提出新增 4 万亿元的投资计划，其中基础设施投资占 45%(《中国建设年鉴》编委会，2009)。"十一五"期间城市公用设施固定资产投资年均 7548 亿元，中国建设行业生产总值年平均保持在 2 万亿元左右，政府公共投资保持在年均 4000 亿元左右，中国经济增长仍是固定资产投资拉动型增长方式(傅强等，2006)。由此可见，政府公共投资无论是在社会经济增长、缩小地方经济差距方面，还是在增进社会福利等方面都做出了显著贡献。

公共项目投资领域未能突破传统公共项目投资管理体制与运行机制束缚，主要原因是：

第一，城镇基础设施建设投资资金总量严重不足。主要表现在，由于城镇基础设施欠账太多、政府投资干预过深、投融资渠道单一和政府财力有限等，造成对城镇人民生活需求长期的、全局性的、根本性的和增长性的基础设施投资总体不足，建设和运营管理绩效低，特别是政府依赖国有资本参与城市基础设施投资建设，导致基础设施投资结构严重不合理，助长了各级地方政府的"土地财政"债务和政府融资平台膨胀、投资决策冲动和投资效益不足，增大了地方政府债务风险。同时政府投资与国有资本强势垄断基础设施领域，从而对民营资本、国际资本和个人资本产生挤出效应，地方经济投融资结构失衡。

第二，政府长期主导公共项目投资、建设和管理。公共项目投资主要基于政府干预经济目标，导致过分追求政绩项目、政绩融资、政绩工程，公共资源领域市场配置功能严重弱化，引发公共项目投资的"三超"工程、"三边"工程、"烂尾"工程和"豆腐渣"工程等混乱现象，甚至导致相关政府部门的官员贪污腐败等违法事件频发，损坏了社会主义市场经济基本运行机制。

党的十八大以来，以习近平同志为核心的党中央提出"使市场在资源配置中起决定性作用和更好发挥政府作用"。我国实施的公共项目投融资 PPP 模式投融资"供给侧"改革，体现了新一轮全系统、深层次、根本性的改革突破，取得了全方位、开创性的历史成就。从 2013 年 12 月至 2017 年 9 月 30 日，经过四年努力，我国 PPP 改革在法律、政策、指南、合同、标准等五个方面初步构成了"五位一体"的制度框架，逐步建成了一个全国统一的大市场，落地的 PPP 项目已经布局 19 个行业领域、54 个产业类型，政府入库 PPP 项目规模 14 220 个，金额 17.8 万亿元。其中已进入开发阶段的项目达 6778 个，总投资约 10.1 万亿元，已落地项目 2388 个，投资额约 4.1 万亿元。我国已成为全球规模最大、最具影响力的 PPP 市场[①]。

党的十九大以来，以习近平同志为核心的党中央开启了中国特色社会主义的新时代，提出了"新时代、新思想、新目标和新征程"，指出"我国社会主要矛盾已经转化为人民日益增长的美好生活需要和不平衡不充分的发展之间的矛盾"。PPP 改革作为贯彻我国全面深化供给侧改革的一项具体方式，仍然存在着地区之间的不平衡、公共项目欠账的不平衡、市场供给的不平衡，更重要的是我国长期以来的公共项目投资与融资政府管理体制改革滞后现象，引发 PPP 模式在政府和社会投资人关系、运行机制，以及绩效评价机制和管理机制的研究理论与实践探索尚属不足。基于问题导向、创新导向和效率导向，政府及政府主要部门如何在公共服务领域统筹推进体制与机制创新，转变政府职能、建立科学的市场准入、鼓励竞争，释放市场动力，着力提高 PPP 公共服务的供给质量和效益，满足人民群众日益增长的多样化的美好生活需要，发挥市场在资源配置中的决定性作用和更好地发挥政府作用，推进 PPP 治理体系和治理能力现代化，促进 PPP 事业可持续前进，是一项重要的研究内容。因此，创新我国 PPP 伙伴机制，成为公共投融资体制可持续发展的前沿课题。

---

① 2017 年 9 月 30 日财政部 PPP 中心统计数据。

二、西部地区公共项目投融资机制改革

中国西部地区拥有丰富的自然资源,如表 1-2 所示。2000 年 10 月 26 日,国务院提出"把发挥市场机制作用同搞好宏观调控结合起来"[①],经过近 10 年(至 2007 年)的发展,西部地区社会经济与城市建设发生了很大变化,西部 12 省(自治区、直辖市)地区生产总值增幅平均超过 12%,固定资产投资年均增长 23.4%,比全国平均水平高出 1.9 个百分点;农业、交通、水利等基础设施投资从 1999 年的 20.39%提高到 2007 年的 28.36%;西部地区生产总值从 1999 年的 7.88%提高到 2007 年 13.94%;利用外资由 17.73 亿美元增加到 50.50 亿美元,年均增长 16.13%,远高于东部地区(10.16%)(魏后凯等,2009)。西部 10 年大开发战略实施,总体上国家财政投资政策从"九五"时期的"扶贫输血"机制,向"十五"和"十一五"时期的"投资造血"持续发展转变(表 1-3),促进了西部地区国民经济持续发展。

表 1-2　西部地区资源占全国比重比较

指标	全国总计	东部地区		中部地区		西部地区		东北地区	
		绝对数	占全国比重/%	绝对数	占全国比重/%	绝对数	占全国比重/%	绝对数	占全国比重/%
土地面积/万千米²	960	91.6	9.5	102.8	10.7	686.7	71.5	78.8	8.2
财政收入/万亿元	6.90	3.68	53.30	1.20	17.40	1.45	20.90	0.58	8.40
财政支出/万亿元	11.97	4.74	39.60	2.55	21.30	3.56	29.70	11.31	9.40

注:资料来源于 2014 年中国统计年鉴。

表 1-3　西部大开发主要经济指标

年份	西部地区				东部地区			
	GDP增速/%	GDP占全国比重/%	工业增加值/%	人均GDP/元	GDP增速/%	GDP占全国比重/%	工业增加值/%	人均GDP/元
1999	7.88	18.71	14.7	4 123	9.74	60.46	59.1	10 032
2007	13.94	19.24	16.85	13 634	14.16	65.71	71.14	34 882

注:资料来源于 2000~2007 年中国统计年鉴和地方统计年鉴。

西部地区基础设施建设投资主要通过预算内资金、财政转移支付、国债资金投入和减免税收优惠等,以公共财政策略诱发市场乘数效应。2002 年,重庆市率先在西部地区探索基础设施领域政府投融资模式改革,组建市场化企业集团,成立"八大国有投资集团(简

---

① 参见:国务院《关于实施西部大开发若干政策措施的通知》(国发〔2000〕33 号)。

称八大投)"①，到 2007 年底，"八大投"在五年间共实现投资金额 1400 亿元，融资金额 1700 亿元。此外，还在大型基础设施上开创了西部多个特许经营方式，如重庆市江津立交至綦江区城南路段等四条高速公路项目 BOT(build-operate-transfer，建设-运营-移交)融资模式、重庆市中法供水 BOT 项目融资模式、公共交通市场化运营模式和"牛角沱长江大桥"BT(build-transfer，建设-移交)融资方式等。2009 年 2 月 18 日，在财政部、世界银行和重庆市人民政府联合举办的"城市基础设施建设投融资研讨会"上，与会专家肯定了重庆"八大集团"模式的积极意义②。2005 年，在国务院(国发〔2005〕3 号)③的指导下，西部地区各省(自治区、直辖市)政府也制定了"鼓励非公有制企业参与基础设施等领域，公共领域引入竞争机制和投资主体多元化改革等相关实施意见"。与此同时，西部地区其他各省(自治区)借鉴重庆经验及实践运作，因地制宜，相继尝试了类似的做法。如云南等省(自治区)在城市交通基础设施建设中引入民间资本，组建了城市基础设施投资、建设与运营管理的公司化运营平台；贵州省组建 11 家投融资公司，2009 年贵阳融资平台运用 BOT、BT、BOO(build-own-operate，建设-拥有-运营)、联营体等公私合作模式共完成融资 123.62 亿元；成都市成立城市文化建设集团等，加速了西部地区公共项目投资领域的市场化机制改革进程，西部地区进入了公共项目公私合作的尝试阶段。

　　然而，西部地区地处中国腹地，自然灾害频发，自然环境十分恶劣；市场经济发展基础薄弱、经济发展水平不平衡，城镇化率低(表 1-4)、公共财政积累弱、贫困人口较多(表 1-5)和经济欠发达地位没有彻底改变，城镇基础设施发展与公众公共服务需求结构性矛盾突出。

表 1-4　东西部地区城镇化率比较(%)

城镇化率	时间				
	2010 年	2011 年	2012 年	2013 年	2014 年
西部地区平均值	41.45	42.81	44.26	45.44	46.89
东部地区平均值	64.22	65.07	66.16	66.89	67.56

注：数据来源于各省(自治区、直辖市)政府统计年鉴(2010～2014 年)。

　　党的十八大报告提出，到 2020 年中国要全面建成小康社会。然而据统计，至 2014 年底，全国仍有 14 个集中连片贫困区、12.8 万个贫困村和 7017 万农村贫困人口(2015 年完成减贫 1442 万人，截至年末，全国农村贫困人口数为 5575 万人)，重点分布在欠发达的中西部地区。其中，贫困发生率超过 10%的有西藏、甘肃、新疆、贵州和云南，贫困人口数量超过 500 万的则有贵州、云南、河南、广西、湖南和四川等。到"十三五"时期我

---

① 重庆市人民政府关于印发重庆市"十五"期间投融资体制改革工作意见的通知[Z].渝府发〔2002〕63 号，2002-07-17，八个国有企业集团为：重庆市城市建设投资公司、重庆市地产集团、重庆市水务控股(集团)有限公司、重庆高速公路发展有限公司、重庆市开发投资有限公司、重庆市水利投资(集团)有限公司、重庆渝富资产经营管理公司、重庆交通旅游投资集团有限公司。

② 参见：《中国经济时报》，黄奇帆解析重庆基础设施、公共设施建设投融资模式，2009 年 3 月 8 日。

③ 参见：《国务院关于鼓励支持和引导个体私营等非公有制经济发展的若干意见》(国发〔2005〕3 号)。

表 1-5 西部地区贫困人口统计

地区	贫困人口/万人	贫困发生率[①]/%	备注
内蒙古自治区	114	8.5	
广西壮族自治区	634	14.9	
重庆市	139	6	
四川省	602	8.6	
贵州省	745	21.3	
云南省	661	17.8	以 2013 年农民人均纯收入 2736 元(相当于 2010 年 2300 元不变价)的国家农村扶贫标准为识别标准
西藏自治区	72	28.8	
陕西省	410	15.1	
甘肃省	496	23.8	
青海省	63	16.4	
宁夏回族自治区	51	12.5	
新疆维吾尔自治区	222	19.8	
合计	4209	—	
全国	8249	8.5	

注:数据来源于 2013 年国务院扶贫办关于印发《扶贫开发建档立卡工作方案》附件。

国必须平均每年减贫超过 1000 万人,每月需要减贫接近 100 万人。因此,全面建成小康社会,重点和难点是扶贫开发,最艰巨、最繁重的任务就是打赢脱贫攻坚战,其中精准脱贫的基础是基础设施和公共设施的投资与融资。

政府在公共项目投融资市场化改革中观念、机制和体制矛盾突显,具体表现在:

第一,政府投融资体制与机制观念改革不足。在理论层面,尚未在公共投资领域更多探索非公有制企业进入的合作机理与机制;在实践探索的层面,虽尝试了城市基础设施投融资国有企业参与突破,但在鼓励和引导非公有制经济进入城市基础设施的观念上、认识上和操作上突破不够。因而通过公共财政和国有资本的市场配置发挥功能,仍是政府起主导性作用(李国璋等,2002)。

第二,传统的政府投资体制与机制制约。回顾西部大开发的经历,西部地区公共项目投资仍处于国有体制转型与市场经济发展的双轨制变迁过程,不利于市场化进程的体制性障碍未得到根本革除(林建华等,2009);公共项目投资领域,实质上是计划体制与机制惯性的延续,政府投资项目管理仍然是职能条块分割的政府行政管理模式,公共项目公私合作市场体制与机制尚未突破旧的格局。

第三,公共项目公私合作的理论研究与实践基础薄弱。公共项目公私合作不是简单地采取"拿来主义"或"实用主义",发达国家的"项目融资"应用出现水土不服后,大多转变为政府主导或国有资本经营。公共项目公私合作既要从理论视角回答"什么是公私合作"、"为什么合作"和"怎样合作"的理论问题,又要从实践层面解决政府投资管理体

---

① 贫困发生率(head count ratio),指贫困人口占全部总人口的比率,它反映地区贫困的广度。该概念首先由朗特里(Seebohm Rowntree)于 1901 年提出。

制与传统机制的障碍,探索适合我国及我国西部地区实际情况的公私合作机制的政策与法律保障,从而确立市场在公共投资资源中的配置功能,这样才能在公共项目中更好地发挥政府的作用。

第四,市场主体及市场机制培育存在制度性制约。由于传统政府主导的公共项目投资体制尚未突破,市场配置机制尚未形成,加之近十年基础设施投资与建设领域政府长期依赖国有资本,形成了"一股为大"的利益格局,"玻璃门"和"弹簧门"自然限制了民营资本、国际资本和混合资本主体的进入。此外,从中央到地方都由政府决策,实施的BOT/PPP项目融资模式,实质上是政府目标项目实施和政策选择的结果,尚未从政府公共项目管理机制与制度层面系统改革,出现了严重的"市场失灵"与"政府失灵"的同质现象。

因此,西部地区公共项目投资领域改革的关键是政府管理体制、投融资政策和运行机制的系统结合,具体解决政府与市场关系、建立公共项目公私合作机制,保持可持续的政府公共项目领域治理环境。

三、西部地区公共项目投融资实践探索

西部地区与我国东部地区相比,公共项目投资与管理环境存在以下特征:第一,西部地区省(自治区、直辖市)政府公共项目投资管理体制具有政府主导的一致性、管理模式的行政性、政府职能组织结构及运行机制的相似性。第二,自然地理及人口特点,地广人稀、地域辽阔、资源富集,但是城镇密度不均、城镇基础设施薄弱、城镇地质环境复杂、城镇政府财政资金不足,特别是西部边疆少数民族省及自治区情况更严峻。第三,资本市场发育不充分、上市公司数量不足、资本市场结构失衡、投资主体和融资方式单一、区域性金融特征不突出、金融市场欠活跃,投资环境复杂。第四,市场配置功能与动力机制不足,要素市场表现在劳动力市场、生产资料市场、土地市场和资本市场等结构发展不均衡,特别是在公共项目资源领域存在系统风险和非系统风险,如市场利益信号释放不清晰,政府外部公私合作动力机制展示尚未明晰,市场内生公共投资的价格机制、竞争机制和产权交易机制等制度障碍,更重要的是公共项目投融资市场发育不充分、公私合作生态环境不足和法治制度与机制不完善,这些都成为研究西部公共项目公私合作的重要背景因素。

在21世纪初,西部地区开始尝试、探索和创新PPP模式的实践。2002年重庆市以基础设施投资改革为突破口,组建了"八大投资集团",形成了市场配置资源的雏形,其中重庆水务控股集团公司以国有资产企业运作方式提供公共基础设施和公共服务,此后又引入民营企业、外资企业等参股改造企业运营模式及方式;2003年在城市环境服务领域,开创了全国首个"重庆同兴垃圾焚烧发电"BOT项目;2007年重庆朝天门大桥建设与运营采用PPP模式。这些在公共项目基础设施领域、公共事业领域的公私合作成功案例,引领了中国西部地区公共项目公私合作模式。然而,我国西部地区PPP模式仍处于起步阶段,PPP模式与传统公共项目政府管理体制、运行机制和市场机制等治理结构发生冲突,出现了若干难以逾越的问题:①国有企业呈现在公共项目市场中的垄断问题;②政府合作伙伴公平选择的问题;③政府如何定义公共产品价格、保障民营企业投资利益、降低双方

交易费用和运营风险的问题；④公私合作中政府主体不明、合作机制不清晰以及风险与收益配置不确定，民营企业疑问重重等问题。因此，如何从机制层面破解这些难题，成为我国西部地区公共项目公私合作中亟待解决的重大课题。

综上所述，西部 PPP 模式亟须从理论和实践两方面明晰几个问题：第一，从理论上，探寻政府、企业、市场和公众等内在互动规律，构筑科学的政府与社会资本投资者的合作伙伴关系；第二，在实践中，明晰政府主体定位，改善与创新政府合作机制，引导市场要素、市场价格、风险分担与收益分配和政府治理机制的公平与效率。鉴于 PPP 项目比传统政府投资项目的风险关系更复杂、影响因素更多和影响效果更大，造成的损失更无法弥补，因而亟待寻求公共项目公私合作机制的理论支撑，建立科学、有效和适合西部地区特点与国际惯例有机结合的合作机制。

第二节 文 献 综 述

一、公共项目投资概念与特征概述

(一)公共投资概念及分类

公共投资，特别是公共投资中的基础设施投资(Aschauer，1989)是公共支出的重要部分，对经济社会发展具有重要作用(刘晓斌，2014)。Holtz Eakin 等(1998)按照公共投资的用途将其分为教育、道路、污水处理设施以及公共事业等四类投资。刘国亮(2002)按照公共投资的性质将其分为公共基础设施、社会服务及文化体育福利事业、教育与科技事业、科学研究和综合技术服务业、国家政府机构及社会团体等行业投资类型。

公共投资是以政府为主体发生的投资行为(刘尚希等，2008)，也是政府提供公共资本以满足公共需要的经济行为(于长革，2006)。公共投资既要体现其公共性，也要涵盖投资的经济性，因此应从全社会视角整体考量公共投资内涵。尹贻林等(2007)认为，公共投资可以理解为由政府主导的、用于满足社会需要的公共产品和服务，并形成生产性公共资本。

公共投资不仅仅可理解为以公共部门(包含公共企业)为主体的投资活动，而且可以从投资对象(公共领域)视角分析(张雷宝，2004)。公共投资存在广义和狭义之分，广义公共投资是政府计划兴办一切公共事业所需的财政资金，如基础设施、公用设施、教育设施、扶贫计划、医疗卫生事业和公益事业等；狭义公共投资解释为专由政府财政预算出资兴建的基础设施投资和公用事业设施投资(潘彬等，2012)。本书采用的是狭义公共投资，即政府财政预算资金用于基础设施建设项目和公用事业投资项目的资金。

(二)公共项目投资性质及特征

根据人们对公共物品、公共工程和公共投资的不同理解，时现(2003)认为公共工程投资是指政府用于全部有形设施，特别是基础设施方面的支出。赵鸿雁(2009)指出公共工程投资项目主要是指以政府为投资主体，由财政资金全部承担的、服务于社会或者国民经济的公益性建设项目。杨宇等(2006)认为使用财政性资金或政府融资进行投资建设的项目可以称为公共投资建设项目。政府通过直接投资、注入资本金、投资补助、发行国债或利用国外贷款融资等方式投入资金新建或改建的建设项目是政府投资建设项目(任旭等,2010)。政府以公共项目最终业主的身份投资的工程建设项目属于政府工程建设项目(李世蓉,2005)。根据上述观点,公共工程投资、公共投资建设项目或政府投资建设项目的共同特征是确定政府投融资的主体地位。本书采用的公共项目投资是以政府投资为主,但不限于政府投资,可以吸收民间资本参与公共项目建设与运营过程。

二、公共项目投资政府管理发展历程

政府管理公共项目,最早可以追溯到 18 世纪英国经济学家亚当·斯密在《国富论》中对政府三项基本职能的定位,其中一个职能就是"兴建与维护某些公共工程设施与公共机构"(亚当·斯密,2011),这种公共工程或设施的建设利润很难偿还"个人或少数几个人"的投入。为了合理安排公共资源和减少政府经费支出,政府可以根据公共工程或公共设施的类型采取不同的管理方式或支付方式,如公路收费、港口收费。从古典经济学的代表人物亚当·斯密到马歇尔,他们的研究大都是集中反映市场机制的可靠性(潘彬等,2012),政府在社会经济中仅仅扮演"守夜人"角色。

20 世纪 30 年代,资本主义国家受到经济危机的影响,社会经济体出现大萧条。这使得社会公众对市场经济体制产生了极度的不满情绪,认为单靠市场来调节经济的运行是不科学的,政府干预国家经济开始受到西方多数国家的重视,如以国家干预经济为主的美国"罗斯福新政",其提出扩大政府支出、监管金融市场、干预收入分配和再分配等;1942年英国政府发布了《贝弗里奇报告》(Beveridge,2000),提出通过"增加税收和建议使用额外收入的特定项目"扩大政府经济职能和政府支出,增加政府管理人员。此时,公共项目的投资也进入前所未有的鼎盛时期,政府干预成为资源配置的主导方式,官僚制行政结构盛行,公共企业逐步垄断行业市场。

20 世纪 70 年代末至今,在西方国家新公共管理改革背景下,西方国家陷入财政赤字、公共企业低效率和公共服务体制僵化的困境。为此,英国政府力推"货币主义"理论模式,在政府管理和公共服务中引入竞争机制,尤其是制定了"高速公路等行业必须向民营企业开放"的法令,从此私营企业开始广泛参与公共项目或服务,参与形式多样化,如 BOT[①]、DBFO[②]及 PFI[③]等;成立 PUK、IUK、ERG 等专业机构,并出台《公共合同法》(The Public Contracts Regulations)、《公用事业合同法》(The Utilities Contracts Regulations)以及专业指南保障公共工程或公共项目市场化顺利实施。公共领域市场化改革、公共项目或公共服务外包打破了政府和公共企业的公共服务垄断地位,公共项目政府管理体制改革改变了传统模式的政府行政管理理念和运作模式以及政府与市场的关系,政府成为公共服务的采购者和规则制定者,而非提供者。

---

① BOT(build-operate-transfer),即"建设-经营-转让"。
② DBFO(design-build-finance-operate),即"设计-建设-融资-经营"。
③ PFI(private finance initiative),英文原意为"私人融资活动",在我国被译为"民间主动融资"。

随着社会公众对公共产品或服务需求的不断增加，政府在社会经济发展中的作用越来越重要。然而，西方国家政府管理公共项目的经验说明了不同社会背景下政府与市场的重要性是不同的，政府管理公共项目的方式也是不同的，但都集中反映了"在社会经济中，政府与市场不是互相替代，而是共同作用"，只有这样才有利于经济的可持续发展。因此，公共项目管理既要充分发挥政府经济职能的作用，又要考虑市场配置资源的作用；单一的"政府垄断管理"或"市场自由放任"都不是有效的、合理的和可持续的。这就要求公共项目公私合作机制的研究要综合考虑政府与市场的关系，充分挖掘政府与市场主体的优势，从而实现公共项目公私合作"物有所值"（value for money），即经济（economy）、效率（efficiency）和效果（effectiveness）（Glendinning，1988）。

三、国外研究现状

（一）PPP 模式概念和特征

福利经济学第一定理指出只有在特定的环境或条件下，经济才会达到帕累托效率最优，但公共物品或服务的行政垄断、不完全市场、信息不完全、非竞争性和非排他性等因素的存在，使得公共物品或公共服务提供不能满足帕累托最优的严格条件，从而产生"搭便车"行为，出现"市场失灵"（market failure）（约瑟夫·E.斯蒂格利茨，2005），需要"无形的手"——政府干预帕累托效率经济，纠正市场失灵和实现公共利益。然而，政府不是万能的，由于政府提供公共物品或服务决策的政治性（Weisbrod，1974）、政府"经济人"假设（杰弗瑞·布伦南等，2004），导致公共利益和公众需求不能得到反映，出现"政府失灵"（goverment failure）。单一由政府或企业来组织生产或提供公共物品或服务会产生相应的"市场失灵"与"政府失灵"，并使得"两只手失灵"的问题不能很好地解决（张喆等，2008）。正是鉴于传统模式在提供公共产品或服务上的弊端，英国财政大臣肯尼斯·克拉克在 1992 年首次提出公共项目公私合作模式，在公共领域引入非政府组织，充分发挥政府与企业在公共产品或服务生产和提供方面的专业、经验、管理或关系优势。

伙伴关系（partnerships）是买卖双方以信息共享、利益共享、风险共担为原则，为实现共同目标而投入专用性资源建立的合作关系（Martinez-Lucio et al.，2002），并且这种关系以信任、合作和互惠为导向（Johnstone et al.，2009），主动创造竞争优势和最优价值。英国财政部提出公私合作是一种典型的公共部门与私人部门之间相互协作的安排[①]。美国 PPP 国家委员会把 PPP 界定为公共部门与私人机构之间的一种合同安排[②]。澳大利亚基础设施委员会提出 PPP 是公共部门与私人部门之间的一种长期的契约安排（涉及项目全过程成本控制、风险管理、保护公共利益等）[③]。

---

① HMT. Public private partnerships[EB/OL]. http：//www.hm-treasury.gov.uk/ppp_index.htm.
② NCPPP. How partnerships work[EB/OL]. http：//www.ncppp.org/howpart/pppterms.shtml.
③ Infrastructure Australia.National PPP Guidelines： Overview [EB/OL]. www.infrastructureaustralia.gov.au.

(二)PPP 模式理论观点

基于公私合作的制度、理论基础以及实践经验，西方学者主要从 5 个角度对 PPP 进行理论研究。一是关系性合约理论视角。Hart(2003)著名的不完全契约理论奠定了 PPP 的分析框架，Bovaird(2004)认为 PPP 是新型的合作伙伴关系及联盟，具有关系契约的特点，其治理方式也应吸收关系契约的优势，这种关系契约更多的是依赖基于信任的正式合作而实现(Essing et al.，2005)，Nijkamp 等(2002)和 Michael(2010)也有同样的观点。二是交易成本经济学视角。Parker 等(2003)得出了 PPP 交易成本的作用和关系合约中信任的重要性，政府在选择公共服务提供方式时也应该综合考虑交易成本的资产专用性和战略重要性两个维度(Fischer et al.，2006)。三是产权经济学视角。Besley 等(2001)研究了产权在私人部门参与公共产品提供的过程中所起的作用，即何种产权安排导致联合剩余最大；基于公共部门和私营部门的合作，不仅解决公共项目融资问题和低运营效率问题，而且使政府摆脱微观层面的管理，更专注于宏观调控与协调，这个论断与 Spackman(2002)的观点一致。四是博弈论的视角。Scharle(2002)把 PPP 看作是一个社会博弈，PPP 现象、经验和讨论在博弈环境中能够更好地得到辨析与理解，并且公私双方的行为博弈分析也有助于风险分担的解析(Medda，2007)、利益合理分配和厘清合作关系(Yi et al.，2013)。五是公共管理视角。Reynaers(2014)把 PPP 的最终目标确定为创造公共价值，实现公共利益最优化，公共价值包括但不等价于成本降低、定价效率和货币量化值(Jørgensen et al.，2002)。公共部门是公共价值的保证者，基于公共价值范式，选择公共物品或服务供给者是比较符合实际的，能够创造更多提升公共价值的空间(O'Flynn，2007)。

(三)PPP 治理机制理论

公共部门和私人部门是公共项目公私合作复杂系统的行为主体要素，公私合作机制则是系统中制度保障下伙伴关系的管理要素、合作规律、组织结构和合作程序，具体包括伙伴准入与退出、协商定价、风险与收益分担、合作组织设立和政府与社会监管等，但是它们在合作过程中存在着内在互动和各自侧重的必然联系，公私合作体现的最基本原则是物有所值。

(1)伙伴选择。Jonhson 等(1995)最早提出了 PPP 项目私人合作伙伴的资格预审和综合评价二阶段选择方法。PPP 的伙伴是政府与私人部门(New South Wales Treasury，2006)，PPP 模式可以提高政府发展整体规划的能力，带来创新和高效的管理，降低项目执行成本，缩短项目运作周期，将部分风险转移给私人部门，以及吸收私人部门的技能、经验和技术等(Akintoge et al.，2003)。PPP 项目成功的关键因素包括合理风险分担、项目经济可行性、实力强大的私人部门、合理的融资方案、良好的投资环境(Zhang，2005)，其中实力强大的私营投资者、公平的风险分担和融资市场的可及性是英国 PPP 项目成功的最关键因素(Li et al.，2005)。

(2)协商定价。国外对公共项目定价大都针对特定 PPP 产品的特点，以期求得合理可行的经济政策建议。Xu 等(2012)基于系统动力学提出了公路工程 PPP 项目定价模型。

Haralambides 等(2011)基于印度港口情景提出了 PPP 项目定价政策。Schaller(2010)评价了纽约交通堵塞的价格和按里程征税的经验,提高了该价格的公众认可度。Mun 等(2010)运用函数寻求定价政策如何影响福利结果。Chong 等(2009)在对比分析准公共产品定价和社会福利最大化的基础上,提出了自主定价和基于使用情况的两种定价策略,其基本方法有会计学方法(Grimsey et al.,2005)、公共部门比较值(public sector comparator,PSC)方法(Coulsou,2008)和调整物有所值(value for money,VFM)计算值方法(Broadbent et al.,2003)。由此可知,国外对 PPP 项目产品定价的研究主要基于公共经济学理论,借助定量和定性研究方法,讨论 PPP 项目定价系统要素及其相互联系,但其定价机制管理缺乏针对性。

(3)项目治理。西方发达国家关于 PPP 模式治理的研究,可以追溯到 1937 年,科斯在《企业的性质》中指出“企业是一种长期的固定的契约关系,市场是一种短期的契约关系”,同时提出“产权初始分配会产生不同资源配置效率”(Coase,1960)的观点。PPP 模式的组织治理研究,西方国家研究者的主要观点集中在项目产权制度安排、利益相关者与风险关系、政府监管与社会监督三个维度。

第一,产权制度安排。公私合作的公共项目不同的决策控制权与剩余索取权决定投资者的收益(Zhang et al.,1998;Hambros,1999),PPP 控制权应配置给“能产生利益相对比较多”的一方或者“更关心项目”的一方(Besley et al.,2001),否则将影响公私合作的预期价值判断、合作主体投资、公共化程度(Francesconi et al.,2006)。

第二,利益相关者与风险关系。PPP 项目是根据新的体系重新安排公私合作治理的规范和模式(Hofmeister et al.,2004)。PPP 模式存在着制度环境和市场竞争、组织模型和行为、不同的利益相关者和这些利益相关者参与的作用、合同安排和风险转移、组织文化等(Henisz,2006)问题,即存在项目管理问题和伙伴关系问题。良好的项目治理会产生合理的风险分担,通过治理实现 PPP 项目可持续的伙伴关系,从而提升项目绩效(Abednego et al.,2006),其结论是合同机制(尤其是 PPP/PFI)更多是依靠外生监管的因素进行约束,而关系治理则侧重通过信任机制的建立来实现(Zheng et al.,2008),重点强调 PPP 项目中公众的参与,尤其是参与 PPP 决策过程(Hayllar,2010),通过建立一套管理系统、规则、关系和结构,提供项目开发和执行的框架(Bekker et al.,2007)。西方在治理机制方面是“轻车熟路”,为我们提供了可借鉴的 PPP 治理机制理论依据。

第三,政府监管与社会监督。公共部门定位是公共项目公私合作成功的关键,而减少风险、提高成功率的关键是政府要集成“项目发起人、消费者和规则制定者”角色的功能(Doh et al.,2003)。由于政府是 PPP 模式的合作伙伴,要解决合作成员的懒散懈怠行为,应该引入外部监督(Alchian et al.,1972),组建独立的公众随机评估组织,以确保政府政策合理、财税制度科学和利益分配公平(Nilsson,1996)。

(四)经验与启示

公共项目公私合作(PPP)作为市场经济配置方式与政府公共资源配置方式的结合,成为社会经济中独特的资源配置创新方式。西方发达国家通过理论探索和实践积累,形成了政府部门和私人部门共同遵守的法律规范和经济规则。主要表现在以下四个方面。

1.建立可持续的伙伴关系

作为国家经济运行机制，公共项目公私合作中公共部门与私人部门的基本关系是"合作伙伴"。无论是政府规制对概念的解释，还是专业组织机构对定义的描述，伙伴关系都是西方国家公私合作经济运行机制最基本的因素，依据这一因素确认法律关系、市场关系、经济关系和公共关系，从而成为政府宏观管理和微观操作解决问题的基本途径。伙伴关系的基本特征是诚信为本、公平协商、信息公开和协调一致，基本形式是关系型契约，关系契约保障公共利益与经济利益的有机结合。

2.设置科学的政府机构

基于明晰的公共项目公私合作伙伴关系，以英国、澳大利亚等为代表的发达国家以立法形式设立了以政府-议会为体系的公共项目公私合作政府合作机制。英国 PPP/PFI 合作机构的设置以"财政部+财政部专设协助机构"模式为主，并形成专门的 PPP 管理机构，该机构下设立了合作伙伴关系组织 Partnerships UK(PUK)专门从事 PPP 项目的合作；另外，各郡还设置了公共项目公私合作协调组织(public-private partnership, PPP)。因此，建设起领导全国或地方的政府合作主体，其基本职能有：规范政府合作主体，同时保障私人部门能快速找到合作伙伴；政策一致，从而保障政策解释没有歧义，伙伴关系稳定；合作机制清晰，保障公私合作谈判成本最低、合作绩效显著、公共效益最佳；规范化与专业化合作，保障公共产品从伙伴选择、产品定价、绩效评价、收益与风险分担到政府监管都由建造师、测量师、工程师、合同律师和注册会计师等专业人士完成。此外，重要技术环节都委托专业工程师协会的专业人士把关，工程中质量、安全、环境、技术等责任清晰，社会工程咨询机构依法参与 PPP 项目第三方监督，这样减轻了政府管理的负担，更有利于公私合作的公正性、公信力和代表公众参与，实现了公私合作项目"物有所值"的根本原则。

3.形成独立公正的监督体制

为保证公共项目公私合作实现物有所值，公私合作全过程必须接受多方面的监督。一是以立法形式对监督合作的前期监督和后期评价，这些工作主要由政府审计部门负责；二是以法律的形式对监督主体的权力和独立地位给予保证，授予法律认可的工程咨询执业资格并组织 PPP 项目信息发布，以保证公私合作有效、公正和清廉，任何政府部门都不能进行干涉和限制；三是有效组织政府部门的各项专项评估、审核和审批，保证政府投资在采购、规划、预算和执行等环节符合要求；四是建立规范化和制度化的公众监督机制，除涉及国家机密之外，任何公民均具有对公共项目信息的知情权和提出意见或建议的权利，政府部门应积极响应与回馈公众的需求及意见，从而降低政府的道德风险或制约其不作为。

4.完善和规范法律体系与专业指南

在 PPP 项目合作中，西方国家对公共项目既制定总体目标，同时也存在具体分类。主要分成外购公共服务型和公私合作型，项目性质上分为基础设施型和公用事业型等，这样能更有效地建设 PPP 模式法律与指南体系。例如英国采购法律主要有《公共合同法》和《公用事业合同法》，而澳大利亚则有实施过程中需要遵守的相关法律和政策[①]。除了

---

① Australian Goverment Policy Principles For the Use of Public Private Parternships[EB/OL]. http//www.finance.gov.au/publications/fmg-series/listing-by-number.html.

健全的 PPP 法律体系，PPP 政策指南在 PPP 项目实施中也发挥了重要作用。国家设立 PPP 通用指南，成为指导地方政府和私人部门合作的总括；地方政府提出更适合地方实际的 PPP 指南，对 PPP 项目的评估、融资、项目管理和合约管理等问题处理进行详细介绍，使公私双方充分理解 PPP 项目的运行程序和方法。

总之，国际上 PPP 起始于项目融资，伴随着理论演化、经济发展和科技进步，逐步向项目融资、建设、运营、管理等全过程方向发展，在投融资体制机制改革的同时，全面推进公共管理革新。西方发达国家的相关理论研究与实践已处于先进水平。不同的经济发展水平和公共需求催生了多种公私合作模式(如 BOT、DBFO、PFI 等)，应基于现实背景和理论基础选择相应的合作模式。我国的基本经济制度是以公有制为主体，多种所有制共同发展，照搬西方国家的成熟发展模式将会出现"水土不服"。因此，国外公共项目公私合作的理论分析和成功案例是本书研究的借鉴依据，结合我国及西部地区的现实背景，改革创新 PPP 管理模式和运行机制才是硬道理。

四、国内研究现状

国内公共项目公私合作(PPP)实践始于 20 世纪 80 年代初期，理论研究则始于 20 世纪 90 年代初，即 1984 年以 BOT 方式建设的深圳沙头角 B 电厂。对 PPP 模式运用，我国起步时间较晚，实践案例较少，2008 年奥运工程"鸟巢"PPP 项目合作成功，成为学术界研究的热点，并取得了丰硕的研究成果。

(一)公共项目公私合作实践

国内 PPP 实践始于 20 世纪 80 年代初的基础设施项目投资个案，制度创新伴随着经济体制改革，尤其是公共投资体制改革的深入和发展，公私合作模式从项目单一到多样、从个案探索到全面推广，说明我国政府越来越重视公私合作制度建设。

与此同时，随着政府理念与时俱进，1997 年国家计划委员会文件中将基础设施利用外资的模式称为"项目融资"[①]；2001 年促进和引导民间投资参与供水，污水和垃圾处理，道路、桥梁等城市基础设施建设，并提出"民间投资者"[②]概念；2004 年国家深化投资体制改革，首次提出吸引社会资本参与，试行特许经营[③]。2010 年再次推进基础设施鼓励与引导"民间资本"参与投资[④]，首次提出"创新基础设施投资项目的市场化管理体制和运行机制"，又称"新 36 条"。2013 年政府集中财力建设非经营性基础设施项目，包括民间资本[⑤]。总之，在公共项目投资领域长期未能提出公共项目公私合作伙伴关系的概念、原则和机制。2014 年中共十八大提出深化市场体制改革，政府清晰明确地提出了推广政府和社会资本合作模式[⑥]，基本原则是实行统一市场准入，并确定由国家发展和改革委员

---

① 《国家计委、国家外汇管理局关于印发〈境外进行项目融资管理暂行办法〉的通知》(计外资〔1997〕612 号).
② 《国家计委关于印发促进和引导民间投资的若干意见的通知》(计投资〔2001〕2653 号).
③ 《国务院关于投资体制改革的决定》(国发〔2004〕第 20 号).
④ 《国务院关于鼓励和引导民间投资健康发展的若干意见》(国发〔2010〕13 号).
⑤ 《国务院关于加强城市基础设施建设的意见》(国发〔2013〕36 号).
⑥ 《国务院关于创新重点领域投融资机制鼓励社会投资的指导意见》(国发〔2014〕60 号).

会负责。政府和社会资本合作模式是长期合作关系[①②]，确立了"一个观念、四项原则、工作机制和合作指南"等，先后密集型出台 PPP 概念解释、运行指导意见和操作指南等，西部地区各省(自治区、直辖市)也相继出台了实施意见，政府大力推出了一批 PPP 项目，正式全面推进我国政府与社会资本合作。

政府与社会资本合作是我国目前运用的中国特色 PPP 概念，实践是检验真理的唯一标准。中国市场经济是混合经济所有制形态，需要进一步探索：什么是社会资本，以及它的内涵与外延；是项目合作，还是制度合作；政府与社会资本投资人合作伙伴关系是什么，如何运行及保障，价格发现机制和政府监管与社会监督如何协调等。其中最基本的是：政府与社会资本投资主体是合作关系，还是合作伙伴关系；政府力推 PPP 项目主导，还是提供科学的 PPP 服务机制；是沿用政府行政管理合作模式，还是创新政府伙伴治理机制等，这些问题是我们亟待探索的前沿课题。

(二)公共项目公私合作理论

1.PPP 模式概念、本质及特征研究

公共项目公私合作(PPP)是公共项目的融资模式，也是公共产品的供给方式之一(叶晓甦等，2013)，PPP 概念是 PPP 理论的基础，也是实践的出发点与归属点。我国公共部门和私人部门合作是伴随着公共项目需求的多元化而产生的，专指狭义项目融资，即"通过项目融资"(刘新平等，2006；王雪青等，2007)。贾康等(2009)认为 PPP 是一种新型管理模式；袁竞峰等(2007)和裴劲松等(2010)提出 PPP 模式是公共部门与私营机构形成良好的合作伙伴关系的一种公共基础设施建设模式；张喆等(2008)认为 PPP 模式是控制权配置；赖丹馨等(2010)从组织经济学的角度认为 PPP 是杂合组织在公共部门的扩展，合约及规制设计、风险分担和利益分配是 PPP 实现公共服务供给效率的重要因素。PPP 概念主要解释为"公私合营"、"管理模式"和"合作伙伴"等。PPP 是公共部门和私人部门为提供项目全生命期合作的契约关系(叶晓甦等，2011a)，是实现特定公共项目的公共效益而建立的项目全生命期关系性契约的合作伙伴关系，包括融资、建设和经营管理模式(叶晓甦等，2013)。我国混合经济主体形态与结构决定了我国对公共部门和私人部门的理解不同于西方解释，而区分的关键是政府和社会投资人参与的目的、结构和范围。因此，PPP 概念的本质是政府与社会资本投资人基于特定公共项目形成的合作伙伴关系，而非传统的项目合作。合作伙伴的特征：目标一致性、合作长期性、平等协调性和利益风险共享(叶晓甦等，2014)。

总之，我国 PPP 模式的基本特征是：①伙伴关系，这是 PPP 模式区别于商业项目融资模式的关键点；②关系性契约，即以政府和社会投资人的合作伙伴关系为基础所签订的契约集合体系，以实现公共需求利益和私人合理经济效益为目标；③伙伴关系价值。公共部门和私人部门的合作方式是基于关系性产权关系基础的，它们共同构筑 PPP 项目伙伴价值观，实现 PPP 项目公共价值最大化(叶晓甦等，2017)，从而建立可持续的合作机制。

---

① 《国家发展改革委关于开展政府和社会资本合作的指导意见》(发改投资〔2014〕2724 号).
② 《关于印发政府和社会资本合作模式操作指南(试行)的通知》(财金〔2014〕113 号).

2.PPP 合作机制与方法研究

PPP 项目合作成功的必要条件是设计全过程的风险分担和收益分配原则,重要的是明晰全过程合作的风险因素。刘新平等(2006)分析了我国 PPP 项目风险的主要特征,提出了 PPP 项目风险分担的三条原则。邓小鹏等(2008)在风险理论分析的基础上提出了风险分担的九条原则及其运作流程,其中政府对项目的影响程度是最关键的,承担更大的责任,政府态度对项目成功与否有重要影响(胡丽等,2011a)。杜亚灵等(2011)通过风险理论分析和案例实证研究,提出 PPP 项目风险分担研究存在风险分担的过程评价、比例确定以及与其他方面的关联关系等三个薄弱环节。因而 PPP 项目风险其本质是利益传递的起点,同时也是合作机制设置的核心。

PPP 项目产品或服务的定价直接决定项目运营期的现金流和投资项目的价值评估,同时也关系到社会公众的切身利益,因此,有学者提出了 PPP 项目定价存在五个方面的问题(叶晓甦等,2012),依据伙伴关系的目标差异,多目标决策方法为定价提供了实现途径。我国物有所值中的"值"不仅仅指资金价值,还包含了提高资金使用效率和提高社会效益的含义(袁竞峰等,2012)。国外的物有所值评价是建立在复杂的计算模型与充分的历史经验数据之上的,因此不能简单套用国外物有所值的评价方法,除了财务、技术、管理等评价指标外,还应考虑合作能力、关系管理能力、可持续发展能力、社会信誉、社会责任、经验业绩等(叶晓甦等,2015)。

3.PPP 项目治理理论研究

公共项目治理是通过一套制度体系来建立并维持项目交易中的良好秩序的过程。至于项目治理结果,从宏观角度来看,在项目交易市场中营造了一种体制环境;从微观角度分析,项目交易内部建立和维持了一种良好的秩序(杜亚灵等,2010)。因而,治理分为内部治理与外部治理,内部治理的基本特征是以产权为主线的内在制度安排;外部治理则是以竞争为主线的外在制度安排,其治理载体是市场体系(杜亚灵等,2008)。

公私合作是政府解决公共服务低效率供给的治理机制(曾凡军,2013)。我国研究公共项目治理的主要代表性观点有:尹贻林团队从政府、项目公司角度探索了项目治理理论与实践方法;丁荣贵(2008)从管理学的角度更加关注多组织合作项目的治理;沙凯逊等(2004)探讨的是建设项目或者建筑市场制度层面的问题;石莎莎等(2013)系统分析了 PPP 项目公私伙伴关系内外部治理机制实施效率的影响因素,提出了 PPP 项目政府监管策略和 PPP 项目特许经营契约框架。治理的重要载体是 PPP 项目的信息管理系统建设(叶晓甦等,2009),必要要从主体伙伴关系的角度来构建项目可持续性实现的途径(叶晓甦等,2014)。因此,这些团队的研究有效提出了 PPP 项目公私共同建设、运营和管理的机理、机制和实践方式。但在宏观政府层面尚未开展 PPP 项目治理机制的研究,缺乏 PPP 机制制度系统的顶层设计。

4.PPP 项目政府监管与社会监督的研究

从概念界定到治理研究,政府作为 PPP 模式中的公共利益的集中代表,既是项目发起者和参与者,又是项目的监管者。明确政府在 PPP 项目生命周期中扮演的"双重"角色和具备的"双重"职能,是探索政府在 PPP 项目中的定位与管理的前提。政府转变在 PPP 项目中的定位是构成 PPP 项目运行的前提,探索政府所扮演的规则制定者、合作者与非管理者、监督者与被监督者等角色(叶晓甦等，2011b)。柯永建等(2009)认为政府激励措施包括政府投资赞助、政府对融资的协助、政府担保、税收减免优惠和开发新市场，私人部门充分肯定各种激励措施的有效性，其中税收减免措施得分最高，政府投资赞助得分最低。何寿奎等(2008)在分析 PPP 项目政府监管现状的基础上，提出健全监管体系，合理确定政府监督边界，科学选择监管途径。

我国对特许经营项目及垄断产品的定价方式沿用成本定价并辅以价格听证，提出 PPP 项目适当的价格管制会使社会经济效率得到提高。赵宇等(2006)讨论了垄断行业进入博弈及其管制绩效评价，管制对社会福利和消费者剩余的影响。任志涛(2007)分析了信息不对称条件下政府部门和民营部门之间委托-代理关系的目标函数，并研究了公私伙伴关系的激励问题。徐飞等(2010)从缔结关系契约的角度强调了 PPP 项目未来预期收益的影响和公私双方多阶段合作的动态性，提出了政府外部监督与企业内部激励结合的权变激励的动态合作激励机制。

PPP 模式主体是政府、社会资本投资者和公众，核心合作伙伴由政府和社会投资人组成。其共同目标是三方满意，实现公共利益最大化。尽管三方所关注的目标存在差异性，但其目标并不是完全独立的，而是交织在一起的，只是三方对同一目标的重视程度不同而已(王先甲等，2007)。因此，政府在 PPP 项目上必须定位于促进、主导和管理的功能，同时也是参与合作的一方。只有明确政府的目标，才能促进 PPP 项目的可持续实施。

五、我国公共项目公私合作机制的现状及问题

(一)公共项目公私合作概念如何解释

探索中国的公共项目公私合作(PPP)机制，首先必须厘清其基本概念。我国目前概念的焦点锁定在三类，第一类将 public-private partnerships 直译为"公私伙伴关系"，第二类是写入政府规则的"政府与社会资本合作"，第三类解释为"项目融资"。正是由于基本概念解释的多样性和多义性，导致政府主体和社会资本投资主体及公众参与主体出现各种理解偏差：一是合作观念问题，目前无论政府还是社会资本投资人都认为 PPP 模式的本质就是项目融资，是为了解决基础设施投资项目财政资金严重不足与社会经济发展的矛盾；二是合作模式问题，政府主导并推进项目，由现有行政推进模式，国有资本强势进入导致民营资本及国际资本主体观望、消极的现象；三是合作机制问题，政府沿用行政职能、行政程序和行政监督，政府行政管理定位尚未为合作伙伴定位。因此，研究将 PPP 模式定义为政府与社会资本主体的"伙伴关系"，便于政府、企业和公众能科学、清晰和完整地理解政府与社会资本主体公共项目全生命周期合作，有效地发现、解释和解决合作中存在的问题与障碍。我国PPP模式的合作机制理论与实践尚需创新，从概念的本质上明晰伙伴关系。

(二)公共项目公私合作机制如何建立

一个国家社会经济发展中一般存在市场配置资源和政府配置资源两类基本方式，而公私合作方式集成了两种资源配置手段的优势。目前我国从中央政府到地方政府在推进公共

项目公私合作模式的过程中，都缺乏权威、统一和规范的公共项目公私合作政府综合管理机构，其职能包括制定公私合作法规、规则和政策，设计合作机制、协调合作伙伴关系和签订、履行及解除合作契约等，这些职能工作都分散在政府各职能主管部门，如发展和改革委员会、财政厅(局)、国家或地方国有资产管理委员会以及各专业技术管理、行业管理和审计监督等部门。政府各部门对政策认识、观念和执行上的差异大，部门管理信息协调不力等难以形成权威统一的行政管理机构，缺乏相互协调的功能和相互监督的功能。重庆市改革开放初期曾创"一站式办公"模式，也是为了提升行政管理部门办事效率和办事质量。而公共项目公私合作的内容包括利益主体产权安排、项目价格测算、项目合同、风险分担与利益分配、项目治理等，公私合作的管理对象是多主体、多目标、多因素、多学科的复杂系统安排，外延环境涉及地方经济、社会、法律、金融等公共服务领域。因此，创新我国 PPP 权威、统一的政府合作机构，有利于提升公私合作效率和合作价值，保障 PPP 模式持续性、制度化和常态化的发展。

(三)公共项目公私合作机制如何实施

目前正是由于缺乏权威、统一和高效的公共项目公私合作(PPP)项目政策和规则制定机构，国家部委陆续出台了 PPP 指导意见[①]，各地方政府部门在如何开展公私合作全过程的实施、协调、评估、管理与监管等工作上存在"选择困境"。与此同时，财政部于 2014 年 5 月成立了中国政府和社会资本合作工作领导小组，主要由财政部的内设机构与成员组成，但政府投资项目或公共项目的立项、审批、核准、审核或协调的主管部门是发展和改革委员会，地方政府部门的工作职能很难协调和监管 PPP 模式，以及合作主体双方存在的利益关系、合同关系、法律关系、公众关系和环境关系，从而难以代表政府公共项目公私合作的合作态度、合作目标、合作资源投入和合作可持续。本书研究得出的公私合作效率的三个层次共 11 个关键因素的结论中，认为缺乏顶层设计、制度建设滞后是协调与监管体系层面的根本问题，而权威统一的政府规则是影响 PPP 合作效率的首要因素。这些关键因素的发现，为改善与创新 PPP 项目合作机制研究提供了可靠依据。

(四)公共项目公私合作机制如何研究

随着公共项目公私合作(PPP)模式的可持续发展和公共项目资源合作领域的非竞争性放开，一些投资规模大、社会影响深和涉及公众利益广的公共资源项目开始进行政府与社会资本合作，被提出的关键问题是建立"合作关系"还是"伙伴关系"；合作伙伴是单向选择还是双向选择，用公共管理学理论、市场经济理论和经济学理论解释，其内涵与外延都存在本质的不同。如果是政府主导合作，则由政府制定规则与选择伙伴；如果是市场决定资源配置，主体平等，则需要公认的市场规则。因而政府以行政授权方式、政策方式进行的"合作关系"和"伙伴选择"方式，仍然是值得商榷的。通常基础设施公共项目合

[①] 例如，国家发展和改革委员会《关于开展政府和社会资本合作的指导意见》和国家财政部《关于印发政府和社会资本合作模式操作指南(试行)的通知》。

作具有长期性、类型复杂性和市场环境不确定性等特征,因而在合作关键阶段和关键因素(如价格形成、合作风险与收益分配、合作公平与合作效率、合作过程监管与社会监督等)上客观存在"契约不完全性"和"信息非对称性",需要从理论和实践结合层面进行深入研究,并提出理论依据,指导实践。同时,由于公私合作是特殊的关系性契约,在公共项目伙伴关系绩效评估(与传统公共项目绩效评估是否存在差异性等)方面尚未开展有效的理论研究,将导致政策制定、规则制定和机制设计,乃至实践实施层面等出现偏差。因而,展开公共项目公私合作机制理论研究是必要的。

因此,PPP 理论研究工作是涉及管理科学、社会科学、经济科学和法学科学等多领域、多目标、多层次的复杂系统,我国尚处于探索阶段,需要从国内外的研究成果中,结合中国实际情况,不断充实、丰富和发展研究理论,站在科学发展和市场优化资源配置的角度去审视和透视 PPP 项目实践中存在的问题,探索原因并提出制度创新,从而将理论研究成果落实到政府政策与规则的制定中。

第三节　研　究　内　容

建立在公共项目公私合作(PPP)伙伴关系基础之上的合作机制,是公共项目市场配置资源的一种运行机制和管理手段,是在公共投资领域以政府为主体的公共部门与市场主体的私人部门,在明晰合作目标的前提下,按照公私合作准入、定价、激励、监管等市场运行规律,在合作伙伴之间使信息公开、透明和协调一致,向全社会公众提供合作信息。使PPP 建立起科学而有效的公共项目合作机制,从而改善 PPP 项目投资的范围和重点,引导基础设施建设向社会经济协调发展与社会公众最需要结合的领域转移,提升政府公共项目投资决策的科学性和有效性,促进公私合作伙伴关系的平等与协调、规范与和谐,最终达到公共项目合作伙伴价值优化的目的。

本书具体研究以下几个方面的内容。

一、公共项目公私合作机理研究

PPP 机制的理论分析包括理论支撑与应用基础。理论支撑表现在基于公共项目价值的公私合作价值取向,揭示政府为主体的公共部门、市场主体在公共项目全过程合作中的伙伴本质关系,探寻合作关系形成的规律(重点关注 PPP 合作关系的关键因素),提出合作机制的伙伴关系理论基础。

通过理论讨论构建 PPP 机制的逻辑框架;通过实地调查,包括问卷、深度访谈和案例剖析,依据科学理论基础和科学研究方法判定的影响指标,提出现有公私合作与伙伴关系的关键影响因素,选用科学因素评价计量模型分析方法,找出影响合作主体的因素和逻辑与应用条件。通过对国内外典型公私合作案例的分析,获取国际惯例与我国西部实际情况结合的、规范的、共同的关键因素,通过修正问卷调查、访谈调查中主观判断的误差,从而建立 PPP 机制的基本原则，为西部地区公共项目公私合作与建设合作机制提供可靠的理论依据。

二、公共项目公私合作机制研究

研究 PPP 机制是以政府和企业为利益主体，以城镇基础设施及公用设施为客体，以政府配置资源和市场配置资源为手段，讨论影响公私合作过程的重要因素，科学、系统、动态地厘清公私合作中形成的必然关系和运行规律。本书将结合我国公共项目投资的政府管理制度和西部地区实践案例，采用定量与定性相结合的研究方法来分析、判断，采取调查研究、案例举证与数学模型判断计量方法，结合国内外公私合作的经验与教训，探寻构建适合我国西部地区公私合作机制的路径，并提出建立 PPP 准入、定价、激励、约束和监管等合作机制，从而实现构筑合作治理体系的理论框架，以期对西部地区 PPP 实践进行指导。

依据 PPP 项目合作全生命周期规律和合作伙伴关系的演化规律，在明晰伙伴关系、合作风险、影响因素和合作规律的基础上，以西部地区的重庆市的城市公共项目为载体，根据 PPP 签约、建设、运营等关键节点，建立伙伴关系信息管理平台，把握准入、定价、管理、风险与收益分担和政府监管等关键环节，探寻公私合作理论治理结构的逻辑规律。

三、公共项目公私合作政府监管与制度保障政策框架研究

建立 PPP 的准入-定价-运营(BOT)的风险分担合作机制，分析政府作为监管主体的政策影响和组织关系，提出实现公共利益最大化的终极目标，分析以项目公私合作优化合作伙伴价值为直接目标的政府监管规律、监管节点和综合监管治理结构，以及案例式的政府 PPP 政策指南框架成果。

研究重点：以 PPP 项目全生命周期特许签约-建设-运营三个关键节点为逻辑框架结构，构建优化的公私合作价值关系；研究合作主体价值目标、合作关系和合作组织治理结构，解决为什么合作、怎样合作和合作运行规律等问题；对课题创建的公共项目合作机制进行实证分析；提出基于优化公共合作价值导向的 PPP 政府管理治理机制的理论构思。

研究难点：PPP 项目实现公共价值最大与全生命周期合作伙伴关系最优，是构成公私合作机制的基础；合作利益主体公平与效率关系是形成合作的基本原则；全生命周期合作环境及总体原则的影响因素，重点在准入前提、风险分担与利益共享、合作内在的产权结构选择、监管与参与部门职能分离等。解决公私合作伙伴关系有效边界与不确定性以及合作公平与效率的保障条件；实现公共项目公私合作机制规律的理论性、前沿性和可操作性的集成。

第四节　研 究 意 义

从本质上说，公共项目公私合作(PPP)机制是公共部门与私人部门共同为社会公众提供公共产品/服务结成的合作伙伴关系的规制和规则。它以公平与效率为基础，通过科学、系统和规范的制度安排，保障公私合作伙伴在准入、建设、运营和监管等全过程的程序化与最优化，确保提供优质公共产品/服务的供给方式，实现公共项目/服务的最优价值和公共利益最大化目标，为西部地区各级政府运用 PPP 项目的政策制定、机制设计和管理体系建设提供理论与实践依据(叶晓甦等，2013)。

具体来说，开展西部地区公共项目公私合作机理、合作结构和合作运行方式研究的重要意义主要体现在两部分，即学术意义和实践意义。

一、学术意义

(一)有利于提升与推进我国公共项目投资与管理的理论研究

近年来，中国学术界在公共项目公私合作(PPP)理论与实践研究方面取得了一定的研究成果，主要从狭义 PPP/BOT 项目融资模式开始。基于此概念延伸出了 PPP 技术方法研究，如风险分担与利益分配、法律合同解释、运行机理和治理机制等；特定基础设施 PPP/BOT 模式实践应用研究，如城市轨道交通、高速公路、发电站、城市供水及垃圾处理、城市体育文化设施等；进一步到政府角色与定位、政府监管等方面的研究。但至今我国对 PPP 概念的认识以及内涵与外延存在多种解析，难以形成科学、系统和完整的共识，对 PPP 基础理论与应用理论研究主要侧重于西方理论梳理、经验总结，形成了不同的理论观念学派。总体上，公共项目公私合作未能涉及我国公共项目投资体系、机理、机制和规则理论与实践改革等内容，尚未形成适合我国(尤其是西部地区)的 PPP 模式基础理论体系、公私合作机制实践的研究成果，因而，在西部地区公共项目投资与管理领域的改革缺乏科学的指导依据。

本书从 PPP 伙伴关系与伙伴价值视角探索 PPP 机制，在借鉴西方研究理论成果的基础上，科学、系统和完整地探索我国 PPP 伙伴机制的理论边界，厘清公私合作伙伴机制的理论脉络，构建符合中国国情及西部地区实际的 PPP 伙伴运行机制，并解决其在实践中的问题，促进项目管理学与新公共管理学的交叉与融合，破解传统公共项目投资管理、运行机制和管理效率低下的旧格局，研究独辟蹊径地提出 PPP 伙伴机制目标是创造社会公共价值经济性、效率性、效果性和 PPP 伙伴价值最优化，探索中国特色的 PPP 物有所值。通过创新西部地区 PPP 研究基础理论，将研究成果提升到公私合作制度配置层面，提出了创造合作伙伴价值导向的 PPP 机制理论思路，为西部地区公共项目投资体制改革、机制创新提供科学的理论依据和实践模式。

(二)有利于推进与创新公共项目投资资源配置方式

西部地区建设处于国家 "十三五" 时期,是人民对幸福生活需求与城市公共项目基础设施投入差距不平衡的显著时期。在工业现代化、信息化和新型城镇化的重要发展阶段,新型城镇化对公共基础设施或公共服务产生巨大的投资需求,西部地区省(自治区、直辖市)政府财政收入供给不足,以重庆市为例,2016 年重庆市财政收入为 2227.91 亿元,而固定资产投资需求为 15 931.78 亿元[①],政府财政资金与基础设施建设投资存在着巨大差异,成为制约西部地区城镇经济整体发展的巨大障碍。分析其原因有二,一是公共项目投资体制缺乏市场配置资源功能,民营资本难以搭建寻找公共项目投资的机会,政府缺乏实现对基础设施有效的投资资金;二是在竞争性与公益性交叉的公共项目领域,国有资本的自然垄断或垄断竞争性导致民营资本无法进入。PPP 模式具备了市场配置资源的典型特征,建立公共部门和私人部门在公共项目投资领域的"公私合作伙伴关系",以及运行新型的"公平竞争、产权明晰、利益共享、风险共担"的合作伙伴机制,其核心就是向公众提供最佳的公共产品和最优质的公共服务,促进西部地区公共产品投资的结构调整,完善公共资源的市场配置功能,弥补市场失灵与政府失灵的缺陷,实现公共产品供给的可持续发展。因而 PPP 机制研究体现了市场经济理论、公共产品资源配置理论和创造公共项目价值理论的融合,推进了公平与效率的公共资源供给方式的创新。

(三)有利于完善与创新政府公共投资管理体制与机制改革

我国西部地区公共项目投资管理体制改革与东、中部地区类似,经历了公共财政体制、投资体制和政府行政管理体制的探索历程。虽然不断推进公共项目投融资管理体制改革,但公共项目投资管理的各级政府部门从纵向到横向的行政职能管理、运行机制和管理模式并没有发生较大改变,西部地区公共投资中起作用的体制因素是新旧制度并存,传统的体制仍在持续运行,新的 PPP 机制尚未建立,西部地区公共项目投资领域仍是政府投资主导资源配置。实施 PPP 模式将冲击长期以来政府单独投资或国有资本垄断的局面,PPP 模式是向民营经济或混合所有制经济开放公共项目投资市场,不仅带来公共产品或服务市场化效率的提升,更为关键的是对政府及其公共投资管理的观念、思维、期望和目标提出挑战,对现行政府公共投资管理体制及运行机制提出挑战。建立符合西部特征的公共项目公私合作伙伴模式的管理机制,从而发挥市场主体在公共项目投资领域的效率,实现从商业竞争关系向合作共赢关系的变革,达到经济学中的帕累托最优化公共产品供给方式,因此,我们面临着艰巨的改革任务。

(四)有利于优化与实现公共项目公私合作伙伴价值目标

认识 PPP 项目融资的本质,其目的不在于它如何提供公共项目与提供多少公共产品或服务,而是在这种提供方式下如何达到满足公众利益的最佳效果。PPP 项目是否实现政府公共资源和市场资源的零和竞争,通过创造公共项目价值最优,我们通常称为优化和实

---

① 参见:根据《2016 年重庆市统计年鉴》和重庆市国民经济和社会发展第十二个五年规划纲要(渝府发〔2011〕13 号)整理。

现公共项目合作伙伴的合作价值目标。政府与社会资本投资人双方基于关系性契约建立的合作伙伴关系，旨在充分利用公共资源和市场资源进行公共产品投资、建设、运营与维护，以及提供公共产品/服务以满足社会公众需求的价值目的。西方发达国家在厘清公共部门和私人部门合作中形成的复杂的契约关系，提供保障 PPP 项目成功实施的系列法律法规体系、管理机制、激励机制、政府伙伴监管与市场监督机制等制度框架后，将其归纳为"物有所值"，即"经济性"、"效率性"和"有效性"的公私合作目标。因此，西部地区 PPP 项目合作机制建设的本质，从政府公共投资项目决策出发，就是确立政府主体的 PPP 项目合作价值观，落实政府部门的"合作政府"职能，建立科学、有效和适用的公共项目公私合作机制。

近几年，西部地区在 PPP 项目实践尝试中，政府投资项目往往过于注重融资效率、建设项目效率和经济效益等，忽视了 PPP 项目市场主体的市场价格、公平、竞争和利益的协调关系；忽略了 PPP 项目过程中公众利益需求与利益评价和参与市场监督的制度设计等，特别是项目合作决策阶段的公众参与监督；从市场主体角度，注重国有资本的参与，忽视了作为市场主体的民营企业的引导、培育和进入。西部地区在公共项目公私合作领域中政府与民营企业合作的案例很少，表明政府缺乏与民营企业主动合作的观念、能力和经验，更重要的是缺乏合作政策与机制保障。与此同时，民营企业也缺乏参与公共项目公私合作正确的观念和能力。科学研究公共项目公私合作伙伴机制，解除市场主体、社会公众及市场经济各环节中对政府和对社会资本投资人出现的"寻租"行为、政府主导行为以及政府投资行为的模糊认识、观念和行为误区，优化 PPP 项目伙伴关系结构，具有十分重要的理论与实际应用意义。

二、实践意义

(一)促进政府公共投资管理体制系统改革

在 21 世纪初，《国务院关于投资体制改革的决定》第四条规定"完善投资宏观调控体系建设"，但尚未提出建立公共项目投资公私合作机制。2014 年进入 PPP 模式全面推进时期，政府文件(国务院〔2015〕14 号文和〔2014〕29 号文)中确立了国家发展和改革委员会要在国务院领导下会同有关部门，落实、完善政府与社会资本合作投资宏观调控体系建设，发展和改革委员会在《国家发展改革委关于开展政府和社会资本合作的指导意见》中明确提出建设 PPP 运行机制。目前，我国各地方政府正在推出的针对特定领域的 PPP 合作模式，但在西部地区各省(自治区、直辖市)，以及东中部地区省市都尚未完成政府 PPP 模式合作机制的研究、改善和创新。课题以西部重庆市政府 PPP 项目为典型实践案例，以国际上 PPP 模式惯例为借鉴，以理论研究与实际情况相结合，构建西部地区公共项目公私合作机制，这种示范机制必将促进现行政府公共项目投资管理体系的改善与创新。

(二)保障政府与私人合作伙伴关系的公平与效率

公私合作伙伴关系研究首先要变革主体的观念与思维，更重要的是构建落地的机制保障，这样才能起到两类资源配置方式叠加的效应。通过合作机制条款保障，表现为政府主体诚信、市场经济主体安心和社会公众放心。其次，公私合作过程是体现双方价值追求、公私合作价值目标、调节合作行为、落实合作效果、实现合作价值最优化。最后，分离政府监督职能、管理职能和参与职能，利用机制自动给予的调节功能，从而代表更广泛的社会利益，保障社会利益的公平与效率。

(三)建立科学、系统和实效的合作机制的价值取向

PPP 机制取决于建立科学的基础理论、系统的环境因素分析和实际可用的流程的价值取向。因此，建立在公共项目投资基础上，研究的逻辑是通过对公私合作伙伴概念内涵与外延、合作项目全生命周期、合作利益核心相关者进行剖析，确立公共价值最大取向目标、公私合作动态合作价值最优过程和公共项目经济效益并举。PPP 研究注重理论脉络梳理、需求科学理论支撑，同时更要求探索现有行政管理体制下的改善途径、创新流程和实施程序。

第五节　研究原则及西部地区特征分析

一、研究原则

(一)定性研究与定量研究相结合

公共项目公私合作(PPP)机制的研究旨在探索我国西部地区 PPP 关系中的政策机制，探索在公共项目管理体制改革中的公私合作内在关系和运行方式，向社会公众提供公共产品和公共服务，以满足社会共同需要。由于管理机制难以用货币、数据直接表示，因此定性的逻辑研究将依据国内外经验作出主观评价。定量研究则是依据客观公共投资效益数据、研究过程中的调查数据，通过科学的计量方法，统一数据口径、标准，对数据进行验证的过程。还可以采用案例方法，剖析典型公私合作案例，还原其内在过程，测定合作中所需求的因素。课题研究主要对公共项目公私合作中典型案例借鉴、建立合作关系涉及的关键因素判断、西部地区公共项目投资现状及问题进行系统探讨，从而寻求公私合作逻辑框架。

1.普遍性与特殊性相结合

普遍性是指公共项目公私合作过程中投资体制、管理机制和管理目标共同的、系统的一般规律，用以说明公私合作中遵循的普遍定律。特殊性是指针对不同公共项目公私合作的特点，在合作中所发生的个别的、独特的合作因素，从而采取专门的合作原则或具体问题具体处理的原则。两种方法的有机结合与运用，能科学、客观和有效地发挥厘清复杂关系、多目标要求以及优化合作程序的作用，有利于公共项目公私合作伙伴关系机制的全面探索。

2.规范研究与实证研究相结合

规范研究通常运用归纳与演绎的逻辑处理方法，通过经济学、管理学、行政学等理论基础，对公共项目公私合作中发生的经济关系、管理关系及公共效益关系等进行理论分析，寻求理论支撑。课题研究主要依据公共价值、公共项目选择、委托代理和利益相关者等理论及形成的研究方法，探寻公私合作主体关系的产生与发展，合作内在的必然联系构成公私合作的基础及应用基础。实证研究是验证公共项目公私合作基础理论必然规律的程序，主要针对国内外，如英国、澳大利亚和我国香港地区公私合作机制政府指南案例的剖析，从而获取实践支持。

(二)研究关键线路

2010 年 4 月，课题组提出了国家社会科学基金项目"西部地区公共项目公私合作机制研究"的申请，同年 6 月经国家社科委批准立项(批准号：10XGL0009)。以此为基础，在重庆市哲学社会科学管理委员会组织的课题开题会上，项目负责人及其研究团队成员与开题评审专家组依据课题研究背景、课题研究理论基础、研究内容、研究方法和课题设计关键线路等，从多学科、多领域和相关理论研究发展前沿进行了反复讨论，得到重要研究结论：公私合作伙伴关系是研究西部地区公共项目公私合作机制的出发点与归属点，合作伙伴关系治理机制是 PPP 模式的准入、激励、定价和监管等各运行阶段机制的集成。研究技术路线如图 1-1 所示。

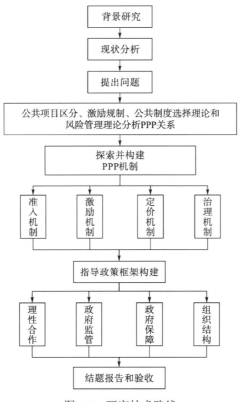

图 1-1 研究技术路线

（三）研究方法

1.问卷调查和访谈方法

通过对政府相关部门、政府型项目投资管理公司、高校科研机构、社会公众进行的调查问卷的统计结果分析，提出公共项目公私合作过程中的影响因素以及合作的现状。

2.系统分析与系统优化方法

课题组采取 PPP 项目系统和过程系统优化的方法，研究公共项目的全生命周期管理机理，实证案例和数据建立系统分析模型，分析合作中的影响因子，探寻合作的规律。

3.国际合作方法

课题组通过开展与澳大利亚皇家理工大学的合作研究，从而解决了国内外对比研究的难题。

二、西部地区特征分析

（一）西部地区公共项目公私合作环境

西部地区公共项目的政府管理机制经历了长期和复杂的改革过程。随着我国经济体制深化改革的不断推进，政府、企业与社会公众以及政府与市场之间的关系也在不断调整。基础设施建设作为我国社会经济发展的基础，历届政府都十分重视，随着社会主义市场经济深化改革而不断调整。自改革开放以来，西部地区地方政府公共项目管理机构改革紧随中央政府机构改革，先后进行了 7 轮，其特征是向政府与市场关系和政府与公民关系的方向演变，更主动地发挥地方政府在社会经济发展中的主动性和创造性。由于西部地区处于大陆腹地，各省（自治区、直辖市）的经济发展不平衡，市场经济体制改革尚在发展初期，市场经济显示指标及政府体制建设与东部地区相比存在较大差距。因此，政府在公共项目建设政策、管理模式和管理机制研究方面还处于持续探索、改革和完善之中。

1.东部与西部经济发展差异

1）总体经济发展水平

GDP 是通常用于衡量地区经济发展水平的综合指标，从东西部人均地区生产总值总量的角度，东部地区的人均 GDP 水平始终高于西部地区，虽然西部地区人均 GDP 平均增速达到 1.48 倍，但其绝对值在 2014 年与东部地区相差近 3 倍，且这种差距有扩大的趋势，如表 1-6 所示，说明在西部地区加快发展的同时，东部地区增长更快。

表 1-6　东西部 GDP 平均值比较

指标	2010 年	2011 年	2012 年	2013 年	2014 年
东部省市 GDP 平均值/亿元	22 771.63	26 689.22	29 158.04	31 998.02	34 425.37
西部省市 GDP 平均值/亿元	5 853.66	7 206.74	8 227.10	9 237.95	10 102.07

数据来源：国家统计局网站（2010~2014 年统计年鉴）。

2）社会生产总值指数

社会生产总值指数能够反映地区经济中所生产出的最终产品和劳务价值。从东西部的比较可知，西部地区绝对值呈向上趋势，均超过东部地区，如表 1-7 所示，说明西部地区经济发展活跃、人民收入水平增加和消费能力增强。

表 1-7 东西部地区生产总值指数平均值比较

指标	2010 年	2011 年	2012 年	2013 年	2014 年
东部地区生产指数平均值/%	113.05	111.04	109.52	109.24	107.98
西部地区生产指数平均值/%	113.72	113.62	112.37	110.98	109.27

数据来源：国家统计局网站(2010～2014 年统计年鉴)。

同时在我国经济总体下行的趋势下，西部地区具有比东部地区更大的增长空间、资源和创新潜力，如图 1-2 所示。

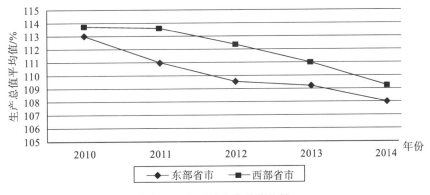

图 1-2 东西部生产总值比较

2.东西部全社会固定资产投资比较

1）固定资产投资

全社会固定资产投资资金来源可以反映东西部地区的投资方向、投资结构以及开放程度。总体上，西部地区落后于东部 50%，如表 1-8 所示。其中，利用外资投资的差距将近 10 倍，这与西部的对外开放程度、投资政策和投资环境等因素相关联；同时，国家财政对西部地区的投资高于东部，说明国家在加大对西部的投资，主要用国家财政资金支持建设。东部"自筹资金"项目明显高于西部近 50%，说明东部的资本市场和金融市场明显比西部活跃。

表 1-8 2010～2013 东西部地区全社会固定资产投资资金来源合计比较 （单位：亿元）

资金来源	国家预算	国内贷款	利用外资	自筹资金	其他资金	总计
东部地区	22 453.91	104 809.12	14 460.94	422 144.34	122 607.91	686 476.22
西部地区	28 039.96	49 122.94	1 443.16	228 295.85	51 180.98	358 082.89

数据来源：国家统计局网站(2010～2013 年统计年鉴)。

2）基础设施投资

将东西部地区按照基础设施投资分类进行比较，如图 1-3 所示，西部地区各项投资总体上均超过东部地区。一是西部地区总体上欠账太多；二是在基础设施领域西部地区相对东部地区地域辽阔、地质情况复杂、区域自然环境属于高原山区，甚至是戈壁和沙漠，缺水少林和自然灾害频发等。基于此，西部基础设施远远不能满足社会经济的发展要求，结合表 1-8 分析，这些基础设施项目建设中主要是依赖于国家财政或地方财政的投入，以及以债权方式投资为主，同时也间接指出在基础设施建设投资领域以国有资本投入为主；而通过市场的其他经济方式投入落后于东部地区，因此提出了西部地区在基础设施投资领域应加快制度创新，采取更加开放的态度和制度政策以及运行机制。

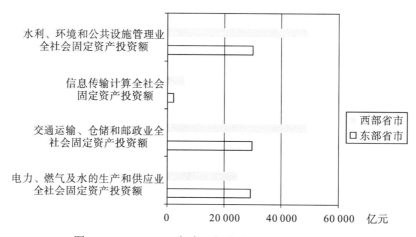

图 1-3　2010～2013 年东西部基础设施投资分类比较

为进一步说明此问题，我们引入了东西部全社会固定资产投资资本结构进行比较，如表 1-9 所示，东西部国有资本投资额十分接近，而在"个体企业"、"港澳台商"和"外商投资"项与东部相差甚远，这也证实了前面的判断。

表 1-9　2010～2013 年东西部地区按照资本结构分类比较　　　　　　　　（单位：亿元）

资金来源	国有投资	集体投资	股份合作投资	联营投资	私营投资	个体投资	其他投资	港澳台商投资	外商投资
东部地区	130 582.17	29 936.84	2 559.09	1 907.5	182 652.35	16 004.43	21 234.26	28 687.22	29 264.05
西部地区	120 724.59	4 792.45	1 289.92	1 153.13	58 533.57	11 844.43	10 598.31	4 835.84	4 837.07

数据来源：国家统计局网站(2010～2013 年统计年鉴)。

3.东西部产业结构比较

东西部产业结构如表 1-10 所示，西部总体趋势是农业产业集中，第二产业增加，第三产业落后。这说明，深化体制改革以来，西部地区的产业结构没有得到有效的调整，东部地区的产业结构有了进一步的优化，转向贸易服务业、金融业和资本市场，东西部的发展差距仍在扩大。

表 1-10 东西部各产业增加值占 GDP 比重

年份	东部			西部		
	第一产业	第二产业	第三产业	第一产业	第二产业	第三产业
2010	0.063	0.494	0.443	0.131	0.500	0.369
2011	0.062	0.489	0.449	0.127	0.509	0.363
2012	0.062	0.478	0.460	0.126	0.501	0.373
2013	0.061	0.465	0.474	0.121	0.483	0.396
平均值	0.061	0.477	0.462	0.125	0.494	0.381

资料来源: 国家统计局网站(2010~2013 年统计年鉴)。

以上市公司为例,仅对 2012 年上市公司龙头产业数量进行比较,西部地区远远不如东部,如表 1-11 所示,其部分上市公司总量比东部地区少 132 个。

(1)绝对数量上,东西部上市公司差距进一步拉大到 987 个,表明西部内生融资能力、制造能力和产业集中度都存在深化改革的实际空间。

(2)西部地区主要是以农业产业为主,第三产业服务大型公司差距有拉大的迹象。

(3)西部地区上市公司在基础设施产业和交通运输业的数量明显较低。

(4)上市公司是公共项目公私合作市场伙伴的主力军,东西部的差距表明西部地区应以更开放的态度寻求优化组合的合作伙伴的对象和范围。

表 1-11 2012 年底按行业划分东西部上市公司数量的比较 (单位: 个)

行业	电力、热力、燃气及水的生产和供应业	交通运输、仓储和邮政业	信息传输、软件和信息技术服务业	水利、环境和公共设施管理业	小计
东部地区	36	50	86	7	179
西部地区	24	6	9	8	47

资料来源: 国家统计局网站(2010~2013 年统计年鉴)。

注: 中国东部地区上市公司总数 1391 家,中国西部地区上市公司总数 404 家。

4.东西部政府制度与行政效率比较

1)政府公共项目审批程序

在积极探索市场化管理模式上,西部地区目前主要实施的是"统一受理、分头审批、限时完成、集中回复"的审批机制(李殿勋,2007),如图 1-4 所示,这与东部地区基本相同。

随着界定 PPP 项目原则、适用范围、试点领域和适用边界的明确,并强调 PPP 项目的全过程监督管理和完善 PPP 项目建设与管理程序,为了实现追求公共利益最大化和满足公众需求的目标,实施的管理程序和运行机制较为复杂,如图 1-5 所示,因此提出了深化公共项目建设管理改革。

根据调研访谈分析可知,我国东西部地区公共项目建设与管理机制基本一致,地方政府或发展和改革委员会是公共项目的审批或核准部门,财政主管部门负责资金计划和资金使用的审查与审批,不同领域的行业主管部门按照政府或发展和改革委员会的审批结果监督和管理所辖项目；而与公共项目投融资、建设、运营与维护活动相关联的政府组成部门，根据法律法规赋予的职责权限监管相应的项目活动，并按照相应程序管理，如国有资产监督管理部门代表政府监督管理国有资产，履行出资人职责，并按照既定制度或程序考核管理人员、运营主体等的绩效，努力实现国有资产的保值与增值。

2）公共项目政策法制环境

随着公共部门与私人部门合作的模式在我国的应用越来越广泛，为了鼓励和引导民间资本或社会资本进入公共项目领域，西部地区各省级政府陆续出台了公共项目建设运营的相关法规政策（如表 1-12 所示），也为公共项目公私合作创造了基本的法制环境。

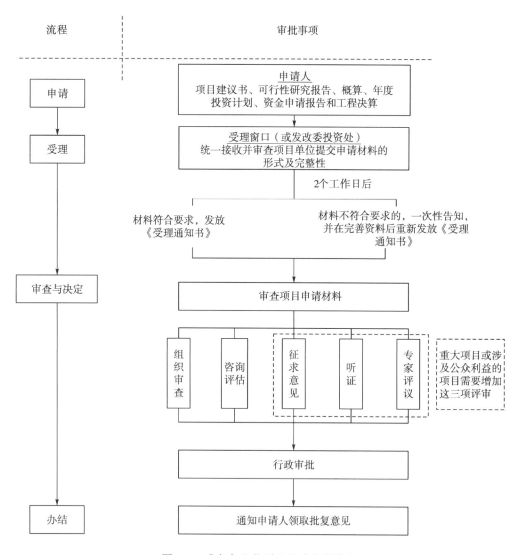

图 1-4 重庆市公共项目行政审批流程

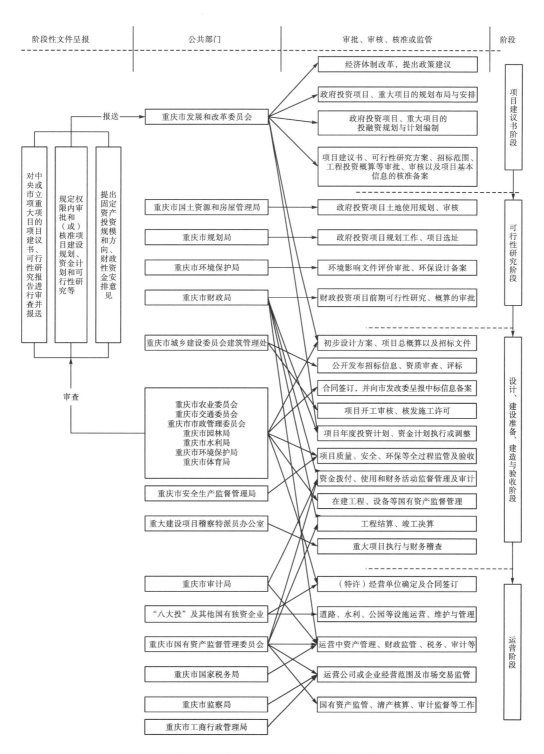

图 1-5　重庆市 PPP 项目建设与管理程序

表 1-12 西部地区关于 PPP 建设管理的部分文件

地区	政策文件	年份
四川	《关于进一步加大开放力度吸引民间资金进入交通基础设施领域的实施意见》	2004
	《四川省高速公路建设项目实施 BOT 方式管理办法(试行)》	2004
	《新津县基础设施工程 BT 建设模式实施意见(试行)》	2009
	《四川省人民政府关于进一步鼓励和引导民间投资健康发展的实施意见》	2011
	《四川省人民政府办公厅关于推进政府向社会力量购买服务工作的意见》	2014
	《四川省高速公路 BOT 项目管理办法》	2014
贵州	《贵州省市政公用事业特许经营管理办法》	2004
	《贵州省市政公用事业特许经营管理条例》	2008
	《六盘水市市级政府性投资项目 BT 投融资建设管理试行办法》	2009
	《黔东南州人民政府关于鼓励和引导民间投资健康发展的实施意见》	2012
	《贵州省人民政府办公厅关于政府向社会力量购买服务的实施意见》	2014
云南	《昆明市基础设施 BT 模式建设项目中推行工程总承包模式的通知》	2009
	《昆明市社会资金参与土地一级开发整理项目的办法》	2010
	《昆明市人民政府关于鼓励和引导民间投资健康发展的实施意见》	2010
	《昆明市推进基础设施 BT 融资模式建设的工作方案》	2011
	《云南省县级以上政府向社会组织购买服务的暂行办法》	2013
宁夏	《关于进一步鼓励和引导民间资金进入市政公用事业领域的实施意见》	2014
	《银川市推广应用 PPP 模式实施方案》	2015
新疆	《新疆维吾尔自治区市政公用事业特许经营条例》	2005
	《新疆维吾尔自治区关于鼓励和引导民间投资健康发展的实施意见》	2011
	《新疆维吾尔自治区关于政府向社会力量购买服务的实施意见》	2014
甘肃	《甘肃省市政公用事业特许经营管理办法》	2004
	《甘肃省人民政府关于鼓励和引导民间投资健康发展的实施意见》	2011
	《甘肃省公路工程项目实施 BOT 方式管理办法(试行)》	2014
	《关于鼓励和引导民间资本投资交通基础设施领域的实施意见》	2014
	《甘肃省发展和改革委员会关于开展政府和社会资本合作的实施意见》	2015
重庆	《重庆市人民政府关于加强和规范政府投资项目 BT 融资建设管理的通知》	2007
	《重庆市人民政府关于印发重庆市 PPP 投融资模式改革实施方案的通知》	2014
	《重庆市发展和改革委员会关于印发 PPP 合作通行协议指导文本的通知》	2014

(二)西部地区公共项目公私合作特征

1.发展是硬道理,总体上东西部差距明显

通过对 2010～2013 年数据的统计分析,西部地区无论是经济总量,还是各项主要指标分类都呈现稳步发展势头。但在西部地区发展的同时,东部的增长却快于西部。如果需要改变这一传统跟进模式,则必须转换西部经济发展的传统思维,从目前中国经济新常态

的进程中，创新政府制度环境和运行机制以及 PPP 发展的长效机制。

2.公私合作，需要转变国有资本为主体模式

目前西部地区基础设施无论是投资主体，还是融资主体结构，发挥主导作用的仍然是国有资本，说明西部地区要学习东部利用以个体资本、港澳台资本和国际资本向基础设施及公用事业投资为主转变。不仅需要正视西部在客观条件上与东部地区的差距，更重要的是充分利用好中央给西部的政策环境、制度环境和发展环境，在公共项目公私合作的制度和运行机制层面走在东部的前面，甚至更大胆地向国际惯例协调，以更开放的视角去组织、吸引国际资本、混合资本和民营资本进入基础设施领域。

3.政府作用，在于确认公私合作是伙伴关系

目前西部地区公共项目公私合作的政策和管理机制处于起步初期，政府还停留在 PPP 项目是"经济与成本平衡"和"取得经济效益"的主流认识，有的照搬国外培训教材上对 PPP 项目的定义，即认为 PPP 项目核心就是具有"融资性"，这只能说是 PPP 的基础认识。正是因为 PPP 项目合作的长期性，政府与社会资本投资人必须建立起长期合作的关系，而并不是纯粹的商业利益和商业合同关系，是基于公共利益基础上的，伴随着从 PPP 项目决策、建造、运营和退出全生命过程"命运共同体式"的伙伴关系。

4.运行机制，是政府行政监管、协调和协同的综合功能

目前，西部 PPP 机制实际上是政府行政管理职能的供给产品。社会资本人通过社会关系取得资金，这里的社会关系是由政府和市场主体因目标相同而形成的。因而政府应明晰自己的主体是谁、听谁说和由谁做，构建政府 PPP 主管部门，赋予相关政府部门的行政性监管职能，以及对政府其他部门的协调职能和参与 PPP 项目的协同职能。这就需要不断探索方便、快捷和有效的合作机制。

(三)课题——"西部地区"研究范围界定

西部地区是我国经济欠发达、需要加强开发建设的地区。为了明晰西部地区研究的边界，从地理学、国家战略以及专家学者讨论等视角进行梳理，确定本书的研究范围。基于国家地理学角度[①]和西部大开发战略[②]，根据 2010 年国家社会科学基金"西部地区公共项目公私合作机制研究"开题会上专家评审的意见重点研究西部地理概念和西部省会城市，同时结合西部地区地理区位特点、政府投资体制改革特点和西部地区城市发展特点，课题研究的"西部地区"是指重庆市与四川(成都市)、云南(昆明市)、贵州(贵阳市)、甘肃(兰州市)、西藏(拉萨市)、新疆(乌鲁木齐市)等 6 省(自治区)的省会城市，以保证样本的典型性和示范性。

[①] 1986 年 4 月六届全国人大四次会议通过的《中华人民共和国国民经济和社会发展第七个五年计划》，综合考虑各地的基本情况，以现有生产力发展水平为主要根据，结合地理位置和区位特点，并适当考虑行政区划的完整性，对东中西三大区域作了明确的划分。在 1997 年八届全国人大五次会议通过了设立重庆市的决定，西部地区增加为 10 个省、自治区、直辖市。

[②] 2000 年 10 月中国共产党十五届五中全会通过的《中共中央关于制定国民经济和社会发展第十个五年计划的建议》。在综合考虑经济发展水平、地理区位和少数民族地区发展因素的基础上，又考虑到地处东南部的广西和中北部的内蒙古是我国 5 个少数民族自治区中的 2 个，社会经济的发展与西部地区类似，故而将内蒙古和广西也列入了西部大开发的范围。这样，"西部"特指的是西部大开发范围所包含省、自治区和直辖市，也就所谓的"10+2+2"，中国西部有西南五省区，西北五省区和内蒙古、广西、湖南的湘西、湖北的恩施土家族苗族自治州。

第二章　公共项目公私合作机制的理论分析

第一节　公共项目公私合作机制的定义与特征

一、公共项目概念、特征与分类

(一)公共项目概念与特征

公共项目亦称"政府投资项目"或"公共工程",通常按项目资金来源及社会效益影响,把城市基础设施的工程项目分为公共项目和私人项目,前者是代表公众意志行使满足社会公众需求的政府行为,而后者是满足私人利益最大化的法人或个人行为(杜亚灵,2008)。然而,在我国基础设施投资的发展历史上未采用"公共项目",而沿用政府投资项目概念。1978 年我国实施改革开放国策和不断深化社会主义市场经济体制改革,无论是中央政府,还是地方政府在公共投资体制改革实践中均将其定义为政府投资项目和企业投资项目①,或采用政府财政性资金来源②的定义。这一阶段的定义主要分为两类,一是以投资主体划分;二是从投资资金来源渠道划分。2006 年,我国政府首次在文件中将建设项目划分为"公共项目"和"非公共项目"③,因而在学术研究中沿袭了这一概念。本书为保持概念与国际惯例的一致性和阐释研究课题问题的全面性,采用根据投资主体目的分类的"公共项目"概念。

伴随着我国公共投资体制改革的深入,学者们对"公共项目"概念及内涵进行了大量的研究,取得了一定的成果,以下列举了政府及专家学者的研究中具有代表性的观点和定义,如表 2-1 所示。

基于上述对公共项目概念的梳理,归纳公共项目的基本共性特征:

(1)公共利益目标。公共项目以满足社会公共需求为导向,保障全社会可持续发展和向社会公众提供公共产品或服务,实现公共利益最大化的目的。因而,追求社会公共利益是其区别于私人项目的重要特征。

(2)政府主导。公共项目具有社会与经济属性,政府是社会公共产品或服务的主要提供者,因而公共项目的主要投资主体是政府。

---

① 参见:国务院关于投资体制改革的决定[S].国发〔2004〕第 20 号,第二条、第三款和第三条、第二款。
② 参见:《重庆市政府投资管理办法》市政府令〔2003〕第 161 号,总则,第二条。
③ 参见:2006 年国家发展和改革委员会和建设部联合发布的《建设项目经济评价方法与参数》(第三版),总则第 1.4 条"建设项目从不同角度进行分类"。

表 2-1 我国公共项目概念的研究

编号	概念解释	文献资料	简要评述
1	公共项目是为社会提供基础条件和公益性服务以创造社会效益的一类项目,是社会经济生活的重要组成部分,涵盖范围包括科教文卫、行政、邮电交通、能源、福利等,既可以是经营性项目也可以满足非经营性需要	宏江(2013);花拥军等(2005);郑边江(2009)	强调项目目的和行业分类
2	由政府自行生产和提供的一些特定物品或服务,政府提供的有形公共品便是公共项目(或称为公益性项目),此类项目不以单纯营利为主要目的	张文娟等(2011)	项目提供主体
3	公共项目主要是为了满足社会公共需要的固定资产投资项目,具有显著的公共物品的性质。公共项目包括供水、供热、公共交通等项目	何寿奎(2009);王红岩、何伯洲(2007);王立国等(2012)	项目性质和项目行业分类
4	公共项目就是在公共需求带动下,围绕公共品提供、生产、消费的各参与方在市场中通过一系列合约缔结而成的,具有生产功能的临时性契约组织	严玲、尹贻林等(2008)	经济学解释供给与需求关系
5	公共项目是直接或间接向社会提供公共消费品的项目	齐中英和朱彬(2004)	提供方式
6	公共项目是指道路、电力、市政工程、通信工程等与人民日常生活息息相关的基础设施建设项目	胡振等(2001);刘汉屏(2002);侯祥朝(2003)	行业分类
7	公共项目是指为满足社会公众需要,生产或提供公共物品(包括服务)的项目,公共项目不以追求利益为目标,其中包括本身就没有经营活动、没有收益的项目,如城市道路、路灯、公共绿化等项目,这类项目的投资一般由政府安排,营运资金也由政府支出	《建设项目经济评价方法与参数(第三版)》(2006)	项目提供对象和项目范畴
8	政府公共项目指为了适应和推动国民经济或区域经济的发展,为了满足社会的文化、生活需要,以及出于政治、国防等因素的考虑,由政府通过财政投资、发行国债或地方财政债券、利用外国政府赠款以及国家财政担保的国内外金融组织的贷款等方式独资或合资兴建的固定资产投资项目	《政府投资项目审查实务》(2000)	项目目标、资金来源、项目管理

注:"文献资料"归纳表示对应的研究资料所支持的观点。

(3)资源配置方式。公共项目长期以政府财政预算资金为重要支撑,通过直接投资、资本金注入、投资补助等方式形成全社会固定资产。

(4)公众为消费主体。公共项目使用者和需求者是社会公众,公共产品的使用者或消费者通过享受公共产品或服务,直接或间接地享受到社会公共福利,从而优化政府管理职能和增加社会贡献。

(5)项目种类众多。公共项目按资金来源划分为政府投资项目和非政府投资项目;按产业划分为农业项目、工业项目和技术改造项目;按行业划分为交通建设项目、水利建设项目、公益事业项目等;按管理职能划分为国家重点建设项目、地方重点建设项目、国际金融组织贷款项目和行业部门项目等。

(二)公共项目经济性分类

公共项目提供的产品和服务是面向社会公众的,并具有公共产品或准公共产品的性质，即非排他性(高鸿业，2004)。根据项目属性来决定其投资主体、资金渠道及运作模式等，将公共项目分为三类，如表 2-2 所示。

表 2-2　公共项目经济性分类

分类	特征	范例	投资主体	产权归属
非经营性公共项目	非排他性和非竞争性	城市照明、绿化等	政府	政府
准经营性公共项目	具有一定的排他性和竞争性	图书馆、医院等	政府、企业或个人	投资者
经营性公共项目	排他性和竞争性	能源产品、通信等	政府、企业或个人	投资者

注：本书作者绘制。

二、公私合作内涵与本质

我国传统的公共项目投资、建设与管理都是政府主导和管理，如自建模式和工程指挥部模式。通过剖析公共项目公私合作(PPP)的内涵与本质关系，探索公私合作功能、合作主体和合作客体，以及如何建设公私合作机制等问题。

(一)公私合作的内涵与本质

伙伴关系(partnerships)是买卖双方之间信息共享、利益共享、风险共担的协议，协议双方为了共同目标投入资源，努力达成彼此的设定目标(Euram，1991)，这种关系以信任、合作和团队精神为导向，并以取得竞争优势、主动创造更大价值为动力(Vokurka，1998；Naoum，2003)。通过转变参与方的传统关系，打破组织间的壁垒，整合并充分利用所有参与方的资源，实现合作目的(Construction Industry Institute，1991)。而公私合作又称"公私合作经营"、"公私合作关系"和"公私伙伴关系"等，从公共项目特许经营全生命周期视角，将 PPP 译为"公私伙伴关系"能更准确诠释 PPP 项目全生命运动规律的特征。

1.公私合作的内涵

公私合作本身是一个非常广义的概念范畴。各国文化背景及经济发展的差异使得不同国家对 PPP 的内涵有不同定义，如英国财政部认为 PPP 是公共部门和私人部门联合工作的一种安排，广义 PPP 涵盖公私双方在政策制定、公共服务和基础设施领域的合作，实现物有所值。根据表 2-3 所示的西方发达国家和国际组织的定义，可知：①PPP 概念的"公"和"私"是基于市场经济体制下的提供公共产品或服务目标的产物，市场经济造就了公共领域和私人领域、公共部门和私人部门。公共部门包括中央政府、地方政府和公共资本企业，私人部门是指市场经济各类企业投资主体。②公私合作伙伴关系，即政府与企业双方通过协议、合同和产权安排组成特定的组织模式，依据"物有所值"原则而形成的合作关系。

改革开放以来，我国公共项目领域应用较多的是 BOT 和 BT 类型。2001 年，北京市成功申办第 29 届夏季奥林匹克运动会，首次以 PPP 模式修建国家体育场馆"鸟巢"、北京地铁 4 号线和杭州湾跨海大桥等项目，PPP 概念由此正式被提出，并获得学术界、社会资本和政府部门的关注。我国香港地区政府建立了成熟的 PPP 指南，将 PPP 界定为一种涉及私人部门参与公共服务供给的契约安排，是一种基于伙伴关系的方法或模式，是为了实现物有所值目标。我国学者在公私合作伙伴概念、内涵和本质等方面的研究也取得了较为丰硕的成果，如表 2-4 所示。

表 2-3 国外相关机构关于 PPP 的解释

机构名称	PPP 的解释	简要评述
欧盟委员会	公共部门与私人部门之间为提供由公共部门负责的公共项目或服务而建立的一种合作关系	合作目的、合作关系
美国 PPP 国家委员会	公共部门利用私人资源提供公共产品或服务的方式，以满足公共需求，介于外包与私有化之间，兼具两者的特点	合作形式、合作特点合作环境
加拿大 PPP 委员会	建立在私人部门和公共部门各自的经验基础上，事先清晰界定双方需要满足的公共需求，通过资源、风险、利益分配机制形成合作经营关系	合作目标、合作内容运行机制
德国联邦交通建设及房地产部	指长期的基于合同管理下的公共部门和私营部门的合作，以结合各方必要的资源(如专业知识、运营基金、资金、人力资源)和根据项目各方风险管理能力合理分担项目存在的风险，从而有效地满足公共服务需要	合作优势、合作效率

资料来源：根据 Tang(2011)、EU-Asia PPP Network(2011)、Kwak 等(2009)整理形成。

表 2-4 我国 PPP 概念、内涵和本质研究观点

编号	概念	文献资料	简要评述
1	PPP 是公共部门与私人部门在基础设施建设中通过正式协议建立起来的一种长期合作伙伴关系	贾康和孙洁(2009)；叶晓甦(2010)；关书溪(2011)；邹慧宁(2011)；郑志强等(2011)；连红军(2011)；吴国方(2011)；刘娟(2011)；叶晓甦(2013)	强调 PPP 外延基本形式；内涵是信任、平等和目标；明晰了本质、原则和途径
2	PPP 是公共部门与私营部门通过建立伙伴关系来提供基础设施产品/服务的一种运行机制	朱丽丽等(2011)；袁永博等(2011)；李凤兰(2011)；何寿奎(2009)	概念提出了制度安排
3	PPP 是企业获得政府的特许经营权，提供传统上由政府负责的基础设施、公用事业的建设与服务的方式	李金波(2011)；王守清等(2011)；陈柳钦(2006)	概念强调作用
4	PPP 是私人企业与公共部门合作的融资模式	汪耿(2011)；杨超和唐莹(2011)	概念原始功能定位
5	PPP 是公共部门和私人部门为提供公共产品或服务、实现特定公共产品的公共效益而建立的项目全生命期合作的契约关系	叶晓甦等(2011)；姚媛媛(2011)；马君(2011)；张喆等(2008)	概念体现制度性契约具有可操作性
6	将投资新建 PPP 项目的决策问题定义为一个基于市场供需条件的公共产品服务的最优投资决策问题	姚鹏程等(2011)	概念仅表示了单一 PPP 功能

注："文献资料"归纳表示对应的研究资料所支持的观点。

2001~2014 年，我国 PPP 模式研究已成为热点，根据国家自然科学基金委与社会科学基金委资助项目(参见附录 1)可知，PPP 研究项目数量逐年增多、学科多元化。然而，学术界依然对 PPP 概念的认识存在多种解析，至今未能形成共识，政府出台的有关 PPP

文件中，并未明确其合作形式、方式、关系和机制概念及内涵。

PPP 模式研究的重点是如何科学、系统和准确理解我国"公私合作"的内涵及外延，即中国式的公私合作伙伴关系的特殊性与国际惯例的有机统一。

(1)伙伴结构。依据我国混合经济所有制存在的特点，伙伴 I 是"公共部门"，即公共项目发起主体或管理主体，包括政府及政府行业管理部门、公用事业管理部门、非营利组织等；伙伴 II 是"私人部门"，即市场资本投资者主体，包括国有资本投资企业、民营资本投资企业、国际资本投资企业、混合资本投资企业和独资企业或个人等；伙伴III是监督主体，包括政府监管部门、社会公众和第三方专业咨询监督组织等。从政府角度，伙伴结构是由行政区域政府伙伴关系、政府部门间的伙伴关系和同一城市地方政府的伙伴关系组成的，因而政府必须优先形成伙伴关系，才能有效地与社会资本投资者实现伙伴关系。从社会资本投资主体视角，企业联合体伙伴关系和企业内部的伙伴关系同样重要。根据我国西部地区的 PPP 项目实践可知，绝大多数 PPP 项目均由政府主导发起，这种公私合作组成了地方政府与社会资本投资者的合作结构。2014 年末我国财政部、国家发展和改革委员会的文件将国际惯例所用的"公私合作"定义为"政府与社会资本合作"[①]。

(2)合作模式。合作模式是指公共项目政府与社会资本投资者具体的合作类型或系统运行方式。广义的 PPP 模式，必然包含着众多的具体类型，西部地区已有的实践类型有：BOT、TOT、BT、政府融资平台和购买服务等。狭义的 PPP 模式尚未实践。从合作伙伴对象来看，国有资本企业、民营资本企业和混合所有制资本企业等市场主体与政府主体合作的内在结构包括股权合作、购买服务合作、债权合作、租赁合作和混合模式等。

政府部门与社会资本投资企业或企业联合体组成的 SPC(special purpose company，即特殊目的公司)，即 PPP 项目公司，通过签订特许权协议组成运行的团队组织。公私合作的类型有 BOT、PPP、TOT(transfer-operate-transfer)、BT(build transfer)或 ABS(asset-backed securitization)等具体合作模式(叶晓甦等，2005)。因而，产生了广义的 PPP 内涵和狭义的 PPP 内涵，虽然存在运行程序、管理模式和复杂的合作关系，但公共部门的作用就是需要建立具有公信力与统一规范的合作机制，通过合作机制保障合作的和谐有效，促进合作的资源配置效率提高或生产力质量提升，实现公共项目"物有所值"和创造社会公共价值。2014 年国务院《关于创新重点领域投融资机制鼓励社会投资的指导意见》中明确提出"鼓励和引导社会资本"参与基础设施建设，并建立健全政府和社会资本合作机制。

社会资本投资者的参与程度由低到高如图 2-1 所示。

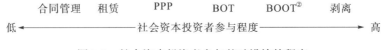

图 2-1　社会资本投资者参与基础设施的程度

如此多的合作类型，必然要求政府对社会资本投资者提供制度保障。

---

① 《政府和社会资本合作项目通用合同指南》(2014 年版)中指出"社会资本主体应是符合条件的国有企业、民营企业、外商投资企业、混合所有制企业，或其他投资、经营主体"。
② BOOT(buicd-own-operate-transfer)，即"建设–拥有–经营–转让"。

2.公私合作本质

本质是指事物所固有的性质。PPP 项目基本的活动是公共项目以关系型契约方式合作融资、合作建设、共同经营和项目移交的全过程，见图 2-2 所示。PPP 模式的核心是公共部门与私人部门合作，完成城市基础设施项目的建设(李公祥，2011)。公私合作从决策、签订特许权协议到建设和运营移交的周期长达 20～30 年，其中合作期最长的是运营阶段，如北京奥运"鸟巢"项目特许经营期为 30 年，北京地铁 4 号线项目特许经营期为 30 年，英法海峡隧道项目的特许经营期是 55 年。

因此，PPP 项目的时间维是影响双方收益与风险的重要因子，也是伙伴关系的发展、维系和可持续的理论周期。合作伙伴周期可分为图 2-2："伙伴孕育期"，主要是政府选择 PPP 合作项目、项目可行性研究、通过审批公布项目意见书和向社会征求合作伙伴；"伙伴谈判期"，针对政府发布的项目，政府与社会资本投资人进行全方位协调、协商，最后达成一致的目标，签订特许权协议，正式成为公私合作伙伴关系；"伙伴全面合作期"，包括建设和运营管理，这是体现、落实和维护伙伴关系的过程，是商业契约关系、公共利益和伙伴利益复杂的交织，特别需要伙伴合作机制、政府监管和市场监督提供保障，才能实现共同价值目标；最后是"伙伴关系终结点"，即特许权时间已到，政府与社会资本投资人解除合约，完成项目移交。

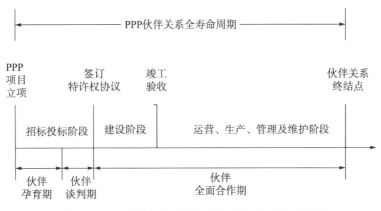

图 2-2　政府与社会资本投资者伙伴合作全生命周期

如果缺乏对公私合作伙伴的本质认识、对伙伴关系阶段的认识和程序化的制度保障，将导致 PPP 项目伙伴关系发生风险与危机，甚至会造成重大的社会损失。

至此，伙伴关系基本特征包括目标一致性、合作长期性、平等协调性、利益风险共享和政府监管。

伙伴关系本质：一是建立关系性合作契约；二是维护合作伙伴关系的合作规则和治理机制；三是为社会公众提供优质的公共产品或服务。在我国，其表现为 PPP 命运共同体，从而形成一致的 PPP 定义，为促进政府 PPP 项目的政策制定、机制设计和管理体系建设提供理论依据和实际应用指导。

本书采用的是广义 PPP 的概念，即政府和社会资本投资者为提供公共产品或服务，实现特定的公共利益而建立契约型的全生命期的合作伙伴关系。

(二)公私合作的主体

公私合作的主体其实就是回答"由谁来参与合作"的问题。公共项目投资主体的多元化,导致了公共项目利益主体及其利益诉求的多元化,使得公共项目利益相关者之间的利益均衡显得更为复杂和困难(尹贻林,2002)。公共部门和私人部门通过对自身的经济、技术与管理等方面的评估,以及对特定公共项目未来预期或价值的判断,在合同既定约束条件下做出自己的最优选择。基于伙伴关系价值导向,项目参与者之间秉持相互信任与合作的态度,在项目活动中消除各种争端(李红兵等,2004),建立项目合作伙伴关系,因此本书重点讨论公共部门与私人部门两个重要利益主体。

1.公共部门

在西方发达国家,公共部门一般包括政府组织和第三部门(胡象明,2001),以公权力和提供公共产品或服务为基础,并集中表现为政府活动及后果(简·埃里克·莱恩,2004)。我国虽没有明确的公共部门概念,借鉴西方研究的经验,认为本课题研究的公共部门是指政府。然而,由于公共项目地域性、公共服务对象的区域性、公共项目与地方经济发展的关联性、公共产品福利受益对象的有限性等原因,地方政府更重视公共项目建设运营、公私合作的机制设计、公共项目风险管理、PPP 项目治理以及公共项目对经济发展的重要性,因此,公共部门主要涉及我国的西部地区地方省级人民政府,而中央政府及中央主管部门合作的项目不在本书研究范围内。

我国香港地区政府效率促进组认为政府在公私合作模式中的利益体现在与私营部门分担项目建设运营的责任,创新公共产品解决方案。虽然公共选择理论指出政府符合"经济人"假设,但是随着公私合作必需的信息公开和公众监督的加强,政府在公共项目建设中将更加注重公共利益以及其在公共项目建设中的责任。我国公共产品或服务供给是政府主导,政府投资主体具有集约组织公共资源、交易费用低、宏观调控经济效率、保障整体社会公平和公众利益等优势,公共项目投资用于关系地区整体发展和市场失灵及不愿配置资源的经济社会领域,包括加强公益性和公共基础设施建设[①],通过提供公共产品履行政府职能,同时弥补市场缺失和改善社会公平与发展。因此,政府作为 PPP 伙伴的重要一方,不是单独指政府的某一部门,而是有合作权的政府代表或通过法定指令授予政府部门的集合体,包括项目决策部门系统、财政资金部门系统、建设监管部门系统、环境监管系统和社会管理部门系统等。这一概念的重要意义在于,明晰了政府集体的责任和义务,为政府部门间伙伴行为选择、效率和结构提出了制度化、程序化和诚信化的必要条件。

我国西部地区地方政府之间和政府内部各部门之间以行政职能管理模式化的 PPP 合作方式、监管方式和服务方式面临着巨大的挑战。政府如何定位、政府是推动项目还是提供制度保障,对此类问题应该做出科学的决策、判断和选择。

2.私人部门

公共部门之外的是私人部门,市场经济中的个体和私人经济是私人部门的主体(简·埃里克·莱恩,2004),这一概念显然是适合西方发达国家经济体制环境的。前面提及公共部

门和私人部门是市场经济发展的必然，而非所有制产生的。我国处于社会主义市场经济体制环境，以公有制为主体，多种所有制共同发展，私人部门或称为社会资本投资人，其显著特征是投资人利润最大化，并非社会资本的最大化。在我国奥运 PPP 典型案例中(表 2-5)，PPP 项目包括各种所有制形式的企业组织或个人。

表 2-5　北京 2008 奥运会项目投标联合体成员构成

		国家体育场	国家体育馆和奥运村	会议中心	五棵松文化体育中心	奥林匹克水上公园	合计
联合体数量		3	5	3	4	3	18
行业属性	投资开发商	1	3	1	2	2	9
	工程承包商	2	2	2	2	1	9
隶属关系	本市企业	1	4	2	3	2	12
	央企	2	1	1	1	1	6
成员数量		32	55	9	16	11	123
行业属性	投资开发商	8	15	2	8	4	37
	工程承包商	5	12	3	4	3	27
	设计单位	7	15	3	3	2	30
	管理咨询商	7	3		1	1	12
	供应商	2	6	1		1	10
	运营商	3	4				7
隶属关系	本市企业	8	22	4	11	6	51
	央企	4	8	1	1	1	15
	港澳台及外资	18	24	3	4	4	53
	其他	2	1	1			4

资料来源：课题组阶段性研究成果（2012 年）。

市场经济条件下，社会资本投资企业主要通过供给与需求、有效竞争和市场价格等规则向公众提供产品，既实现企业价值最大，同时也带来了巨大的社会效益。在我国基础设施项目建设领域公共部门的垄断性和行政性(刘小玄等，2007)，导致供给的失灵或低效率。因此，在我国，动员全社会资本投资人参与基础设施建设合作，具有分散各方风险、资源优质配置、集约资源优势、运营产权清晰和合作效率最优的功能。

社会资本投资者是 PPP 项目的重要股东，构成公共项目公私合作的核心利益相关人。社会资本概念是"社会"和"资本"的复合词，社会概念具有广义性和狭义性。从狭义角度，即一般经济社会结构理解，是经济关系组织在生产、交易和交换过程中形成的相互关系；资本是以追求利益为目标的行动中被投资和动员的资源或期望在市场中获得回报的资源投资(林南，2005)，现代的资本概念中不仅含有原始的经济资本，还有如人力资本、知识资本和信息资本等分类。社会资本是嵌入在社会关系中的资源(林南，2005)，因此在经济活动中的社会关系是政府与社会经济组织为公共项目的交易、交换和生产而共同结成的相互利益关系，本质上形成的是公共利益和商业利益关系的复合物。

根据前文的分析，我国 PPP 的社会资本结构，是国有资本、民营资本和国际资本等，社会投资者参与 PPP 项目的直接动机是为了寻求最安全、最有效和最有价值的公共项目，并期望通过 PPP 项目融资拓展新市场。因而他们是市场经济中精明的专家、谈判的高手、强大的运营商，但是在公共项目性质、功能和利益目标的认识、行为和选择政策方面存在致命的弱点，因而政府不仅需要提升自己的专业水平、服务水平和制度水平，同时也需要激励和引导社会资本投资人参与 PPP 项目，做出正确的公共利益目标决策定位，以及运营过程中信息透明和公正的财务决策、诚信的公共服务质量承诺。因此，私人部门参与 PPP 项目必须明确合作的最终目的是实现经营项目最大的公共利益，这样才能同时取得项目经营的合理利润。反之，政策收益、经营收益、环境收益和时间价值都将成为社会资本投资人的机会成本、财务风险和经营风险。具体定位见表 2-6。

表 2-6   公私合作主体的角色定位及利益诉求

合作主体	参与定位	利益诉求
公共部门	合作者、促进者参与者、监管者	(1) 基础设施服务提供的持续性 (2) 项目产品或服务的适当价格 (3) 对客户、用户的非歧视与公平对待 (4) 满足环境保护、健康安全及质量标准 (5) 项目适应现代及将来国家经济发展的状况 (6) 对未来条件变化的适度弹性
私人部门	合作者、经营者	(1) 完善的法律法规 (2) 对私人投资的保护 (3) 及时从公共部门获得建设和运营项目的批准文件 (4) 可实施的协议 (5) 良好的冲突解决机制 (6) 诚信的公共利益服务目标

(三) 公私合作的客体

在哲学上，客体是指主体以外的客观事物，是主体认识和实践的对象(夏征农，2009)。客体是客观性、对象性、社会历史性的统一(李景源，1990)。公私合作的客体其实就是回答"公共部门和私人部门建立合作伙伴关系所指向的对象"，即公共项目。公共项目是为了满足社会公共需要，具有公共品性质，追求公共利益(严玲，2005)。政府是社会公众的代理人，代表广大人民的根本权益和维持公共资本出资人的利益。政府作为公共项目的发起者，理应从社会公众的利益出发，科学选择公共项目投融资、建设与运营模式，理顺政府、企业与社会公众的关系，实现公共项目的公共效益。

公共项目是提供公共产品或服务的重要载体，也是实现公共部门和私人部门合作的平台。公私伙伴关系是在公共部门和私营部门之间针对特定的公共项目所建立的长期合同关系(赖丹馨等，2010)，而按照不同管理对象，将基础设施项目归属于不同政府行业管理部门，所以存在着复杂的行政管理关系、社会经济关系、市场经济关系和涉及不同公众的利益群体关系。在"市场在资源配置中起决定作用"的背景下，代表与反映社会发展和公众福利需求是公共部门确立公共项目客体的来源；基于有效竞争和市场价格引入社会资本(李秀辉等，2002)，并优选合作伙伴构成客体的成本与效益的基础；然后，基于 PPP 契约本质(张喆等，2008)和制度安排特性(Fourie et al.，2000)，在合作协议中洽谈公共项目建设与(或)运营过程中主体的权利与义务、明晰客体产权或控制权配置、公私之间风险分担与利益分配等关键问题，是维持伙伴关系、厘清公私伙伴关系以及与公共项目的关系、实现公共产品或服务的有效供给的重要条件。

　　基于此，主体与客体是一种对象性的关系(罗刚健，1983)，客体的属性、本质和规律要求主体必须具备知识积累和认知能力。PPP 项目中，公共部门和私营部门应正确理解公共项目的公共性和公共价值属性，主体基于投融资、设计建造、风险管理等技术与管理工具建设、运营及维护公共项目，实现公共利益。主体与客体之间也是一种社会关系，涉及实践关系、认知关系和价值关系(李景源，1983)。而实践和认识与需要和利益是相关的，公共项目是 PPP 公私双方实现利益的现实客体，主体同客体的这种利益关系可以认为是价值关系。政府和私人部门通过合同或契约达成合作伙伴关系，并按照一定的制度、规则或程序安排权益或价值。

　　因此，PPP 主体与客体的关系构成了公共项目公私合作的基本内涵。公共项目建设与运营过程中既有资源配置过程，也涉及产品生产、提供、运营或消费环节，如图 2-3 所示。本书将 PPP 主体与客体的关系具体化为：①政府、企业与社会公众的关系；②政府、企业与公共项目的关系；③政府、企业与市场的关系。在厘清这三类关系的基础上，探索公共项目公私合作机制的治理过程。

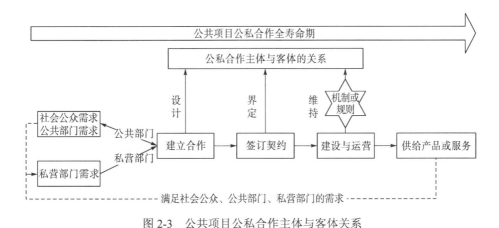

图 2-3　公共项目公私合作主体与客体关系

三、公私合作机制的定义与特征

(一)公共项目公私合作机制的定义

　　"机制"(mechanism)始用于机械工程学，是指机器的构造和动作原理。随后引入经济学和管理学等学科，通过研究一系列功能结构的因素间所发生的动态关系、作用关系及终极原因，把握住事物运动变化的规律(于真，1989)，以一定的规则规范系统内各组成要素间的联系、调节系统与环境的关系，从而维持系统潜在功能并使之成为特定的显现功能(马维野等，1995)，例如经济机制、市场机制、监管机制等。其中，经济机制是指在经济运行过程中，经济组织或经济系统内部和外部因素构成要素、各环节之间互相制约、互相作用的方式及其运作机理(刘诗白，2010；田国强，2003)。政府应该为市场经济建立一整套 PPP 市场运行的合作机制，弥补市场失灵带来的一些问题，比如垄断问题、信息不对称问题以及负外部性等问题，确保市场经济活动运行的公平性和效率性(Crafts，2006)，因而，PPP 机制具有对市场经济活动进行干预的功能(表 2-7)。

表 2-7　PPP 机制研究概述

机制	内容	特征
运营期延长决策机制 (高颖等，2014)	(1)政府、私人部门、最终用户之间的关系分析； (2)需求量、运营期、价格、收益之间的关系分析； (3)政府补偿、私人部门收益、消费者剩余之间的关系分析； (4)明确需求和运营成本的函数； (5)界定政府补偿规则和运营期延长范围	动态性、有效性、系统性
政府监管机制 (李妍等，2015)	(1)政府、中介机构、私人企业之间的博弈关系分析； (2)公私合作模式中主要参与方监控模式分析； (3)私人企业守约的因素分析；政府监管体系设计	动态性、系统性
供给机制 (张增国等，2007)	(1)公共需求分析； (2)系统动力、系统运作方式和系统调控条件分析	系统性
定价机制 (何青奎等，2010)	(1)价格形成程序、机构或流程分析； (2)价格规制分析	系统性
政府动态激励与监督机制 (徐飞等，2010)	(1)政府和企业的关系分析； (2)政府监管与企业决策的关系分析； (3)企业努力水平、政府监督、预期收益之间的关系分析	动态性、系统性
伙伴选择与激励机制 (何青奎，2010)	(1)契约设计、努力水平、管理水平之间的关系分析； (2)伙伴选择与激励的因素分析； (3)伙伴选择与激励条件、规则分析	动态性、系统性

根据机制的概念以及专家学者的研究成果可知，明确系统要素、确立要素关系、建立相应规则或程序是构成机制的基本条件。从公共管理学角度，PPP 机制是政府对公私合作伙伴关系体系化、程序化和规范化的公共制度安排，它凝聚了政府间组织、政府部门间组织和政府行政程序的系统运行规律，成为协调、协同与统筹市场利益关系的结构性工具。从产权经济学角度，公共项目组织成为市场生产要素时，政府为提升产品效率，让渡项目剩余控制权，实现了产权的清晰程度和产权的流动性，激励并约束了市场企业主体产权主体行使最终控制权的能力，形成了公共项目公私合作伙伴的有效经营管理动力。政府运用契约性制约权，通过既定的、专业的和程序化的管理部门在合作伙伴关系指引中激励企业实现企业效益、项目效益和政府效益目标。

因此，PPP 机制的概念可以定义为"基于公共项目公私伙伴关系价值导向，政府与私人部门嵌入在公共产品/服务全过程运行中，伙伴利益关系、伙伴契约关系、伙伴产权关系和伙伴监管关系的互动，通过政府与市场主体协调、协同和监管工具从而获得预期最佳回报的目标、观念和行为运行规则"。即"公私合作主体与客体之间相互联系、互相作用的方式及其运行机理"。其内涵包括三点：一是明晰政府机构和公共项目合作市场主体，以及主体与客体之间客观本质的互动关系，具体通过梳理和辨析得到主体与客体之间隐喻的合作关系、利益关系、委托代理关系以及监管关系等；二是诠释这些关系的相互作用规律或机理，通过关系运动规律的反馈可以明晰公共项目投资决策、资源配置、产权关系安排以及政府治理结构等制度性安排；三是设置科学的政策规则、明确的组织机构和稳定的组织流程，规范伙伴关系主体与客体之间的要素关系，从而维持公共项目公私合作系统的稳定性、完整性与可持续性。PPP 机制同时也是一个动态的管理控制信息系统，主体与客体之间的关系是在信息网络中不断完善和动态调整改进的，并在系统中不断提升和优化。

(二)公共项目公私合作机制的特征

对于公共项目公私合作机制(PPP)，就过程来说，它包括合作伙伴选择的合理性，公共项目建设与运营过程是否合规和有效，公私合作关系与环境、资源之间能否协调可持续发展。就结果而言，公私合作系统包括政策资源、自然资源和项目资源配置是否有效，合作的系统效率是否达到物有所值以及合作关系预期产生的中长期效果(经济效果和社会效果)。

PPP 机制的基本特征是：

1.可持续性

从经济视角，公共项目或公共资产需要产生效益，在保值增值的前提下向社会公众提供优质高效的公共产品或服务；从社会视角，公共项目是对公众需求的回应，同时项目的社会公益性需要公私合作创造社会公共价值促进社会和谐与发展；从资源和生态环境分析，公共项目公私合作集聚了公共部门和私营部门的优势资源，公共项目的公共性不仅要求项目建设运营过程可持续，而且要求产出结果使公众满意、环境和谐。因此，基于主体伙伴关系角度的 PPP 机制形成和维持了政府、企业与社会公众之间的关系，从而实现了公共资源的有效配置、公共项目建设与运营的可持续性。

2.动态性

公共项目的长期性隐含了公共部门和私人部门合作的持久性和连续性，表明了项目投融资、建设、运营与管理过程的不确定性。为了应对项目全过程以及公私合作的不确定性，公私合作机制需要适应项目环境，根据系统要素关系的变动，动态调整机制条件、关系及运作方式，并根据结果实时反馈和及时调整，防患于未然，切实体现机制的指导与管理价值。

3.系统性

从系统的视角，PPP 机制是相互联系、相互作用的机制要素的集合体，机制要素按一定的结构和特定功能结合在一起，并在项目决策、建造、运营与管理等过程中发挥维系主体间系统、主体与客体系统、主客体与环境系统的均衡。从而保障系统在环境条件扰动时能够以一种具有弹性的方式维持其运作状态，实现 PPP 伙伴系统机制功能大于个体子机制功能的总和。

第二节　公共项目公私合作机制的理论基础

一、公私合作的形成基础

(一)公私合作的一般性分析

在我国长期处于社会主义初级阶段的这个现实背景下，医疗、养老、住房、交通、教育、食品安全、社会治安等有效供给不足，相对于日益增长的社会公共需求，公共产品或服务总是"稀缺"的。尽管经历了改革开放四十年的经济快速增长，目前我国公共基础设施供给能力还是不能满足人民对日益增长的物质与文明发展的需要。因此，无论是政府提供公共基础设施，还是公私合作提供基础设施，最重要的就是优化配置有限资源，即提高资源配置有效率。从而形成解决"政府失灵"和"市场失灵"问题和公共产品有效供给研究的理论基础。

1.公共产品供给的政府失灵与市场失灵

传统的公共产品或服务供给模式下，政府是唯一的生产或供给主体，决定了"提供什么"、"提供多少"和"如何提供"。人们通过民主政治过程来决定公共物品的需求、供给和产量，把个人的私人选择转化为集体选择(文健东，1996)，是一种非市场的集体/公共选择(张小雁，2005)，其中，公共产品水平的决策就是公共选择的结果(约瑟夫·E. 斯蒂格利茨，2005)。公共选择理论认为政治活动中当事人具有"经济人"特性，政府行为和政策目标在很大程度上受政治家和官员动机的支配(方福前，2001)。虽然政府官员也是社会公众的组成部分，但我们也不能因此而忽视公共部门对自身的利益追求，因为政府官员与其他社会成员一样都是一个效用最大化的追逐者(丁煌，2000)，很难真实地反映和表达公众需求。缺乏竞争机制、政府机构庞大以及服务成本较高等原因，导致我国基础设施行政性垄断现象严重，资源配置扭曲尤为突出(刘世锦，2014)，出现供求失衡、资源行政垄断和"政府垄断供给模式"的体制性障碍(蓝国彬等，2010)。因而，公共选择学派建议，在公共产品的决策、生产、提供与配置过程中引入市场竞争机制，建立一种公平、公开、公正的竞争环境来规范政府的决策。

虽然政府是公共物品或服务提供的责任者，有限的资源不允许政府提供所有公共需要的产品或服务，即政府供给公共产品或服务的可能性也是有边界的。在政府单一主体供给公共物品或服务的背景下，假设公共产品可以分为Ⅰ类和Ⅱ类，政府选择提供公共产品Ⅰ的同时就意味着要减少公共产品Ⅱ的供给，如图 2-4 所示的 PPF1，政府抉择的机会成本就由此产生了。鉴于公共项目或公共产品的公共性特征，对于公共产品的提供及分配活动，公平也是满足社会公众需求的重要原则。正是由于存在资源稀缺性、机会成本以及人们追求公平与效率，政府在决定公共项目建设与运营模式、公共产品或服务的供给方式时，应该综合考虑资源约束、供给能力及成本、产品属性以及公共需求或要求等因素，合理配置公共资源并确定政府供给范围、数量、类型以及方式，同时，合理利用社会资本和市场机制，多元化公共产品或服务的供给方式，扩大公共产品或服务的生产可能性边界（图 2-4 所示的 PPF2），促进 PPP 合作价值最大（图 2-5）。

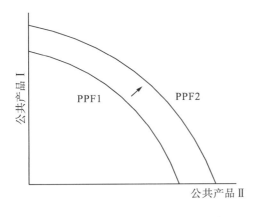

图 2-4　公共产品生产可能性边界　　　　　　图 2-5　PPP 项目目标设计

社会主义市场经济体制下，政府的经济作用就是使市场在资源配置中起决定性作用和更好发挥政府作用，其含义有二：其一，市场配置资源是最有效率的形式，公共产品生产与提供也需要提高资源（尤其是稀缺资源）的配置效率，应以尽可能少的资源投入生产与提供尽可能多的产品或服务，创造尽可能大的社会效益，通过市场竞争缓解政府经济人行为导致的"政府失灵"问题。虽然说市场发挥决定性作用，但不是所有资源都是可以通过市场配置获得帕累托最优的，这就需要发挥政府的作用，着力解决外部性、垄断等带来的"市场失灵"问题。其二，强调政府作用主要是通过国家宏观调控弥补市场机制本身的缺陷，保持经济稳定、优化公共服务、保障社会公平与市场竞争环境，推动可持续发展。

2.公共产品的经济性

萨缪尔森（Paul Samuelson，1954）提出"相比私人产品，公共产品是指每个人对这种产品的消费都不会导致其他人对该产品消费的减少"。然而，现实社会中具有完全非竞争性和非排他性的公共物品并不常见，存在大量的介于公共产品和私人产品之间的准公共产品。詹姆斯·布坎南（James McGill Buchanan Jr.，1965）在《俱乐部的经济理论》一文中指出"萨缪尔森定义的公共产品属于纯公共产品"[①]，如国防、食品安全等，准公共物品（quasi-public good）具有一定竞争性或排他性。依据公共产品特征和公共项目分类（表 2-2 所示），公共产品可以进一步细分为：①经营性，具有明显的现金流，可以直接采用市场供给此类产品或服务，如能源、通信等；②准经营性，具有一定的现金流，通过政府补贴等途径实现市场化，如垃圾处理、水务等；③非经营性，市场化的成本较高，如国防、社会安全等。不同类型的公共服务实际上具有不同的属性或特征，可经营性或市场化的准公共产品从公共产品中区分出来，这就使市场机制或社会资本参与成为可能。随着社会公共需求的不断增加，政府支出范围逐步扩大，仅仅依赖政府财政来提供公共产品（包含准公共产品）不能实现公共产品效应最大化（王永齐，2002），并且现实中财政支出中的越位和

---

① James M. Buchanan. An Economic Theory of Clubs[J]. Economica New Series，1965（32）：1-14.

缺位，分散了政府有限的公共资源，公共产品的投入秩序错位，影响了公共支出效益的发挥，导致公共产品出现"短缺"现象(詹建芬，2005)。

因此，由于政府预算约束、公共项目的经营性以及公共产品市场化的可能性，政府可以依据公共产品属性和公共需求类型，合理确定政府提供公共产品的范围以及可市场化的公共产品范围，采取相应的调节手段(如价格调整)，吸引或允许新进入者通过降价获取市场份额，消除公共产品供给的完全垄断，创造更多社会剩余和实现有效供给。例如，科斯(Coase，1976)基于经验分析，提出类似"灯塔"的公共产品由私人提供的可能性。基于此，公共项目是生产与提供公共产品或服务的载体，政府或企业通过向公共项目投入资源实现产品生产与供给，公共产品的经济性促进供给方式的变革，政府和非政府组织(私营部门和非营利组织)合作生产与提供公共产品成为可能(图 2-6)，这也给 PPP 发展提供了良好的契机。

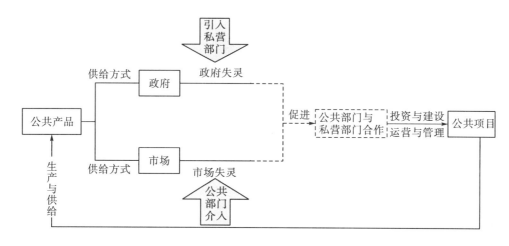

图 2-6　公共产品供给方式及其结构

3.公私合作"人"的属性关系

公私合作是政府公共产品非常重要的供给方式，是公共部门和私人部门为提供公共产品或服务、实现特定公共项目的公共效益而建立的项目全生命期关系性契约的合作伙伴关系，从而实现公共项目融资、建设和经营管理模式。

PPP 模式合作主体包括公共部门(或政府)和私人部门(企业或企业集团)，它们既形成了合作伙伴关系，也建立了经济责任体系。在国内外 PPP 项目的工程实践案例中，如全球著名的英法海峡隧道 PPP 项目，项目公司承担了无法控制的风险，即风险分担不合理，使得项目难以有效率地持续经营下去，因而导致公私合作失败。我国北京市地铁 4 号线 PPP 项目,政府与企业将北京地铁 4 号线总资产分为非营利部分(地铁基础设施等 A 部分)和营利部分(地铁车辆等运营 B 部分)，A 部分由政府投资建设并监管运营期间的公共服务质量，B 部分由特许公司投资建设并承担运营期间的服务质量及效率，以及运营资产更新、维修和管理。通过科学划分公私合作责任区间、合理分配公私合作责任，确保了 PPP 项目公私利益区分的公平性，进一步提升了项目的经济效益及运营效率，双方的风险和收益通过风险机制和补偿机制协调，达成了政企最优合作目标。

通过以上的描述，我们认识到政府和企业因公路、地铁和供水、体育场馆等公共项目而建立的长期合作关系，更应从合作公共项目的参与者角度去发现其中的一般规律，即政府是什么、企业是什么和为谁服务的问题。

在西方经济学理论中，普遍认为政府是符合所谓的"经济人"假设的，即从事社会经济活动的当事人都以理性方式追求自身利益（或效用）最大化。广义的政府人包括政府机构或部门，还包括从事政府活动的公务员；狭义的政府人特指在政府部门工作的各类公务员。遵循这一经济假设从而构建了政府的决策行为、决策执行行为和决策监管行为选择理论，因而政府以经济人角色决策发起公共项目公私合作，代表了政府人希望通过提供多样化的社会公共产品或服务，促进社会公共服务的公平与效率，目的是提供更多的公共服务来获得受益公众的称赞。这既反映了西方政府组建政党选举制的利益，也是其执政政绩表现。然而，西方理论基于利己主义解释政府，将政府人比喻为"守夜人"，这不适用于社会主义制度基石的中国政府。因为作为中国的政府人首先确立的是"为人民服务"宗旨，也就是说政府代表的是最广大人民的根本利益，这是由社会主义公有制的生产关系所决定的，符合中国的社会主义市场经济利益观，政府人正是基于公共利益观的指引，具备了"公共人"的属性，政府与企业合作提供 PPP 的目标是实现公共利益的最大化，即人民利益最大化，在追求公共利益最大的同时，进一步提升公共项目供给的经济效益和效率。因此，我国政府人在 PPP 模式中的定位性质具有"公共人"目标属性和提升公共效益的"经济人"功能属性。

科斯在《企业的性质》一文中将雇主-雇员关系当作企业的原型，然而他最伟大的贡献在于发现存在着两种资源配置手段，一种是市场价格机制，另一种是企业内部的计划协调机制，科斯的结论是："当追加的交易（它可以是通过价格机制协调的交易）由企业家来组织时，企业就变大，当企业家放弃对这些交易的组织时，企业就变小。"这一观点说明企业是由企业家和企业内部分工的成员组成的。基于制度经济学观点，企业是符合"经济人"假设的，因为它需要通过投资满足企业对资源的配置并创造企业的价值，达到利润最大化目的，满足企业的持续发展。因而，证明企业人参与政府发起的公共项目合作，基本目的不是为提供更多的公共产品或服务，而是通过提供公共产品或服务为自身获取其剩余价值，这决定了企业参与 PPP 合作的定位性质是典型的经济人。

人是社会一切经济活动的主体，人的行为是构成公共部门和私人部门因公共项目建立长期合作关系行为的基础。在中国 PPP 市场经济环境下，政府人和企业人合作存在着价值观目标的显著差异，西方产权经济学派认为 PPP 项目管理绩效改善的研究本质上是解决控制权与剩余控制权分离下的委托代理问题；治理学派认为良好的项目治理有利于实现合理的风险分担，从而提升 PPP 项目绩效（Abednego et al., 2006），现有研究基本上沿着此路径展开。我国 PPP 领域研究多关注项目风险、合同、产权和伙伴信任等对管理绩效的影响，其中风险分担为研究焦点（王守清等，2006；张喆，2008；李启明等，2008；尹贻林等，2013），同时也是政府政策决策、政策执行和政策监管等制度体系安排。随着研究的深入，PPP 模式将一定风险转移给私人部门，并不能保证项目能够比传统的政府采购项目更加有效（孙慧，2009），学者们发现了政府和企业合作价值观的认同基点：PPP 项目一方面组成了复杂的伙伴关系网价值系统；另一方面因资金、时间、资源等条件约束，同时受有限理性、资产专用性、信息不对称以及市场环境等因素影响，其价值获取的认知与判断出现偏差，从而在合作中诱发争议、冲突与危机，导致 PPP 项目价值受损，并非是依赖于风险责任分担制度设计、执行和监管能化解的。

因此，基于中国的"政府人"和"企业人"合作是构筑 PPP"命运共同体"关系创造与实现公共利益最大化的出发点，建立科学、统一和高效的政府和企业公共项目合作机制，成为我们 PPP 理论研究与实践推进的基础。

(二)公私合作的公共管理关系

传统公共行政管理是一种基于规则而服务于公众的活动。而公共管理不仅仅注重服从命令，而且更注重"结果"(欧文·E. 休斯，2004)。以解决政府和其他公共部门管理问题的"新公共管理"(new public management)，追求 3E(economy、efficiency、effectiveness)目标，界定了政府"掌舵"而非"划船"的角色，其推行市场化改革，强调公共服务中的"顾客导向""绩效目标""效率原则""注重结果"等新型管理理念(赵成根，2006)，在公共服务供给体制机制创新、目标控制及"顾客"需求回应性等方面做出了一定的贡献(丁茂战，2006)。随着人们对公共部门责任、公共利益价值观、公共性、公共参与以及公共责任等认知的不断深入，专家学者对政府关于公众需求的回应性、政府当责、公共产品的公平与效率等不断质疑和探索创新，如 Denhardt(2000)、Ling(2002)、Pollitt(2003)、Kickert 等(1999)以及 Stoker(2006)等在肯定新公共管理"效率"价值观的同时，对其进行了反思与超越，提出"新公共服务理论""整体政府理论""网络治理理论""公共价值管理"，在改革进程中更加注重并强调政府的代表性、回应性、公众导向、公共价值等，追求公共利益和重视公众参与，从而实现了由单维取舍到多维共融的价值重构。

公共管理的发展与演化重塑了政府与公众的服务关系，界定了政府的首要任务是创造新的价值，最终目标就是提供公共产品或服务，为社会创造公共价值(Moore，1995)。我国公共项目或公共产品的投资、运营与管理一直处于行政垄断状态，政府大包大揽公共项目建设、运营与管理，偏重公平而忽略效率。至此，重新审视政府行为、治理形式以及公共产品或服务类型，提倡在某些公共领域引入市场机制和放宽政府垄断限制，引入私人部门参与公共产品或服务的生产，这些对提高公共产品质量、效率与公平性是很重要的。

因而，在公共物品供给市场失灵情况下，政府负责社会公共物品的供给。政府在公共物品供给上最主要的职责应是"掌舵"(决策、控制和监督)，而不是"划桨"(具体生产)。在公共选择决策过程中，决策者应该充分反映社会公众的需求，重视社会公众需求偏好的表达；在评价方式上重视公共产品或服务供给的最终效果，要求更好地满足社会公众的需要。基于此，推行公共项目公私合作模式，主要是利用稀缺资源创造具有社会公共价值的产品或服务，并将他们在不同个体之间进行有效配置，从而改变政府"行政垄断"特征和发挥"公仆"的真实价值。

(三)公私合作的资源配置关系

亚当·斯密(2011)在其《国富论》中提出实现资本、劳动力和技术等资源合理配置的有效方式是自由的市场交易，政府只是市场交易过程中的一个行为活动主体。而随着人们对资源稀缺性和专用性等特点以及机会主义倾向的认知逐步加深，在市场上获取经济生活所必需的资源而需要支付费用的行动逐渐被人们接受。为了降低市场交易费用并实现资源优化配置，罗纳德·H.科斯提出组织内部一体化，主要依靠组织自上而下的结构关系及权力分配，将组织间的交易内部化，以此来节约交易成本和实现资源优化配置。

在社会主义市场经济体制下，计划命令与市场竞争在资源配置中相互交织，确定资源配置方式需视情况而定。当政府管制成本低于市场活动交易成本时，政府管制比市场机制配置资源更有效(林衡博等，2004)。在出现市场与政府都失灵的情况时，一方面，应当通过市场相关机制来提高资源配置的效率；另一方面，应利用国家干预手段实现资源配置的公平性(袁丽丽，2006)。至此，在当今市场经济条件下，市场与政府两种配置的结合是实现社会资源优化性配置的有效途径(程翼，2005)，如表2-8所示。

表2-8　资源配置方式

配置方式	计划配置	市场配置	计划与市场共同配置
配置主体	政府机构	社会经济主体	社会经济主体与政府部门
配置手段	行政指令	市场自发调节	市场为主，计划为辅
配置环境	行政垄断	市场竞争	存在一定的垄断和竞争
特点	强制安排，供需易于控制	市场机制能够自发调控资源流动，激励经济主体以最优生产要素投入实现资源合理配置	不仅突出市场调节作用，而且在市场失灵时，强调政府宏观调控或计划指导功能

资料来源：课题组阶段性成果(2010 年)。

政府、市场、企业是现代市场经济中配置资源的组织形式，企业是现代市场经济的基本单位，市场是企业活动的场所并确定企业必须遵循的原则，政府宏观调控既要弥补市场失灵和完善市场机制，又要设计制度规范市场环境和保障企业公平竞争。公共项目公私合作是公共部门和私人部门为了提供公共产品或服务而共同投入资金、资本或资源，满足公众需求。政府代表社会公众合理预算财政投资，目标是保障公共利益和创造社会公共价值；而私人部门利用自身技术、管理经验、资金或资源优势参与公共项目，目的是效用最大化。在公共项目或产品市场上，公私双方通过要素和产品交易，企业获取利润、政府获得社会公共利益以及公众享用公共服务。在政府和市场共同配置资源的基础上，企业(或 PPP 项目公司)在项目投融资、建设、运营与管理过程中，利用企业的组织规模优势、创新优势、技术和管理优势等合理使用和配置资源，节约交易成本、组织成本和保障合同约定利益，突显公私合作的优越性，如图2-7所示。

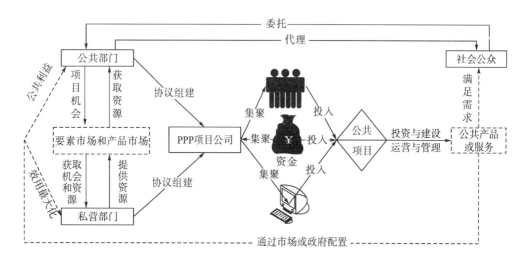

图 2-7　PPP 资源配置原理

二、公私合作的发展基础

《辞海》中对伙伴的解释是"泛指共同参加某种组织或从事某种活动的人"。伙伴关系是买方和供方就一段较长时间达成的承诺和协议，主要涉及信息共享、利益与风险分担等(Vokurka et al.，1998)，基于供给公共项目而建立合作伙伴关系在一定条件下能为合作各方带来收益，增强其竞争力(陶青等，2002)。不同类型公共产品或服务的供给方式和供给主体多样化，资产专用性、战略重要性及交易成本的变化是政府选择公共产品或服务提供方式的重要因素(Essig et al.，2005)。因而，公共部门和私人部门的合作，是一般的项目合作，还是"伙伴关系"式合作，值得讨论。

(一)政府、企业与公众的关系

公共项目公私合作集聚了公共部门和私人部门的资源、目标与优势。私人部门以利益最大化为目标，只重视投资的成本收益而忽略社会效益与效果。公共部门代表社会大众的利益，从投融资决策到建设运营，涉及社会公众、政府、企业等多元行为主体，不同行为主体又存在自己的效用目标，多目标共存容易因信息不对称而产生逆向选择与道德风险，造成公共项目决策低效率、公共投资效果差、公众满意度低等问题。委托代理问题模糊了政府、企业与公众之间的关系，扭曲了个人利益与社会公众利益的价值关系。

委托代理问题是由利益冲突和信息不对称引起的，信息不对称是指交易参与者掌握相关信息的程度不同，信息充分的一方利用另外一方掌握不到的信息为自己谋求最大利益(刘宝宏，2001)。信息不对称导致交易双方在决策中处于不对等的地位，发生"柠檬市场"问题(Akerlof，1970)，造成效率低下。Breton 认为公共部门中存在三种委托代理问题：①所有权与控制权分离所引起的所有者与经营者之间的委托代理问题；②政治家或管理者与公仆(工人)之间的委托代理问题；③政府与公众之间的委托代理问题(Breton，1996)。根据公共项目公私合作的决策过程和执行过程，本书将从 PPP 项目决策和执行两个视角分析我国公共项目的政府、企业和公众的关系。第一，决策过程，即公共项目是否运用PPP模式。这将涉及政府、社会公众、行业主管部门，公众将公共权力委托给政府，政府委托行业主管部门代表政府选择合作伙伴并与之谈判签约。第二，执行过程，政府委托行业主管部门与私人部门建立合作关系并组建项目公司，同时政府委托职能部门(如财政、审计、质检等)监管，完成PPP项目的建设与运营全过程，如图2-8所示。

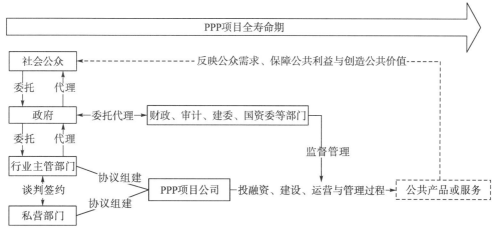

图2-8　PPP项目决策与执行过程中的委托代理关系

公共产品或服务是公众委托政府及其代理机构利用公共资源生产或提供的"标的物"，满足公众需求和实现公共利益是代理人的目标。在 PPP 项目决策与执行活动中，履行代理人角色的主体具有更多信息及获得更多信息的能力，具有经济人特性的代理人可能会为了实现自身的效用目标函数而损害委托人的利益，出现签约前的"逆向选择"和履约过程的"道德风险"；而委托人因不直接参与项目建设与运营过程，因此具有很少的信息以及获得更多信息所需成本较高，同时承担着代理人自利行为带来的风险与损失；受信息、技术、认知以及管理等因素的影响，社会公众在公共项目决策与执行过程中很难参与或没机会参与，其偏好或需求不能真实地得到表达，而被动的承受相关风险与利益损失。

通过以上分析可知，政府在做出是否将某一类公共项目作为PPP项目的意愿决策时，必然存在着与公众进行信息充分交流、达成共识、明晰项目对社会经济发展和公众福利实现的结果，从而避免政府简单地将公共职责转移给私人部门。与此相适应，企业执行PPP规则，才能充分实施市场竞争、价格、退出、安全、投资及环境等行为，响应公众的需求，矫正市场失灵、不公平和无效率的现象，从而为社会公众提供优质的产品/服务，提高整个社会的经济水平，达到政府与企业"利益共享、风险分担"的合作目标。因此，政府与企业形成了基于公众利益基础的关系性合作，即伙伴关系，这成为 PPP 机制安排的理论基础。

(二)政府、企业和公共项目关系

与传统的公共产品或服务供给相比，PPP 的优势主要有两点：一是通过引入企业资本，解决政府财政资金不足问题；二是由企业与政府共同提供公共产品/服务，更能有效发挥项目效率和效益，实现项目"物有所值"，从而结成长期伙伴关系。然而，PPP 是公共部门和私人部门的一个长期的契约安排(Runde et al.，2010)，由于政府与企业的有限理性、外部环境的复杂性、信息的不对称和不完全等(卢现祥等，2012)因素的影响，契约双方很难预测、证实与洞察未来的一切事件，在信息收集、谈判以及签订契约等环节不能完全明确双方的权利、责任和义务，造成契约的不完全，即不完全契约(incomplete contract)，PPP 项目契约性质就是一种不完全契约。无论契约的完备程度如何，一旦签订则对双方都具有法律效力，如图 2-9 所示。契约双方在既有法律法规框架下，按照契约条款履行各自的权利和义务。

按照詹姆斯·布坎南的公共选择理论前提假设，政府官员存在"经济人"特征，政府作为公众的代理人掌握着更多信息及信息优势，选择策略也存在自利主义或"逆向选择"，例如政府在决策阶段满足融资目的，运营阶段因领导人变更而不履行承诺。相同阶段，企业比政府更具有信息优势以及具有专用性的物质和人力资本，选择经济利益效用函数的最大化，企业会提高公共产品的服务价格，同时也会降低公共服务质量。如果缺乏政府有力的监管和有效的社会监督，这将很难实现 PPP 项目的初衷。基于此，政府与企业因公共项目形成合作将造成政府新的财政转移支付的负担，以及为平衡公众矛盾而产生新的交易成本，进一步增加政府的公共支出，我国杭州湾大桥 PPP 项目政府回购就说明了此问题。

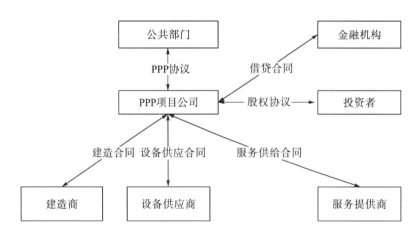

图 2-9   PPP 项目合同架构

PPP 公私双方的最终目标并非完全一致，这是一个不争的事实。无论项目是政府独立提供，还是政府与企业合作提供，甚至由企业独立提供，要真正能达到 PPP 项目的公共利益最大化目标，并不是项目本身是否属于"PPP"这个名称的问题，而是是否明晰政府与企业资本"合作"，或者"伙伴关系"以及是否具有保障伙伴关系的运行机制，因为建立关系、维系关系和最后解除关系，必然需要整套 PPP 制度和机制保障来实现，否则将导致公私双方出现机会主义倾向，寻求个人利益最大化和增加 PPP 项目的交易成本，"物有所值"和提升财政绩效都将受到质疑。

国际上的案例：①Wlker(2000)研究了澳大利亚 Masco 机场至悉尼都市圈的 PPP 公路项目，发现该项目中私人企业的真实回报率高达 21%～25%，而传统融资的回报率仅为 2%。②Ghobadian 等(2004)对北美 76 个 PPP 项目的研究发现，其中 50%的项目以私有资金为主，PPP 合作的关系很难追踪交易的成本；其中 5 个交通项目表现出了程序复杂、资产专用性强、合同管理能力不足及政府回避责任的问题，他们重点提出私有企业为了避免大的损失甚至采取宣称破产或以即将破产相威胁等策略。③Hodge(2004)基于对澳大利亚 48 个 PPP 项目的研究，认为 PPP 项目商业风险得到了很好的控制，但这些项目仍存在以下问题：项目经济评估困难；项目交易仅仅是政府和商家的行为，而没有考虑到公众；仓促实施项目。我国尚未有完整的 PPP 项目全过程案例，很难验证其真实效率和效益，借鉴国外经验可以起到警示作用。

至此，政府与企业合作提供公共项目，契约即是约束双方合作利益和风险责任与义务的载体，但科学确认公私合作伙伴关系，创新 PPP 的运行机制成为西部地区公私合作的必要条件，其内容包括了伙伴准入、项目定价、利益与风险分担、权利及义务等，这些构成了 PPP 机制设计的方法论依据。

(三)政府、企业和市场的关系

项目是一个专门组织为实现某一特定目标，在一定约束条件下所展开的一次性活动或所要完成的一个任务，以形成独特的产品或服务。公共项目是生产要素(土地、资本、劳动等)嵌入经济活动并转化为产品的载体。从工程交易的视角，基于既定的政府制度框架，公共工程项目实施过程中各参与方之间所形成的各种关系也可视为交易关系，涉及交易方式和合同安排(王卓甫等，2006)。PPP 项目中公共部门和私人部门通过要素市场和产品市场获取相应的资源，如劳动、技术或资本等，如图 2-10 所示，并基于公私双方的需求及市场价格信息反馈，解决公共项目公私合作的核心问题，即"生产什么"、"如何生产"和"为谁生产"。而公共项目是由一组有起止时间的、相互协调的受控活动所组成的特定过程，在一定的约束条件(时间、资金、资源等)下，提供公共物品以满足社会公众的需求，

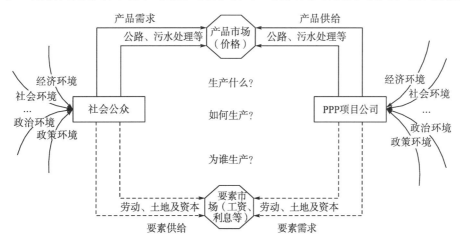

图 2-10 公共项目的要素市场和产品市场

按照项目建设程序可以分为前期决策、规划设计、建造、运营及特许期结束五个阶段，如图 2-11 所示。契约双方按照规定的建造程序、运营模式、定价方式以及产品或服务特征等内容，通过在公共项目市场上不断收集和传递有关生产要素的信息(价格、质量等)，增加彼此之间的互信和认知，在事先约定的条件下为各自的利益目标投入物质资本和人力资本以及依法让渡和取得交易资源的权利，通过政府和市场共同作用配置资源、生产和提供公共产品或服务，转变公共物品政府垄断定价和激活私人企业活力，形成公私之间的良好互动，实现预期的效用函数最大化。

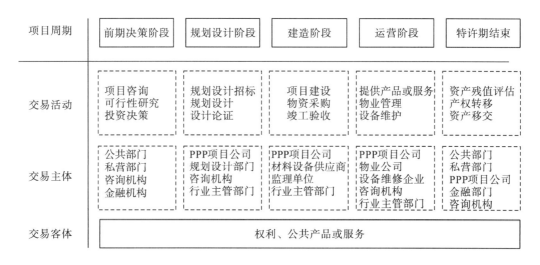

图 2-11　PPP 项目交易系统要素
资料来源：课题组前期国家自然科学基金结题报告成果(2009 年)。

由于政府和企业均存在有限理性、机会主义行为、资产专用性、信息不对称以及环境与行为的不确定性(如策略性的隐瞒、掩盖或扭曲信息等)，公私双方在市场环境条件下对价格发现、谈判、契约签订或执行中存在诸多不确定性、行政垄断或市场垄断、利益冲突以及创租寻租等问题，导致公私双方以及其他利益相关者之间的交易频率增多，交易费用明显增加。交易费用的发生和变动，不仅受到交换过程的制度安排的影响，而且也与政策层面的制度安排有关系，如项目审批许可制，在矫正市场失灵的同时极有可能引起交易成本的增加(何大安，2003)。建立公私合作伙伴或组织的本质是政府通过公共政策即 PPP 制度安排，促使交易主体产生理性的合作，促进资源配置从传统的政府主体演变到市场，在公共物品供给活动中引入市场机制，激励交易双方公开交易信息，增加市场透明度，保证交易公平。

政府公共政策主要体现在政府间、政府部门间在 PPP 项目的通力合作，因为社会资本是通过社会关系获得的资本(林南，2005)，基于公共项目政府与企业建立社会关系，需要政府与企业双方努力按合作特许期维系，从政府方面，政府间需要促成其跨区域项目的合作关系；在同一区域内，政府部门间的行政管理部门也需要建立合作关系，共同组成政府伙伴关系。对企业来说，企业内部和企业联盟是伙伴关系，才能有效地认定参与公共项目。最后，政府与社会资本企业共同组成公共项目伙伴的社会关系。政府与企业的市场协同作用，促使建立一整套 PPP 制度安排和市场规则，并随着交易制度与规则的完善，促进社会伙伴关系可持续发展。因此，公共项目公私合作机制是保障与促进公私合作关系、经济效益与经济效果的最有效的途径，构成了公共项目公私合作机制研究思路的理论依据。

(四)公私合作的产权关系

科斯等(1994)在《企业的性质》一文中提出"产权是一个社会所强制赋予的选择一种经济品的使用的权利"，也是指由于物的存在和使用引起的人们之间一些被认可的行为关系(E.菲吕博腾等，1991)。从产权的内容上，产权主要指财产权或财产权利，是人们围绕财产而建立的经济权利关系，就权利本身而言，产权包括狭义所有权、占有权、支配权和使用权等(黄少安，1992)。从产权的形式上，由于产权主体根本性的不同可分为公有产权和私有产权，私有产权和公有产权分别是两个极端，产权结构可以采取不同形式，说明还存在公私混合产权的中间情况(张五常，2000)。Y.巴泽尔(1997)认为产权包括使用权、转让权、管理权和收益权。基于此，产权不仅是指对物的所有权，还包括一系列与服务或物品相关的权利，即产权是拥有财产的主体的一种行为权利。至此，PPP 项目的产权包括项目所有权、占有权、使用权、收益权和处置权，其中所有权可以看成是项目的原始产权，其余为项目的派生产权，见表 2-9 所示。

表 2-9　PPP 项目产权的解析

产权组成	概念	属性
所有权	对项目财产的最终拥有权	公有权(政府)和私有权(私人部门)
占有权	对项目财产的实际控制权	私人部门在特许经营期内对 PPP 项目的财产拥有占有权。特许经营期结束，项目占有权移交政府
使用权	主体根据财产的功能和性质加以利用	PPP 项目的所有者为了回报其他合作方或者为了提高项目的效率会把全部或部分使用权转让
收益权	权利主体获得财产所产生的利益	特许经营期内，经营者可能不是 PPP 项目的所有者，但在运营期，运营者有获得项目利益的权利
处置权	权利主体决定财产在法律上或事实上的命运	PPP 项目的处置权主体也可以是非所有者，非所有者的处置权属于不完全处置权

从产权理论功能角度看，产权具有激励、约束和优化资源配置的作用。激励是明晰各方运营边界、利益与风险边界和财产管理边界，约束则是各自在产权内行使决策权、经营权和控制权，进一步控制不完全契约、弥补信息不对称引发的道德风险或机会主义行为。优化资源配置的目标是提升合作伙伴间的合作效率，相对于私人产权，公共产权存在着"搭便车"、集体行为和监管缺位的缺陷，这也是政府与社会资本投资人合作，通过产权明晰、完善契约和界定定位边界，从而改变政府在基础设施领域独自经营效率低的目标。引入私人资本其实是引入了产权效率和市场竞争效率，对于不同类型的 PPP 模式来说，契约约定的实质控制权和剩余控制权(Grossman et al.，1986；Hart et al.，1990)的结构不同，使 PPP 项目产权让渡特征不相同，也就形成了不同的 PPP 模式。私人部门拥有的产

权越大，其项目中私有化特征越强，极端私有化的例子就是私人投资的公共产品，即称为弱 PPP 模式。反之，PPP 项目公共部门拥有的产权越大，对项目的经营、收益和处分的权利也就越多，极端的公有化例子就是政府垄断投资的基础设施项目，即称为强 PPP 模式，如图 2-12 所示，PPP 中的不同产权结构，是决定特定的公共项目选择何种模式的基础，也是在公共项目公私合作过程中出现不同模式的根本原因。

图 2-12　PPP 模式的市场化特征变化

PPP 的实质是项目控制权的配置（叶晓甦等，2011a）。我国政府长期采用单一公共产权管理模式，政府公共项目机构设置、组织运行机制和处理市场主体的关系都是基于此，而引入多元化产权关系必然涉及政府产权治理、项目产权治理和合作伙伴运行机制的产权治理，这样，政府与市场的关系从对立走向融合和互补，政府与市场的"两只手"通过重构双方治理机制，政府与社会资本投资人才能有效地形成伙伴式合作关系。从历史角度看，我国政府虽然在政策上致力于激励与引导民营企业进入公共项目垄断行业，但实践中始终存在着众多隐性障碍，民营资本难以参与公平的竞争。政府公共项目公有产权控制观念、政府治理机制和治理结构导致即使组成了 PPP 项目，政府的优势和市场的优势也难以整合、发挥真正的效益。这也是目前我国 PPP 实践中国有资本参与过多的原因之一。

因此，正确的态度和思路并不是从政府与市场资本中判定谁更有优势或劣势，也不是 PPP 项目有优势或劣势，最重要的是政府是否基于公有产权与私有产权两种配置方式奠定了混合产权的治理路径和治理机制。从长远利益出发，政府与社会资本投资者的合作关系，是建立在混合产权关系上的伙伴治理关系。这为西部地区提升 PPP 效率提供了理论依据。

三、公私合作的行为规制

政府与社会资本投资者合作是基于特定公共项目的经济、效率和效果而产生的，这种合作关系也成为观察政府主体行为和社会资本投资主体行为的出发点。政府作为公众利益的主要代表，至少有三种基本职能：①必须保证提供的公共产品或服务的数量和质量符合规范的标准；②作为伙伴之一的政府是 PPP 制度和运行机制的构建者、违规行为的矫正者和合作关系解除的主体，即监管职能；③公共产品或服务的采购、消费和提供的职能。如果政府未能完成以上职能，将引发公众不满意，导致伙伴关系破裂和公共利益受损，要承担相应政治责任。

　　社会资本投资人是典型的"理性经济人"，合作的目的是获取公共项目产生的经济利益、市场竞争优势和企业效用最大，从而实现企业扩张，其典型行为表现在：①作为合作伙伴之一的资本供给、获得经营权、收益权和项目决策权，通过有效的经营方式，取得收益并补偿消耗的成本，实现企业可持续发展；②获取经营权，提供优质公共服务的同时，对公众收取费用，这与一般商品提供者相同，但是当服务质量下降时，将受到投诉与不满意的评价，引起政府关注；③由于参与特定公共产品，产品的收益较一般竞争性产品的价格受到更多限制，较一般商品低；除此之外，政府界定了公共产品供给者合理的利润边界，包括各种财政补贴、价格优惠和公共服务便利，要求其必须公开财务信息并接受监督和监管，因而是兼顾了商业利益和公共利益（见图 2-13 中区域 A）。

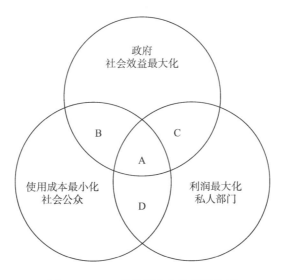

图 2-13　PPP 项目利益主体目标关系

　　注：区域 A 代表 PPP 共同目标，区域 B 代表政府目标，区域 C 代表政府与私企的目标，区域 D 代表私企目标。

　　为防止市场失灵和政府失灵的发生，导致市场经济秩序被破坏，引起垄断或不正当竞争，增加交易成本，此时，政府的规制成为解决问题的重要工具。规制（regulation）是指政府采取各种行为以控制企业的价格、销售、生产等决策，并通过颁布法律法规等手段对经济主体的市场行为进行直接控制或干预，以治理公共产品供给的市场失灵，约束经济主体行为，防止发生资源配置的无效率。与此同时，政府自身内部规制的改善也是非常重要的，包括政府间的关系与职能、政府部门间的关系与职能和全程的管理行为、程序和机构，以及政府官员及公务员的观念和行为。政府要履行好职能，就必须由公共产品的"垄断者"向"监管者"转变，同时政府机构从"行政管理"向"伙伴合作者"转变，社会资本投资者从单纯的商业利益行为，向兼顾公共利益与商业利益转变。

　　总之，市场机制在优化公共资源配置、提高公共产品或服务生产效率方面具有重要意义，但是市场的缺陷、公共产品特性、信息不对称以及不确定性，导致市场主体自利行为扭曲公共利益目标，因此需要政府监管，规制市场主体行为。而政府规制市场失灵过程所隐含着的权力寻租也暗示着政府失灵、集体理性的限度以及监管的必要性。因此，在 PPP 的市场上，政府与企业必须建立明晰的伙伴关系，通过建立科学的、有效的和完整的合作机制创造 PPP 价值。

第三节　公共项目公私合作机制的应用基础

一、公共价值理论

1995 年美国哈佛大学公共行政管理专家马克·莫尔（Mark H. Moore，1995）在其著作《创造公共价值：政府战略管理》中正式提出"公共价值"这一学术术语，认为公共价值是公民对政府期望的集合，并逐步得到研究者和实践者的关注和重视。Torben 和 Barry 根据公共行政或公共组织的价值影响，把公共价值分为公共部门对社会的贡献（如公共利益）、决策的转化利益（如公共参与）、公共行政人员与政治家的关系（如责任）、公共行政人员与其环境之间的关系（如响应能力）、公共行政组织内在特性（如鲁棒性）、公共部门工作人员的行为（如诚实正直）以及公共行政与公民的关系（如公平）等七个板块的价值集（Jørgensen et al.，2007）。政府通过服务、法律制度以及其他行动创造价值（Kelly et al.，2002），对于准市场化或市场化的基础设施项目，可以从政府与社会（如公共资源的合理使用）、雇主与雇员（如服务质量）、基础设施与目标群体（如低价和统一准入）、基础设施与区域经济（如经济发展和环境质量）、基础设施与社会效应（如可持续）五个方面管理公私双方的公共价值（Gestel et al.，2008）。

公共产品是公共部门对公众需求的回应，政府采用合适的方式或工具提供服务以满足公共需求，创造公共价值。PPP 是政府为了有效提供公共服务，将公共项目的设计、建造、运营及管理等工作转移给私营部门，建立伙伴关系提供公共服务，实现物有所值（value for money）（Clifton et al.，2006）。许多国家和地区，如英国、加拿大、澳大利亚和中国香港，都提出了"物有所值"政策或评估指南，它们将"物有所值"（value for money）作为公共项目采取 PPP、PFI、BOT 等模式或传统模式的决策依据（彭为等，2006）。所谓物有所值是指满足用户要求的产品（或服务）全生命周期成本和质量的最优组合（H M Treasury，2006），它的内涵是经济（economy）、效率（efficiency）和效果（effectiveness）三个方面，集成了公共项目全生命周期的成本、效益、风险（Efficienuy Unit.，2008），是国际上 PPP 项目的著名"3E"原则。

伙伴关系是公共项目公私合作的立足点与出发点，而关系是有价值的资产，关系的存在引起了双方价值增值（即关系价值），同时，价值创造也是关系双方发展信任关系和发现互利结果的过程（Wilson et al.，1994）。关系价值是对未来关系利益的衡量（赵丽等，2014），是关系双方值得关注的关键点，并且紧密的长期关系能增加相互信任和承诺，降低机会主义倾向、促进互惠的共同行动和风险利益分担（王亚娟等，2014）。国际上著名的 PPP 物有所值的"3E"原则，重点都是衡量 PPP 项目的经济性、项目效率和项目效果，没有考虑 PPP 伙伴关系创造价值的本质，是因为西方发达的法律关系明晰了合作伙伴边界。可以设想的是，如果没有政府与社会资本投资人共同建立可持续性的信任关系、维护公平的环境、公开的信息和有力的监管，PPP 项目的经济性是不可能实现的。基于此，我们提出应该在"3E"原则的基础上增加中国传统的和谐人文关系哲学，即伙伴关系价值(partnership value)维度，构成我们自己物有所值的"3E+P"的新原则(如图 2-14 所示)，更符合我国 PPP 的目标和效果，也更符合我国和谐管理的人文理念、行为特征和关系属性。合作伙伴关系既是一种价值的观念、判断和认识，也是公私合作伙伴集中创造价值的行动。

"3E+P"原则体现了 PPP 项目的本质，是发展可持续的伙伴关系的前提，只有伙伴关系的可持续，才能实现项目最佳的经济效益；伙伴关系依据"3E+P"原则构筑了数学逻辑的定量模型分析、计量标准和计算方法，更具有实践的系统性、标准化和操作性；"3E+P"原则科学地提出了公共管理中政府的责任与义务的选择价值，成为政府政策、组织创新和合作机制符合安排的重要依据。因此，PPP 项目的经济性根植于伙伴关系价值中，伙伴关系激励与约束合作主体的行为和行动，注重以社会公众的主观需要和感受为依据(张小航等，2013)，更能反映公共效用、公共表达和公共利益(汪辉勇，2008)。通过公共项目公私合作，按照公共价值标准，公共部门和私人部门在契约激励与约束下创造更多的物质价值(如效率、效力等)和程序价值(如平等、民主责任、治理等)(Weihe，2008)，实现公共价值最大化。我们认为，我国西部地区 PPP 机制研究，必须增加伙伴关系价值，构成 PPP 机制研究的理论基础。

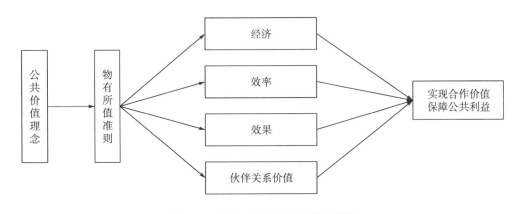

图 2-14　公共项目公私合作目标框架

二、系统控制与反馈理论

系统是指由相互关联、相互制约、互相作用的部分组成的具有某种功能的总体(钱学森，1988)。PPP 是一个复杂的系统工程，是由若干个可区别但又相互关联的要素组成的具有整体功能的集合体，强调系统要素间的相互关联、制约和作用。公共项目的整体功能就是要实现预期确定的项目目标。项目系统通过与外部环境进行信息、技术及资源的交换实现系统输入，在系统内部进行生产、协调以及控制等，最后向外部环境输出其产品。项目系统由输入、处理、输出、反馈等组成(于景元等，1992)。公共项目系统输入表现为人力、技术、资本、原材料和管理要素的投入；处理表现为系统内部对输入要素的分析、加工与协调等项目的实施；输出表现为项目建成投产运营中产出的产品或服务；反馈表现为对项目输出结果的效率、效力、效果以及分配公平的分析与评估，考量项目系统的运行状况，发现问题并反馈到输入系统，动态调整系统结构和改善系统功能，从而进一步影响项目的输出。

反馈是工程控制论中的基本概念，指把施控系统信息作用于控制对象后所产生的结果再传输到施控系统，并对信息的再输出发生作用的过程。其特点在于"根据过去的操作情况来调整未来的行为"(潘彬等，2012)。因此，反馈就是根据系统活动的结果信息作用于整个系统活动的过程，符合反馈控制原理；反馈控制过程是"利用反馈信息作用于目标输入信息，驱动控制机构，控制转换系统按既定目标输出"(周达林，1982)。在施控系统的反馈控制中，需要应对环境的不确定性，协同系统各个控制机构的工作，避免干扰，减少或消除系统偏差，使系统处于稳定控制状态，从而达到对公共项目系统进行评估、控制和管理的作用，如图 2-15 所示。

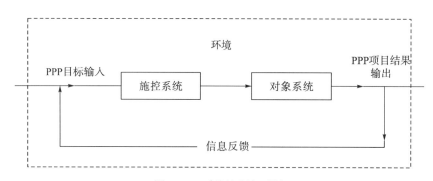

图 2-15　系统控制与反馈

总之，PPP 机制是运用系统论和工程控制论的基本原理，对 PPP 项目投融资、建设、运营与管理等全生命过程的发展及其实施结果，以系统控制观对政府主导的 PPP 运行机制进行科学的分析、评估和判断，并基于系统反馈控制原理，将项目建设、运营与管理的现实情况与预期状态之间的偏差信息及时传输到施控系统和对象系统，调整和改善系统输入和输出信息，保证 PPP 项目建设、运营与管理系统整体的稳定性和可靠性，才能最终促进 PPP 项目合作机制的协调关系、有效运行和改善管理，促进公共部门和私人部门合作，共同创造最大社会公共价值，它构成了西部地区 PPP 机制研究的方法理论观。

三、可持续发展理论

可持续发展的概念是世界环境与发展委员会(WCED)在 1987 年召开的环境特别会议上首次提出的，同时，《我们共同的未来》(1987)、《保护地球——可持续生存战略》(1991)、

《里约环境与发展宣言》(1992)和《21世纪议程》(1992)等文件相继发表后，人们对可持续发展理念逐步达成共识，同时，可持续发展研究也成为经济、环境、管理等科学研究的焦点和前沿(王艳洁等，2001)。从《21世纪议程》以及《中国21世纪议程》中可以概括出可持续发展体系的核心要素是社会可持续发展、经济可持续发展和资源与环境的可持续发展，这三个要素相辅相成；同时，可持续发展观念在"科学发展观"和"新常态"思想中得到了科学阐述。

公共项目在经济和社会的可持续发展中发挥着举足轻重的作用(吴建南等，2009)，是利用公共资源向社会公众提供公共产品和服务的载体。而在公共项目投资、建设、运营与管理的过程中陆续出现了一些不良现象和问题，比如"三超工程"、"钓鱼工程"、"政绩工程"以及"豆腐渣工程"等，严重浪费资源和损害社会公众利益。根据可持续发展理论体系的内容，公共项目也需要遵循可持续原则，实现社会、经济和环境三位一体的可持续。公共项目的社会可持续就是项目利益相关者具有按照协议运营与管理项目的长期意愿，涉及伙伴选择(Kumaraswamy et al.，2008)、可持续采购(Walker et al.，2009)；经济可持续，关注融资可持续(Bennett，1998)、交易成本及风险管理可持续(Gangwar et al.，2014)。

可持续发展理念丰富了PPP的目标体系，它不仅强调PPP项目的经济效益、社会效益和环境效益，更重要的是从系统动态视角审视项目是否按照全面、协调、可持续性的要点发展，即建立可持续的公私合作伙伴关系，公共部门通过与私人部门合作实现服务效率提升、效果改进以及资本体系完善(Runde et al.，2010)，私人部门获取合理利润、市场空间和公众信任。

四、公共项目公私合作治理理论

治理(governance)一词起源于古典拉丁文和古希腊语中的"掌舵"，原意是控制、引导和操纵的行动或方式(吴志成，2004)。20世纪90年代以来，福利国家的危机是构成治理理论研究、应用和发展的重要动因，其含义已经超出传统的意义，被广泛用于社会学、政治学、经济学、管理学等领域，治理理论的代表人物R.罗茨在《新的治理》中归纳了治理的七种应用形态(如图2-16所示)，其中在公司治理等方面最为突出。

在公共管理领域，治理是一个国家为了促进经济发展与社会资源优化配置而在管理中运用权力的方式(詹姆斯·N.罗西瑙，2010)，它既包括强制人们服从的正式制度和规则，也包括各种人们同意或认为符合其利益的非正式的制度安排(俞可平，2001)。政府公共事务本质在于所偏重的统治机制并不依靠政府的权威和制裁(格里·斯托克等，1999)。公司治理的应用是以股东利益为主导的利益相关者利益最大化(Jensen，2000)，是西方委托代理理论、不完全契约理论、利益相关者理论、产权理论和资本结构理论运用的结晶。

随着治理理论运用到公共项目投资研究领域，出现了政府与社会投资者的合作模式，产生了PPP治理研究内容、治理结构和治理关系。项目治理是围绕保证项目有效地交付并使用的一系列过程、结构和系统，最终能够使效用和利益完全地实现(Lambert，2003)，

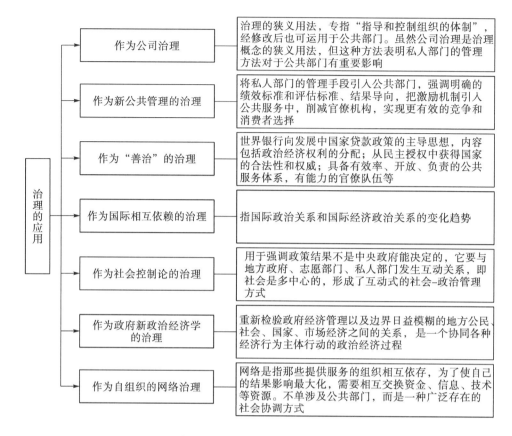

图 2-16　治理理论的应用范畴

注：资料整理于王诗宗(2009)。

其实质是一种利益相关方的治理机制(Tuerner，2006)，表现为在项目利益相关者之间的权、责、利的基础上完成一个完整的项目交易(汤伟钢等，2006)。因此，PPP 不仅是公私双方克服传统的教条和模式，更重要的是根据新的体系重新安排公私合作治理的规范和模式(Hofmeistr et al.，2004)，存在项目管理问题和伙伴关系问题，通过治理实现 PPP 项目可持续的伙伴关系，从而提升项目绩效(Abednego et al.，2006)。

因此，国内外理论研究基础和 PPP 模式创新实践经验都表明：①PPP 存在着政府、企业和公众的伙伴关系，其前提条件是目标一致，遵守准入与退出、市场价格、风险分担及利益同享和监管治理规则。②PPP 成功的关键是政府政策和管理组织公共服务治理观念、治理结构与运行程序的创新。③实施 PPP 的目的是通过建立新型的伙伴治理关系和治理运行机制，优化合作伙伴关系，创造合作伙伴共同的价值，最终实现公共利益最大的目标。PPP 项目治理理论的形成，使西部地区 PPP 机制研究和创建有了适当的理论方法与实现途径。

第四节　公共项目公私合作机制的本质

机制是系统为维持其潜在功能并使之成为特定的显现功能而以一定的规则规范系统内各组成要素间的联系、调节系统与环境的关系的内在协调方式及其调节原理(马维野等，1995)。公共项目公私合作(PPP)的功能就是整合公共部门和私人部门的资源禀赋，按照契约内容对公共需求做出合理回应，创造更多社会公共价值。公私合作机制就是为了实现PPP的功能，按照契约约定的规则规范主体行为以及主体与客体之间的载体。机制运行的关键动力是利益关系(王明方，2006)均衡，即在"五项原则"下，创造性地实现合作关系、交易关系、利益与责任关系、监管关系，如图2-17所示。

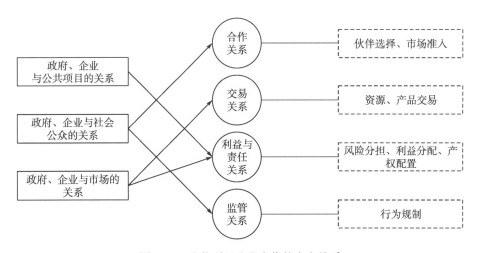

图 2-17　公共项目公私合作的内在关系

一、合作关系

在财政预算约束、公共管理低效率以及公共需求不断增加的背景下，公共部门应考虑转换问题解决方式，引入社会资本或市场机制，转移一些可市场化或具有融资可能性的公共项目给私营部门，通过市场机制选择符合准入条件的合作伙伴。公私双方经过多次"讨价还价"或"货比三家"，确定双方可以接受的、符合公共利益导向的契约条款，契约生效的同时也宣布公共部门和私人部门合作关系的正式确立并具有法律效力。因而，在目标一致的前提下，合作机制是设置PPP方式的制度规则，协调规则和程序规则，这充分体现了公共部门和私人部门之间建立的相互信任、互惠互利的正式伙伴关系。

二、交易关系

公私合作伙伴关系，实质上是市场交易关系。表现在两方面：一是公共部门通过市场选择合作伙伴，并签订关系性契约，标志着属于公共部门的部分权利（如经营权）的转移，私人部门的资产，尤其是专用性资产，转化为公共项目的组成部分，从而使公共部门和私人部门之间实现权利、资产以及资源的交易行为。二是公共项目建成投产后，私人部门（或双方合作经营）按照既定的价格机制在市场上供应公共产品或服务，社会公众通过支付费用获取产品与服务的使用权；或者政府支付私人部门费用获取公共产品或服务的所有权，然后再向社会公众提供。因此，通过合作机制建立，保障公共产品或服务公开、公平和公正的市场关系。

三、利益与责任关系

契约关系是公私合作伙伴关系的核心，利益诉求是公共部门和私人部门参与公共项目建设与运营的基础条件。公私双方按照双方能接受的方式在 PPP 契约中表达自己的偏好和利益诉求，更重要的是确立了风险分担与利益分配的原则。由于信息不完全和不对称、环境与行为的不确定性，公共项目的投融资、建设、运营与管理过程中存在未知事件或非预期风险，事前的利益分配是为了激励公私双方积极进行事中和事后的风险管理，而事前的风险分担也是为了约束公私双方配置资源、承诺履约以及信息披露等行为，引导公私合作的可持续发展。至此，政府与企业在公共项目全过程中获取既定的社会公共利益和合理的市场利益，并承担由契约或承诺、不确定或风险事件产生的责任；同时，合理收益与责任分担也是激励公私双方积极合作、减少利益冲突，约束公私双方由信息不对称和不确定性引发的机会主义行为的重要内容，即利益与责任关系，也是激励与约束关系。

四、监管关系

公共部门采用公私合作模式提供公共产品或服务，公共部门从既"掌舵"又"划船"的双重角色演变为"掌舵者"，集中精力履行政府职能"做好政府应该做的事情"。由于公共项目市场失灵的存在，政府需要发挥宏观调控职能，弥补市场缺陷，规制"搭便车"或"机会主义"行为。同时，政府为提升公私合作的公信力，减少政府与私人部门合作中不完全理性的现象，需要市场中的第三方监督主体在法律法规下矫正合作双方的行为，或发挥社会公众的监督权力，矫正政府与公众的委托代理问题。因此，建立合作监督机制是保障公共产品或服务市场关系公开、公平和公正的基础。

第五节　公共项目公私合作机制的逻辑框架分析

公共项目公私合作(PPP)从规划、决策、合同签订、建造到生产运营是一个完整的系统过程，这个系统通过资源、技术、资本等要素的输入以及建造实施与运营过程，并向外界输出产品，实现公共项目目标。在这个过程中，项目系统的各个要素或各个子系统状态也会随时间变化而产生动态变动，输出结果和效果也因此而动态变化。PPP机制是对公私合作主体与客体之间关系的全面、综合性评析，其目的是维持系统内各要素关系的稳定，确保输出结果的预期效率、效果和价值的实现。因此，PPP机制必然是一个围绕项目目标不断纠偏的、循环改进的动态过程。

一、机制框架

PPP的主体与客体之间的关系分为合作、交易、利益与责任、监管等四类，涉及伙伴选择、定价、风险分担与利益分配、产权结构、政府监管以及公众参与等环节。按照公共项目特性设置伙伴选择条件，通过公开招投标方式选择伙伴，双方洽谈资源或产品价格，并在合同中反映双方的意愿，实现私营部门的准入过程。根据契约规定划分风险承担主体与利益受益主体，利用剩余收益的配置以及权力的安排激励公私双方积极应

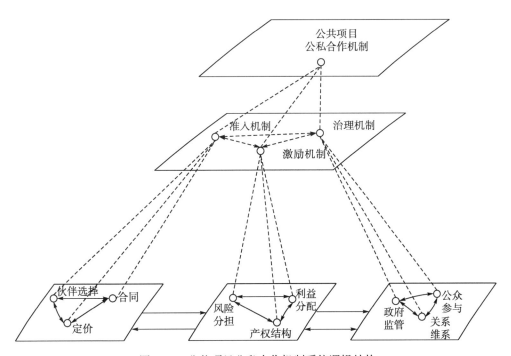

图 2-18　公共项目公私合作机制系统逻辑结构

对与管理风险。由于信息不对称、不确定性等因素导致公私双方表现出机会主义行为，破坏合作伙伴关系，因此需要公平、公正、透明的监督机制，纠正主体行为。至此，上述内容构成公私合作机制系统结构，如图 2-18 所示。

二、反馈与回应过程

PPP 机制框架下，PPP 项目的决策过程是以公共利益为导向的反馈与回应循环过程的产物，整个过程以政府批准公共项目立项反映公共需求为起点，经伙伴选择、契约签订、项目建设与运营到特许期结束，其间，不断进行反馈和回应，以改进合作关系质量、产品或服务质量、供给效率和公平分配，详见图 2-19。

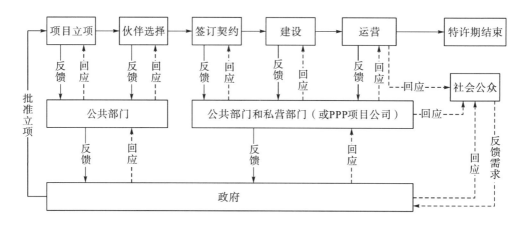

图 2-19　PPP 项目的监管、反馈与回应过程

本 章 小 结

本章梳理了公共项目公私合作(PPP)中公共项目和公私合作两个关键概念的产生、研究内容和特征，分析了国内外 PPP 的本质及其内在关系，认为国际概念与我国国情存在共性与差异：共性是指公共项目公私合作的本质是形成伙伴关系；差异性是指伙伴关系产生的经济环境、制度环境、市场环境、文化环境和法律环境等不同。PPP 模式中的"公"与"私"是市场经济发展的必然结果，指的是公共领域和市场领域。公共部门组成的主体是政府，本章落地在地方政府；私人部门是指市场领域主体范畴，包括国有投资企业、民营投资企业、国际投资企业和独资企业或个人等。

针对我国 PPP 概念本质与内涵的特殊性、复杂性和系统性，提出了适合我国西部公共项目公私合作的伙伴概念，基于经济学、管理学和工程学理论讨论了政府、企业、公众和公共项目之间存在的辩证关系，即政府与社会资本投资人建立伙伴关系的机理。结合国际上 PPP 项目遵循的基本原则，即"利益共享、风险分担、目标一致"，我们在此基础上提出伙伴价值最优和诚信为本的"五原则"，并根据我国 PPP 伙伴关系，提出了我国的"物有所值"的经济（economy）、效率（efficiency）、效果（effectiveness）、伙伴关系价值（partnership value）四个维度，即"3E+P"，成为探索 PPP 机制方法和实现途径的理论基础。其中，合作价值最优化是四项原则之首，涵盖了合作伙伴关系、合作项目社会与经济效益和合作实践路径。本章研究思路、研究方法及研究原则等提供了方法论的支撑，得到 PPP 机制研究两个核心点，即"伙伴关系"和"合作伙伴价值"，在此基础上构建了研究 PPP 机制逻辑理论框架。

第三章　公共项目公私合作伙伴关系：探索性研究

公共项目公私合作(PPP)机制研究的核心环节是厘清伙伴关系要素的内在互动关系和探寻伙伴关系的运行规律。本章在明晰 PPP 机制的伙伴关系、伙伴关系价值和"3E+P"原则等机理理论关系，辨析政府与企业、政府与市场利益等互动关系的基础上，针对我国西部地区实际情况，运用科学研究的基本准则，采用调查研究和深度访谈等实证方法，探寻 PPP 项目伙伴关系的社会实践认知水平、伙伴环境、政府管理和建设现状以及典型项目的实践效果等，为构建合适的 PPP 机制提供理论与实践基础。

第一节　调查目的及意义

一、调查目的

2010 年 9 月在国家社会科学基金课题"西部地区公私合作机制研究"的开题报告会上，与会专家提出了"西部范围"、"典型案例"和"政府管理"等极为有价值的深化研究的思路和方法，以实证研究探索西部公共项目决策、建设和运营管理现象规律，弥补理论研究的不足。同时，运用前期项目研究经验与教训、研究成果总结、国内外典型项目研究经验和征询澳大利亚皇家理工学院课题组专家的观点，基于课题探寻的公私合作伙伴关系目标、性质和特征等内容，提出了采用深度访谈调研和问卷调查相结合的方法。通过定点调研采集西部各省(自治区、直辖市)及省会城市的公共项目政府政策、管理模式、典型案例和运行机制等的实际情况。因此，设置相应的调研问卷和调查目的：

(1)采集西部各省(自治区、直辖市)PPP 建设中实践的理论思路和实际做法的信息；

(2)收集西部各省(自治区、直辖市)PPP 建设中实践的主观与客观的数据信息；

(3)收集西部各省(自治区、直辖市)PPP 中从事建设、管理和研究领域的专家、学者、政府管理部门领导和企业实践技术负责人等的认识信息集；

(4)运用成熟理论模型和数理方法处理、分析和判断信息反映的现状与规律的影响因素；

(5)为 PPP 伙伴机制的深入研究及机制构建提供事实依据。

二、调查意义

研究 PPP 伙伴机制的目的在于通过理论与实际研究改进问题本质、探索现象规律、总结实践经验和创新伙伴关系及政府治理体系，探寻政府与社会资本投资人和谐的伙伴关系。要使 PPP 机制研究成果有学术价值和应用价值，一方面必须了解实际 PPP 的主要做法和信息，另一方面科学、严谨和系统地掌握公私合作参与各方在合作中的影响因素，从而在 PPP 机制的设计和优化过程中做到逻辑清晰、层次分明和设计有效，实际调研的意义在于：

(1) 丰富理论研究的佐证链条，增进 PPP 伙伴关系事实理论性；

(2) 弥补理论研究中西部地区特征描述研究工作的不足，增进理论研究与西部实践结合的有效性；

(3) 遵循实践标准，规范化、模型化地处理实际调研数据和信息，发现调研材料、数据与信息反映的现象，探索国内外实践的差异，增进研究的可靠性；

(4) 遵循研究规律，实践—理论—再实践螺旋上升，不断深化对公私合作伙伴关系规律的认识，确保课题研究紧密联系实际，从而确保项目研究成果的实践价值。

第二节　访　谈　调　查

课题组通过与政府、"985"高校专家和大型企业的合作经验、资料和公共关系，首先对从我国(重点是西部地区)政府部门、学术界和实业界中选择的若干学者或企业家、技术管理人员等采用深度访谈的方式，听取、收集他们对公共项目公私合作(PPP)的观点、经验和教训，作为定性识别 PPP 伙伴关系的重要依据之一。

一、方法选择

根据课题研究目的、研究问题的性质、研究对象的特征、资源的可获取性以及数据处理技术工具的特点等，选择面对面访谈的方式，选择依据：第一，PPP 在西部地区刚刚起步，较多的普通管理人员对 PPP 概念尚不熟悉；第二，政府部门习惯于行政管理模式，对政府与企业合作参与公共项目供给有了一定认识，特别是在政府重点项目管理领域部门；第三，西部地区 7 个省会级城市中，除重庆市、成都市和兰州市已开展公共基础设施领域的项目外，其他研究对象中尚未开展。因此，访谈对象优先从具有 PPP 经验或知识的政府部门、企业、行业协会和科研机构的专家学者开始，在保证信息质量的同时提升效率。采用判断抽样(judgement sampling)方法，根据课题组对 PPP 学术界和实业界的经验判断和客观分析[①]，事先选择访谈对象，然后再根据访谈计划逐步开展访谈。访谈采取介于结构性访谈和开放式访谈之间的半结构化访谈方式。由于访谈对象的特殊性、访谈内容的专业性以及访谈问题的广泛性，访谈时间根据具体情况控制在1～2小时。在访谈正式开始之前，事先向访谈对象介绍此次访谈的目的、内容、焦点及原因，并就访谈内容和访谈对象信息的保密性做出正式说明。对于访谈内容，在征求访谈对象同意的前提下采取录音形式记录信息，否则，只能采取速记方式保留相关信息。

研究内容包含在此次访谈的三个问题中，分别是：①学术界和实业界如何认识和理解PPP概念和模式？②在我国及西部地区，推行PPP的关键条件是什么？③哪些因素有利于或阻碍PPP发展？

访谈对象选取从事公共项目管理、PPP项目管理或PPP研究的组织或个人。公共部门主要选取具有PPP管理经验的中央或地方政府部门官员，私人部门主要选取参与PPP项目的企业管理人员，第三方机构主要选取从事PPP研究、咨询或代理的组织或个人，样本分布情况如表3-1所示。

表3-1　访谈对象样本数量一览表

类型	公共部门	私人部门	第三方机构	合计
数量	15	11	6	32
比例/%	46.875	34.375	18.750	100

二、结果与讨论

课题组对访谈记录进行整理、统计与分析。只要与某一因素相关的关键词被访谈对象在上述3个问题的回答中提到过，则认为访谈对象认同该因素的重要性，同一位受访者重复提起的某个关键词只能计算一次，最终计算每一个因素被提到的次数，访谈结果如表3-2和表3-3所示。

表3-2　访谈对象对PPP的认知

类型	公共部门	私人部门	第三方机构	合计
PPP仅仅是一种项目融资模式	3	8	1	12
PPP是一种新型管理模式	8	2	1	11
PPP是一种治理机制创新	4	1	4	9

根据表3-2析可知，项目融资模式是访谈者对PPP的首要观点，尤其是企业(私人部门)对PPP项目融资的认可，推行PPP可以减轻政府财政压力；公共部门认为PPP是一种

[①] 访谈对象选择说明：主要是根据课题负责人的前期科学项目研究积累的经验、多次学术交流获得的信息以及国际性或全国性的学术会议调研信息。

基于公私合作的新型管理模式，区别于一般的公共项目管理模式；而 PPP 研究机构认为它是一种治理机制创新，集成 PPP 项目市场准入、风险分担与利益分配、激励与约束以及监督管理等内容。基于此，项目融资模式是人们对 PPP 的现实认知和功能定位，而"机制创新"观点是 PPP 的研究前沿和发展趋势。

表 3-3　访谈结论统计表

因素	频次	因素	频次
完备的法律法规、制度和政策	27	合理的定价及调价机制	12
政府具备较高的履约能力	25	经验、知识和信息	11
有效监管	23	经济环境适宜	9
连续且稳健的政策	23	合同执行力强	8
政府审批程序简单易行	22	价值观的认同	7
项目具有现金流	19	政府对项目能够灵活协调	6
风险分担和利益分配合理	15	经济发展水平高	1
政府意愿和支持	14	保障公众参与	1
过程透明	14	政治稳定	1

根据表 3-3 和图 3-1 可知，PPP 发展的首要因素是"完备的法律法规、制度和政策"。其次，政府具备较高的履约能力、有效监管、连续且稳健的政策、政府审批程序简单易行、项目具有现金流、风险分担和利益分配合理、政府意愿和支持、过程透明、合理的定价及调价机制、经验、知识和信息等。"政府具备较高的履约能力"反映政府作为 PPP 项目的参与方，应该按照合同约定行使权力和履行义务，避免不合理干预。"连续且稳健的政策"主要是为了减少因政府领导更替而造成的不确定性。"政府审批程序简单易行"是为了消除企业市场准入壁垒，降低企业准入成本。"项目具有现金流、风险分担和利益分配合理、政府意愿和支持、合理的定价及调价机制"是减少 PPP 项目风险的重要方面。"过程透明"主要涉及贪污腐败、信息公开、公众参与和第三方监督等。"经验、知识和信息"主要是反映公私双方具备经营管理 PPP 项目的能力。

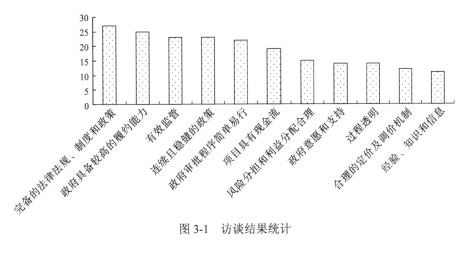

图 3-1　访谈结果统计

总之，访谈结果是对第二章理论分析 PPP 主体与客体关系的反馈，PPP 发展的关键条件也是维持 PPP 合作关系、交易关系、利益与责任关系以及监管关系的重要因素(图 3-2)。PPP 是一个系统工程，发现推行 PPP 的关键条件既有利于厘清政府、企业和公众的关系，也有利于明晰主体、客体与环境之间的相互关系和作用机理，因此这次访谈是非常重要的。

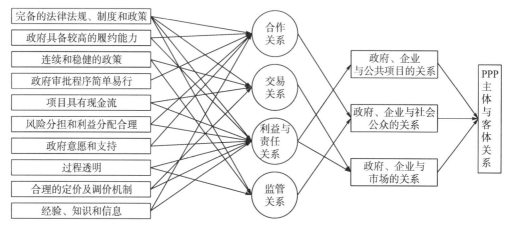

图 3-2　访谈结果与理论分析的联系

第三节　问卷调查

2010～2014 年，课题组在我国重庆、四川、贵州、云南、青海等西部地区主要 12 省(自治区、直辖市)开展了针对公共项目公私合作(PPP)机制的问卷调查，重点在 7 省(自治区、直辖市)。本章和第四章均采用了该项调查数据。

一、问卷设计

(一)问卷设计依据

(1)以国家自然科学基金研究成果和重庆市科学技术委员会项目研究成果的问卷为基础;
(2)英国、澳大利亚及维多利亚州 PPP 指南;
(3)我国香港特别行政区 PPP 指引;
(4)我国政府深化体制改革文件和国务院"新 36 条"等相关文件;
(5)本次研究的课题批准合同和理论研究涉及经济学、管理学、工程学和公共管理学等理论及文献综述。

(二)问卷结构

在文献研究的基础上，课题组根据西部地区的现实情况，访谈重庆市政府部门(如重庆市发展和改革委员会、重庆市城乡建设委员会、重庆市财政局、重庆市体育局、重庆市两江新区公共租赁房管理委员会等)和企业(如重庆市轨道交通总公司、重庆市交通投资有限公司、重庆水务集团股份有限公司、重庆市城市建设投资公司、重庆市奥林匹克体育中心经营公司和重庆三峰环境集团等)；新疆维吾尔自治区住房和城乡建设厅；贵州省住房和城乡建设厅、贵阳市住房和城乡建设委员会；云南省住房和城乡建设厅、昆明市审计局；四川省成都市发展和改革委员会；西藏自治区发展和改革委员会计划处、国土资源厅、交通厅重点项目处、人民银行西藏分行；甘肃省住房和城乡建设厅；宁夏回族自治区住房和城乡建设厅等；与课题组成员张国民教授(澳大利亚皇家理工大学 PPP 专家)讨论澳洲 PPP 案例和调研指标；在中国工程院第 4 届、第 7 届、第 9 届、第 10 届和第 11 届学术年会上与工程院院士、专家和教授个别访谈等。

　　课题组多次讨论和征求专家学者的意见,把实证调研内容及访谈问卷(如附录 2 所示)分为三部分：第一部分为接受访谈者的基本资料,包括所处省市、工作单位性质、工作年限、对 PPP 参与主体的认知以及 PPP 主要障碍；第二部分是调查研究的重要部分,包括 PPP 伙伴关系、公众参与、合作环境以及公共产品供给对 PPP 的影响因素；第三部分是受访者对 PPP 的建议和看法。

二、指标选择

(一)指标原则

(1)合作伙伴关系原则；
(2)建设管理基本程序原则；
(3)"3E+P"原则；
(4)市场配置资源和政府作用原则。

(二)调研指标

　　基于以上原则,从伙伴关系、合作环境、公众参与和公共产品供给四个序列建立公私合作机制指标体系。研究影响 PPP 成功的关键因素时发现,在合作环境方面,Zhang(2005)和 Cheung 等(2012)提出经济与政策环境是影响 PPP 合作效率的重要因素,Ragoobaran 等(2011)认为监管机制也不可忽略,公众参与更有利于 PPP 决策合理、分配公平和合作效率提高(Ng et al.,2013；杨宇等,2006)。此外,通过结构性访谈也得到政府和公众对 PPP 的满意度,信息的公开程度对公私合作效率有直接影响。因此,对 PPP 项目来说,政策法律环境、经济环境、社会环境及市场监督等都是重要影响因素。在企业主体方面,资金实力是重要的准入条件之一。此外,在选择 PPP 合作伙伴时,学者认为的关键因素也是公私合作机制中的重要准入条件,主要分为管理、资金和技术三方面,具体包括：合作伙伴的财务稳健性、技术能力、管理水平和过去表现等。通过对我国西部地区现有 PPP 准入条件的研究,发现目前在西部地区,对私营企业的准入要求主要集中于资金实力和投融资能力两方面,也有部分地区提出对建设管理能力和履约信誉方面的条件,而在我国东部地区,如深圳,准入公共项目的条件包括投融资能力、项目经验、管理和技术水平及企业声誉，相对西部地区来说比较全面，我国东部地区 PPP 模式经验比较丰富，对准入机制的条件设计相对更为完善。最后通过分析国外发达国家及我国香港地区的公私合作指南，认为明确的 PPP 管理机构和政策法律体系是公私合作机制正常运行和提高合作效率的基础。至此，研究从 PPP 合作效率的角度建立 PPP 机制指标体系，通过问卷试调查—再调整—再发放，在 2011 年 1 月完成了正式调研问卷文本，向西部地区及部分东部省市调研对象发放。设计出西部地区 PPP 机制指标体系，如表 3-4 所示(调查问卷见附录 2)。

表 3-4　西部地区 PPP 指标体系

序列	类别		因素	文献研究
合作主体	政府主体		具备明确的合作部门(X1)	Ahmed and Abdel(2007)
			政府部门的行政执行力度(X2)	Johan Post and Nelson Obirih-Opareh(2003)；陈炳泉和彭瞳(2010)
			对项目的合作态度(X3)	Antonio Estache 等(2007)；　Mick Lilley and Catherine de Giorgio(2004)；Carol and Sang(2008)；　Timothy(2008)
			具备清晰的政府合作指南(X4)	Ahmed and Abdel(2007)
			明确的合作项目审批流程(X5)	实地调研
			政府的履约能力(X6)	Antonio Estache 等(2007)；Araújo and Sutherland (2010) Mick Lilley and Catherine de Giorgio(2004)；　Joan Price Boase(1998)；Johan Post and Nelson Obirih-Opareh(2003)；　Carol and Sang(2008)；王秀芹等(2007)
	企业主体		企业的履约能力(X7)	Joan Price Boase(1998)；Carol and Sang(2008)
			企业的融资能力(X8)	实地调研
			企业的投资能力(X9)	实地调研
			企业的社会责任、公信力(X10)	实地调研
			企业的盈利预期(X11)	Fredy 等(2014)
	公众主体		公众是 PPP 项目参与主体(X12)	Antonio 等(2007)；　Shafiul and Syed (2006)
			公众意见对 PPP 科学决策影响(X13)	实地调研
			公众的支持对合作有效性影响(X14)	陈炳泉和彭瞳(2010)
合作环境	政策法律与机制环境		完备的公私合作法律体系(X15)	Antonio Estache 等(2007)；Araújo and Sutherland (2010)；　Joan Price Boase(1998)；Massoud and El-fadel(2002)；　Dima Jamali(2004)；　Ahmed and Abdel(2007)；　Zhong 等(2008)；　Mona Hammami 等(1999)；王秀芹等(2007)；陈炳泉和彭瞳(2010)
			激励的财政、土地和税收政策(X16)	Araújo and Sutherland (2010)
			合理的定价机制(X17)	Zhong 等(2008)；　何寿奎和傅鸿源(2007)
			政策的支持度(X18)	Antonio 等(2007)；　Carol and Sang(2008)；陈炳泉和彭瞳(2010)
			特许政策的连续性和稳定性(X19)	Seungho Lee(2010)
			具有规范的招投标制度(X20)	Araújo and Sutherland(2010)；Massoud and El-fadel(2002)；Martinus and Stephen(2006)

序列	类别	因素	文献研究
合作环境	政策法律与机制环境	具有公正的纠纷协调机制（X21）	Aidan and Anthony（2008）
		适宜的政府财政担保机制（X22）	Nataraj and Geethanjali（2007），　王乐等（2008）
		合理的风险分担机制（X23）	Antonio Estache 等（2007）；　Mick Lilley and Catherine de Giorgio（2004）；Darrin Grimsey and Mervyn K Lewis（2002）；　Li Bing 等（2005）；　Martinus and Stephen（2006）；　Jin and Doloi（2008）；　Zhong 等（2008）；　Timothy（2008）；何寿奎和傅鸿源（2007）；王秀芹等（2007）
		有效的退出机制（X24）	实地调研
	经济环境	物价指数（X25）	实地调研
		利率变动（X26）	Antonio Estache 等（2007）
		汇率变化（X27）	Antonio Estache 等（2007）
		税率或补贴（X28）	Antonio Estache 等（2007）
	社会环境	政府对合作的满意度（X29）	实地调研
		合作各方的信息公开程度（X30）	Efraim Sadka（2006）；　Darrin Grimsey and Mervyn K Lewis（2002）；　Joan Price Boase（1998）；　Dima Jamali（2004）；　Martinus and Stephen（2006）；Ahmed and Abdel（2007）
		合作者内部信息的有效沟通和反馈（X31）	Koppenjan（2005）；　Martinus and Stephen（2006）；　Sue and Tony（2006）；Carol and Sang（2008）
		公众对公共服务的满意程度（X32）	Dima Jamali（2007）
	市场监督机制	政府监管机制（X33）	Nutavoot Pongsiri（2002）；　John Adams 等（2006）；何寿奎等（2008）；谈文昌（2007）
		公众监督机制（X34）	实地调研
		第三方监管机制（X35）	Antonio Estache 等（2007）；何寿奎和傅鸿源（2007）
公共产品生产与提供序列	项目建设	项目公司的工程管理能力（X36）	实地调研
		承包商的管理水平（X37）	实地调研
		项目复杂性（X38）	Antonio Estache 等（2007）；　Timothy（2008）
		工程风险管理能力（X39）	Martinus and Stephen（2006）
		合同管理能力（X40）	Martinus and Stephen（2006）
	项目运营	政府对公共产品收入的分配权（X41）	实地调研
		运营商的运营能力（X42）	实地调研
		运营商的运营成本（X43）	实地调研
		项目运营财务风险（X44）	Antonio Estache 等（2007）
		合理的价格协调机制（X45）	Efraim Sadka（2006）；　Zhong 等（2008）；何寿奎和傅鸿源（2009）；陈爱国和卢有杰（2006）；陈炳泉等（2009）
		项目的可持续运营（X46）	实地调研
		政府收购的政策和条件（X47）	实地调研

三、调研范围确定

(一)调研主体

根据本书界定的 PPP 概念及 PPP 伙伴类型,2011 年我们确认的调研主体分为:①伙伴 I 是我国西部地区"公共部门"的发起主体或投资主体,包括政府及政府管理部门、公用事业部门、事业单位等;②伙伴 II 是我国西部地区"私营部门"的投融资合作主体,界定为企业集团、公司或个人等;③伙伴III是监督主体,包括社会公众、专业咨询组织和政府监管人。这种分类涵盖了 2014 年国家发展和改革委员会发布的《政府和社会资本合作项目通用合同指南(2014 年版)》中指出的"政府主体是具有相应行政权力的政府,或其授权的实施机构,而社会资本主体是符合条件的国有企业、民营企业、外商投资企业、混合所有制企业,或其他主体",能够保证调研对象的完整性,调研范围的合理性。

(二)调研区域范围

根据第一章对西部地区研究对象的界定,问卷的调查范围也针对性地选取西部地区的重庆市、成都市(四川省)、昆明市(云南省)、贵阳市(贵州省)、兰州市(甘肃省)、拉萨市(西藏自治区)、乌鲁木齐市(新疆维吾尔自治区)7 个样本城市,主要通过向政府管理部门、金融企业、建设企业、科研机构以及典型的公共项目管理者等主体发送电子问卷、邮寄或现场发放纸质问卷等形式展开调研。同时,为了明晰我国 PPP 的整体情况,经过课题组认真讨论协商,将我国东部地区的部分省市也列为此次调研的对象。

四、调研计划

(一)调研组织

根据调研的交通条件、各省市经济发展水平、调研主体性质以及调研团队的个人能力,课题组安排四个小组进行调研,其中调研组分为 5 个分组,每个分组又根据对象属性的不同分为政府组、企业组和其他组。每一个小组设置 1 名负责人,负责人定期收集、整理并汇报阶段性成果,并根据负责人的反馈信息实时调整调研计划。总负责人定期召开调研研讨会,处理调研过程中遇到的不确定事件,确保调研顺利开展,详见表 3-5 所示。

(二)时间计划

根据课题申请书中的研究计划,调研部分的时间为 2010 年 7 月~2011 年 12 月。根据研究的实际需要,经过课题组反复讨论以及征求专家的意见,分别在 2012 年、2013 年和 2014 年申请补充对其他地区的调研,调研数据截止时间为 2014 年 12 月 31 日。

(三)调研方式

问卷主要采用两种方式进行发放，即采用纸质版发放和电子版发放。其中纸质版发放主要是将打印的问卷交由被调查者填写，然后在规定的时间收回后进行编号登记、统计。电子版主要是通过定点、定人邮箱的方式，将问卷发放给固定的高校专家或者政府机构人员、企事业单位的被调查者。

表 3-5　调研组织架构

分　组		省(自治区、直辖市)	方　式	备注
调研组	1	重庆	实地调研	每个小组设置组长
	2	四川、贵州	实地调研和电子邮件	
	3	陕西、甘肃、新疆、云南、西藏	电话采访、电子邮件和实地调研	
	4	山东、辽宁、江苏、湖南、湖北、黑龙江、河北	电话采访、电子邮件和实地调研	
	5	香港、天津、上海、台湾、浙江、广东、北京	电话采访、电子邮件和实地调研	
问卷整理组		全部省(自治区、直辖市)	Excel 简单统计	
数据分析组		全部省(自治区、直辖市)	SPSS/AMOS/SD 等	
对外联络组		重庆	电话、邮件等	

注：根据调研实际情况对人员安排进行动态调整。

另外，问卷还采取实地发放方式。实地的访谈过程中，发放了相应数量的问卷。因为是现场填写问卷，所以回收率比较高，填写质量也比较好。

实地访谈主要是集中在重庆地区的政府部门进行的，因此政府部门的问卷发放很大程度上是通过调研实地获得的。

第四节　结果统计分析

一、描述性统计

(一)问卷数量结构

本次调查共发放 647 份问卷，回收 494 份，见表 3-6。表 3-7 也统计了调查对象的分布，其中 62% 的受访者来自企业，这些调查信息更能反映市场主体的态度和观点。

表 3-6　各省(自治区、直辖市)调查问卷数量统计

省(自治区、直辖市)	重庆	四川	贵州	云南	西藏	广西	甘肃	东中部地区	总计
数量/份	196	72	52	36	29	19	7	83	494
所占比例/%	39.68	14.57	10.53	7.29	5.87	3.85	1.41	16.80	100

资料来源：课题组统计表。

表 3-7 问卷调查样本数量一览表

类型	公共部门	私人部门	科研机构	其他组织	合计
数量/份	74	306	40	74	494
比例/%	15	62	8	15	100

资料来源：课题组统计表。

（二）数据检验

调研数据的 Cronbach's Alpha 系数是 0.954，大于 0.8，数据可信度较高（Nunnally，1978）；Kendall's W 测试下 Chi-Square 值是 1024.42，大于 α =0.005 显著性条件下自由度 46 的临界值 74.45[①]，说明本次调研数据具有足够的可信度（Siegel et al., 1988），并且这也证明数据可以用于下一步统计分析。

二、项目主体的角色调查分析

按照工程项目管理寿命周期理论，PPP 项目周期可以分为项目立项、招投标、项目实施、项目运营和项目移交等五个阶段。在项目不同阶段，政府、企业和公众的角色是不同的，而且厘清政府、企业与公众在项目全过程中的角色与责任也是促进 PPP 成功的重要因素（EI-Gohary et al.，2006）。

（一）PPP 立项阶段

政府对项目"具有否决权"得到 50.79% 的受访者的认可，如表 3-8 所示，这也反映出公共项目的公共性，需要政府通过强制性措施保障公共利益。公众"参与并提出意见"也是受访者支持的，公共项目是公共需求的反馈与表达，这也需要社会公众参与项目决策。然而，企业"仅参与""参与并提出意见""只是参与决策"也是 74.46% 的受访者的意见，逐利的企业投资公共项目的最大目标是在特定期限内收回投资并获利，这也是企业希望参与项目立项决策的动机，以保证自己投资的价值收益。

表 3-8 PPP 项目立项过程中每个参与主体的角色

PPP 项目周期	指标选项	参与主体/%		
		政府	企业	公众
	不能介入	3.95	16.07	15.53
	仅参与	11.58	22.89	21.05
立项阶段	参与并提出意见	11.84	22.89	44.21
	只是参与决策	21.84	28.68	11.32
	具有否决权	50.79	9.47	7.89

---

① "问卷中采用 1-5 级 Likert 量表的问题共有 55 项，故采用 Chi-square 值"，转引自：柯永健.中国 PPP 项目风险公平分担 [D].北京：清华大学，2010：24.

（二）PPP 招投标阶段

政府"只是参与决策"或对项目"具有否决权"得到 48.95%的受访者的认可，伙伴选择是建立公私合作伙伴的首要环节，伙伴的能力、经验、经济实力以及社会信誉等是PPP 准入的必要条件，政府为了反映社会公众的需求和保障公共利益，需要关注合作伙伴的真实情况。同时，公众"参与并提出意见"得到 31.05%的受访者的支持，公私合作双方对公共项目的意愿和态度是公众的关注点。然而，企业"仅参与""参与并提出意见""只是参与决策"也是 76.58%的受访者的意见，见表 3-9。公共项目招标文件中对投标人条件的设置是投标企业关注的事项，严格的招标条件会限制大部分企业准入，但这种情况容易产生垄断或寡头垄断，民营企业或中小企业很难得到市场份额，不利于激发社会资本活力。因此，逐利的企业参与招投标环节也是有必要的。

表 3-9　PPP 项目招投标过程中每个参与主体的角色

PPP 项目周期	指标选项	参与主体/%		
		政府	企业	公众
	不能介入	11.05	7.89	23.95
	仅参与	20.79	28.42	26.32
招投标阶段	参与并提出意见	19.21	26.32	31.05
	只是参与决策	23.95	21.84	12.11
	具有否决权	25	15.53	6.58

（三）PPP 项目实施阶段

政府"参与并提出意见"得到 31.05%的受访者的认可，政府在公共项目建设过程中主要监督管理项目质量、安全、环保或功能等，而企业是项目实施的直接主体，对项目质量或效率负有直接责任，在 PPP 合同约定下，企业具有参与决策的权利，42.37%的受访者也支持企业"只是参与决策"，见表 3-10。公众通过监测公共项目的实时动态，关注其需求的回应能力或满足程度，这也是公众参与公共项目建设、运营和管理的重要表现。

表 3-10　PPP 项目建造实施过程中每个参与主体的角色

PPP 项目周期	指标选项	参与主体/%		
		政府	企业	公众
	不能介入	12.11	2.89	17.89
	仅参与	19.21	15.79	27.67
项目实施阶段	参与并提出意见	31.05	23.95	37.11
	只是参与决策	23.68	42.37	13.16
	具有否决权	13.95	15	4.47

（四）PPP 项目运营阶段

公共项目运营阶段是公私合作生产与提供公共产品或服务的关键环节，也是公共需求得到实质回应的重要节点，更是公私双方实现经济利益、社会效益和创造更多公共价值的"拐点"。表 3-11 中显示，分别有 25.26% 和 41.32% 的受访者支持政府和企业参与项目运营决策，而非某一方具有否决权，这也有利于公私合作权利与责任合理公平配置、缓解契约矛盾关系。同时，社会公众需求在公共项目投产运用或资产运营阶段得到合理的满足，这个阶段也是社会公众与企业、政府频繁接触或交易的时期，公众对公共权力代理人（政府）绩效评估，作为监管者的政府也在该阶段密切关注企业行为和规制机会主义行为，保障公共利益。

表 3-11　PPP 项目运营过程中每个参与主体的角色

PPP 项目周期	指标选项	参与主体/%		
		政府	企业	公众
	不能介入	20	8.95	22.11
	仅参与	15.26	13.16	28.42
项目运营阶段	参与并提出意见	24.74	18.16	39.21
	只是参与决策	25.26	41.32	7.37
	具有否决权	14.47	18.42	2.89

（五）PPP 项目移交阶段

在 PPP 特许期满时，公私双方按照 PPP 契约约定事宜，评估资产价值。公共项目的公共性决定其属性为全民所有，政府履行出资人权力，依据公正、合法与科学的资产评估结果，决定项目的下一阶段运营事宜，32.89% 的受访者支持政府在此阶段具有否决权。而企业在特许期间获得合理收益和社会效益（信誉），希望继续经营，在配合资产移交的同时也积极参与下一阶段项目运营的招投标环节，33.95% 的受访者也期许企业只是参与决策。此外，公众也要在此阶段关注政府运营公共资产的效率，关注国有资产的价值增益，54.21% 的受访者希望公众在此阶段履行参与权利，见表 3-12。

表 3-12　PPP 项目移交环节中每个参与主体的角色

PPP 项目周期	指标选项	参与主体/%		
		政府	企业	公众
	不能介入	11.58	7.11	32.11
	仅参与	13.95	20.26	26.58
项目移交阶段	参与并提出意见	13.95	24.21	27.63
	只是参与决策	27.63	33.95	7.11
	具有否决权	32.89	14.47	6.58

（六）主体交互评价

不同主体在项目全过程中的行为或角色是动态变化的，政府是 PPP 的合作者和监管者，在履行 PPP 合同中约定的责任和义务的同时，以公平、公开、公正和透明为原则进行 PPP 项目全过程监督管理。在英国政府的 A new approach to public private partnerships（2012 版）和中国香港的 An Introductory Guide to Public Private Partnerships（2008 版）中都对 PPP 合作双方在公共项目全过程的权利、责任、义务和角色进行了界定。根据课题组对西部地区省（自治区、直辖市）政府部门和企业进行的调研，数据分析结果显示：

（1）受访者一致同意政府在项目立项阶段和项目移交阶段具有否定权，企业在项目实施阶段、项目运营阶段和项目移交阶段都应参与决策，公众应参与项目立项，见表 3-13、表 3-14 和表 3-15；

（2）来自政府部门的受访者认为，企业应参与 PPP 项目全过程，但不支持公众参与项目实施、运营和移交阶段，见表 3-13；

（3）来自国有企业的受访者认为，政府在项目立项、招投标和移交阶段应具有否决权，支持公众参与 PPP 项目全过程，并期望国有企业参与项目实施、运营和移交阶段的决策，见表 3-14；

（4）来自民营企业的受访者认为，政府在项目立项和移交阶段应具有否决权，期望民营企业有机会参与项目实施、运营和移交阶段的决策，但排除项目移交阶段的否决权，见表 3-15。

表 3-13　来自政府部门的受访者的观点

主体	项目立项	招投标	项目实施	项目运营	项目移交
政府	3 或 4	1	3	0 或 3	4
企业	3	2	3	3	3
公众	2	2	0	0	0

注：（1）"0" 代表不能介入；"1" 代表参与；"2" 代表参与并提出意见；"3" 代表参与决策；"4" 代表具有否决权。

（2）"3 或 4" 代表受访者对二者的支持率非常接近，其他情况类似解释。

表 3-14　来自国有企业的受访者的观点

主体	项目立项	招投标	项目实施	项目运营	项目移交
政府	4	4	2	3	4
企业	3	1	3	3	3
公众	2	2	2	2	1

注："0" 代表不能介入；"1" 代表参与；"2" 代表参与并提出意见；"3" 代表参与决策；"4" 代表具有否决权。

表 3-15 来自民营企业的受访者的观点

主体	项目立项	招投标	项目实施	项目运营	项目移交
政府	4	3	2	0 或 1	3 或 4
企业	2	1	3	3	3
公众	2	1	2	2	0

注：(1)"0"代表不能介入；"1"代表参与；"2"代表参与并提出意见；"3"代表参与决策；"4"代表具有否决权。

(2)"0 或 1"代表受访者对二者的支持率非常接近，其他情况类似解释。

这些数据分析信息反映了政府具备维护"出资人"权益和公共利益的职能，承担筛选关系社会公众利益的公共项目、选择合作伙伴和保障国有资产保值增值的重要责任；逐利的企业期望在项目实施和运营阶段具有参与决策的权力，在保障自身利益的同时引导公共项目创造更多价值，这也是企业参与建立合作伙伴的基本动力。而公众是公共产品或服务的最终使用者和受益者，具备参与 PPP 项目全过程的权力，并且公众也是 PPP 输出结果评估的"权威评审专家"，有资格反馈公共服务的质量或效率。

总之，政府、企业和公众是 PPP 项目成功的主要推动者，明晰各自的权利、责任、义务和角色是非常重要的。在国家发展和改革委员会出台的《政府和社会资本合作项目通用合同指南(2014 年版)》和重庆市发展和改革委员会发布的《重庆市 PPP 通行协议指导文本》中都界定了 PPP 双方的权利和责任，确定双方的公共目标是实现公共利益最大化，这也说明了政府、企业和公众之间的关联关系。

三、合作伙伴选择调查分析

PPP 是公共部门和私人部门为了提供公共服务或产品而建立的伙伴关系，伙伴选择是成功实施 PPP 的关键步骤。伙伴关系涉及公共部门和私人部门两个主体，双方在合作之前根据相应的指标互相评估和抉择，如公共部门在选择私人部门的时候，综合考量其资金实力、资质水平、项目经验、管理水平和社会责任等；而私人部门在向公共项目投入专用性资产之前，根据项目盈利能力评估结果、宏观经济环境、政府履约能力以及项目对自身的贡献等指标，综合评价其是否使得自己的投资"物有所值"。因此，选择调研合作伙伴是客观的和必要的。

(1)根据表 3-16 的统计结果可知，资金实力是公共部门选择私人部门的首要条件，其次是管理水平、资质水平和项目经验。资金实力是企业投资决策的关键基础条件，更是项目融资者最喜欢的评价指标。公共项目建设领域资金需求量大、投资回报率低、投资周期长和资金成本高，单一的政府投资很难有效解决公共项目资金压力和公共产品需求压力的问题，选择资金实力雄厚的私人部门作为合作者，既能缓解财政压力和融资困境，又能提高资源效率和产品供给效率，这也是重视资金实力的重要原因。然而，仅仅关注资金实力，容易诱导人们对 PPP 的认知停留在"项目融资"层面，因此选择私人部门应综合考虑经济性、效率性、效果性和伙伴关系价值的创造力。

表 3-16　公共部门选择私人部门的关键条件统计

指标	资金实力	资质水平	项目经验	管理水平	社会责任
比例	81.0%	69.0%	61.9%	76.2%	47.1%

注：共 494 份问卷，表格中的百分比表示认为该条件是重要的问卷所占的比例。

(2)在市场经济环境下，公平平等参与市场竞争是最基本的市场原则，因此私人部门也有权利选择公共项目或合作伙伴。由表 3-17 可知，项目盈利能力和政府履约能力是私人部门参与公共项目的最重要因素，其次是通过公共项目提升自身声誉和品质，最后是宏观经济环境和项目社会效益。利润最大化是企业参与市场竞争的首要目标，参与公共项目的公共企业也不例外，这符合市场经济规律；公共项目以公共利益最大化为目标，其公益性要求引导参与企业只能合理收益，而不能纯粹是商业利益甚至暴利。公共项目投资回收期长、回报率低等特点也要求企业慎重参与决策，逐利的企业必定先考虑投资保本和资本增值。另外，由于我国行政管理体制的独特性，政府具有强势的公权力，企业在公共项目中处于弱势地位，而因政府不履约、不诚信和无能力支付等问题导致项目停滞、返工或解除合约的案例屡见不鲜，这些事实也印证了企业选择政府履约能力指标的重要性和合理性。

表 3-17　私人部门选择公共项目的关键条件统计

指标	项目盈利能力	宏观经济环境	项目社会效益	提升自身声誉和品质	政府履约能力
比例	95.2%	31.0%	29.0%	54.8%	83.3%

注：共 494 份问卷，表格中的百分比表示认为该条件是重要的问卷所占的比例。

四、公私合作障碍调查分析

要推进公私合作，必须首先了解影响公私合作推行的主要障碍。在问卷的第一部分，安排了"您认为目前我国公共项目公私合作存在的主要障碍有(多项选择)"的调查题目，从市场准入机制、激励机制、定价机制、政府监管机制及风险分担与利益分配机制几个方面展开，以了解市场环境、政策制度和被调查者对合作障碍的认识，以便在公私合作机制设计中有所考虑。本题设计为多选题，即通过各个备选项被选次数的大小决定其在现实中的情况。

从表 3-18 可以看出，风险分担与利益分配机制被选中的比例为 77.3%，市场准入机制被选中的比例为 59.5%，政府监管机制被选中的比例为 49.5%，定价机制被选中的比例为 41.8%，激励机制被选中的比例为 34.5%。目前风险分担和利益分配机制是首要的障碍，其次是市场准入机制、政府监管机制以及其后的定价机制，最后才是激励机制。

表 3-18　受访者对公私合作存在障碍的认可程度

指标	监管机制	激励机制	准入机制	定价机制	风险分担与利益分配机制
比例	49.5%	34.5%	59.5%	41.8%	77.3%

注：共 494 位受访者，表格中的百分比表示认为该机制是重要的问卷所占的比例。

（1）风险分担和利益分配机制是首要的障碍。这符合社会资本投资人的本质，同时也是政府非常关注的基点。在公共产品领域，公私合作模式虽然大都涉足于准公共产品领域，但是大部分公私合作所涉及的公共产品的盈利能力并不是很充裕，同时公共项目的建设和运营，往往长达几十年，其中的风险变化存在严重的不确定性，这直接影响了私人部门合作者的合作积极性。公私合作模式需要首先在风险分配和利益分配机制上获得合作各方的肯定才能真正实现合作的顺利开展。

（2）市场准入机制是制约资源配置和合作效率的关键障碍，这说明存在准入方面的限制，影响了私人合作者参与。在实际的现行政策下，我国的市场政策中对于关系到国计民生的重要战略领域，仍然存在一定的垄断领域。在公共产品领域，虽然一定程度上实现了市场化经营，但是个别地方政府仍然有选择的仅仅与（或者大部分项目）国有企业合作经营，即成立专门的地方经营公司，采用市场化的运作思路与运营方式，而不是通过公平竞争的方式让国有企业和其他一些企业共同展开竞争。因此准入机制也需要着重对待，应该建立一种公正的合作环境。公共产品经济学认为，产权和竞争是保证公共产品经济效率的两个重要措施，同时考虑到公共产品中普遍存在的自然垄断特性，大范围的公平竞争是不可能实现的，在这种情况下，最大限度地实现竞争是首要的选择，而准入竞争的保证又将是实现最大限度竞争的首要措施。

（3）政府监管机制和定价机制是合作的重要因素。相比前面的结论而言，它们的影响相对小一些，我国公共产品的政府监督是非常严格的，因为公共项目产品的质量、安全、进度、环境和成本等目标历来是工程项目管理和政府行政管理最成熟、最严格和最标准的内容，也是公众最关心的，因此政府的行政监管是重点。公共产品的定价往往程序比较多，而且私人合作者往往没有直接权利修改定价，其产品定价一般通过政府预算审批完成。

（4）调研对激励机制的反应是弱化的。这是实践中的真实反映，因为一方面激励与约束的理论性较强，让人们不易理解和认识；另一方面，在实际公共项目中传统做法是政府开出支付条件、结算规则和政策约定，因而习惯成为自然，也不用过多的关注。在PPP项目融资理论与实践中，激励与约束是融合于准入、定价和风险与收益分配中的重要因素，依据市场竞争理论，当存在自由竞争条件，存在众多市场参与者时，它的重要性就显得有些不足了，反之则很重要。但对公共项目区分理论界定的经济性而言，这一因素不可或缺。

第五节　公共项目公私合作伙伴关系的结构方程模型分析

本课题研究的公共项目公私合作（PPP）系统中主体、客体与环境之间的指标关系不仅具有纵向层次联系，还具有指标之间横向影响的关系。一些指标可以定量量化，而多数新增加的伙伴关系指标难以定量，而且具有难以直接测量以及难以避免主观测量误差的特征。因而，我们选择的结构方程模型（structural equation modeling，SEM）是对难以直接观测的潜变量提供一个可以观测和处理的，将难以避免的误差纳入模型之中的分析工具（吴林海等，2011），运用SEM能够在数据分析中处理测量误差和探索潜变量之间的逻辑关系（程开明，

2006）；除此之外，SEM 采用方差-协方差矩阵估计参数和探求多变量之间的真实关系，可以有效地排除关系方程中的测量误差，SEM 也能同时处理多种类型变量（刘军等，2007）。为此，课题组选择 SEM 方法对合作主体、合作环境和项目全过程之间的关系进行分析，通过建立影响 PPP 效率的指标体系，设定模型，进行模型分析，探究各指标的影响力大小。

一、结构方程模型构建

（一）模型设定

一个完整的结构方程模型包括：①测量模型（measurement model），反映潜变量与实际测变量间的交互关系；②结构模型（structure model），说明潜变量之间的结构关系。SEM 一般由 3 个反映测量模型和结构模型的方程式表示（邱皓政等，2009）：

$$y = \Lambda_y \eta + \varepsilon \tag{3.1}$$

$$x = \Lambda_x \xi + \delta \tag{3.2}$$

$$\eta = B\eta + \Gamma\xi + \varsigma \tag{3.3}$$

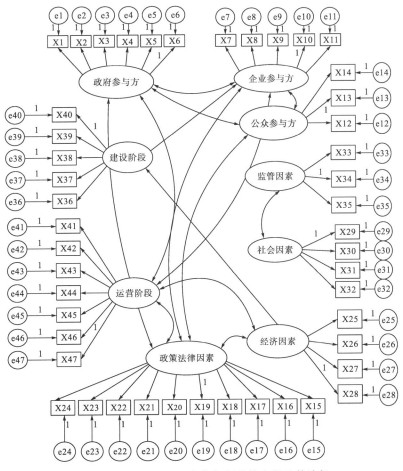

图 3-3 公共项目公私合作机制结构方程及其路径

式(3.1)和式(3.2)是 SEM 的测量模型，其中，x 为外生潜变量的观测变量；y 为内生潜变量的观测变量；Λ_x 为外生潜变量与其观测变量的关联系数矩阵；Λ_y 为内生潜变量与其观测变量的关联系数矩阵。基于测量模型，潜变量可以由观测变量来反映。式(3.3)是 SEM 的结构模型，其中，η 为内生潜变量；ξ 为外生潜变量；η 通过 $\boldsymbol{B}$ 和 $\boldsymbol{\Gamma}$ 系数矩阵以及误差向量 ζ 把内生潜变量和外生潜变量连接起来。

而在本课题的结构方程中主要估计的参数涵盖潜变量的结构方程系数、观测变量与潜变量的测量方程系数、观测变量的误差项、误差项与误差项之间的协方差以及潜变量的方差。该部分建立的结构方程模型包括潜变量(Y_i)9 个；测量变量(X_i)47 个；测量模型描述潜变量(Y_i)与其对应的测量变量(X_i)的关系，即纵向关系；结构模型描述潜变量(Y_i)之间的关系，即横向关系。详见图 3-3。

（二）样本检验

信度指测量结果的一致性(consistency)或稳定性(stability)，信度越高表示误差越低。采用 Cronbach's α 系数作为测量指标，Cronbach's α 系数值大于或等于 0.7 表示数据高信度(Nunnally，1978)。另外，课题组也考虑了 KMO(Kaiser-Meyer-Olkin)检验统计量，在 0.5～1.0 表示适合因子分析(张涛等，2008)。表 3-19 显示，政府参与、企业参与、宏观经济环境和公共产品生产与提供潜变量的 Cronbach's α 系数均大于 0.7，KMO 统计量均大于 0.5，说明这 5 个潜变量所对应的量表具有良好且稳定的信度，也适合做因子分析。

表 3-19　测量量表的变量及其信度和效度分析

潜变量	测量变量	Cronbach's α 系数	拟合指标
政府参与	具备明确的合作部门 政府部门的行政执行力度 对项目的合作态度 具备清晰的政府合作指南 明确的合作项目审批流程 政府的履约能力	0.784	0.834
企业参与	企业的履约能力 企业的融资能力 企业的投资能力 企业的社会责任、公信力 企业的盈利预期	0.737	0.8
公众参与	公众是 PPP 项目参与主体 公众意见对 PPP 科学决策影响 公众的支持对合作有效性影响	0.846	0.728
合作环境	完备的公私合作法律体系 激励的财政、土地和税收政策 合理的定价政策	0.922	0.923

续表

潜变量	测量变量	Cronbach's α 系数	拟合指标
	政策的支持度		
	特许政策的连续性和稳定性		
	具有规范的招投标制度		
	具有公正的纠纷协调机制		
	适宜的政府财政担保机制		
	合理的风险分担机制		
	有效的退出机制		
	物价指数		
	利率变动		
	汇率变化		
	税率或补贴		
	政府对合作的满意度		
	合作各方的信息公开程度		
	合作者内部信息的有效沟通和反馈		
	公众对公共服务的满意程度		
	政府监管机制		
	公众监督机制		
	第三方监管机制		
项目建设与运营	项目公司的工程管理能力	0.894	0.9
	承包商的管理水平		
	项目复杂性		
	工程风险管理能力		
	合同管理能力		
	政府对公共产品收入的分配权		
	运营商的运营能力		
	运营商的运营成本		
	项目运营财务风险		
	合理的价格协调机制		
	项目的可持续运营		
	政府收购的政策和条件		

二、模型拟合及其评估

通过模型输出结果判断所设定的模型的拟合程度，AMOS 模型拟合时通常以卡方统计量指标为判定标准，似然比 P 大于 0.05 时即认为拟合较好，但是 P 值容易受样本大小的影响(荣泰生，2009)，因此有观点认为 CMIN/DF(卡方自由度比)在 1～3 也可判断为拟合较好。对于拟合结果的判断标准是：当近似误差均方根(RMSEA)小于或等于 0.05 时，表示理论模型拟合良好；RMSEA 在 0.05~0.08 可以视为拟合较好；RMSEA 在 0.08~0.10 则是中度拟合；RMSEA 大于 0.10 表示不良拟合。但模型拟合的优劣并不代表所有参数的估计是否有意义（袁竞峰等，2012）。近似误差均方根是最重要的拟合指标，拟合值为 0.05~0.10 可判断模型合理，本模型输出结果中 RMSEA＝0.069。模型的参数估计结果见表 3-20，模型中误差方差的测量误差值为 0.036~0.149，没有出现负值。模型中标准化路径系数见图 3-4、表 3-21 和表 3-22，其绝对值为 0.47~0.91，大部分都为 0.5~0.95（吴明隆，2009），可见该模型未出现违反估计的现象，所以认为模型结果是合理的。

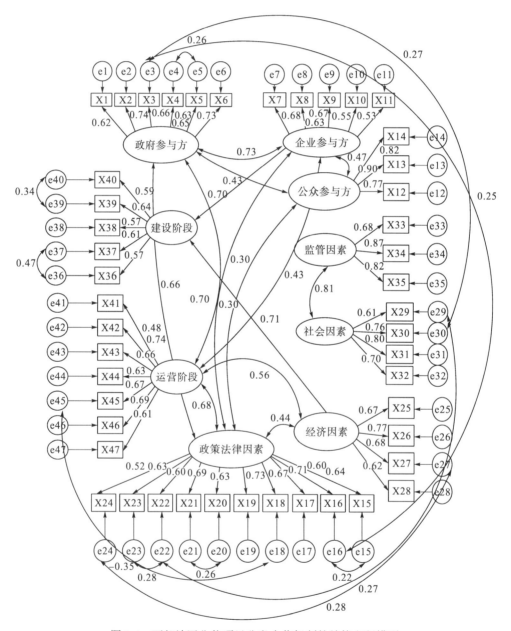

图 3-4　西部地区公共项目公私合作机制的结构方程模型

表 3-20　结构方程模型误差方差的测量误差值

指标	估计值	S.E.	C.R.	P	指标	估计值	S.E.	C.R.	P
政府参与方	0.539	0.070	7.698	***	e21	0.383	0.031	12.187	***
企业参与方	0.315	0.059	5.308	***	e22	0.516	0.040	12.849	***
公众参与方	1.208	0.115	10.458	***	e23	0.493	0.039	12.623	***
政策法律因素	0.468	0.058	8.072	***	e24	0.710	0.054	13.087	***
经济因素	0.397	0.065	6.144	***	e27	0.501	0.045	11.260	***
监管因素	1.187	0.121	9.845	***	e26	0.348	0.036	9.740	***
社会因素	0.370	0.059	6.289	***	e25	0.469	0.041	11.435	***
运营阶段	0.295	0.048	6.186	***	e28	0.628	0.053	11.931	***
e6	0.477	0.043	11.076	***	e31	0.420	0.044	9.595	***
e5	0.537	0.045	12.038	***	e30	0.478	0.045	10.515	***
e4	0.508	0.043	11.848	***	e29	0.613	0.050	12.259	***
e3	0.508	0.043	11.898	***	e32	0.716	0.063	11.418	***
e2	0.397	0.036	10.898	***	e35	0.461	0.050	9.149	***
e1	0.542	0.044	12.254	***	e34	0.393	0.053	7.479	***
e11	0.785	0.062	12.685	***	e33	0.567	0.047	11.932	***
e10	0.744	0.059	12.592	***	e40	0.517	0.041	12.661	***
e9	0.504	0.043	11.614	***	e39	0.477	0.039	12.370	***
e8	0.510	0.043	11.992	***	e38	0.521	0.041	12.770	***
e7	0.473	0.041	11.488	***	e47	0.496	0.040	12.410	***
e14	0.488	0.052	9.385	***	e46	0.466	0.040	11.710	***
e13	0.276	0.048	5.744	***	e45	0.472	0.040	11.935	***
e12	0.546	0.050	10.923	***	e37	0.448	0.036	12.538	***
e20	0.513	0.041	12.591	***	e36	0.507	0.040	12.758	***
e19	0.419	0.035	11.936	***	e44	0.461	0.038	12.244	***
e18	0.442	0.036	12.404	***	e43	0.426	0.035	12.006	***
e17	0.426	0.035	12.062	***	e42	0.322	0.029	11.097	***
e16	0.545	0.043	12.784	***	e41	0.740	0.057	13.017	***
e15	0.529	0.042	12.529	***					

CMIN=2819.735，DF=1010，CMIN/DF=2.792，RMSEA=0.069

注：S.E.表示标准误差；C.R.表示临界比值；P 表示卡方值；***表示 $P>0.05$，即所有取值在合理范围。后同。

表 3-21　PPP 伙伴关系关键效率影响度（横向关系）

	估计值	S.E.	C.R.	P
政府参与方↔企业参与方	0.301	0.041	7.272	***
政府参与方↔公众参与方	0.349	0.053	6.540	***
政策法律因素↔经济因素	0.188	0.027	6.849	***
企业参与方↔公众参与方	0.289	0.045	6.413	***
政策法律因素↔运营阶段	0.253	0.032	7.931	***
经济因素↔运营阶段	0.191	0.029	6.634	***

	估计值	S.E.	C.R.	P
企业参与方↔政策法律因素	0.269	0.036	7.447	***
监管因素↔社会因素	0.538	0.062	8.612	***
政府参与方↔政策法律因素	0.330	0.039	8.399	***
公众参与方↔政策法律因素	0.224	0.039	5.662	***
政府参与方↔运营阶段	0.119	0.023	5.060	***
企业参与方↔运营阶段	0.131	0.022	5.895	***

表 3-22　PPP 伙伴关系关键效率指标(纵向关系)

路径	估计值
政府部门的行政执行力度←政府主体	0.74
政府的履约能力←政府主体	0.73
政府对项目的合作态度←政府主体	0.66
具备清晰的政府合作指南←政府主体	0.65
明确的合作项目审批流程←政府主体	0.63
具备明确的合作部门←政府主体	0.62
企业的履约能力←企业主体	0.68
企业的投资能力←企业主体	0.67
公众意见对 PPP 科学决策的影响←公众主体	0.90
公众支持对合作有效性的影响←公众主体	0.82
特许政策的连续性和稳定性←政策法律环境	0.73
合理的定价政策←政策法律环境	0.71
政策的支持度←政策法律环境	0.67
利率变动←经济环境	0.77
汇率变化←经济环境	0.68
合作者内部信息的有效沟通和反馈←社会环境	0.80
合作各方的信息公开程度←社会环境	0.76
公众对公共服务的满意程度←社会环境	0.70
公众监督机制←市场监督机制	0.87
第三方监管机制←市场监督机制	0.82
政府监管机制←市场监督机制	0.68
运营商的运营能力←项目运营	0.74
项目的可持续运营←项目运营	0.69

三、模拟结果解释

模型输出结果(表 3-22)按合作主体(政府、企业、公众)、合作环境(政策法律、经济、监管、社会)、建设运营阶段分层,得到 PPP 伙伴关系关键效率指标排列,与英国 PPP/PFI 研究中提出的有利的经济环境是促进项目成功的关键因素一致。

(一)合作主体

(1)政府主体方伙伴关系关键效率指标排列：政府部门的行政执行力度、政府的履约能力、具备清晰的政府合作指南。

(2)企业主体方伙伴关系关键效率指标排列：企业的履约能力、企业的投资能力、企业融资能力等。

(3)公众主体方伙伴关系关键效率指标排列：公众的意见对 PPP 科学决策的影响、公众的支持对合作有效性的影响、公众是 PPP 项目参与主体等。

从图 3-4 及表 3-22 中发现，政府、企业和公众三方面因素存在相互影响关系，但较为明显的是政府因素与企业因素，且二者都影响政策法律因素的作用，政策法律的制定和作用实现主要通过约束 PPP 项目合作伙伴的行为和准入条件。

在公众参与中，"公众意见对 PPP 科学决策的影响"在公众参与方面是影响最大且影响很明显的指标，影响程度高达 0.90，西部地区在 PPP 合作决策中要重视公众意见，落实公共意见和实现公共意见的机制，才能体现以公众利益为重，符合政策上科学化、制度化和规范化。

以上主体关键因素反映了一个客观现象：公共项目代表公众利益，而政府是决策关键方，政府是推动 PPP 模式的关键因素，但要增加公众意见表现方式，因为政府代表公共利益和公众利益，最终合作是由政府和企业进行。此外，在 PPP 模式成熟的国家或地区，有明确的合作部门负责 PPP 项目的实施，以及专门的 PPP 指南。比如我国香港地区成立了效率促进组，并制定了《公营部门与私营机构合作的简易指引》；英国则由财政部及其下属的专门机构负责，也有《PFI：加强长期合作伙伴关系》等系列文件作为指导；澳大利亚有《国家 PPP 政策及指引》对国家 PPP 进行指导，并在每个州设置了 PPP 专属机构。

总之，关于 PPP 合作主体的探索性研究结论显示，影响 PPP 项目合作机制的关键因素，与研究我国香港地区时学者提出的实现政府、企业、公众"三赢"的目标是一致的。特许政策的连续性和稳定性、合理的定价政策、公正的纠纷协调机制、政策的支持度、经济因素和监管因素是影响 PPP 合作机制的重要因素。

(二)合作环境

(1)政府政策："特许政策的连续性和稳定性"是最关键的因素，其次是"具备清晰的政府合作指南"等政策法律因素。研究结果的一致性，说明了政府制定 PPP 相关政策的重要性。

(2)监管机制：在西部地区要保证指南与政策的稳定性，有效的监管是重要因素，政府监管、公众监督和社会第三方监管构成 PPP 项目的重要保障。

(3)沟通协调：社会因素实际上是 PPP 机制评估因素，不管是在 PPP 的哪个阶段中如何管理，只要不能保证合作者的有效沟通，PPP 合作效率就会受到影响。

因此，对合作主体实施有效的全过程监督是保障 PPP 项目合作的重要条件，特别是设立有效的公众参与机制。由于 PPP 项目具有周期长、合作主体多等特点，企业获得经营利润的同时，公众利益的保障更需要得到重视，对合作全过程的监督是兼顾公益性与经营性的手段之一，建立有效的公众参与机制有利于对合作行为进行监督，并充分获取公众建议和反馈，也是完善 PPP 合作机制和环境的重要措施之一。

(三)PPP 伙伴关系全生命周期

(1)决策阶段：影响效率的关键指标包括是否清晰政府合作指南、是否明确政府合作部门、企业的投融资能力、公共意见对决策的影响和所选择的利率与汇率等。

(2)建设和运营阶段：影响效率的关键指标包括运营商运营能力、运营商的运营成本、项目运营财务风险及工程风险管理能力、合同管理能力等。

在 PPP 项目运营阶段，主体各方在准入阶段建立明晰的产权关系、严谨的契约关系和通畅的信息沟通及协调关系，这是实现运营效益、提供公共服务和保持公共资产价值的重要影响因素。明确产权及契约关系是实现政府与企业合作的前提，响应 PPP 的本质，即公平的伙伴关系，同时也有助于提高双方的执行力度、履约率，减少纠纷，而合作各方信息沟通及协调一方面保证了 PPP 监督机制及公众参与机制的有效性，另一方面有助于提高公私合作透明度，充分保障公众利益，实现公共项目的社会效益。

因此，根据项目全生命周期理论和网格原理，课题组将探索性结果分布于 PPP 项目伙伴孕育期、伙伴谈判期和伙伴全面合作期，如图 3-5 所示。在伙伴孕育期，政府(公共部门)综合社会公众需求和公共利益等因素发起公共项目，企业(社会资本投资人)根据自己的战略定位、项目经济性和相关政策等条件进行项目评估和参与性决策。在伙伴谈判期，政府(公共利益)和企业(经济利益)依据各自目标和项目特征进行谈判，最终选择一种能够平衡公共性与经济性的策略，并签订 PPP 合同。在伙伴全面合作期，政府和企业组建 PPP

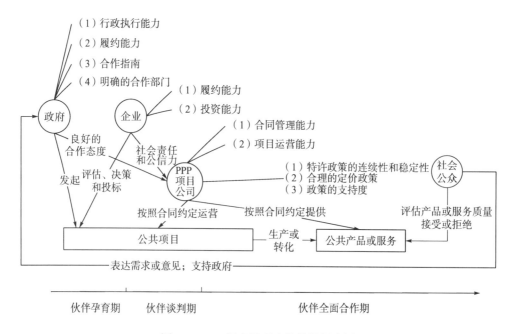

图 3-5 PPP 探索性研究结果逻辑分析

项目公司，负责 PPP 项目的建设与运营，其中运营期是伙伴关系最重要的阶段。在项目运营期，PPP 项目公司应综合考虑利率、汇率等资本市场因素和法律、政策等环境因素，基于"3E+P"原则发展并维护公私合作伙伴关系，从而实现伙伴关系价值。

本 章 小 结

本章通过结构化的面对面或电话访谈获取信息，构建结构方程模型分析了西部地区公共项目公私合作(PPP)机制，主要结论如下：

(1)"项目融资模式"仍是人们对 PPP 的首要认知，而"PPP 是一种治理机制创新"，在学术研究领域得到广泛认可，而实践中尚未落地；"完备的法律法规、制度和政策"和"政府具备较高的履约能力"是推行 PPP 的重要因素。

(2)政府在 PPP 项目立项、建设、运营及移交等过程中具有主导作用，尤其在 PPP 项目立项阶段和项目移交阶段应具备否定权，政府主导项目决策，对项目运营中企业的行为进行监督管理的格局没有改变。

(3)在 PPP 项目伙伴选择阶段，资金实力是公共部门选择私人部门的首要条件，项目盈利能力和政府履约能力是私人部门参与公共项目的最重要因素，但政府间和政府部门间的伙伴关系、社会资本投资人的伙伴关系价值尚未纳入合作准入、建设和运营阶段的标准。

(4)该部分建立的 PPP 机制指标体系和结构方程模型，一方面检验了问卷设计质量、指标体系建立的合理性，确定了关键指标；另一方面，通过结构方程模型(SEM)以探索各影响因素间的相互关系，有助于研究各变量中关键指标是否可能受到其他潜变量测量指标的影响。结果表明模型设定合理、问卷质量较好，也验证了 PPP 机制指标体系的可靠性。这为政府在制定相应合作机制时提供了决策依据。

(5)问卷调查、访谈和实证分析的过程与结果展示了第二章的理论分析结果，通过 SEM 分析，印证了 PPP 机制的内涵，即政府、企业、市场、公众以及公共项目的关系，以及这些要素的路径关系或关联关系。

第四章　公共项目公私合作案例研究

重庆市是西部地区 12 个省级行政区中探索基础设施市场机制与实践 PPP 项目较早的地区，其案例具有典型性、示范性和探索性。本章在理论分析和调查研究的基础上，明晰影响 PPP 效率的重要因素、政府与社会资本投资主体合作伙伴关系等关键判定标准，试图在 PPP 项目层次进一步考察提出的问题、设置的框架和运用的结果。谨慎地选取重庆市三个基础设施 PPP 的实验项目，从中获取 PPP 项目的政府与企业在伙伴关系及政府运行机制方面的着力点与问题，探讨政府与社会资本投资者行为的解释方法及后果，为 PPP 机制研究提供实践依据。

第一节　案例研究方法

案例研究是一种基于经验主义的探索和检验理论分析结果的方法。它主要调查现实世界背景中的临时或暂时现象(contemporary phenomenon)，尤其是不能清晰界定现象与其背景之间界限的情景，并且案例研究主要针对"怎么样"(how)和"为什么"(why)两个方面(Yin, 2003)。其研究对象是现实社会经济现象中的事例证据及变量之间的相互关系(余菁，2004)，主要适用于数据不足且很难获取的情景(斯蒂芬·范埃弗拉，2006)。根据第二章、第三章的分析结论，政府与社会资本投资主体合作效率受到来自内部的与外部的多方面因素的影响，如政府态度、政府行政执行力度和明确的政府规则等，企业的履约能力、融资能力和投资能力等，与环境发生着更为复杂的联系。由于西部地区整体开展 PPP 项目才刚起步，PPP 项目多数处于立项与签约阶段，信息尚未规范性公开，因而难以获取大样本的、翔实的统计数据，使得本研究案例选取很困难。本书采用多阶段案例方式进行考察研究，案例资料主要来源于实际调研、政府文献和企业访问。

多元案例研究的每一个案例都应经过仔细挑选，挑选出来的案例可能得到相同成果，也可能产生新的结论；若多个案例都与前期的理论分析、研究假设或预测结果相符合，则对理论分析的结果更具有说服力(Yin, 2003)。本案例的选取标准是：资料丰富，案例发生和存续的时间较长，案例背景条件具有典型意义以及在相关领域处于改革领先地位等。根据上述标准，本研究案例选取重庆市发展和改革委员会推荐的、重庆市政府发起签约的项目中的 3 个案例，即重庆凤升水库项目、重庆同兴垃圾焚烧发电项目和重庆水务项目案例。案例特征：第一，重庆市是西部地区最早探索 PPP 实践的城市。第二，时间维度的代表性。它们先后出现在现代企业制度的国有企业改革、投资体制深化改革和深化经济体制改革等时期。第三，合作模式的典型性。影响力突出，水务和环境代表了公益事业，农田水利项目综合代表了基础设施。第四，机制创新有效性。政府不断改善运行机制举措，如"一站式办公""政府融资平台"和 PPP 投融资改革试点。

第二节 重庆市彭水县凤升水库 PPP 项目案例

一、凤升水库项目概况

凤升水库 PPP 项目是《西南五省（自治区、直辖市）重点水源工程近期建设规划》中的重点中型水利工程之一，也是国家自 2013 年全面推广政府和社会资本合作模式以来，重庆市第一个进入财政部 PPP 项目库的 PPP 农林水利基础设施项目。

凤升水库 PPP 项目，位于重庆市彭水县龙射镇白果村境内，该工程由大坝枢纽工程、调水工程、灌溉供水工程及电站工程组成，该工程的建设任务是以城乡供水为主，兼有农业灌溉、发电等综合效益。项目建成后每年可提供灌溉用水 602 万 m^3，为城镇 7.4 万人提供生产生活用水 785 万 m^3，为 2.17 万农村人口、1.96 万头牲畜提供饮水 84 万 m^3，多年平均发电量 541 万 kW·h。

依据《重庆市发展和改革委员会关于彭水县凤升水库工程可行性研究报告的批复》（渝发改农〔2013〕259 号）和《重庆市水利局、重庆市发展和改革委员会关于彭水县凤升水库工程初步设计报告的批复》（渝水许可〔2013〕142 号）可知，该工程的项目法人是重庆市彭水县龙凤水资源开发有限责任公司，设计水平为到 2020 年城镇供水及农村饮水供水保证率达到 95%，灌溉涉及保证率达到 75%。彭水县凤升水库工程总投资由财政预算资金和政府自筹资金构成，资金构成如表 4-1 所示，项目建设期贷款利息为 129 万元。在 2015 年 4 月 3 日发布的《重庆市彭水县凤升水库工程 PPP 项目社会投资人招标公告》（招标编号：HD-GC-1510）中要求凤升水库工程施工工期不能超过 37 个月，特许经营期为凤升水库建成投用后 15 年。

表 4-1 凤升水库工程概算资金构成

彭水县凤升水库工程	金额	资金构成	
		财政资金	自筹资金
批复的概算总投资	57 474 万元		
枢纽工程	41 566 万元	45 980 万元（其中：中央预算资金 20 000 万元）	11 494 万元
电站工程	1 572 万元		
灌区工程	14 207 万元		

注：(1) 资料整理于凤升水库工程招标文件；(2) 价格计算时间基准为 2013 年 7 月。

二、凤升水库 PPP 项目运行机制分析

(一) 决策机制

凤升水库项目是集灌溉、供水和发电为一体的水利工程，建成后将解决城镇和农村居民的生产生活用水、农田灌溉和旅游开发，是满足社会公共需求和实现公共利益的重点工程，因此，建立科学的决策机制是必要的。2009 年底，彭水县凤升水库项目开始进行规划设计和踏勘调研，为进一步正式开展前期公私合作工作提供依据。因社会公众需求和国家或地方战略需要，凤升水库工程项目被列入西南五省(市、区)骨干水源工程近期建设规划，得到重庆市政府及彭水县政府的高度重视和合力支持，地方政府水利主管部门积极筹划，组织专业团队和权威专家广泛调研、科学论证，为项目科学决策和实现既定目标提供支撑。

根据规划勘察、方案评估和专家论证等过程及可行性研究结果，地方政府水利主管部门向水利部提交申请并征求其意见。为了合理利用公共资源、保障社会公共利益和科学决策，水利部组建了由中国国际工程咨询公司、国家发展和改革委员会、水利部水利水电规划设计总院和长江水利委员会等机构的权威专家组成的调研组，深入彭水县龙射镇、平安乡、高谷镇等地区，实地勘察了凤升水库项目的供区、坝址和灌区等实际情况，全面掌握了凤升水库毗邻乡镇的供水工程现状、人畜饮水状况和区域水源分布情况等，并认真听取了地方政府及行业主管部门关于凤升水库工程调研成果、可行性研究报告以及相关方案评估结论等信息的详细汇报，对凤升水库工程建设的必要性进行客观评估并反馈意见，协助政府决策。

根据水利部及其专家组的意见，地方政府积极完善前期工作，彭水县水利部门向当地的发展和改革委员会报批可行性研究报告。由彭水县发展和改革委员会和水利部门分别向重庆市发展和改革委员会、水利局报送可行性研究报告和初步设计方案，经过部门审核、专家论证和领导审议，可行性研究报告和初步设计方案获得批准，也标志着凤升水库工程项目正式立项。基于此，凤升水库工程项目以满足公众需求和保障公共利益为准则，政府部门组织多次专家论证，部门内部严格把关，形成了如图 4-1 所示的 PPP 项目决策机制。

彭水县水利主管部门根据地方财政实际情况，结合凤升水库项目的公共产品特性，依据《国务院关于创新重点领域投融资机制鼓励社会投资的指导意见》、《国家发展改革委关于开展政府和社会资本合作的指导意见》、《重庆市人民政府关于进一步深化投资体制改革的意见》、《重庆市人民政府关于加强城市基础设施建设的实施意见》和《重庆市PPP 投融资模式改革实施方案》的文件精神，组织编写《凤升水库工程 PPP 投融资方案》，充分发挥市场配置资源的决定性作用，积极引入社会资本参与基础设施项目的建设与运营。彭水县政府拟采用项目捆绑土地资源的模式推进项目建设(即：凤升水库建设配套资金由社会资本出资，政府授予社会资本水库运营特许经营权并附加配置彭水新城土地资源项目)，从而推动资本融合、资源集约，增强公共产品和服务供给能力。

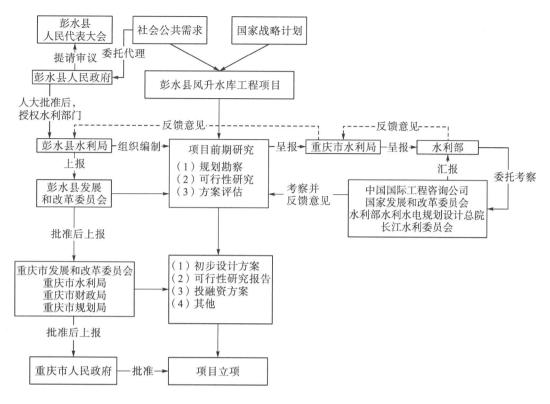

图 4-1 凤升水库 PPP 项目决策机制

(二)公私合作关系

PPP 准入机制是允许市场主体进入公共项目市场的规则和标准,同时为了更好地实现公共项目或服务的社会效益,允许私营企业进入公共项目领域,明确具体的准入管理机构和程序,以及对私营企业准入资格的确立、审核和确认。其中,选择合适的合作伙伴形成合作伙伴关系是首要的任务。2015 年 3 月 24 日,重庆市人民政府批准了《凤升水库工程 PPP 投融资方案》,2015 年 4 月 3 日,彭水县人民政府向全社会发布《重庆市彭水县凤升水库工程 PPP 项目社会投资人招标公告》(招标编号:HD-GC-1510)及招标文件,采用公开招标和资格后审,经过现场勘查、投标答疑、专家评审等环节,最终在 2015 年 5 月 7 日完成凤升水库工程项目社会投资人招标工作,与社会资本投资人签订 PPP 项目合同,建立公私合作关系。

1. 准入条件

准入条件是 PPP 准入规则的重要组成部分,此项目对投标人(或联合体)的要求主要包括资质、财务、信誉和其他方面,见表 4-2。第一,合法经营是投标人(或联合体)参与投标的基本要件。第二,融资能力是投标人(或联合体)参与项目建设与运营的基本保证;投标人(或联合体)通过提供有效的财务报表和审计报告,反映其年度财务状况和运行状况。第三,良好的信誉是投标人(或联合体)成功中标以及后续建设与运营的重要保障,由投标人(或联合体)自行声明是否满足该项要求;如果声明与实际不符,表明投标人(或联合体)存在不诚信或信誉差等问题,将被取消投标或中标资格,并且其投标保证金不予退还;第四,受到行政处罚的须提供行政处罚情况说明及真实性承诺,以便招标单位和评审专家核实。除了投标主体的条件要求外,招标人还对投标技术性文件内容、格式、数量以及保证金、担保函、履约保证、评标规则等做出规定,确保招投标工作顺利进行。

表 4-2 社会资本投资人准入条件

指标	投标人	联合体投标人
资质	(1)投标人应具备有效的营业执照; (2)投标人应具有水利水电工程施工总承包二级及以上资质和房地产开发一级资质	(1)联合体所有成员应具备有效营业执照; (2)联合体应具有水利水电工程施工总承包二级及以上资质和房地产开发一级资质; (3)联合体牵头人须具备水利水电工程施工总承包二级及以上资质
财务	投标人具有有资格的审计机构出具的 2013 年度财务报表及审计报告	联合体牵头人具有有资格的审计机构出具的 2013 年度财务报表及审计报告
信誉	投标人未受到有关行政部门暂停投标资格的处罚或被有关部门暂停投标资格期限已满	联合体所有成员未受到有关行政部门暂停投标资格的处罚或被有关部门暂停投标资格期限已满
其他	符合法律法规的其他条件	(1)联合体成员数量不得超过三家(包含三家),并共同签署联合体协议; (2)符合法律法规的其他条件

注:2013 年度财务报表应包含资产负债表、损益表和现金流量表。

2. 准入机构与程序

彭水县人民政府是凤升水库工程 PPP 项目的发起招标单位,重庆市彭水县龙凤水资源开发有限责任公司是该项目的 PPP 实施机构,重庆市发展和改革委员会是该项目的行业主管部门。彭水县人民政府委托重庆宏达招标代理有限公司(社会中介机构)编制招标文件、发布招标公告(发布公告的媒介:重庆市招标投标综合网、重庆市工程建设招标投标交易信息网和中国土地市场网)、组织招标答疑及现场踏勘、组织评标等,按照图 4-2 的招投标程序评选投标人,并且整个过程接受社会公众监督,保证准入程序公开和信息透明。

3. 建立合作关系

依据《国家发展改革委关于开展政府和社会资本合作的指导意见》《重庆市 PPP 投融资模式改革实施方案》和相关法律法规文件,按照建设工程招投标程序选择社会资本投资人,即重庆市水利电力建设有限公司和重庆建工集团房地产开发有限公司组成的联合体。在《重庆市彭水县凤升水库工程 PPP 项目社会投资人招标公告》(招标编号:HD-GC-1510)中明确说明彭水县政府通过招标选择社会资本投资人签订 PPP 项目合同建立合作投资运营关系,其中公私合作内容包括:①凤升水库项目征地移民的投资及工程建设;②凤升水库项目建成投用后特许经营期内城镇供水、农村人畜供水、农业灌溉以及电站的运营;③彭水新城某地块土地资源项目物业开发。合作方式如图 4-3 所示。

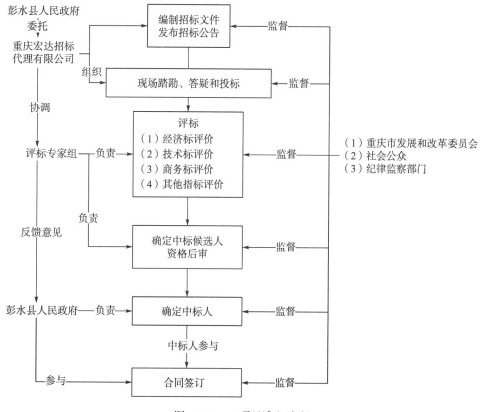

图 4-2　PPP 项目准入流程

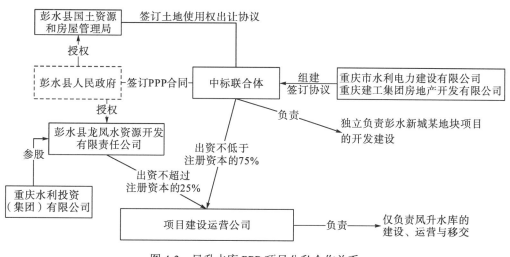

图 4-3　凤升水库 PPP 项目公私合作关系

(三)退出途径

在工程建设和运营期间,如果出现不可抗力(地震)导致项目提前终止时,为了保证公共利益不受损害,发起人要及时做好接管工作,保障项目设施持续运营。如果联合体因除不可抗力原因外的因素不能履行合同约定，导致本项目（含配置的土地）不能按期、正常发挥效益的，发起人有权终止合同，无偿收回凤升水库及附加配置的土地资源项目，按合同约定及有关法律规定追究联合体责任，并对与其有关联的母公司行使追索权。具体退出途径如表 4-3 所示。

表 4-3　退出方式及条件

退出类型		事件
违约退出	特许期中，联合体违约	①联合体未能按照合同约定投入资金、提交（履约、运营和维护）保证金；②项目未能按期进行竣工验收或在竣工验收失败后未能在特定时期内整改并通过验收；③联合体在合同期内将政府承诺投入的资金及形成的资产进行出售、抵押、质押和再融资的情况；④联合体擅自转让、出租特许经营权及融资的情况；⑤因管理不善，发生特、重大质量、生产安全事故的情况；⑥擅自停业和歇业导致社会公共利益和公共安全受到严重影响的情况；⑦联合体未能按照合同约定进行土地资源项目的物业开发；⑧联合体与项目建设运营公司不履行合同义务或不按照合同约定履行义务，且在项目发起人就此发出通知后的规定期限内仍未对违约采取补救措施的情况
	特许期中，发起人违约	①发起人的资金不能按时到位；②发起人不履行合同义务或不按照合同履行义务，且在联合体就此发出通知后的规定时间内仍未对违约采取补救措施
正常退出	合同结束，公私双方正常解约	特许经营期 15 年届满时，联合体享有的特许经营权即行终止，并按照合同约定，把资料、设施和权利等无偿移交政府

注：根据《重庆市彭水县凤升水库工程 PPP 项目社会投资人招标公告》（招标编号：HD-GC-1510）整理。

根据 PPP 项目合同相关约定，特许期结束，合同正常解除。但是，如果发生表 4-3 所示违约退出事件，违约主体应接受相应惩罚，具体措施如下：

(1)如果在特许经营期内，联合体违约，发起人有权无偿收回凤升水库建设与运营权、配置土地的开发权，联合体按照剩余特许经营年限每年一次性赔偿发起人 225 万元人民币。

(2)如果在特许经营期内，发生项目发起人违约事件，并在规定的时间内仍未得到改正，联合体有权终止合同，并得到相应赔偿（如经济补偿、延长特许期）。

(四)收益分配

根据特许权协议中相关条款可知，该项目的收入分为：项目运营收入(供水和发电)、溢价收益、设计变更及政策调整的收益、特殊项目收入等。根据《重庆市彭水县凤升水库工程 PPP 项目社会投资人招标公告》（招标编号：HD-GC-1510）和《凤升水库工程 PPP 投融资方案》的财务测算，凤升水库工程项目基本保持收支平衡。因此，本项目只考虑溢价收益［依据投资收益率(rate of return on investment，ROI)划分收益］(如表 4-4 所示)，设计变更及政策调整的收益(如表 4-5 所示)。然而，对于特殊项目收入，就是指为了平衡联合体投资成本而附加的土地资源开发项目，其物业开发等由联合体独立运营，获得的开发收益归联合体所有。

表 4-4　项目运营溢价收益分配方式

溢价范围	项目发起人	联合体	社会公众
ROI≤20%	0	全部新增收益	供水服务
20%<ROI≤40%	30%新增收益	70%新增收益	供水服务
ROI>40%	50%新增收益	50%新增收益	供水服务

表 4-5　设计变更及政策调整的收益分配

调整事项	收益	享有主体
一般、重大设计变更(或优化)及物价变动等	节约投资额	全部归联合体所有
国家和地方有关征地拆迁补偿政策调整	节约投资额	经投资主管部门审定后,全部归项目发起人所有

(五)风险分担

凤升水库项目通过引入社会资本,创新了投融资机制,获得了社会资本建设资金以弥补财政资金不足,提高了公共资源配置效率、达到了预期合作价值最大化。该合作项目双方共同承担风险,力求风险损失最小。政府主要承担法律法规政策变化风险、征地拆迁造成的相关风险和不可抗力风险;联合体主要承担建设风险和运营风险;项目建设运营公司主要承担临时工程的相关风险、公共安全风险和环境安全风险。凤升水库 PPP 项目主要风险的分担方式如表 4-6 所示。

表 4-6　凤升水库 PPP 项目风险分担方式

风险因素	发起人或 PPP 项目实施机构	联合体	项目建设运营公司
法律法规与政策变化	√		
不可抗力风险	√	√	
融资风险		√	
建设风险(包含以下 10 个方面)			
(1)设计变更		√	
(2)物价变动		√	
(3)施工不当造成社会风险		√	
(4)地震	√(承担 80%损失)	√(承担 20%损失)	
(5)土地开发风险		√	
(6)征地拆迁风险	√		
(7)建设投资超概算风险		√	
(8)临时工程的建设、管理及超概算风险			√
(9)发现文物造成工期风险	√(顺延工期)		

续表

风险因素	发起人或 PPP 项目实施机构	联合体	项目建设运营公司
(10) 安全风险		√	√
运营风险(包含以下 6 个方面)			
(1) 水价低于合同约定额	√(补差价)		
(2) 供水收入不足	√(补差价)		
(3) 发起人因干旱、污染和防汛等调用水库造成的风险	√		√
(4) 管理等导致投资超概算		√	
(5) 地震	√(承担 80%损失)	√(承担 20%损失)	
(6) 非质量原因造成的更新改造和追加投资风险	√	√	
正常运营中发电收入变化		√	
公共安全和环境安全风险			√
移交性能测试不合格风险		√	
移交后的全部风险	√		

注： (1)根据《重庆市彭水县凤升水库工程 PPP 项目社会投资人招标公告》(招标编号：HD-GC-1510)中的合同部分整理。
　　(2)"√"表示该主体承担对应的风险。

由于干旱、污染和防汛等事件，政府有权调用水库，并给予项目建设运营公司一定补偿。如果水库项目在正常运营过程中实际发生的水价低于政府承诺的水价，导致供水部分收入不足合同约定额，项目发起人应补差额。而发电收入部分发生任何变化，项目发起人都不给予财政补贴。

特许经营期限内，如果因不可抗力(专指地震)风险造成凤升水库投资增加，经投资主管部门审定后，项目终止实施或继续实施超过概算的部分，按照项目发起人承担 80%、联合体承担 20%分担造成的损失和超过概算的投资额。

(六)监管程序

监管是具有法律地位的、相对独立的政府监管机构或第三方机构，依据一定的法规对监管对象所采取的一系列管理与监督行为。为了促进凤升水库 PPP 项目顺利推进，项目发起人(政府)约定了项目总投资的最高限额、供水价格、上网电价、土地单价最低价、财政资金最高投资额、社会资本出资额以及施工利润等指标，社会投资者在多重约束下进行项目投融资、建设、运营与管理。同时，地方政府委托物价主管部门按照相关法律法规，对项目建设与运营过程中出现的价格问题实施监管，授权重庆市发展和改革委员会对 PPP 项目投融资效果进行评价。纪律监察部门负责对工程建设、运营与管理过程中的违法违纪情况进行处理，其他有关部门按照国家法律、法规和技术规范对项目建设与运营的投资、质量、安全等进行监督管理，具体监管关系如图 4-4 所示。

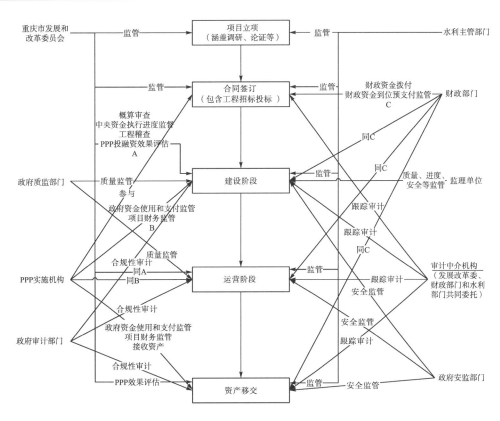

图 4-4 凤升水库 PPP 项目监督管理机理

三、重庆市凤升水库 PPP 项目机制讨论

水库工程是区域经济和社会发展的重要基础设施,凤升水库项目公私合作将有效改善城镇供水的服务模式,拓宽供水行业投融资渠道,推动公共项目投融资机制深化改革,提高企业经营效益,通过 PPP 模式有利于建立权利平等、机会平等、规则平等的投资环境和合理的投资收益机制,弥补水利基础设施建设的不足,是有益的实践和尝试。

(一)政府发起 PPP 项目

凤升水库 PPP 项目,首先展现了政府主导与授权的特点。从以下几点观察事实:①政府具有明确的支持态度,确定县政府是发起、签约主体;政府水利主管部门是项目支持者和工程技术、质量、环境和进度等的保障者;市级发展和改革委员会、市物价局、环保局等是项目的监管者。②社会资本人是国有建设企业联合体。③"3E+P"[①]指标中,"3E"经济性指标清晰、准确;"P"是合作伙伴关系中,除观察社会资本投资人"信誉"条件外,并无专项合作伙伴满意度、公众满意度、政府财政能力、企业运营社会责任、市场责任和环境责任等条款,以及评价、监督主体等。④政府间与政府部门间的伙伴关系尚

---

① 中国物有所值标准原则,经济(economy)、效率(efficiency)、效果(effectiveness)和伙伴价值(partnership value),简称"3E+P"。

未明确。在长达 15 年的特许经营期中，两级政府间与两级政府部门间存在着主管评价、财政资金出资、财政补贴补偿和经济与社会效益监管主体问题，其政府责任的违约、欠约和毁约如何约定没有定论，同时社会资本的融资过程风险很大，因为社会资本联合体中没有一个企业属于融资型企业，并未展示其具备的融资实力，均以"协商处理"概括。⑤监管关系模糊，表现在所有监管条款中，监管主体是政府部门或政府部门委托的机构，缺乏明确的政府监管职能、监管内容和监管时点等完整的描述，市场监督主体、公众参与和第三方监督条款、指标和运行机制无从谈及，政府主导推动与传统模式没有差异。总之，这是该项目合作的特殊性。

公共需求是发起公共项目的逻辑起点，在重庆市彭水县人民政府公布的《重庆市彭水县凤升水库工程 PPP 项目社会投资人招标公告》（招标编号：HD-GC-1510)和《凤升水库工程 PPP 投融资方案》文件中，社会公众的意愿、需求与利益没有得到明确表述，仅仅是政府或政府委托机构经济测算结果的直接陈述，无法获取并判断社会公众的相关信息和评价结果。这也导致政府与公众的委托代理关系模糊，逐步丧失了政府"公共利益代理人"的角色功能，更不利于合作伙伴关系的建立、发展与维系。

(二) PPP 项目定价的不足

由于凤升水库项目价格构成要素、价格形成机理和价格计算标准等信息未对外公开，尤其是公共项目社会折现率问题，因此我们很难获取消费者(公众)对公共产品或服务的真实偏好或支付意愿，这不利于市场第三方主体或公众对产品或服务价格的评估。PPP 项目特许经营期、社会折现率是公共项目投资决策、企业投资决策和 PPP 项目物有所值评价的关键因子，传统的社会折现率中主要以经济价值为核心，通常会站在国家利益或地方政府利益角度考虑，社会平均折现率的测算一般需要考虑行业平均收益率、国民经济运行情况、投资收益水平、资金(机会)成本、投资风险、通货膨胀、社会时间偏好率以及资金限制等因素(国家发展和改革委员会等，2006；Theasury，2011)。《重庆市彭水县凤升水库工程 PPP 项目社会投资人招标公告》（招标编号：HD-GC-1510)和《凤升水库工程 PPP 投融资方案》文件中也没有显示公共项目社会折现率如何选取、标准值的大小，以及是否内含有公众利益价值或社会发展价值。因此，会产生两种结果：其一，政府高估价值，会造成社会资本投资人运营成本难以维持；其二，政府低估价值，产生的经济价值无法达到公共利益的最大化目标，同时政府也会中途变更合约，信誉受损。当然，企业或研究者很难掌握政府价格制定的信息，使得产品或服务价格受到质疑。

通过对《重庆市彭水县凤升水库工程 PPP 项目社会投资人招标公告》（招标编号：HD-GC-1510)和《凤升水库工程 PPP 投融资方案》文件的分析可知，公共产品或服务(供水价格、土地价格和上网电价等)的定价依据、定价程序和定价方式或规则不够透明，使投资者、经营者承受极大的潜在风险。由于 PPP 项目法人特许经营期限较长(15 年)，其间存在技术、需求、成本以及法律法规的变化，价格的动态调整也就成了必然，因此凤升水库项目需要科学的价格调整机制。

(三) PPP 项目评价重视经济性

项目经济性评价是项目获得批准立项的必要条件，PPP 项目也不例外。根据国家发展和改革委员会和财政部关于政府和社会资本合作的相关规定，地方政府发起 PPP 项目之前应该进行财政支付能力评价和物有所值评价。而《重庆市彭水县凤升水库工程 PPP 项目社会投资人招标公告》(招标编号：HD-GC-1510)和《凤升水库工程 PPP 投融资方案》文件没有显示凤升水库项目财政支付能力和物有所值评价的信息，仅仅阐释了财务性评价或成本收益分析的基本信息，并把财务分析结果作为政府补贴、伙伴选择以及风险分担的依据，因此很难知道社会投资者和社会公众对项目的评估结果、支付意愿或价格接受程度。

《彭水县凤升水库工程 PPP 项目合同》文件是界定政府和企业合作关系、合作责任以及合作产出规范要求的法律性文件，合作主体在 PPP 项目合同期(尤其是特许经营期)内按照合同约定履行承诺并投入专用性资源，政府付出财政努力(投资、补贴与价格的协同机制)、明确权力边界(资产处置权归政府、企业享有完全自主经营权)，而企业承诺表现在投资保证能力、运营能力、管理能力上；同时，为了保证政府与企业利益目标和 PPP 项目产出符合要求，PPP 合同设置了排他性约束、产出要求、建设标准、安全要求、运营服务标准(服务范围、生产能力或规模、服务质量)、收入回报等指标，考察并评估项目产出质量、效果或绩效。然而，对于政府和企业合作伙伴关系的形成、发展、维系以及伙伴关系价值创造，合同中没有进行阐述。因此，如果根据项目公开信息分析，该项目所反映的不是物有所值(即缺少效率性、效果和伙伴价值的评估信息)，而仅仅是经济上可行。

(四) PPP 项目决策中的问题讨论

本书中讨论的问题是依据之前调研问卷标准、"3E+P"原则和国际上 PPP 项目运行惯例提出的。

(1)政府与社会资本投资人的伙伴关系问题。是否在 PPP 项目标准合同中明确了合作关系就能等同于合作伙伴关系，这是理论逻辑推论已经给出依据的，但实践中并没有证实。据相关政府部门负责人的观点，只要项目能实现盈利，就是 PPP 项目。

(2) PPP 项目准入与协调机制的问题。准入即合作伙伴进入 PPP 项目的市场规则、条件，本项目 PPP 合同中明确：一是政府资格；二是社会资本投资人资格。政府资格是依据我国项目所属地申报原则，政府具有自然的主体资格，并未明晰政府资格授权部门、监管职责细则、诚信支付及契约遵守等重要细则；社会资本投资人未能明晰社会责任、服务事项和服务质量等细则，存在着诸多不确定性。

(3) PPP 项目目标问题。总体归纳是经济性、经济效率、投资效率、建设效率、技术规则、工程质量等十分严格、详细和准确；经济效果总体上目标明确，细则不足；伙伴合作价值目前是空白。

(4)政府监管与社会监督问题。政府监管主要表述是行政监管、审计监察、财政监督和防腐纪律等。而 PPP 项目中的价格协商、合作协商、伙伴关系协调和重大问题调解机制及参与主体均未明确，为合作过程埋了下隐患。社会监督是 PPP 项目重要的支柱之一，其合作条款表述中"因施工不当造成当地群众提出索赔费由乙方承担"的问责条款和信息保密条款规定，应明晰信息公开条款、公开的原则、披露的内容和范围等。

综上，问题讨论并不影响 PPP 项目的落地，可以在 PPP 模式、政府政策、伙伴机制和监管条款的实践中去完善与充实，能实现公共利益最大化目标和公众福利的增进目标。

第三节　重庆市生活垃圾焚烧发电 BOT 项目案例

一、同兴垃圾焚烧发电 BOT 项目概况

(一)项目性质

2001 年立项的重庆市同兴垃圾焚烧发电 BOT(build-operate-transfer，建设-运营-移交)模式项目(简称同兴 BOT 项目，如图 4-5 所示)，是中国第一个实施建设、经营和移交全过程的 BOT 模式垃圾发电厂项目，具有政府与社会资本合作投资、建设和运营管理的典型性、示范性和影响力，是继《国务院关于投资体制改革的决定》(国发〔2004〕20 号)颁布后投入运营的 BOT 项目，也是重庆三峰环境产业集团〔国内垃圾焚烧发电行业的领军企业(详见发改环资〔2012〕145 号)〕的第一个项目。该项目位于重庆市北碚区童家溪镇，于 2005 年正式投入运营，总投资约 3.25 亿元。重庆同兴垃圾处理有限公司根据重庆市人民政府的委托协议，特许经营期 25 年，该集团以此项目为基础发展到如今占全国垃圾焚烧市场份额的 30%，子公司遍及国内外 19 个地区，已经成为全国垃圾焚烧发电市场中的领军企业。

图 4-5　重庆同兴垃圾发电 BOT 项目

重庆同兴 BOT 项目的公益性特征：

(1)城市垃圾是影响城市公民生活质量和城市环境质量的重要污染源，垃圾处理有益于保障公民基本生活环境和改善城市环境，因而城市生活垃圾处理服务具有公益性。

(2)环境质量是一种公共物品，城市生活垃圾对大气、水资源、土地资源和城市市容市貌等存在负面影响，垃圾处理服务理应由政府提供，因而环境保护服务具有公益性。

(3)投资环境保护项目主要具有投资项目规模大、环保技术复杂、专业化程度高，以及投资回报率低和投资回收期长等特点，理应由政府提供。

(4)涉及社会公众关系。

(二)项目技术与参数

在技术方面，重庆三峰环境产业集团下属的重庆三峰卡万塔环境产业有限公司(中美合资)通过许可协议引进德国马丁技术，即 SITY2000 逆推倾斜炉排技术(唐国华，2008)，其炉排系统由重庆钢铁(集团)有限责任公司按照马丁公司技术标准在重庆制造完成并通过德国马丁公司的功能性测试验收，设计日处理垃圾能力 1200(即 2×600)t，发电装机容量 2×12MW。在项目建设、运营、管理中，以"技术+酬金"捆绑模式聘请德国马丁公司的技术与管理专家向重庆同兴垃圾焚烧发电厂提供技术培训、现场指导、运营调试、设备维修及改进等技术支持服务，并采用分期付款的方式支付服务费。重庆同兴垃圾焚烧发电厂由垃圾卸载与储存系统、垃圾焚烧发电系统、烟气净化系统、冷却系统(如图 4-6 所示)、

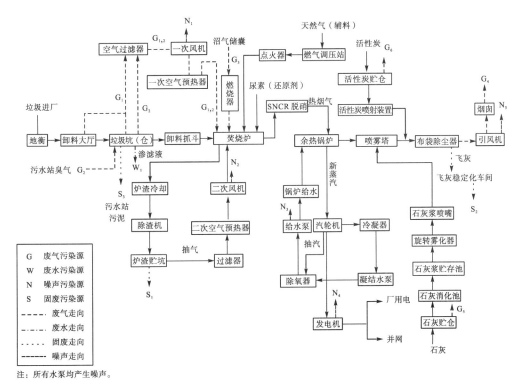

图 4-6 同兴垃圾焚烧发电系统

控制中心和办公系统组成，按照《BOT 特许权协议》、欧盟环境标准和集团操作规程正常运营。该垃圾焚烧炉的设计处理能力为 1200t/d（浮动范围 60%～120%），每年运行时间为 8700h 左右，每年可处理生活垃圾约 40 万 t，垃圾焚烧后产生 20%的炉渣，用于建材生产，约 2%的飞灰需要进行固化填埋。

正是由于科学技术的创新与发展，城市生活垃圾焚烧产生的热能可作为热能发电的动力，发电通过市场销售带来了经济利益，又能提高城市生活垃圾处理效率、改善城市环境质量效果，从而为政府与社会资本投资者合作创造新基点。

（三）服务范围

重庆同兴垃圾处理有限公司的服务范围是渝北区、沙坪坝区、北碚区、北部新区和江北区，即主要接收这五个城区的生活垃圾。

二、同兴 BOT 项目分析

（一）PPP 合作股权结构

20 世纪 90 年代末，钢铁产业产能过剩、市场竞争激烈，在此背景下，重庆钢铁集团响应国家政策，通过对国际市场进行考察和对国内市场进行评估，考虑拓展市场。经过集团决策层多次讨论，最终决定进入环保产业，发展垃圾焚烧发电产业。在政府和集团公司的共同支持下，重庆三峰环境产业集团开始进入新能源市场并成功中标重庆同兴垃圾发电厂项目。在重庆市政府的大力支持下，由重庆市原计划委员会牵头，会同市财政局、市市政管理委员会、市环保局、北碚区政府和重庆市电力公司等相关部门组建工作小组，负责协调项目前期准备工作。经过科学的前期论证，重庆同兴垃圾焚烧发电项目于 2001 年 4 月得到重庆市发展计划委员会批准立项（详见渝计委投〔2001〕570 号），并于同年 8 月获得重庆市人民政府对采用特许经营方式建设运营同兴垃圾焚烧发电项目的批复（详见渝府〔2001〕200 号）（陈耀华，2006）。

2002 年 9 月，重庆市发展计划委员会批准了同兴垃圾焚烧发电 BOT 项目的可行性研究报告（详见渝计委投〔2002〕1366 号），依据《中华人民共和国招标投标法》的相关规定，该项目采用公开招标方式选择合作伙伴，对企业重点考察：①技术能力（尤其是运行成本）；②企业的投资融资能力；③垃圾处理能力和发电量；④政府补贴报价；⑤社会责任。经过招标、资格预审、评标等环节，项目发起人最终确定由重庆三峰环境产业集团有限公司等机构组成的联合体中标，并共同出资组建重庆同兴垃圾处理有限公司，负责 BOT 项目的建设与运营，2005 年正式运营，如图 4-7 所示。

同兴 BOT 项目组织结构特点：

（1）大型国有企业 BOT 运营公司主要股东——重庆钢铁（集团）有限责任公司具备垃圾焚烧设备的制造技术与能力、环境技术标准的信息能力和国有资本融资能力。

（2）环境保护项目属于国家产业政策、货币政策和财政政策优先支持产业和行业的范畴，在资金、建设、生产和产品销售等方面存在政策优势。

　　(3)遵循 BOT 项目融资模式特征，即"建设、经营、移交"。运用 BOT 方式建设公共基础设施是国际十分流行、运营简单、合作效率较高和合作效果显著的项目投融资方式。

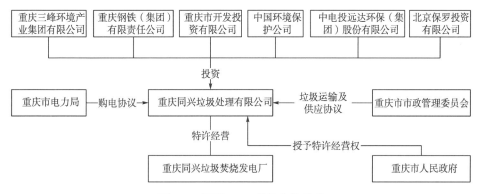

图 4-7　同兴 BOT 项目合作关系

　　2012 年后，根据国际环保技术创新与发展的需求，运营公司及时调整伙伴结构，将国际上环保处理技术先进的卡万塔公司引入公司组织结构，快速提升了运营公司的整体运营能力，降低了运营风险。虽然公司每年需要支付专利技术服务费，但从公司整体运营角度来看，这种战略调整极大地降低了经营风险、提升了市场竞争力，同时也获得了国家税收支持。因此，将原有的运营组织结构进行了调整，如图 4-8 所示，即重庆同兴垃圾处理有限公司由中电投远达环保工程有限公司(14.85%)、重庆城市交通开发投资(集团)有限公司(0.99%)、重庆三峰环境产业集团有限公司(9.9%)、中国环境保护公司(34.65%)和重庆三峰卡万塔环境产业有限公司(39.61%)等五家公司共同出资组建新的股权结构。

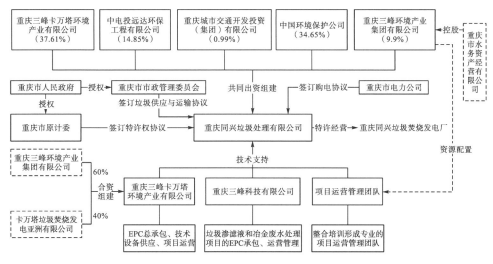

图 4-8　垃圾发电 BOT 项目合作关系

　　同兴垃圾处理有限公司通过引入国际先进环保技术，参与 BOT 项目，优化了原有资本结构、提升了技术创新能力，成为国内环保领域的领军企业；同时，新的组织结构能够满足社会公众对环境质量的更高要求，使公共资源发挥最大社会效益。

(二)项目融资性分析

根据对重庆同兴垃圾焚烧发电厂的实证调研,可以知道同兴 BOT 项目融资的基本情况。

1. 融资方式

该项目的融资方式包括银行贷款、股权融资、自有资金。

2. 资金来源

该项目的资金来源包括国家环保产业专项资金、西部大开发国债资金、大型国有企业自有资金、金融机构贷款、其他企业资金等。

3. 工程经济分析

同兴 BOT 项目资金流入:垃圾处理服务费、售电收入、税收优惠和中央及地方政府环境保护专项基金。

同兴 BOT 项目资金流出:建筑安装工程费用、设备购置费、技术专利费、技术服务费、年折旧摊销费、维修费、生活生产辅料购置费、"三废"处理费以及管理费等。

4. 项目公司盈利点

该项目公司的盈利点包括四个方面:一是垄断重庆垃圾处理市场;二是垃圾处理关键技术及设备;三是规模经营;四是政府保证项目公司产品(垃圾焚烧发电)销路。

5. 价格制定

发电价格和政府购买垃圾处理服务价格是影响项目公司运营的关键因素。然而,发电价格执行《关于完善垃圾焚烧发电价格政策的通知》(发改价格〔2012〕801 号)的相关规定。而对于政府购买垃圾处理服务费是通过招投标获得的,并且根据居民消费价格指数(consumer price index,CPI)等指标的变动,项目公司会给予运营成本收益变动,重新向政府提出调价申请,政府根据特许权协议、社会公众的评估等对价格进行重新审定,从而平衡项目利益相关方的需求和预期,促进项目可持续运营。价格形成见图 4-9。

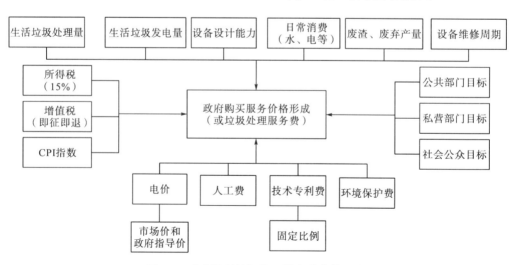

图 4-9　政府购买垃圾处理服务费价格形成

（三）风险分担与利益关系

1.风险分担

1）政治风险和政策风险

我国政治稳定，不存在政治风险；同兴 BOT 项目的关键问题是技术问题，政策风险对其影响较小。

2）建设风险

根据《特许经营协议》规定，政府不承担建设风险，应由项目公司承担。

3）资金风险

项目公司采取银行贷款、股权出售方式融资。政府和大型国有企业为项目公司提供银行借款担保，从而降低债务风险。

4）经营管理风险

根据《垃圾供应及运输协议》，重庆市市政管理委员会按照《垃圾供应与运输协议》负责生活垃圾的收集与运输、分类垃圾以及垃圾质量，并保证重庆同兴垃圾焚烧发电厂每天的生活垃圾需求。同时，政府通过招标确定购买垃圾处理服务的价格（根据 CPI 变化，3年调整 1 次价格），并授权重庆市财政局按季度根据项目公司的垃圾实际焚烧量和垃圾处置服务价格，划拨垃圾处置费给重庆市市政管理委员会，由市政管理委员会支付给项目公司；政府在不干预项目公司建设运营决策的前提下，协调重庆市电力公司根据国家有关政策和《购电协议》，购买垃圾焚烧发电量，从而保障垃圾发电厂的产品收益。

5）安全和技术风险

根据《BOT 特许权协议》的相关约定，政府和企业对履约风险、经营风险、CPI 变动、法律法规风险、技术风险和安全风险等进行合理分担，详见表 4-7。

表 4-7　垃圾焚烧发电 BOT 项目风险分担

风险因素	分担主体	
	政府	企业
垃圾量变化	√	
垃圾质量风险	√	
电量变化	√	
环境风险（二噁英和烟尘）		√
建设风险		√
技术风险		√
融资风险		√
建设与运营安全风险		√
CPI 变化	√（协商）	√（协商）
价格变化	√（协商）	√（协商）
不可抗力风险	√	√
移交后的全部风险	√	

注：根据课题组调研资料整理。

6）环保风险

项目公司的主要任务是做好垃圾焚烧的运营管理和保障项目公共利益,这两方面也是主要的、关键的工作,其他业务包括维护维修、渗滤液处理、"三废"处理、保安保洁等辅助性工作(陈耀华,2006)。项目公司在保证主要工作合理经营的前提下,可以综合考虑公司的运营能力、技术条件和集团战略等因素,合理安排辅助性业务的运营策略。关于同兴垃圾焚烧发电 BOT 项目,项目公司不仅对融资、技术、垃圾供应和电量风险等进行合理安排,而且通过辅助性业务的外包,实现降低运营成本和风险的目标,如图 4-10 所示。

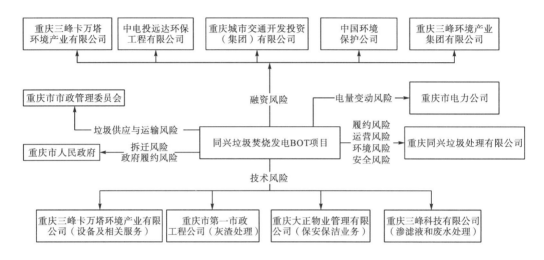

图 4-10　垃圾焚烧发电 BOT 项目风险管理

2. 利益分配

根据课题组的调研可知,政府在同兴垃圾焚烧发电 BOT 项目运营过程中不参与项目经营决策和利益分配,项目收益全部由项目公司、投资者以及集团公司分享,政府和社会公众获得良好的环境收益。

（四）信息披露与公众参与

重庆同兴垃圾处理有限公司定期向股东发布信息,但不对全社会发布运营信息(尤其是财务信息)。鉴于垃圾焚烧发电项目的特殊性,重庆同兴垃圾处理有限公司积极做好环保宣传工作,主动公布环保信息(如气体排放指标、废水排放指标等),欢迎周围居民和重庆市民参观及深入了解企业。同时,公司的非技术或非核心部门优先考虑录用周围居民,带动就业的同时宣传环保项目。

三、同兴 BOT 项目探索

该项目从融资、建设到运营管理全过程,通过采取 BOT 模式吸引社会资本参与,不仅缓解了当时政府财政预算的约束,而且通过垃圾焚烧发电有效解决了重庆主城区城市生活垃圾分类处理过程中存在的复杂社会关系调整、高经济成本及社会交易成本、运输方式及运输成本等问题,改善了生活垃圾长期污染主城区的状况,有效提升了主城区的城市环境质量及主城区百姓的生活质量。同兴垃圾焚烧发电厂从建成投产至今已有十多年,其按照既定的《BOT 特许经营协议》经营垃圾焚烧发电项目,不仅已还清银行贷款,而且从建成初期的一座生活垃圾焚烧发电企业,发展成为占全国环保发电市场份额 30%、拥有 25 个子公司的综合集团企业,为地方经济发展和改善城市环境做出了重要贡献。然而,该项目在建设与运营过程中仍存在一些值得讨论的问题。

(一)合作关系——购买服务

重庆同兴 BOT 项目的特许经营协议双方是重庆市人民政府和重庆同兴垃圾处理有限公司,预期通过引入社会资本,利用社会资本的融资、专业知识、技术和管理等优势提高公共服务质量和效率,从而平衡经营性和公益性,维护公共利益,这与《基础设施和公用事业特许经营管理办法》(中华人民共和国国家发展和改革委员会 第 25 号令)的基本要求是一致的。

然而,在该项目决策、投融资过程中,政府非常关注并主导项目决策与立项工作,在后续的建设与经营管理过程中除了按照协议供应与运输生活垃圾外,很少参与项目决策与管理。虽然政府不参与生产经营收益分配,但作为社会公众的代理人对公共资源享有所有权,应该关注项目公司的成本收益及其盈利情况,在保障公共利益的前提下实现企业合理收益。从合作视角,政府和企业是合作关系,对项目运营中的资产产权关系、责权利关系、产品价格和争议解决等内容进行动态磋商,对项目可能产生的法律政策风险、财务风险、环境风险等进行充分论证,健全风险分担机制和利益分配机制,从而促进项目可持续运营和创造合作价值。

(二)政府主导——产品或服务定价

产品价格是市场交易双方最关注的问题,也是市场主体技术创新、成本控制、管理变革和产品研发等活动的动力。对于同兴 BOT 项目,利益相关者(政府、企业和公众)关心的是购买垃圾处理服务的价格和垃圾发电的上网电价,而垃圾发电上网的电价和购买垃圾处理服务的价格都是政府指导价。虽然垃圾发电上网电价在定价过程中也考虑了市场要素,但仍然是政府主导,这种定价方式解决了垃圾发电企业在电量高峰时的风险(风险转移到电力公司),保障了垃圾发电企业的销售收入,但是不利于激励垃圾发电企业进行技术创新、成本控制与管理变革。另外,购买垃圾处理服务价格是政府对垃圾焚烧发电企业处理生活垃圾所支付的费用,垃圾处理是一种市场行为,应该由市场定价(必须综合考虑社会资本的合理回报、用户承受能力以及社会公众利益等因素);而对于项目收入不能覆盖成本的情况,地方政府也可以根据实际情况安排适当的财政资金补贴(应该以项目运营绩效评价结果为依据,综合考虑产品或服务价格、建设与运营成本、财政承受能力等因素,合理确定补贴标准),并以适当方式向社会公示公开或者提请地方人民代表大会审议批准,在保证公共项目可持续运营、公共服务的质量与效率的基础上,实现 BOT 项目利益相关者的合理收益。

(三)政府与市场的关系——"两只手"互动

提供公共产品或公共服务是政府的职责,引入社会资本虽然缓解了财政压力,但不是减少政府责任。在公共产品市场上,政府和企业是公共产品或服务的提供主体,PPP/BOT 模式使得政府和企业两大主体发生合作关系,并且这种模式也促进政府和企业的变革。对于重庆区域的垃圾发电项目,重庆三峰环境产业集团有限公司是该地区唯一从事垃圾发电业务的企业,垄断了该区域的垃圾发电业务,这也导致垃圾发电市场缺少竞争性,市场调节作用"失灵",公共资产和社会资本的市场价值不能得到充分体现,平衡公益性与经营性的作用也受到质疑。另外,在同兴 BOT 项目的运营过程中,政府不参与项目运营、成本收益分配等工作,可能导致政府减少甚至丧失对公共资源的所有权(控制权),出现公共利益受损的情况。因此,对于垃圾焚烧发电公私合作项目,政府需要主动作为,加强各个部门的统筹协调,推动特许经营有序开展;同时为社会资本参与创造良好的合作环境,并且积极培育从事垃圾焚烧发电的企业,促进市场有效竞争,从而使市场在资源配置中起决定性作用。

第四节　重庆市水务集团 PPP 项目公私合作案例

重庆水务项目市场化机制改革起始于 2001 年,是探索公私合作较早的公共事业服务项目。供水行业属于政府提供水务服务的公共事业。水务市场传统模式主要由国有企业参与项目融资建设。课题组通过实践研究,讨论政府和重庆水务集团公私合作关系、运作模式和特点,分析了该模式存在的困惑及障碍。针对问题提出了明晰政府定位、建设公私合作信息公开机制、合作竞争机制、构建合作结构等四方面的体制改革途径,从而实现新型的水务提供方式,让公众享受最好的供水服务,提高水务产品公私合作效率。

一、重庆水务 PPP 项目概况

(一)改革背景

改革开放以前,重庆的公用事业服务隶属于重庆市公用事业管理局管理的事业单位,2001 年 1 月 11 日,改制为重庆市水务控股(集团)有限公司。2007 年 6 月,重庆市国有资产监督管理委员会通过国有股权划转,将重庆市水务控股(集团)有限公司由国有独资有限责任公司变更为由两名股东控股的国有控股有限责任公司。2007 年 8 月,重庆市水务控股(集团)有限公司股东大会通过决议,整体上市,现为重庆水务集团股份有限公司(以下简称为"重庆水务",股票代码 601158),其中水务资产经营公司持股 85%,苏渝公司持股 15%。

(二)基本特征

重庆水务模式在我国西部地区乃至全国,在供排水一体化经营方面位居前列。作为一种特殊的公私合作模式,这种模式的特点是:

(1)采用政府资产企业运作的模式。

以企业资产本身的增值能力和重庆水务集团的营业收入进行基础设施项目的建设。2010年集团新增自来水设计生产能力39.50万 m^3/d;新增自来水输配水设计能力5万 m^3/d;新增污水处理设计能力24.50万 m^3/d。

(2)补贴加市场经营合力推进。

城市供水具有现实和潜在的发展空间,任何单一主体供给模式都存在着不可避免的制度缺陷。因而采用公私合作供水方式,能有效缓解政府资金紧张的问题,同时充分结合市场机制,提升了政府资产增值潜力。

(3)实现专业化的水务产品供给。

重庆水务集团替代政府管理水务资产,独立成为专业的水务生产、供给、投融资集约化公司,实现重庆整体市场供水占有率39%,污水处理占有率79%,不断满足市场对提高产品质量的要求。

(三)运行模式

根据《重庆市人民政府关于授予重庆水务集团股份有限公司供排水特许经营权的批复》(渝府〔2007〕122号)文件,重庆水务集团及受其控制的供排水企业在其特许经营区域范围内,独立从事供排水服务和负责供排水设施的建设。特许期30年,特许经营期满,重庆水务集团可报请重庆市政府延长特许经营期限,如其总体服务质量和服务价格水平优于其他同类企业,市政府给予优先考虑[①]。

如图4-11所示,该BOT模式的合作双方是政府(文中所指的"政府",如未特指,是指公私合作中以公共利益为代表的法定公共部门,即地方行政管理部门及其下属授权的公共事业管理机构)和重庆水务集团。重庆水务集团的主要业务是独立与政府开展BOT合

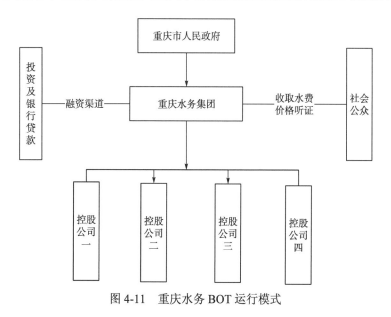

图4-11 重庆水务BOT运行模式

---

① 参见:重庆水务集团.首次公开发行A股招股说明书[Z].2009:84-91.

作，少部分对外采用合作经营的模式，即重庆水务集团与私营水务公司合作成立水务投资公司，然后由新成立的投资公司与政府合作。总体上可以看出重庆水务集团作为国有企业，其经营模式体现出"公司经营、公私合作、产权明晰、价格协商"的中国式 BOT 模式。

二、重庆水务公私合作关系

(一)融资方式

重庆水务模式突破了传统的政府直接供给水务产品的模式，采用市场化的运行思路，以公司方式接替政府进行水务产品的供给和运营。与传统的 BOT 项目中广泛存在的项目融资方式不同，重庆水务集团采用的是企业融资的方式，即重庆水务集团不是以具体项目自身的盈利能力为基础进行融资(王守清等，2008)，而是以其企业集团优质资产为基础进行融资。

(二)风险分配关系

重庆水务集团作为独立经营的大型国有控股企业，其风险主要来自经营风险、政策风险和行业风险。政府和重庆水务集团之间并没有明确的风险分担原则，但基本的风险是：

(1)经营风险，如原材料供应、运营成本、能源供应、质量变化、暂停服务等。重庆水务集团有权要求进行价格调整，即依照法定程序，由重庆水务集团事先提出调价申请，之后履行听证程序，最后由重庆市政府批准执行。因此，成本风险转移至政府和消费者。例如，2009 年 11 月举行的水价调整听证会决定主城区居民自来水价格每立方米提高 0.60 元，先调整 0.40 元，剩余 0.20 元由政府补贴解决或视经济发展情况再行实施。2007 年开始，政府与重庆水务集团之间核定的污水处理结算单价高达 3.43 元/m³，高于当前国内同类型城市的污水处理费结算水平(0.8~1 元/m³)，由此导致政府每年需支付污水处理费约 15 亿元(贾国宁等，2010)。2010 年上半年，污水处理的营业利润率达到 69.7%，自来水销售利润率是 33.71%，同时期的政府补助额接近 4800 万元。重庆水务集团承担因供水业务成本上升而水价不能及时得到调整导致的经营和效益损失风险。

(2)重庆水务集团同时承担着发展中尚未明确的政策性风险，如行业体制政策变化以及行业技术标准的变化。

(3)由于重庆水务集团在政府授权的特许经营范围内自动获得特许经营权，因而其行业风险相对较小。

(三)利益分配关系

政府与重庆水务集团的合作中，政府得到社会效益，即水务公共基础设施的运营保证了公众的用水需求。重庆水务集团则在政府价格管制下，在其特许经营范围内以垄断地位供给水务产品并获得利润，其所获利润在股东间进行分配。2010 年上半年，重庆水务集团的有限售条件股份占到 89.58%，其中国有法人持股占到 75.1%，基于重庆水务集团的国有控股特性,政府间接享有股东分红的权利,合作的双方均享有水务产品供给带来的利润,只是政府更多地关注基础设施的建设,而不是利润。

三、重庆水务模式的困惑及障碍分析

重庆水务产品采用公私合作的模式,创新了公共产品供给方式,比政府垄断模式更有效率。然而新模式中仍有涉及公私合作根本性的问题,如公私合作制度保障、运行管理、过程监管等问题,特别是政府如何从观念、机制和制度上保证公私合作的有效性的问题,亟待探索。

(一)重庆水务模式运行中的困惑

所谓困惑,是指重庆水务模式的各参与方在思想和认识上,尚未明确公私合作模式的实施机制,起步于公用事业公共服务市场化供给思路,逐步形成了今天的合作伙伴模式,因而是一个渐进化的改革过程。

1. 公用水务市场的垄断性

由于城市供水、污水处理等公用事业领域具有网络式服务和政治敏锐性等特点,存在规模经济和进入门槛高、投资回报期长等特征,使之成为经济自然垄断领域(高旺,2006),水务市场的垄断导致消费者很难获得"物有所值"的水务产品或服务。为了优化公共资源配置和提升水务产品或服务供给效率,重庆市政府逐步推行水务行业改革,促使水务行业采用特许经营模式,并在特许经营协议中约定"排他性条款",从而形成企业垄断,即水务行业改革从以公益性为目的的政府垄断转变为以营利为目的的企业垄断,仍然处于"垄断"状态。垄断企业在垄断水务产品或服务供给的同时也垄断了生产经营成本、费用、收益等信息,导致了政府监管、市场监管和公众监督的低效率。

2. 公众参与的重要性

我国现阶段公众参与局限于环境影响评价阶段(Liaab,2012),其作用还没有充分发挥,事实上公私合作模式更应该强调把公众作为参与的伙伴(Ahmed et al.,2006)。公众参与公私合作,是公私合作模式得以有效监督的重要措施。重庆水务模式缺陷表现为:公众作为纳税人以及水务产品的最终购买者,其权利没有得到充分的保证;由于存在信息的非对称性(靖继鹏等,2007),在公共服务提供过程中,公众只能被动地参与价格听证会,被动地接受供水价格,无法获得水务产品供给有效的成本信息;同时,水务企业未能公开其经营管理信息,公众也无法获知企业是否存在自身管理效率问题,导致公众普遍存在着对水价的疑惑和对市场价格变动的高敏感性。

3. 民营资本进入水务行业困难

公共资源的公共性和水务行业的垄断性限制了行业准入、市场竞争以及产品或服务供给方式。政府通过授予国有企业特许经营权,为国有资本垄断提供了法律保障,从而导致民营资本缺少进入机会和渠道,不能参与水务市场竞争并充分发挥其资金、管理、技术水平上的优势。因此,如何打破水务行业垄断、增加民营资本参与市场竞争机会以及改革水务市场经营模式是当务之急。

4.该模式是投融资方式改革而不是机制创新

水务产品或服务的供给方式从政府垄断供给转变为国有企业垄断提供，投融资模式从财政投资转向企业融资，提高了供给效率，缓解了财政资金压力；而政府监管仍居主导地位，水务行业主管部门机构改革甚微，民营企业进入水务市场仍然存在难度，水务行业仍然存在企业经营信息公开程度低、价格形成过程透明度低、公众缺乏参与途径等问题。因此，水务行业企业化经营仅仅是投融资模式改革，而非机制创新。

（二）重庆水务模式竞争障碍

最大限度地实现公平竞争是保证公私合作供给效率的基础。重庆水务模式运行中的基本问题是有关条款限制了竞争，这将导致另一种形式的垄断供给，其结果必然出现垄断企业，降低公共产品效率，并使公众利益受损。

1.自动获得特许经营权

依据市场自由竞争原则，在同一市场中，应允许众多同质企业可以自由进出。对于存在规模经济的行业，准入竞争显得尤为重要。重庆水务模式是政府单一授予一个企业集团特许经营权，而重庆地区的另一水务企业，即重庆水投集团由于经营地域和业务不同，不构成竞争。重庆水务集团与其最大股东水务资产经营公司签有《避免同行业竞争协议》，对于水务资产经营公司的部分水务项目，协议规定重庆水务集团有权利选择是否收购，以保证其经营领域的垄断地位。由此可知，重庆水务模式在本地区特定范围内采用了变相垄断的方式。

2.低效率的定价机制

在重庆水务集团的特许经营期内，水价由供水业务公司的"合理成本+税金(以及法定规费)+合理利润"构成，当达不到供水业务公司的合理利润要求时，重庆水务集团可以向市政府提出水价调整申请。在垄断的市场供应态势下，这种成本加利润的定价机制将不能有效地激励供给企业提高效率；当企业面临利润降低的风险时，将采取转嫁风险给广大消费者的做法。因此，定价机制有待探索。

3.退出机制不完善

重庆水务模式对特许经营的退出机制规定不明确，即没有制定明确的特许经营效果评价标准用以评估特许经营期期满后项目的经营权是否该转移或公私双方继续合作等有关问题。从改革的初衷分析，这有利于政府对重庆水务集团的支持。然而随着市场经济的发展，从维护公众利益的最大化角度出发，不利于合作效率的提高。其结果：一是将导致公共项目的运营情况无法评价，无法判断经营业绩；二是评价的公信度存在质疑；三是公众无从实施有效的监督。

（三）障碍的成因分析

第一，委托代理关系的多样性，形成信息不对称性，影响合作效率。

传统模式下，政府与公众之间的关系是单一委托代理关系；公私合作新模式却存在着政府-公众、政府-企业、公众-企业的多样代理关系。由于参与各方存在目标差异性，极容易产生信息强势者的道德风险。重庆水务模式是"双层"委托代理关系，即第一层次是公众作为国有资产的所有者将其资产委托给政府进行管理；第二层是政府作为委托人将资产委托给重庆水务集团。政府和企业为了满足公众的供水需求，实现经营产权转移，导致公众无法获得企业经营成本、经营效益等信息，处于信息的弱势地位。在此情况下，政府（代理人）和公众（委托人）之间存在严重的供水价格信息不对称，同时政府与企业存在着利益关系，存在嫌疑。因而政府只有通过建立信息披露机制，控制利益相关者道德风险，从而实现公众利益的最大化，这种PPP模式的合作效率才能得到保障。

第二，政府在实施这一模式时表现出仍然借助于公共产品的自然垄断性，通过国有企业方式完成计划经济时代的行政垄断（胡德宝，2010），进行市场干预，这必然将导致公私合作效率低下与公众利益受损。试行之初，市场缺乏竞争性企业，政府培育国有性质的重庆水务集团为合作伙伴，但是其采取单一的政府行政管理职能，将特许权授予企业后，未能持续深化公众参与决策、企业信息公开、产品市场激励与退出机制等的建设，影响到持续合作和企业提升供水服务及质量的积极性。

第三，公共服务质量有待提高。水务产品供给量涉及个人及每个家庭生活的基本权利，这不仅是水务产品供应量与产品质量的问题，而且包含了供水管理、供水服务和税务产品多样化。目前仅能做到基本的水务产品供给或服务，在水务产品价格、水务产品服务、水务产品免费提供等方面与国外水务领域还存在差距。

第五节　案例述评

一、基本事实

从项目时间、合作类型、资本类型、社会资本准入方式、政府角色以及价格界定等方面诠释三个案例的基本事实，详见表4-8。

表 4-8　案例基本事实概述

案例	重庆水务项目	同兴垃圾焚烧发电BOT项目	凤升水库PPP项目
时间	2001年至今	2005年至今	2015年
合作类型	特许经营	BOT	PPP
资本类型	国有资本	国有资本、民营资本和外资	国有资本
运营特征	政府特许企业运营 具有行业垄断特征	企业自主经营和自负盈亏 具有投资决策权	市场选择社会投资人 国有企业经营
社会资本准入方式	直接指定	公开招标	公开招标和竞争性谈判
融资方式	股权融资	股权融资	股权或债权融资
政府角色	项目发起人、投资人、 监管者	项目发起人、特许权授予者、 监管者	项目发起人、合作者、 监管者

续表

案例	重庆水务项目	同兴垃圾焚烧发电 BOT 项目	凤升水库 PPP 项目
价格界定	企业根据成本、税金和利润的变动制定价格	企业根据成本、税金和利润的变动制定价格	政府定价
社会公众	服务接受者、付费者	服务接受者、付费者	服务接受者、付费者
政策背景	《中共中央关于建立社会主义市场经济体制若干问题的决定》	《国务院关于投资体制改革的决定》	《中共中央关于全面深化改革若干重大问题的决定》

由表 4-8 可知：①国有资本仍然是公共项目投融资的核心来源；②(国有)企业经营方式不断改革，存在股权、债权等多种融资工具，增加了公共项目投融资、建设及可持续运营活力；③(地方)政府仍然是公共项目的唯一发起主体和监管主体；④社会公众仅仅是价格和产品(或服务)的被动接受者，缺少参与公共产品或服务供给过程的渠道和意愿；⑤企业主体准入逐步市场化，但国有企业依然是基础设施市场的垄断者。

二、项目经济效益

课题组从项目资产产权属性、项目预期目标、项目实际产出、项目效益和项目效果五个方面来诠释三个案例的经济效益，详见表 4-9。

表 4-9　案例经济效益简析

案例	重庆水务项目	同兴垃圾焚烧发电 BOT 项目	凤升水库 PPP 项目
产权	国有	国有	国有
预期目标	设计供水能力 $143.9 \times 10^4 m^3/d$，设计污水处理能力 $168.3 \times 10^4 m^3/d$ (詹遥, 2010)	设计日处理垃圾能力 1200t[①]	年灌溉用水 602 万 m^3，年生产生活用水 785 万 m^3，年饮水 84 万 m^3，多年平均发电量 541 万 kW·h
实际产出	供水能力 $193.30 \times 10^4 m^3/d$，污水处理能力为 $208.33 \times 10^4 m^3/d$[②]	日处理垃圾能力 1200～1500t	目前处于建设阶段
项目效益	2014 年营业收入 4 136 582 015.11 元[②]	累计处理垃圾 500 万 t、发电 125 002 万 kW·h，直接带动就业 90 人左右[①]	目前处于建设阶段
项目效果	供水和污水处理水质达标、满足主城区市民用水高峰需求	重庆渝北区、沙坪坝区、北碚区、北部新区和江北区的生活垃圾得到有效处理，焚烧气体排放达标	目前处于建设阶段

根据表 4-9 分析结果可知，已投入运营的两个项目达到预期要求，产生了良好的经济效益，并且重庆市水务控股(集团)有限公司通过发行股票向全社会融资，不断改善资本结构，缓解地方水务资金压力；重庆三峰环境产业集团有限公司基于重庆垃圾焚烧发电厂 BOT 项目的成功经验和技术研发成果，扩大集团经营规模和技术设备出口，产生了良好的经济效益。

---

① 参见：重庆三峰环境产业集团有限公司网站，http://www.cseg.cn/html/qxzgs/ljfdc/13/08/48.html.

② 参见：重庆水务集团股份有限公司 2014 年年度报告摘要，http://www.cncqsw.com.

三、政府和社会资本投资者关系

根据对三个案例的分析可知，政府和社会投资者是基于一种"资源（权利、关系、补偿等）"交易形成的合作关系。关系是一种有价值的资源，政府和社会投资者之间关系的质量或稳定性是 PPP 项目可持续经营的基本保障。因此，课题组从关系类型、合作主体承诺、合作主体信息公开、合作主体信用情况以及公众意见等角度来反映政府和社会资本投资者之间的关系特征，详见表 4-10。

表 4-10　政府和社会资本投资者关系概述

案例	重庆水务项目	同兴垃圾焚烧发电 BOT 项目	凤升水库 PPP 项目
关系类型	行政关系	基于特许权的合作关系	基于风险分担的合作关系
多学科的专业团队	—	德国马丁公司提供技术支持	专业审计公司参与全过程跟踪审计
社会投资人承诺	水质达标	"三废"排放达标 环境信息对外公开	按合同约定投入资金
政府承诺	授予特许权	授予特许权 垃圾数量和运输保障	价格保证、风险分担
政府信息公开	政府补贴额度	招标公告、政府补贴额度	招标公告、合同文本 融资方案
企业信息公开	营业收入、经营范围、股权结构	经营范围、股权结构	经营范围、股权结构
企业项目经历	第一个特许权项目	第一个 BOT 项目	第一个 PPP 项目，但具有类似项目建造技术
企业信用	无不良记录	无不良记录	无不良记录
公众意见	水价过高	垃圾运输造成环境污染	该项目正在建设阶段

四、案例总结

（一）公私合作伙伴关系认识差异

（1）三个案例的相同点：政府与社会资本投资者的基本关系是合作关系；都是 BOT 项目融资；主体都是政府发起和国有资本参与。BOT 项目投融资决策成功的必要条件之一是项目选择过程的风险评价和风险分担。由于 BOT 项目通常都是规模大、投资多、技术复杂、建设周期长、涉及面广、风险大的项目，因而项目在组织中相当复杂。其优点是显著的，即政府承担政策风险、社会资本承担运营风险。问题是："公私合作"是否等于"合作伙伴"？这样的模式是否也能长期或广泛地应用在其他公共服务的项目？因为对国有企业来说是可以承担运营前的各类风险及运营后的风险的，而对民营企业来说就会存在疑问。公私合作是十分宽泛的概念范畴，各国的价值观念、经济环境、文化背景及市场发育程度的不同，不仅使学术界对公私合作定义的表述不同，而且对政府与社会资本投资者的理解也同样是不同的。因此，需要对 PPP 的本质进行确定及清晰地表述，而非模糊不清、随意的理解与解释。从实践性角度，公共项目公私合作或政府与社会资本投资主体合作，其本质关系必须基于关系性契约或合同的法定约束，我国通常是应用特许权协议及系列商业与工程技术性的契约，因此这本身就是关系，建立关系应理解为为共同目标去实现公共项目的功能与作用，即为消费者或购买者提供高质量的公共服务或产品，因此政府与社会资本投资者结成的契约关系即伙伴关系。

（2）三个案例的不同点：合作模式不同，表现在第一个案例为股权合作，即 PPP 模式；第二和第三个案例则是 BOT 模式，即政府购买服务。①伙伴结构差异，PPP 模式中各参与方之间存在"相互协调、共同决策、风险共担、利益共享"的核心理念，而 BOT 模式的重点在特许权协议。②伙伴目标统一性差异，PPP 模式更强调在目标控制的基础上，将项目各参与方的目标作为一个整体考虑，在项目实施时充分考虑项目参与各方的利益要求，通过相互协调，力争在保证项目整体利益最大化的前提下，使得各参与方的利益最大化，致力于产生一种多赢的最优结果。③利益分享与风险控制方式差异，见表 4-11。

表 4-11　BOT 与 PPP 的收益与风险比较

模式	机构	风险	关系协调	控制权	获益
BOT	公共部门	小	弱	小	投资机会+项目
	私人部门	大	弱	大	利润+政府部门其他承诺
PPP	公共部门	共同	强	共同	投资机会+部分项目利益
	私人部门	共同	强	共同	部分项目利益(运营利润)

注：资料来源于课题组阶段性成果。

BOT 模式存在两个主要的缺点：一是项目前期工作的周期过长，二是投资方和贷款人风险过大。PPP 模式克服了 BOT 模式的这两个缺点，同时，PPP 模式在利益分享方面也更为公平有效。可以说，PPP 模式是对 BOT 模式在实践中进行的一种改进，并弥补了 BOT 模式的某些缺陷，是对传统特许经营项目融资方式的优化。

(二)政府合作机制的创新

三个案例共同的特点是政府保持公共项目行政管理系统。这与英国等国家和我国香港特别行政区的 PPP 政府伙伴管理体系存在着一定的差异，主要表现在：第一，合作伙伴缺乏明晰的管理主体和专业管理系统(英国是"财政部"，中国香港是"促进组")，因此，应建立 PPP 专业的信息网络系统；第二，合作伙伴机制设计科学、运行有效，政府职能直线与市场管理的扁平化有机结合，成为促进伙伴合作成功的动力；第三，政府伙伴监管、协调和协同效率更突显，重点在项目合作前的政府治理能力和治理体系的协调，政府间和政府部门间已经成为统一的执行机制，项目合作中主要是协调机制与协同机制的融合，更关注伙伴运营过程；第四，公众的全程参与监督和支持等。PPP 合作伙伴机制的科学化、体系化和规范化，可降低或化解政府与社会资本投资主体之间、政府与市场之间和政府与公众之间由于信息不对称及委托代理关系不协调而发生的各种投融资风险。

(三)"3E+P"是实现 PPP 伙伴关系落地的保证

三个案例中的"同兴垃圾焚烧发电 BOT 项目"和"重庆水务项目"成功运营管理,充分说明了这样的事实:①政府的合作意愿和合作支持是推动 PPP 项目的基本前提;②PPP 项目治理的可持续改进,是投资主体的根本责任,政府将行使特许权选择好的市场伙伴,从而促进公司持续地调整产权治理结构,引入技术先进、市场竞争力强、运营创意新和风险管理效率高的运营商;③风险共担和利益共享是 PPP 关系的核心特征。基于核心利益主体关系,政府与市场总是存在利益目标的不同、维护利益的方式不同和运行机制的差异,BOT 模式更容易发生"信息不对称"和各自的"寻租行为"。企业在长达 25 年的运营管理中缺乏信息公开制度的制约,从产权理论角度、企业剩余控制权必然发挥其制约政府及公众利益的作用,将企业运营风险转嫁给企业外部,与此同时,政府必将在公众压力下调整对伙伴的合作政策,造成新的利益冲突。因此,传统 "政府行政管理+BOT" 合作模式并非是最佳的模式,这就要求创新政府与社会资本投资人合作的运行机制和伙伴政府治理机制。

总之,创新的政府与社会资本投资主体的运行机制具有重要的理论价值和实践意义。根据案例分析结果和网格原理,课题组依据公私合作伙伴关系的形成、发展与结束的规律,将案例分析的探索性结果分布于 PPP 项目伙伴孕育期、伙伴谈判期和伙伴全面合作期,如图 4-12 所示。

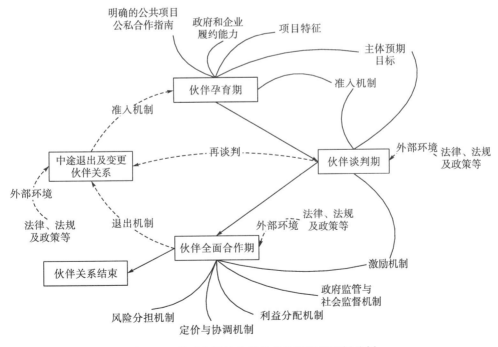

图 4-12 基于案例的公私伙伴关键因素逻辑分析

本 章 小 结

基于案例分析的基本原理和规则,选取重庆凤升水库 PPP 项目、同兴垃圾焚烧发电 BOT 项目和重庆水务项目三个案例作为分析对象。根据 PPP 理论分析得到的研究逻辑结构和机制要素对三个案例进行分析,可知:①交易关系是政府和社会投资者合作的基础,而非伙伴关系;②政府主导仍是公共项目领域的重要特点;③经济效益是政府和企业关注的焦点;④公共项目运行机制逐步完善,项目合同中也逐步明确准入程序、激励机制、监管机制和风险分担方式,这些内容在一定程度上促进了公共项目的建设和运营效率;⑤社会公众仍是服务和价格的被动接受者,缺少参与公共项目的途径,这也印证了第三章实证分析"公众参与不是重要因素"的结论。基于此,案例分析的结果为后续公私合作机制研究提供了现实支撑,有利于实现机制设计的客观性和可操作性。

第五章　公共项目公私合作运行机制研究

公共项目公私合作(PPP)能否实现公共利益最大化的总目标,特定公共项目的公私合作能否在全生命周期实现合作伙伴价值最优化,是判断 PPP 机制是否有效的标准。本章通过对合作机理的分析,明晰 PPP 伙伴关系,有效地对 PPP 项目和伙伴价值进行评估,遵循政府与市场配置资源的客观规律,将准入与退出、定价与协商嵌入政府与社会资本投资人的伙伴合作机制中,从而保障 PPP 项目成功的合作,有效地促进 PPP 模式的可持续发展。

第一节　英国和我国香港特别行政区 PPP 机制借鉴

一、英国 PPP 项目价格与风险分担分析

英国是较早推行公共项目公私合作(PPP)的国家,目前在 PPP 的探索和应用方面处于成熟阶段。英国撒切尔政府鉴于当时财政赤字压力、国有企业低效率和公共服务体制僵化的困境,开始在基础设施行业推行市场化改革,制定了"高速公路等行业必须向民营企业开放"的法令,在政府管理和公共服务中引入竞争机制,从此私营企业开始广泛参与公共项目,改变了政府传统的行政管理理念和运作模式以及政府与市场的关系,政府从此在公共项目中取得社会效益。1992 年,英国财政部(H M Treasury)正式提出 PFI(private finance initiative)模式,即基于市场经济模式下的 PFI 的公共项目"物有所值"标准。2000 年英国正式提出 PPP 的概念,截至 2012 年 3 月,在 PFI 下共有 717 个项目,总投资 547 亿英镑,其中 648 个项目处于运行阶段[①]。经过长期的实践,英国建立起了 PFI 的法律体系、伙伴机构和伙伴合作机制。

(一)PPP 法律体系

英国是以"基本法+PPP 指南"的形式规制 PPP 活动的。《公共合同法》(The Public Contracts Regulations)和《公用事业合同法》(The Utilities Contracts Regulations)两部政府采购法主要规定了项目产出目标、制定标准的规范、公共项目发布的部门以及私人部门合作伙伴甄选的程序等。PFI 是政府采购的一种方式,在政府采购法律法规的框架下,英国政府通过对欧盟政府采购方面指令的贯彻和修改形成了完整成熟并适用于国内的政府采

---

① 参见:中国清洁发展机制基金管理中心.国外 PPP 中心概览[EB].http://www.mof.gov.cn/,2014-04-28.

购法律体系(这也是普通法法系的基本特征)。为了更好地推行 PFI 模式，英国财政部(政府采购主管部门)也制定了一系列的规范指引，如 Managing Public Money、Value for Money Guidance 、 A New Approach to Public Private partnerships 、 Standardization of PF2 Contracts(Draft)、Infrastructure Procurement Routemap: A Guide to Improve Delivery Capability 和 The Public Contracts Regulations 等，清晰地界定了公共部门的范围、公共项目财政能力评价和物有所值评价标准、PPP 合作伙伴的选择机制、风险与利益分配原则、PFI 标准合同等，从而构建了英国 PPP 法律规范体系，如图 5-1 所示。

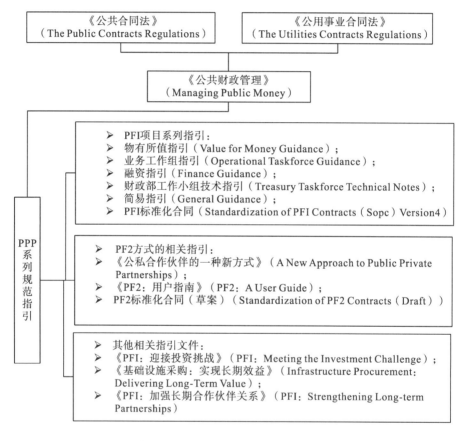

图 5-1　英国 PPP 相关法律规范体系

　　其中，《公共合同法》(2015 版)对签订公共采购合同(包含 PPP/PFI 合同)的公共缔约部门(contracting authorities)进行了范围界定，即中央政府、郡政府、区域或地方政府、公共组织以及公法中规定的其他主体(英国女王陛下的私人部门除外)。英国 PPP 指南明晰了政府、企业和公共项目的关系，基本关系是合作伙伴关系，并在 Infrastructure Procurement Routemap: A Guide to Improve Delivery Capability 中明确了适宜采用 PF2 模式的项目的条件，即较大的资金投资需求、稳定的政策环境及长期规划、清晰的产品或服务输出说明、技术更新速度慢、投资额超过 5000 万英镑、项目规模适中且私人部门有能力承担风险。对于合作伙伴的选择，《公共合同法》对经济运营商(economic operators)及其联合体(groups of economic operators)的基本准入条件，除了经济运营商的自然人或法人主体资格的规定外，还涉及财务状况、成员执业资格、技术和专业能力等，并规定私营伙伴的选择必须通过竞争的方式，准入流程如图 5-2 所示。

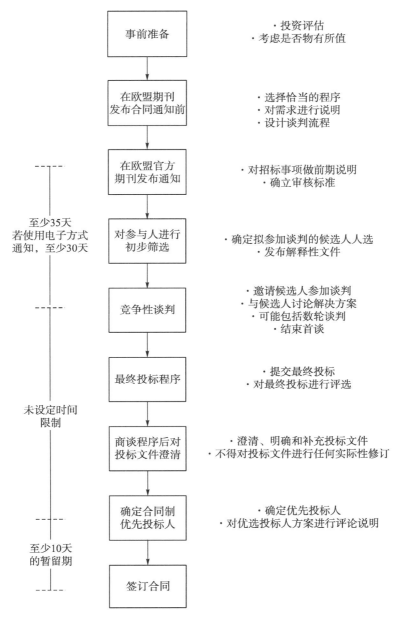

图 5-2　英国竞争性谈判方式的 PPP 准入流程

关于 PPP 项目评价，英国采用物有所值评价方法，2006 年英国财政部颁布的《物有所值评估指南》(Value for Money Assessment Guidance)从定量方面保证了 PPP 项目的公平效率性，它采用了公共部门比较值(public sector comparator，PSC)作为衡量的标准，明确了物有所值(VFM)的评价程序，由三个阶段构成(H M Treasury，2006)，如图 5-3 所示。

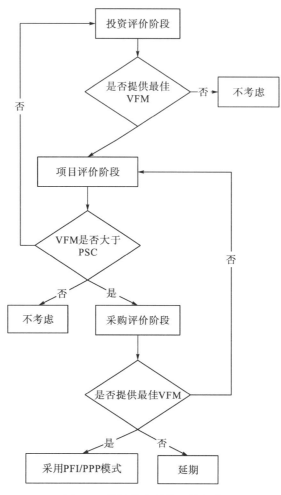

图 5-3　英国物有所值评价程序

（二）PPP 管理机构

英国 PPP 管理机构是在公众利益、物有所值和政府公共治理的基础上不断完善的。1997 年，在 PFI 方式发起时，英国在财政部设立专门工作组和项目审查小组（Projects Review Group，PRG），负责 PFI 项目的推广、审查及监督。英国财政部于 1999 年成立了明晰的英国伙伴关系（Partnership UK，PUK）组织，代替了原来的专门工作组，2001 年对 PUK 进行股权重组，由政府和私营部门共同持有股权，保证了政府部门在重大事项上的决定权，使得政府部门权责对等。PUK 的作用主要是向政府部门提供更好的技术支持和指导，进而推动 PPP 市场的发展。2000 年成立了政府商业办公室（Office for Government Commerce，OGC），其主要职责是制定并实施 PFI 政策，并对政策的制定和实施进行监管。之后，随着 PPP 项目不断改革发展的需要，PUK 与地方政府协会（Local Government Association）共同组成了地方合伙经营组织（Local Partnerships，LP），为地方政府提供技术上的援助和评估服务。为了更好地服务于公共项目建设与运营，缓解融资压力，英国财政部基于《先期预算报告》（Pre-Budget Report）于 2009 年成立基础设施局（Infrastructure UK，

IUK)，同时整合 PUK、PPP 政策小组(PPP Policy Team)和基础设施融资中心(the Treasury Infrastructure Finance Unit，TIFU)组织的职责与功能，全面负责英国政府的经济类和社会类基础设施长期战略规划、项目分析、融资和交付使用等工作(Farquharson et al.，2010)；审计署(the National Audit Office，NAO)负责对 PFI/PPP 项目进行全过程的审计，公共预算委员会(Public Accounts Committee)对 NAO 的审计报告进行审查并报告国会，见图 5-4 和图 5-5。

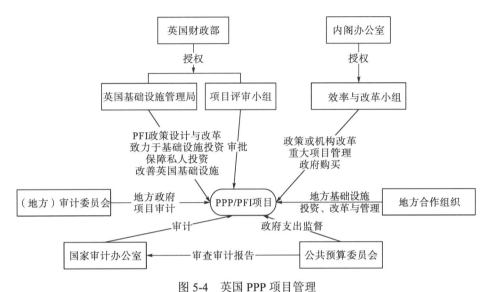

图 5-4　英国 PPP 项目管理

资料来源：根据英国政府官方网站(https://www.gov.uk/)整理绘制。

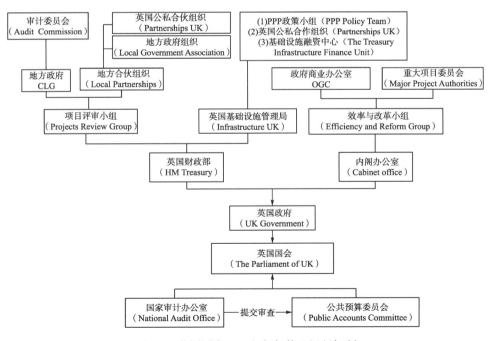

图 5-5　英国国家 PPP 组织机构及运行机制

资料来源：根据英国政府官方网站(https://www.gov.uk/)整理绘制。

（三）PPP 项目定价与支付分析

定价与支付机制是 PPP/PFI 合同的核心内容，它不仅影响 PPP 公私双方的风险与责任分配（如整个合同期的公共服务需求水平存在不确定，公共部门应该考虑是否通过价格或支付机制转移给私人部门，这对私人部门及其融资者有很大影响），同时也激励承包商按照合同要求提供公共产品或服务，实现物有所值。因此，对于采用 PF2 模式的项目，完善的价格及支付机制是非常重要的，其中服务可用性（availability of the service）和设施性能或绩效（performance of the facilities）是支付机制的两个关键指标（H M Treasury，2012），如表 5-1 所示。

表 5-1　服务可用性和设施性能或绩效阐释

基本要求	可用性（availability）	绩效或性能（performance）
标准	客观、可测量的、合理的、可实现的、完整性等	服务绩效或性能的质量
关注点	服务的核心功能，不限于物质方面	绩效或性能水平
备注	重视测量指标的可控性	重视产出要求（output requirements）

注：资料整理于英国 Standardization of PF2 Contracts（Draft）文件。

综合服务价（unitary charge）是 PPP/PFI 支付机制的重要指标，也是合同双方综合考量输出规范或明细（output specification）（如 Priority School Building Programme： Services Output Specification）、服务可用性指标和设施性能或绩效指标后商定的价格，在合同中有明确约定。由于契约的不完整性和信息的不对称性，公共部门、私营部门或项目公司在 PPP 合同期（尤其是运营期）内面临多种不确定性或风险事件，导致交易费用或股本收益发生变动，项目公司根据合同中约定的综合服务价调价方式进行动态调整，政府也会根据服务可用性和设施性能或绩效指标的考察结果在综合服务价中如实反映成本或费用的增减，并按照"服务发生后支付、没有服务产出不支付、支付水平与服务水平有关、综合服务价以输出导向为主"等原则，按照综合服务价进行支付，从而优化公共资源配置。

综合服务价不是一个静态的指标，而是一个动态的、有限可调整变量（如通货膨胀率的不确定、运营成本变动等因素，可以考虑调整）。综合服务价的调整涉及可用性和绩效或性能标准、问题解决期限、服务替代方案的范围、服务不可用或绩效（或性能）差的扣减权重（或等级）以及扣减额度上限等因子，政府或者第三方机构根据上述变量因子综合计算新的综合服务价，并且这些因子也是风险转移程度的决定因素。

（四）PPP 项目风险分配

PPP 项目不是单一的交易活动，而是通过合同连接的多项交易构成的综合体；风险是 PPP 项目融资者、投资者等利益相关主体比较关心的问题，并通过 SPV（special purpose vehicle，特殊目的载体）项目公司尽可能多地将风险传到并转移给政府、建设承包商和运营商。为了适应融资市场的改革与发展、实现公共项目成本有效和纳税人价值最大化，英国政府基于《基础设施法案》（The Infrastructure（Financial Assistance）Act）于 2012 年出台

The UK Guarantees Scheme 文件，从受益人的角度，以无条件的和不可撤销的财政担保向公用事业、铁路等基础设施项目提供融资支持，从而促进基础设施领域公私合作的可持续发展。同时，为了巩固和强化公共部门和私营部门之间的伙伴关系，政府将作为少数股权投资者，通过英国财政部下属的一个机构(即 Central Government Unit, CGU)实施股权投资，公共部门和私人部门具有相同的或类似的权利，并且公私关系在股东协议中明确界定；私人部门以股权或债券的形式投资 SPV 项目公司；如图 5-6 所示，这种新型伙伴关系既能够利益协同，培育公私双方对 PPP 更全面的理解，又有利于改善项目绩效和风险管理，改善资金价值。为了提高 PPP 项目的灵活性，应采取一些措施，如减少服务范围(如清洗服务外包)、每年定期效率评价以及五年全生命周期评价等，从而增加风险管理弹性和提高公共服务供给效率。

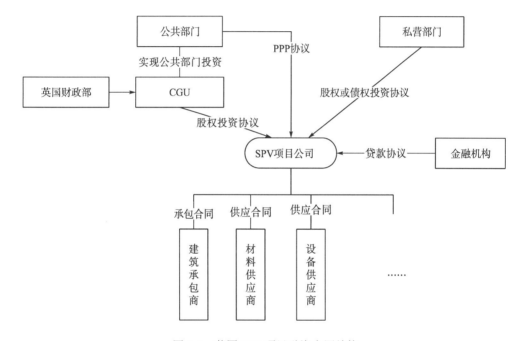

图 5-6　英国 PPP 项目融资合同结构

风险既是基础设施 PPP 项目融资的核心问题，也是 PPP 项目建设运营过程中应重点关注的问题。有效的风险管理是所有采购项目的重要方面，PPP 项目也不例外。在 PPP 合同中，公共部门通过保留、转移和管理一部分风险，按照约定的风险分担机制实现资金价值优化。保险是私营部门风险管理战略的核心内容，有效的风险管理也是投资者获得合理利益和实现资金价值的关键环节。基于"风险应该分配给最优控制力的一方"的原则，PPP 项目风险分担与管理按照以下三个准则执行，即：①合同中约定的或法律规定的可以采用保险避免的风险，由承包商承担[①]；②不能用保险方式解决的风险问题，按照合同约定或协商解决，合同双方都有责任使得损失最小；③由于风险事件造成公私双方发生成本

———————————
① 不可予以保险的风险事件可以参照 Standardization of PF2 Contracts (Draft) 中第 144～150 页的解释。

或费用，按照法律或合同规定，通过调整综合服务价(unitary charge)平衡双方损失。具体风险分担如表 5-2 所示。然而，对于风险分担中的保险费用分担，在建设阶段以固定的价格计算，在运营阶段以超过估算价格的 30%和低于估算价格的 30%为界限，公共部门承担85%，项目公司承担 15%，如图 5-7 所示。

表 5-2　英国 PPP 项目风险分担

风险	风险承担主体	
	公共部门	私营部门
与土地相关的风险	√	
因法律变化造成的运营阶段额外资本支出风险　可预见		√
不可预见	√	
设施消费风险和税收风险	√	
保险费变动风险	√	
潜在缺陷风险(latent defects risk)	依据资产类型合理分担风险	
资产损坏或丢失风险		√
现场污染风险	√	
建设风险		√
运营风险	提供一定保障	√
通货膨胀率和理论变动风险	公私双方协商解决	
不可抗力事件(如暴雨、战争等)	公私双方协商解决	

注：(1)资料整理于 Standardization of PF2 Contracts(Draft)；(2)"√"表示该主体承担此项风险。

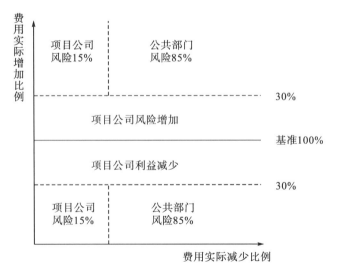

图 5-7　风险保险费用分担

注：资料整理于 Standardization of PF2 Contracts(Draft)。

二、我国香港特别行政区 PPP 准入机制分析

香港特别行政区是我国 PPP 模式发展最为成熟和规范的地区，香港地区政府在借鉴英国 PPP 模式的同时，结合香港地区的特点，成立了专门的 PPP 管理机构，并设计了运行机制。在市场准入条件、机制、机构设置、政府治理等方面，香港地区比英国的规定更加明确具体和符合中国国情，其关于项目合作主体市场准入的规定体现在 PPP 指南中。

(一)PPP 法律体系

我国香港地区对公共项目公私合作的管理与英国的管理模式相似，即采用"政策+指南"的体系。特区政府效率促进组(Efficiency Unit)是香港地区重要的 PPP 决策机构，隶属于政务司司长办公室，于 1992 年 5 月成立，主要进行公共部门改革，引导促进公共部门与私营机构的合作，重整工序、应用新科技、给公共部门提供咨询以提高政府服务的效率和水平，制定相关指引政策为政府部门和私营机构提供专业知识和政策指导等。

在香港地区的公共项目公私合作中，一些重要方面的事宜都有相关的规章政策进行指导。通过详细的指引规则和政策保障，保证了公私合作中各主体对项目各个阶段的具体操作有详细的了解，从而减少信息的不对称性，使政府部门的问责制得到更好的落实。其中，由政府效率促进组制定的《公营部门与私营机构合作的简易指引》是指导 PPP 项目的主要文件，它在指引 PPP 项目的进行和管理中起到主要作用。而在 PPP 项目所涉及的招标、融资、建设及合同管理和监管等方面，特区政府也有相关的政策对其进行规范，见图 5-8。

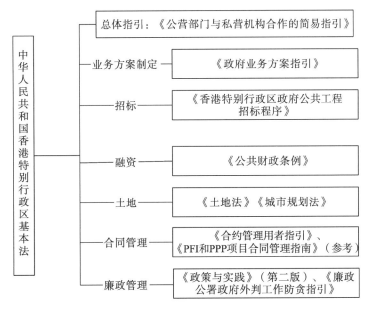

图 5-8　香港地区 PPP 相关政策指引

(二)市场准入规则

香港地区的 PPP 模式广泛应用于基础设施领域,如香港跨海隧道是香港第一个典型的 PPP 项目,如今,香港地区政府及商界正研究拓展 PPP 应用领域,如文化旅游、污水处理、固体废弃物管理设施、监狱以及电子政府服务等。

香港地区政府鼓励各部门同等重视有私人部门参与的各种模式,根据是否能实现最佳的物有所值和高效的原则确定是否采用 PPP 模式,《PPP 简易指引》第一章第七款提出,一般以下情况下可采用公私合作模式:①需要有效管理建设和移交过程中的风险,可以是一个单独的重要项目,也可以是由几个相同类型的项目组成;②私人部门能成功转交一个合格公共项目,有充分的理由认为它将提供物有所值的公共项目;③项目结构明确,能够使公共部门在合同中界定公共服务的成果,并保证公共部门在整个建设、运营和移交过程中是高效、公平及富有责任意识的;④公共部门和私人部门间的风险和分配原则可达成一致并执行;⑤公共项目或服务需要保证可以在长期内提供并发挥作用;⑥项目的价值足以保证移交过程的经济可行性;⑦技术及其他方面在一定时间内稳定,不易受到外界短期变化的影响,许多项目要用到一些设备(比如医院),受外界影响很大,可将此部分与 PPP 合同分离;⑧计划是长期的,资产的设计使用年限足够长。

重要的是规范了不利于采用公私合作模式的条件,包括:①公共部门不能明确定义公共产品的需求;②由于技术的日新月异,难以定义需求;③由于进行相关的技术整合需要涉及专利技术产权问题,很难代替原有的供应商;④缺乏第三方融资,导致公共部门过于依赖与私人部门合作,以及由于尽责总是导致管理范围过宽;⑤与项目移交相关的日常运营占据了项目移交成本的大部分,且这部分成本没有和前期融资实现均衡。

在香港地区,采用公私合作模式要求考虑诸多公共管理方面的标准,包括社会责任、透明度、公平、公众参与、消费者权益、公共安全、隐私、利益相关者或群体的权益。公共部门选择私营机构时,在资格预审和征求建议书阶段,要求投标人或联合体提供相关信息的详细说明,包括:①项目资产报表的详细更新及更新时间;②合适的风险分担;③项目职员的雇用条款;④恪守道德行为规范的承诺说明;⑤联合体成员的相关工作经验;⑥主要员工的资质及经验;⑦提出可能的利益冲突及缓解措施;⑧廉洁方面的问题;⑨联合体成员的财务状况等。在签订合同之前检查并证实投标人的能力、经验、专业、财务状况及可靠度等。此外,委托部门在评标阶段对投标人实行廉洁检查,即对投标人现阶段和前阶段的以下内容进行检查:①财务稳健性,比如任何一项坏账记录或破产等;②专业性的引导,比如任何职业不端行为,犯罪记录,或严重的合同违约等;③道德行为规范,比如任何未满足法律义务(如逾期未缴的税款)、对非技术工人的剥削、欺诈/贪污等。

PPP 模式的目标都是实现物有所值,与英国《公共合同法》中规定的 PPP 准入条件相同的是,它们都主要针对财务和经济、技术能力两方面进行考量,公私合作在减轻了政府提供公共项目的财政压力的同时,也将项目的一部分风险转移给了私人部门,对于一个项目来说财务和技术是最基本的能力,满足这两点是实现私人部门准入的基础条件,也是重要条件。我国香港地区与澳大利亚一样,要求私人部门针对项目提出可能的风险或纠纷,并提出解决方案,这有利于政府能更全面真实地了解私人部门是否能成功交付公共项目,以选择更适合的合作伙伴，这对于一个 PPP 应用还不够成熟的国家或地区来说更加重要。

（三）政府伙伴治理组织

为规范公共工程公私合作，1992 年成立了香港地区的效率促进组（Efficiency Unit），直属于政务司司长办公室，对香港地区的 PPP 起主导作用，负责咨询顾问及制定相关指引政策等。同时，由政府委托部门、其他各部门成员、私人部门专家/顾问共同组成了一个项目指导委员会（Project Steering Committee，PSCom），具体负责 PPP 项目层面，并任命一个合同管理者作为投标人或联合体的单独接触人，项目指导委员会主要报告政府委托部门及提供建议、监管项目全过程并做出主要决策等工作。PPP 项目还涉及政府多个部门的参与，立法会在公私合作中发挥着重要作用，包括：详细审议并考虑项目建议书，反映市民意见和向政府当局提出相关意见，根据公共财政规定批准融资建议书，考虑包括附属法例在内的立法提案；土地总署和计划署对土地进行授权批准及土地使用规划；律政司负责起草采购文件或合同，对公私合作中的法律问题提出建议等；建筑署为项目提供技术支持、制定技术可行性研究，并在合同期限内协助监督；廉政公署对项目进行监督，建立防贪污机制。香港地区 PPP 管理机构的设置如图 5-9 所示。

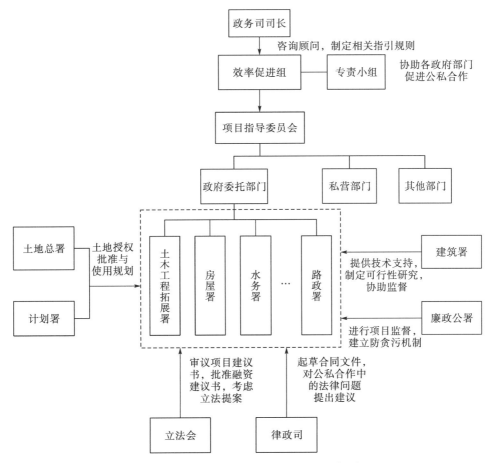

图 5-9　香港地区 PPP 管理机构及治理机制

(四)市场准入程序

香港地区政府在《PPP 简易指引》制定前期,全面调研了英国等发达国家的 PPP 模式,并对其医疗、监狱、学校等项目案例进行了深入分析,为香港地区公共项目领域提供了借鉴。通过效仿英国成熟的 PPP 准入流程,结合香港地区特点,香港地区政府在 2008 年制定的《PPP 简易指引》附录 C 中,明确了 PPP 项目流程,如图 5-10 所示。

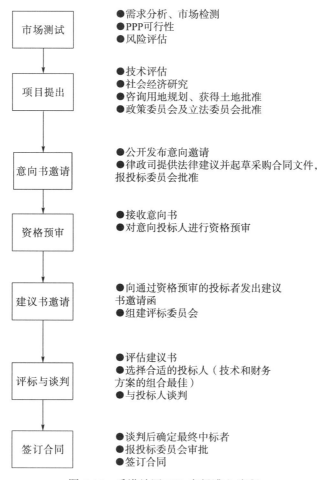

图 5-10   香港地区 PPP 市场准入流程

政府选择公私合作伙伴的关键步骤包括:

(1)进行市场测试。进行需求分析及 PPP 项目可行性研究分析,明确所需服务和设施,对项目进行风险评估,明确相关的公共部门成本及寻求政策支持。

(2)接受来自私人部门的项目意向书。

(3)对已提交项目意向书的私人企业进行资格预审。

(4)对通过预审的私人机构发出项目建议书邀请函。

(5)排除不满足强制性基本要求的建议书。

(6)对建议书进行评估。将建议书与公共部门比较基准相比,与投标人(技术和财务方案的组合最佳)谈判,在谈判中施以投标人竞争的压力。

(7)向相关的评标委员会推荐首选投标者。

(8)确定最终中标者,通过投标委员会审批后,签订合同。

在香港 PPP 指南中,明确规定政府提出的 PPP 项目必须通过竞投标程序,审批价值超过 3000 万港币的项目由投标委员会审批,3000 万港币以下的由工务投标委员会审批。但是如果涉及知识产权且不存在竞争者的项目,政府可采取直接委托的方式选择私人机构。投标工作由委托部门负责,只有经过技术评估、社会经济研究,且通过用地审批,政策委员会及立法委员会批准之后,才能发出项目意向书邀请,组织招标。在采购阶段,由律政司提供法律建议并起草采购合同文件,起草基于产出的性能规定,采购文件编写后报请投标委员会批准,通过之后再建立标书评审委员会,其中包括必要的工务部门人员、技术专家、财务专家等,投标评审报告报财政司司长委任的中央投标委员会、工务投标委员会审批。

三、对我国 PPP 机制研究的启示

(一)伙伴关系是机制显著特征

伙伴关系是组织模式创新,是经济模式的价值再造,是服务模式的新形式。在城市基础设施建设中引进这一新型的组织模式,形成新型的建设机制,将为城市建设提供新型的创造力(叶晓甦等,2014)。PPP 是公共部门和私人部门基于基础设施项目建立的共同投资、建设、运营的合作伙伴关系,二者在基础设施的全生命过程中存在着对立统一的伙伴关系。在 PPP 项目伊始,公私双方通过不同形式和不同渠道向公共项目投入了大量资源,若任何一方不能维持伙伴关系合作的长期性,其结果是既降低资源配置的效率、浪费资源,又破坏公私合作伙伴关系,不利于项目可持续实施。如英国政府为了加强 PPP 项目中公私合作伙伴关系的稳健性,在 PF2 标准合同中明确指出了公共部门投资公共项目的形式和资源;同时,政府出台基础设施项目担保基金计划,从而保障合作伙伴关系的持久性。而我国政府对于公共项目发起数量、合作伙伴选择效率及项目签约数量等方面非常关注,但在PPP 合同签订后的建设运营及管理环节,政府常常出现“缺位”、“越位”或“错位”等现象,导致 PPP 伙伴关系本质扭曲。

因此,公私合作伙伴关系是我国公共项目公私合作的理论基础,基于伙伴关系本质,构建、形成和维持公共部门、私人部门、社会公众之间的目标一致性、合作长期性和平等协调性,从而实现政府与社会资本合作方案的科学决策、合理定价、利益与风险共享和有效监管的 PPP 伙伴机制,这是实现政府与社会资本投资者合作伙伴公平、效率和成功的保障。

(二)法律体系是 PPP 机制保障

根据对英国和我国香港地区的案例分析可知,完善的法律体系是 PPP 机制的重要保障,如英国以“基本法+专项法律+指南或指引”的形式构建 PPP 法律体系,对公私双方的责任、权利以及合作机制都有基本规定。从我国的 PPP 实践来看,已有工程技术、市场竞争和环境保护等法律体系为私人部门参与基础设施建设提供了法律依据,但是 PPP 基本法规、基

本准则尚未建立，尤其是在确定公私合作伙伴关系上缺少 PPP 专项法律或指南。我国的法律体系是"以宪法为纲领，法律为主干，包括行政法规、地方性法规、自治条例和单行条例以及规章在内的由七个法律部门组成的统一整体"，这与普通法系国家（如英国）的情况存在差异（张志铭，2009）。在实践中，地方政府如重庆市出台了《重庆市 PPP 投融资模式改革实施方案》，基本沿用国家层面的 PPP 相关概念、原则、范围、程序和要求，根据自己实际情况确定推出 PPP 项目。上行下效是行政管理的特征，无可厚非，但是不能科学解释 PPP 的本质，界定 PPP 的关系和设置政府治理机制，将影响 PPP 机制的建设，将无法协调政府与社会资本的伙伴关系，包括经济利益、公众利益、环境利益和市场利益等，因此建立完备的 PPP 法律体系是必要的。

（三）改善与创新政府伙伴组织有利于 PPP 的可持续实施

政府组织从行政职能式转变为合作伙伴式，有利于提高公共项目管理效率和公共产品或服务供给效果。对英国和我国香港地区的 PPP 组织机构及运行机制分析可知，第一，PPP 政府组织及运行机制改善和创新是前提条件。例如，英国 PFI 模式的管理机构是从财政部的工作小组，到办公室再到政府内阁部门下属机构，该机构的权威性、协调性和操作性与部门工作小组是不能相比的。第二，在伙伴关系组织方面，政府组织建立了明晰的合作主体部门。例如，香港地区的 PPP 运行机制中 PPP 项目指导委员会代表政府伙伴，私人企业只需要与它进行合作，以提升合作效率；同时，政府的 PPP 方案接受公众质询、立法会质询、律政司审核等。第三，政府需要培育大量的市场专业组织和专业人士，他们来自市场经营、工程技术、法律与会计和金融组织等行业。第四，清晰的政府监管职能。图 5-4、图 5-5 和图 5-9 给出的政府监管组织和职能都表达了政府在 PPP 项目决策与运营阶段是监管重点，内容上注重公众意见和利益条款的清晰程度，信息公开透明，主动接受社会评价。

我国尚处于市场经济和政府行政管理体制深化改革阶段，适应 PPP 模式的政府治理机制建设和治理能力培育刚刚起步。如何基于伙伴关系协调 PPP 项目发起、审批、管理与监督等政府机构及促进运行机制创新，对 PPP 机制研究与实践具有重要的现实意义。

（四）PPP 市场准入、定价、风险分担与激励机制

伙伴关系价值的相关性促进了 PPP 机制的网络化和集成化。借鉴英国和我国香港地区的实践：①伙伴准入既包括政府也含有企业，既有合作主体，也包括合作客体。②规范的"准入-定价-风险控制"流程。值得借鉴的是精细化的决策环节，以项目经济性、融资性为基础，承担社会责任、促进合作和风险测定与自留，而非简单地将运营风险交由私人部门。③原则明晰性强。大到原则条款，小到公众感受，都包容在准入、定价、风险和收益中，体现了政府清晰的公共利益总目标。如我国香港地区政府在政策法规中明确规定了PPP 准入条件及准入流程；英国政府在《公共合同法》及 PPP 指南中清晰地界定了公共部门投资机制、风险分担方式、自留风险种类、价格调整模式及风险保险金比例，在发挥公共资源示范效应和挤入效应的同时，激励和引导私人部门积极参与公共项目建设运营。

　　因此，我国 PPP 项目运行机制研究是市场准入、定价与协调、风险分担及激励的集成。构建 PPP 运行机制应在充分考虑公私双方预期目标和社会公共利益目标的基础上，以促成伙伴关系的可持续性为原则，以不损害参与各方的应得利益为基本准则（胡丽等，2011b），保证政府与社会资本投资者形成互利互惠、合作信任的关系。

第二节　公共项目公私合作的机构设置

一、PPP 项目组织机构设置现状

　　我国的政府一直重视对公共项目投融资、建设与运营的监督与管理，发展和改革委员会、监察部、财政部、审计署、住房和城乡建设部等行政主管部门对公共项目都负有审查、监督及管理职能，并且每年都要开展大量的监督、检查及审查工作。但是对公共项目的管理总体上还是偏重于前期审批、资金或资源分配、招投标以及合同签订，对公共项目建设运营的监督和管理相对薄弱。

　　我国经过政府机构改革，政府已经从分工巨细的部门设置转变为"大部制"机构，以政府职能转变和简政放权为核心，围绕优化政府内部权力配置，厘清政府与市场、社会的关系以及发挥市场资源配置决定性作用，逐步减弱政府对微观经济活动的干预，政企逐渐分开，市场资源配置作用逐渐增强。尤其是国家推行 PPP 以来，政府也基于现行法律出台相应的法规条例，进一步理顺并界定政府部门的职责关系，优化政府结构。西部地区政府根据中央政府机构改革的相关规定，逐步开展地区政府的组织机构职能转变和机构调整，努力建设法治政府和服务型政府，以便适应市场经济阶段的政府工作环境。

　　按照国家投资体制改革要求、政府机构职能转变规定以及各部门职能分工，在公共项目投资、建设、运营与管理系统中，各部门的主要职责如表 5-3 所示。

表 5-3　公共项目投资、建设、运营与管理过程中政府部门职责

政府部门	职责
发展和改革部门	负责项目的审批或核准，公共产品或服务价格制定与执行，政策执行效果评估，公共产品和服务供给，深化投融资体制改革和价格改革；在基础设施、公用事业等领域，积极推广PPP 模式；完善价格形成机制，增强重点领域建设吸引社会投资能力等
财政部门	对项目的财务活动承担监督管理责任，财税体制改革，基本公共服务采购，政府财政承受能力和债务风险状况评价，PPP 物有所值评价等
建设行政主管部门	对项目施工条件审查、建筑安全生产、竣工验收、招投标等工作负责
规划主管部门	主要负责项目的规划选址、规划设计招标等工作
有关行业主管部门	对本行业项目立项审批、建设规划以及监督管理等工作负责
国土资源主管部门	对土地资源规划、管理、保护与合理利用等工作负责
监察部门	主要负责行政监察、审计监督、公共资金或公共资源或国有资产监管以及贪污腐败等工作
国有资产监管部门	主要负责国有资本运营、国有企业改革等工作

资料来源：《国务院关于落实〈政府工作报告〉重点工作部门分工的意见》（国发〔2015〕14 号）、《国务院关于创新重点领域投融资机制鼓励社会投资的指导意见》（国发〔2014〕60 号）、《基础设施和公用事业特许经营管理办法》（中华人民共和国国家发展和改革委员会第 25 号令）、《国务院关于投资体制改革的决定》（国发〔2004〕20 号）以及国务院相关部门的机构设置规定。

从 PPP 项目实践来看，政府"越位"和"缺位"的现象仍然没有得到根本转变，偏重经济效益、融资效益，忽视社会效益、公众利益以及公共服务质量的现象仍存在于政府的行政管理部门中。由于政府部门缺乏 PPP 项目经验和专业技术知识，监管机制不到位、监管相关制度不完善等，PPP 项目不确定性增加。另外，政府在 PPP 项目管理中角色定位不当等问题也可能引起公共利益的损失。如对沈阳第八水厂的失败案例分析可知：第一，准入程序不规范。项目在招标时只有一个私营机构，在这种情况下仍然进行合同签订，项目本身操作就不规范。第二，政府相关部门缺少 PPP 项目实践经验，缺乏专业技术指导，导致在合同谈判阶段出现双方权责不对等问题。第三，由于政府缺少对市场的把握能力，一味地承诺固定投资回报率导致其承担了自身无法掌控的市场风险，未能明确风险分担机制。第四，问责制度缺位，使问题出现却不能有效解决。这些原因导致了项目的最终失败，损害了公共利益。

归纳的问题是：①PPP 政策文件系统性缺陷。主要是解决签约问题，如《政府和社会资本合作项目通用合同指南(2014 年版)》等，在长达 30 年的时间里缺乏经营服务合同、公众利益保障合同和生态环境合同等。②政府管理职能交叉重叠。政府以行政职能管理效率高为特征，而 PPP 运行机制是政府行政职能、市场协调职能和协同职能的复合物，因而要求政府改善和创新原来的行政职能"大一统"问题。明晰政府合作伙伴、精简合作程序、加强行政监管和提升服务效率。③政府监管机制有待创新。PPP 监管主要是技术监管、服务质量监管、生态环境监管和合作伙伴关系监管等。其中重点是对提供公共服务质量的监管和伙伴关系维系的监管，我国目前缺乏明晰的 PPP 相关监管机构、监管方式和监管内容等，实际上属于政府缺位的表现。④区域政府之间协调性弱。虽然中央及地方政府都相应出台了 PPP 文件，但涉及跨区域的 PPP 项目时，政府之间的资金、资源及权利协调问题仍难以解决。

二、我国 PPP 机构设置构想

当前，我国 PPP 应着重解决的一个重要问题是进行省(自治区、直辖市)级 PPP 政府伙伴职能管理的顶层设计，并明确相应的职能范围。按照职责明晰、层级分明和高效的原则组建合作伙伴机制，促进 PPP 可持续发展，实现政府伙伴的诚信、效率和效益目标，落实 PPP 项目规范的行政程序，提高市场协调与公众意愿相结合的办事效率、公共资源的利用效率、公共产品或服务的供给效率。

(一)机构设置原则

在构建我国省(自治区、直辖市)级 PPP 管理机构时，应着重考虑以下原则：

(1)专业性原则。专业性指基于 PPP 伙伴关系，在公共项目管理中坚持"3E+P"原则，在机构设置上既要考虑伙伴关系管理的独特性，保证机构职责清晰，又要坚持科学、效率和协同的工作机制，因此在机构设置上要充分考虑其专业知识、专门人才和专业运行程序。

(2)伙伴关系原则。它是 PPP 组织机构设置的基本点。重点关注两个方面：一是政府间、政府职能部门间的伙伴关系；二是政府与社会资本投资者的伙伴关系。这是因为西部地区省级政府及主管部门具有公共项目资源，而市级政府也具有市级公共项目资源，因而项目在跨区域时需要政府的统筹协作功能，在项目层面则需要职能部门的协调功能。加强政府部门伙伴关系是协调政府与社会资本投资者伙伴关系的基础。

(3)实效性原则。机构的设置要职责明确、执行便利，在借鉴国际先进经验的基础上，紧密结合我国西部地区的实际情况，兼顾中央与地方、部门与部门之间的关系，使上下级关系对应，部门之间权责明晰和灵活协作，这样才能使 PPP 相关工作有序开展，使系统信息反馈畅通。

(4)动态反馈原则。要求 PPP 机构与决策部门具有畅通无阻的信息反馈路径和动态信息传导机制，只有这样，才能使 PPP 相关信息及时有效地反馈到决策部门和项目实施机构，为公共项目决策和运营管理服务。

(二)PPP 机构的优势

(1)政府伙伴管理。政府是确保 PPP 机制运行的重要前提。一是明晰的政府伙伴主体，社会资本投资主体只需要与之合作，即"一个主体、一套机制"；二是政府监管、协调和协同职能科学分类，改善现行管理模式，逐步过渡到专业模式。

(2)发挥市场主体力量。西方发达国家政府需要依赖市场专业组织或专家参与 PPP 项目研究、测算、选择和监管的全过程活动。培育市场的专业组织，鼓励他们参与 PPP 的选择、研究和运营监管，使政府可节约大量时间、精力和管理成本。同时，保证 PPP 机构的专业性和权威性。

(3)明晰管理主体责任。PPP 项目立项审批、建设运营与管理过程中至少存在四种不同性质的组织机构：PPP 项目行业主管部门、PPP 项目投资主管部门或立项审批部门、资金承受能力或绩效评估的主管部门以及监督管理主管部门。不同的组织机构具有不同的职责，四者之间形成相互制衡的 PPP 项目管理责任机制。

(三)PPP 机构设置

基于上述原则，借鉴国际先进经验，结合我国特色，理想的方案是建立一个直接向省(自治区、直辖市)政府负责的省部级的公共项目 PPP 改革领导小组，主要负责 PPP 政策制定、机制咨询、机构设置以及重大项目 PPP 模式的决策顶层设计。

PPP 改革领导小组负责各类重大 PPP 项目的政策咨询、立项审批、模式选择、建设运营咨询与管理以及统筹协调等工作。政府在公共项目决策、效果或绩效评估领域内引入市场力量参与咨询与监管，避免"既做运动员又做裁判员"带来的弱化效应和不良效果，可缓解公共项目领域的部门职能分割、多头管理、职责重叠、协商困难和重复监管等状况，有利于提高政府工作效率、管理效率和公共效益。

省(自治区、直辖市)级的管理机构设置，原则上分为领导、管理、运行和咨询服务等四种主体职能。

1.领导机构

领导机构是区域或地方权威性的公共项目建设与管理领导机构，即公共项目 PPP 改革领导小组，其成员是由省级主要领导、发改委、财政主管部门、审计部门、政策研究机构、国有资产监管部门以及金融主管部门等的主要负责人组成。

公共项目 PPP 改革领导小组的职责是：

(1)制定审批重大公共项目管理政策、法规、指南或指引和准入条件，以及 PPP 物有所值评估和财政能力评价的方法和原则，使项目建设运营、绩效评估和效果评价规范、客观和公正。

(2)审批省级重点 PPP 项目，协调省(自治区、直辖市)跨区域间的政府 PPP 项目执行、运营和伙伴关系。

(3)公共产品或服务质量评估，向政府、企业以及社会公众及时公布服务信息；同时，基于专业知识和经验，向政府提供公共产品或服务供给优化策略。

(4)协调省级(或直辖市级)、自治区政府部门在公共项目立项审批、投融资、建设运营及监督管理中的资源配置与责任履行。

2. PPP 促进中心

依据高效率、精简和专业化原则，PPP 促进中心机构仅设省(自治区、直辖市)和地级市(直辖市的区县)两级。根据我国实际情况，现行的两级 PPP 促进中心应该进行职责划分，省(自治区、直辖市)级的 PPP 项目管理机构负责对本省(自治区、直辖市)政府审批项目的管理，地级市(直辖市的区县)负责对地级市政府(直辖市的区县政府)审批项目的管理。公共项目 PPP 改革领导小组下设省级 PPP 促进中心，负责具体项目的立项审批、政策咨询等具体工作。对应的地级市(直辖市的区县)设立的 PPP 管理机构，可以称为地级市(直辖市的区县)PPP 促进中心，由上一级实行垂直领导，负责本地区审批范围内的 PPP 项目管理工作。

省(自治区、直辖市)和地级市(直辖市的区县)PPP 促进中心的职责是：

(1)授权代表政府方的合作主体，参与谈判、签约、运营和退出管理。接受人大、公众的质询。

(2)负责本省级 PPP 项目规划、计划、运营和退出管理。

(3)负责各自所辖权限范围内 PPP 项目的识别、立项审批、政策执行效果评估、绩效评价以及监督管理，对 PPP 项目决策的有效性和合理性、审批行为的规范性、批复文件的完整性以及政府监管行为的合法性等进行评估。

(4)协调沟通各级政府间、政府行政部门间的伙伴关系，检查在 PPP 项目中政府伙伴关系运行的相关事宜。

(5)调研并统计各市、区县公共项目建设运营意见，统计分析社会公众对公共产品或服务的需求，并将相关信息及时向政府汇报和市场发布。

(6)调研并统计所辖范围内社会公众需求以及社会公众对 PPP 项目管理效果的意见，及时地向上级主管部门反馈，并跟踪意见的执行情况。

(7)涉及贪污腐败等违法乱纪行为，应及时报告主管部门并会同纪检、监察或司法机关处理。

3. 运行机构

运行机构的职能包括行政管理职能(事务性、程序性管理和行政监管)、行政协调职能和协同职能。事务性管理主要包括签订协议、审批、组织技术评价等，行政监管主要功能是保障并维系 PPP 项目特许期全生命中的公益性、效益性和伙伴关系。行政协调主要是价格、招标与投标、风险与收益分担、产权关系、伙伴关系变更、政府伙伴关系协调等。协同性主要体现在支持性、激励性和信息公开性。

在运行管理中最为重要的是政府对 PPP 项目在特许期全过程的监管，主要包括公众利益监管、提供服务质量监管、技术监管、环境监管、产品质量监管等。运行机构总体上说就是具体从事 PPP 项目管理的组织，一方面是省(自治区、直辖市)和地级市(直辖市的区县)设立的 PPP 管理中心，可以直接进行 PPP 管理事宜；另一方面是接受各级 PPP 管理机构委托进行 PPP 管理工作的中介机构，如具备 PPP 工作职业资格的咨询公司、会计师事务所或律师事务所等社会性机构。

4. 咨询机构

PPP 咨询机构是指具备 PPP 执业资格的市场组织，可以是政府授权的研究机构、大学研究中心等，也可以是社会性咨询机构。最重要的是市场组织或人员必须具备 PPP 相关职业资格，对 PPP 公共政策有深入了解，由具备熟悉业务流程和管理方面专业知识的专业人员组成，掌握有关科技和工作实务的市场信息等。

总之，基于 PPP 机构设置原则和职责分工，结合我国实际情况，提出地方政府 PPP 组织机构及基本职能。同时，推动 PPP 项目可持续发展和建立 PPP 长效机制。例如，结合我国西部地区实际情况，采用"两阶段"模式推进 PPP 机构改革，即首先在省级行政主管部门下设置 PPP 促进中心部门，对 PPP 模式和 PPP 项目的政策、规则和管理流程，实施机制设置和有效管理，以便统一推进 PPP 事业，提升公私合作效率和质量，维系健康的公私合作伙伴关系(如图 5-11 所示)。同时，建议省级地方政府在 PPP 发展较成熟后，设置一个独立于政府各主管部门的 PPP 改革领导小组，下设专业化的 PPP 促进中心部门结构，如图 5-12 所示。

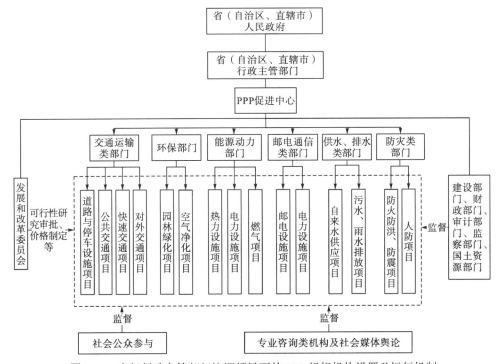

图 5-11　省级行政主管部门协调领导下的 PPP 组织机构设置及运行机制

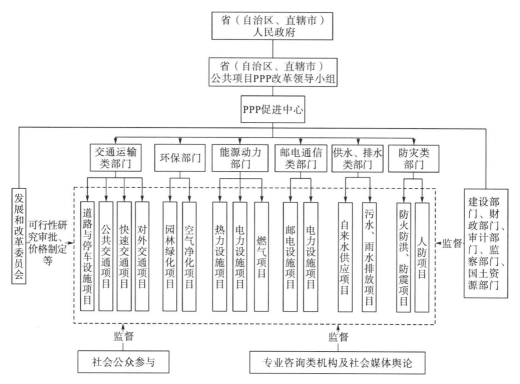

图 5-12　省级政府直接领导的 PPP 组织机构设置及运行机制

第三节　PPP 模式市场准入与退出机制思考

　　PPP 市场准入与退出是市场经济机制循环的起点与终点，市场准入关键是市场配置资源决定作用的实现方式。基于"3E+P"原则，在实现项目经济性的基础之上，重点审核公私双方对公众的服务合同、服务效益和伙伴关系的承诺。重大的 PPP 项目必须通过地方人大的监督和质询，接受公众利益相关者的意愿质询。保证政府与社会资本投资者合作伙伴过程、绩效、功能和可持续合作的充分信息，主要包括伙伴价值观念、经济标准、技术标准、伦理标准、社会标准和管理标准等。

　　然而，我国现阶段的 PPP 项目实施主要依据项目所属行业性、技术性、权属性、服务对象和消费领域等伙伴准入条件或近期出台的 PPP 相关条例，实践中尚未建立市场准入与退出的顶层设计，仍处于"摸着石头过河"的阶段。

一、基本原则

　　伙伴关系是市场准入与退出内涵研究的理论基础，是政府与社会投资者构成机制标准要求的载体，合作的起点、过程和终点都需要参照标准，遵循共同原则。

(一)信息公开原则

在公私合作全生命过程中建立相应的信息共享和传播渠道,有利于提高各种资源的配置效率,同时信息公开原则具有监督效力,有利于实现利益分配的合理性和公平性。在准入机制设计方面,公开原则要求准入机制在设计时必须公开和透明,建立一定的信息发布平台,保证项目信息公开、特许权授予条件公开、处罚的依据和程序公开。公开原则也是平等原则和有效竞争原则的基石。

(二)资格平等原则

平等原则要求政府在选择 PPP 伙伴的时候,应该一视同仁地、平等地对待社会资本投资者。在此之间,一些观点认为由于公共项目领域的利润空间比较小、政府规制比较多,一般不存在潜在的市场。在这种情况下,政府只能通过成立国有公共事业投资公司进行融资运作。然而西部地区经过十年大开发,不少民营企业和外资企业的经济实力雄厚,经营管理能力很强,将这些企业引入公共项目领域为公共事业服务是公共事业市场化改革的内在要求和必然结果,西部地区政府应开放态度,激励民营企业和混合所有制企业参与公益事业。

(三)有效竞争原则

竞争是实现公共产品供给效率的重要措施之一。有效竞争原则要求我们在设计 PPP 机制时,要将在公共项目领域引入竞争机制作为重要的目标,主要包括价格机制、产权机制、激励机制和风险机制。公共事业领域通过引入混合所有制企业,增加有效竞争,降低运营风险和有效服务收益,这是在选择合作伙伴阶段保证合作效率的重要措施。

二、市场准入标准

公共项目建设存在着不完全竞争、较大的外部性和非公平性等市场缺陷,与一般建设项目相比,公共项目采取 PPP 模式,对于项目规模和合作伙伴的要求更为严格。本书依据利益相关者理论、有效竞争理论以及成本效益原则,借鉴我国香港地区和英国的经验,从项目准入和主体准入两方面对准入标准进行探索。

(一)项目标准

项目标准是指政府与社会投资者就合作公共项目客体的经济性、效率性和效果性所做出的政府项目准入条款。公共项目具有社会属性,关系到国计民生,为提高公共项目的建设质量和效率,应界定 PPP 项目的准入标准。目前,PPP 项目一般只从项目性质上界定,如适用于基础设施项目的建设,此外,还应按照成本效益原则,借鉴英国和中国香港地区的经验,结合西部地区公共项目建设的实际情况,确定 PPP 项目的准入门槛和严格的评价标准。比如,对计划投资超过一定规模(英国设定标准 5000 万英镑)的项目,须将 PPP 作为一种采购方式予以评估;当然,若低于此门槛标准,可以采用公私合作模式,只是需经主管部门批准。

(二)伙伴标准

伙伴标准是指政府与社会投资人双方合作时,依据法定规定的条款,双方就 PPP 项目的特殊性、合作的特殊性和通用条件等,必须提供合作的各类条件,既有政府伙伴方,也有市场伙伴方及各参与伙伴方。主要标准内容如下:

(1)基本资格条件。参照《中华人民共和国招标投标法》和《基础设施和公用事业特许经营管理办法》对潜在投标人准入条件的要求可知,潜在投标人应具有相应的管理经验、专业能力、融资实力以及信用状况良好的法人或者其他组织,建议对目前相关条款进行增补和修改,使其与 PPP 项目条件相符合。

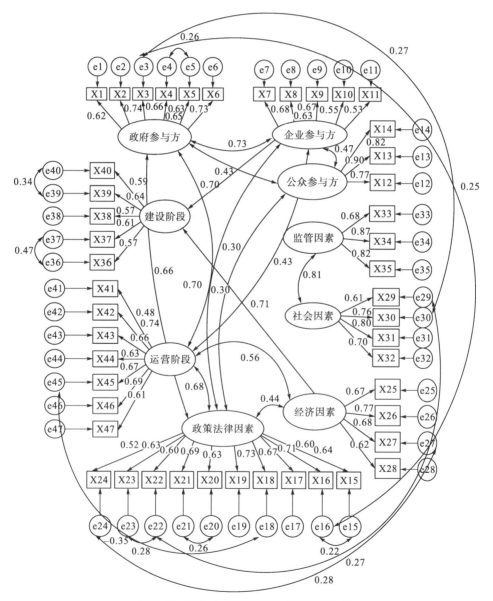

图 5-13　PPP 合作关系结构方程模型分析

(2)履约能力。这是双方主体准入资格审查的必要条件。基于问卷调查及结构方程模型分析可知，政府承诺和企业的履约能力是影响 PPP 合作的主要因素，在一定程度上影响公共产品或服务的供给效率和效果。

(3)风险管理能力。项目风险是市场主体最为关心的问题，PPP 项目运营期为 20～30年，运营期内不确定因素复杂多样，风险管理能力是体现企业市场竞争优势的重要指标。基于问卷调查及结构方程模型的分析可知，合理的风险分担和利益分配是公共产品或服务供给的重要因素，如图 5-13 所示。

(4)保障公共利益的能力。PPP 项目的一个重要特点是项目的公益性，政府在选择合作方时要考量其社会责任感，以及对公共利益的维护。企业除了提供以往公益事业的投资经历外，还应当提供公共利益保障计划，以在合作过程中起到约束作用。

三、市场准入与退出机制思考

(一)准入制度构建

1. 厘清 PPP 促进中心与其他政府部门的关系

PPP 促进中心负责代表政府主体参与社会资本投资主体合作的全过程，构筑合作伙伴关系。具体工作包括项目规划、立项审批、政策咨询、合作伙伴准入条件制定等，而具体招投标等工作按照原行政管理渠道进行。

2. 建立资质审查标准

资质标准是企业准入的重要条件。目前，公共事业领域里许多行业都有自己的一套标准。这些标准内容不全面，边界界定不明，缺乏风险分担意识，因此需要形成市场统一、标准统一、管理统一和监管统一的 PPP 资质审查标准。针对公私合作项目，潜在合作伙伴需要按照招标文件要求提供资质审查资料，然后由政府根据现行标准进行资质审查。

3. 信息公开

信息公开是公平、公正的体现。信息的不对称一方面会使合作企业决策失准，另一方面使得国有企业掌握比民营企业更多的信息量，很难创造公平、公正的竞争环境，阻碍公私合作事业的健康发展。我们应借鉴国外的做法，将 PPP 的相关信息及时地披露和公示，为各竞争主体创造一个公平、公正的信息环境，使他们在一个公平的环境下进行平等竞争。

(1)建设投资信息平台。该平台由 PPP 促进中心建设，主要由信息网站、热线电话和办理大厅现场咨询三方面构成，它的功能为及时向社会公开发布国家及地方产业政策、发展建设规划、市场准入标准、国内外行业动态等信息，引导民营投资者正确判断形势，减少盲目投资。

(2)PPP 项目信息公示。一方面，省(自治区、直辖市)政府必须编制《公共项目公私合作统计年鉴》，规范统计指标，发布统计信息和监管信息。在投资信息平台建立 PPP项目详细信息，便于社会资本投资企业进行经营决策。另一方面，将正在合作中的企业的运营情况、经营行为及奖惩情况进行公示，便于其他企业学习经验、改进不足。

(3)建立社会资本投资准入工作指引。PPP 模式在我国起步较晚，绝大多数企业都没有接触过，甚至许多企业连 PPP 的名字都是第一次听说，所以，PPP 促进中心应该建立 PPP 项目公私合作指引，将 PPP 的概念、双方合作方式、合作流程等内容进行公示，消除企业的顾虑，让整个合作过程透明化。

4. 完善招投标体系

PPP 促进中心应该委托有资质的中介机构严格按照市场准入条件和程序，坚持公开、公正、公平的竞争原则，结合项目的特点，将特许经营协议的核心内容作为招标的基本条件，认真编制公共项目特许经营权的标底价及招标方案。方案编制完成后，先由行业主管部门初审，之后交由 PPP 促进中心审定。招标方案中要明确招标主体、招标范围、招标程序(图 5-14)、开标、评标和中标规则，并进行公开招标，开标前组织专家根据市场准入条件对投标人进行资格审查和方案预审，推荐符合条件的投标候选人。开标后，认真组织评审委员会依法进行评审，并经过咨询和公开答辩，综合考虑成本、价格、经营方案、质量和服务承诺、特殊情况的紧急措施等因素，择优选择，授予特许经营权，并负责对实施情况进行监督检查。

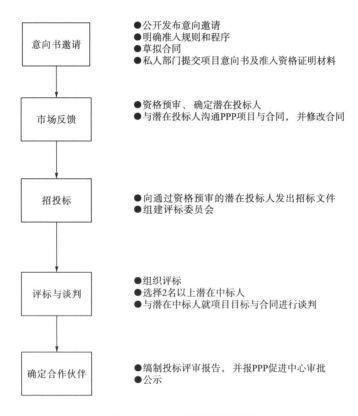

图 5-14　PPP 项目招标流程

5. 提供贷款支持

公共项目投资巨大，庞大的前期开支令许多企业望而却步，纵然是多个企业组成联合体进行投资，也需要贷款来规避资金风险和提高收益率。所以，政府应该为合作企业提供一定的贷款担保，并同银行协商，适当放宽对企业的贷款限制。

6.建立健全民间投资服务体系

充分发挥商会、行业协会等自律性组织的作用,积极培育和发展为民间投资提供法律、政策、咨询、财务、金融、技术、管理和市场信息等服务的中介组织,为社会资本投资者参与合作创造良好社会环境条件,增强其合作信心。

(二)机制设计

根据以上分析,行业主管部门在 PPP 项目立项后,可委托招投标中介机构编写招投标文件,然后送交主管部门主审,通过后将信息公布于投资信息平台并建档。欲申请的企业需提供相关资质审查文件,审查合格后由公共部门进行招投标确定 PPP 项目合作方。政府与合作企业共同成立项目公司,企业在项目建成后在特许协议下进行运营,如图 5-15 所示。

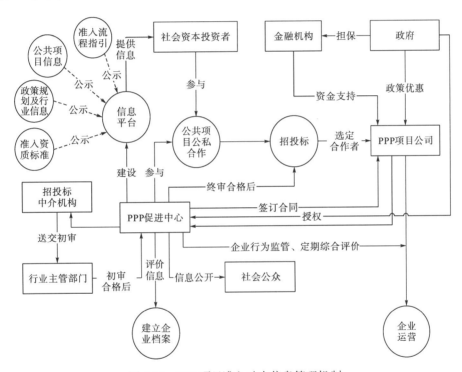

图 5-15　PPP 项目准入动态信息管理机制

基于现阶段政府机构的改革进程和 PPP 推广阶段的特征,采用"两阶段"模式设置 PPP 准入机制。在试点阶段,可以在现有组织架构的基础上,通过部门职能整合及部门间关系的调整形成专门的 PPP 管理机构;在 PPP 成熟阶段,在省级人民政府办公厅设立一个完全独立于现有政府组成部门的机构,负责 PPP 政策咨询、项目审批及协调监管等事务。

1.改善方式:在省级行政主管部门下设置 PPP 促进中心

由于我国现阶段省级行政主管部门负责公共项目计划制定、PPP 项目立项审批以及推进经济体制的改革,PPP 模式的试点可以更好地将 PPP 模式的发展与经济体制相结合,可以减少 PPP 政策指南实施的障碍并提供支持。在推动改革方面,为了保证 PPP 项目简单易行,建议在各部门内部抽调各行业相关人员组成 PPP 促进中心,负责 PPP 项目相关事宜。详见图 5-16。

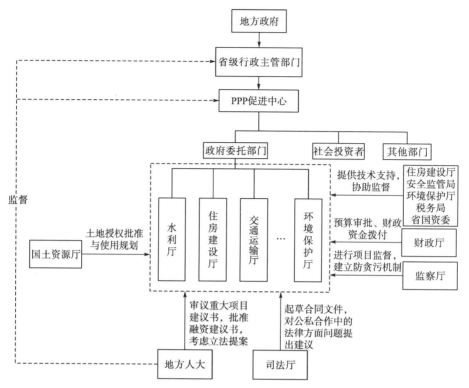

图 5-16　省级行政主管部门领导协调下的 PPP 准入机制设计

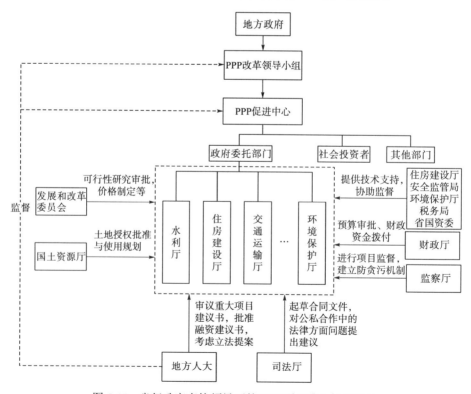

图 5-17　省级政府直接领导下的 PPP 项目准入机制设计

2. 创新方式：在省人民政府办公厅下设置 PPP 改革领导小组

从部门关系方面看，省级发展和改革委员会与财政主管部门、审计局、建设主管部门等政府组成部门在职权上处于同样的层级。因此，假如在各主管部门选一个作为 PPP 管理机构，则会出现专属机构制定的政策无法对其他主管部门形成有效规制的问题，所以，这种模式只是一种短暂的过渡模式，而不是长效机制。因此，为了保障 PPP 相关政策指南的有效推行，其制定机构的层级应高于各主管部门，建议在省级政府办公厅下设置一个级别比省级政府组成部门高的 PPP 改革领导小组和专业化的 PPP 促进中心，负责对 PPP 项目的统一领导，并可以直接协调或协同各主管部门。详见图 5-17。

四、退出机制思考

由准入机制的概念可知，我们在构建 PPP 项目准入机制时，不但要从主体准入的角度进行考察，还要对其提供的产品或服务进行准入规制。构建准入后淘汰机制就是为了实现这一目标。从公共项目角度来看，政府关心的是公共利益目标，而企业关心的是利润目标，所以在 PPP 项目营运过程中，由于双方目标不同，会造成企业过于关注利润而忽视社会效益，与政府产生分歧。这使得我们必须把营运过程中企业是否严守准入时的承诺为社会提供优质的公共产品和服务，是否严格按照政府的要求合法经营作为准入机制的一部分，这也是对合作企业提供的产品或服务进行准入规制的必然要求。因此，退出机制也是PPP 机制研究必须考虑的，退出可以分为正常退出和非正常退出两个方面，正常退出是指特许经营期满，公私双方按照合同约定自动解除法律关系；而非正常退出是指特许经营期内，因合同一方或双方违约造成项目不能持续运营，公私双方经过协商谈判或司法途径解除契约关系。本书重点分析非正常退出机制。

(一)实施不对称监管，培育公平市场机制

有目的地扶持新进入的企业是实施不对称监管的首要目的，公共产品领域由于存在较多的自然垄断，且新进入企业可能缺乏在当地经营管理的经验，先前进入的企业比后进入的企业更有竞争优势；而且处于保护既得利益的目的，老企业可能设置一系列的障碍阻碍新企业的进入。因此，新老企业之间是一种"不对称竞争"关系。对于这种情况，政府应对新老企业实施"不对称监管"，对新企业提供一定的政策扶持，使其尽快成长，以实现公平、有效的市场竞争机制，为建立淘汰机制提供条件。

(二)建立特许权收回程序

定期将企业的市场行为进行公示，约束企业行为。如有违规行为，情节较轻则对其进行警告，若多次警告不改或存在以下问题的，应收回其特许权。

(1)公用事业产品、服务达不到标准和要求的；

(2)因经营管理不善，造成重大安全事故的；

(3)因经营管理不善，财务状况严重恶化，已危及公用事业正常运行的；

(4) 擅自停产、停业, 严重影响社会公共利益的;

(5) 其他违反特许经营权要求的。

收回特许权的决定由 PPP 管理中心以书面形式通知特许经营者。特许经营者在收到通知后 30 日内可以书面提出申请或要求召开听证会听证。如需召开听证会的, 由 PPP 管理中心主持, 相关专家、社会公众代表以及媒体参与。听证会一致认定应取消特许权的, 应该立即执行。如特许经营者对收回特许权的听证结果不服的, 可由司法程序行政复议或法院裁决。详见图 5-18。

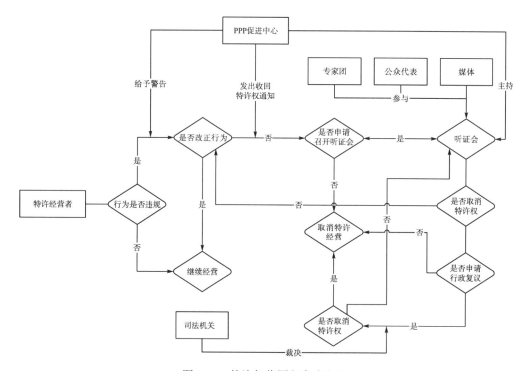

图 5-18 特许权收回程序流程图

(三) 建立 PPP 项目绩效评价系统

基于 "3E+P" 原则, 建立指标体系, 对企业的市场行为和信用状况进行评价, 并与企业的准入资格建立联系, 企业的不良市场行为和低信用等级随时可能使评价得分偏低, 甚至被收回特许权。指标体系由经营能力、管理水平、成长能力、财务状况和信用五个指标构成, 每个指标的具体含义如下:

1. 经营能力

经营能力指标是反映企业基本素质的指标, 分为业务规模、经营效率、设备能力和技术能力四方面。

2. 管理水平

管理水平是衡量合作企业综合竞争力的最重要、最基本的指标。主要从产品质量、生产效率、安全和管理人员素质等方面进行考察。

3. 成长能力

企业的成长能力是企业具有不断挖掘潜力而持续实现潜在价值的生产能力。企业成长发展能力的强弱直接影响企业未来的履约能力。衡量企业成长能力的指标包括企业组织结构、人力资源发展能力、技术创新能力、企业经营战略等方面。

4. 财务状况

财务状况是合作企业生产经营和履行合同的保证。财务状况应从资本结构、现金流量、盈利水平和偿债能力等几方面考察。

5. 信用

企业信用是企业过去信用水平的反映，是对企业过去信用行为的考察，该指标的建立可以为企业以后经营发展和金融服务提供很好的资信证明。

(四)在运营过程实施定期评价

根据评价结果动态地实施激励，并决定是否进入退出程序可以使私营合作者持续保持积极的合作态度。在选择合作伙伴阶段通过准入标准实施准入规制；在建设阶段通过建设标准控制公共项目的质量以及评价私营合作者在此阶段的表现；在运营阶段通过定期评价标准和产品质量标准进行运营阶段的表现评价，并根据评价结果实施奖励标准和惩罚标准，甚至根据特许经营权收回程序和特许经营权。终期评价标准是对整个运作期间合作的表现和项目合作的一个系统的总结，是对私营合作者的最终评价，终期评价有利于建立企业档案，同时终期评价为了激励私营合作者保持一种长期合作的观念，应考虑在合作标准中明确如果私营合作者满足一定的条件时可以继续拥有特许经营权，但是具体的标准应该事前确定。详见图 5-19。

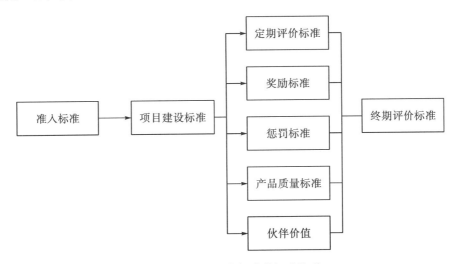

图 5-19　公私合作标准的组成体系

(五)建立企业伙伴关系档案信息库

该类企业档案包括三个方面的内容：企业的基本情况、企业行为记录以及企业业绩。

在 PPP 促进中心设立档案管理办公室，该办公室要将合作企业的综合评价结果和各种行为详细地进行登记、建档以及联网，使市政府、金融机构等都能看到该企业的档案，必要时还可以将档案资料共享给国家建设部门。该方案的实施，不但可以为市政府甄选合作者提供有价值的参考，还可以作为一种约束力量促使企业诚实守法经营、保证产品服务质量。

第四节　PPP 模式定价与协调机制创新

价格是 PPP 项目中利益相关者利益分配最直接和最直观的表现形式，有效的定价是 PPP 项目能够成功实施并顺利运营的关键。定价最先是市场营销学里面最基本的概念之一，主要是指商品和服务的价格制定和变更的策略，以求得营销效果和收益的最佳。在市场需求与供给定律的指导下，市场主体基于价格信号反馈个人或组织的真实偏好。定价机制是产品定价原理及结构、产品定价因素、管理过程和定价效率进行协调和决策的全过程，本质上是定价管理系统的内在联系、功能及运行原理，是决定定价管理功效的核心问题。基于此，PPP 项目定价机制是通过探寻 PPP 项目产品或服务的价格制定和变更的组织构造以及运作程序，通过有效反馈市场主体偏好和需求信息，促进公共产品或服务有效供给，从而保障公私合作伙伴关系的稳健性，以使得 PPP 项目的运营效果最佳和收益最大化。

一、定价主体与客体

公共产品因其具有不同程度的正外部性，客观上需要政府定价、市场定价以及交互定价同时发挥各自的职能和作用（卢洪友等，2011）；公共产品定价问题既要考虑效率和经济问题，又要保障公共资源配置的公平性目标（More，1999）。定价主体偏好、目标和行为密不可分，PPP 项目不同阶段的定价主体和客体是有差异的。PPP 合同是反映主体目标、公共需求以及公共产品或服务价格的法律文件，也是公私双方博弈的结果。因此，以合同签订为分界点划分 PPP 全生命周期（如图 5-20 所示），即合同签订之前阶段、合同签订之后阶段（涵盖建设期和运营期），并讨论 PPP 定价主体、客体和方式等问题。

图 5-20　PPP 项目定价阶段

（一）PPP 项目定价主体

PPP 项目定价的利益相关者主要有三方，即产品或服务的提供者和监管者——公共部门，产品或服务的生产者——私人部门，产品或服务的消费者——社会公众。三者的利益在 PPP 项目的定价系统内是可以相互依存、相互影响和相互转化的。因此，PPP 项目定价

的主体主要有政府、私人部门和社会公众代表的供应者、生产者和消费者三方。然而，PPP
项目的定价其实是参与其中的定价主体进行博弈的过程，而最终的价格则是定价主体利益
均衡的结果。

（1）公共部门的目标：向社会提供数量充足、优质的公共产品或服务，促进本地区经
济的发展和政府业绩的提升；

（2）私人部门的目标：收回全部投资并赢得期望报酬；

（3）社会公众的目标：使用较低的成本获得优质的产品或服务。

产品或服务价格与提供者或生产者的成本或收益存在紧密联系，价格水平直接决定了
定价主体之间的相互关系与合作效率。而价格又是由定价主体不断讨价还价的结果，如何
通过定价实现政府、社会资本投资者和公众三者利益目标的均衡，维持良好的合作关系，
是定价主体需要努力的方向。然而，以上三个定价主体的目标通常情况下并不能同时满足，
减小社会公众使用成本就势必造成私人部门利润的降低，提高私人部门的利益就势必造成
政府或公众的财政负担加重。公共产品或服务价格必定是综合考虑和均衡各方利益，达到
各级目标的合理优化，如图 5-21 所示。

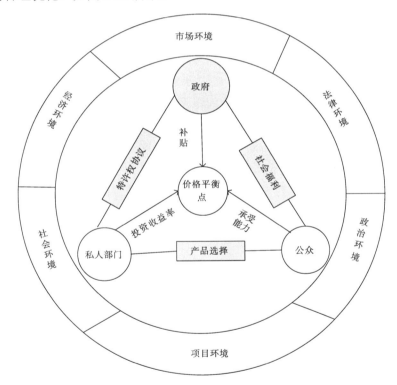

图 5-21　PPP 项目定价主体目标系统

（二）PPP 项目定价客体

客体是主体认知和实践的对象，PPP 项目定价的客体其实就是回答"公共部门、私人
部门和社会公众等定价主体的行为所指向的对象"的问题，即产品或服务，并在不同阶段
表现出不同的类型，如表 5-4 所示。定价主体在决策时考虑公众的福利和投资者的收益率；

社会资本投资者在定价建议时考虑市场竞争和公众选择问题。因此,政府的财政补贴水平、社会资本投资者收益水平和公众的承受能力约束着 PPP 项目定价主体的定价行为。

表 5-4   不同阶段 PPP 项目的定价主体、客体和定价方式

阶段		定价主体	定价客体	方式
合同签订之前		政府、社会投资者	工程实体、公共产品或服务	政府与市场交互定价的最终价格
合同签订之后	建设期	政府、社会投资者和 PPP 项目公司	工程实体	合同价格
	运营期	政府、社会投资者、社会公众和 PPP 项目公司	公共产品或服务	根据市场供需确定的最终价格

公共产品或服务的特殊性也约束着定价方式的差异性。在 PPP 合同签订之前,政府代表社会公众反馈产品需求及偏好信息,并从保障公共利益的视角制定产品或服务价格。而社会投资者在综合考虑预期利润和公共利益的基础上制定投标价格,或者聘请市场第三方提供价格咨询。在合同签订之后,工程实体建造活动的费用基本上按照合同约定价格执行,运营期的公共产品或服务价格根据市场需求变动调整,详见表 5-4,从而保障公共利益和企业合理收益。

(三)PPP 项目定价原则

PPP 项目的定价主体都必须在一定的约束下执行其定价行为,既要考虑提供者"真实有效"的成本约束并给予合理的利润空间,又要兼顾社会公众的承受能力,这些约束也是 PPP 项目定价原则的构成要素。所谓"无规矩不成方圆",只有依据正确的原则实行 PPP 项目的定价,才能保证 PPP 项目定价机制的实施不会偏离其正常应有的运行轨道,使系统的内在运动规律正常运转,发挥其对实施 PPP 项目的推动作用。

因此,在 PPP 项目的主体在执行定价过程中应遵循以下基本原则:①公平协商原则;②交叉补偿原则;③市场价竞争原则;④合理利润原则;⑤关系价值原则。

二、定价关键因素

公共产品或服务的价格是在整个特许期内受政府、私营机构、公众、项目与市场、经济、社会、政治、法律及其他多种因素综合影响的多变量函数,并且各类因素又包含若干个子因素,且各因素之间的关系错综复杂。PPP 项目的成本是定价的基础,而项目的外部性特征是定价必须考虑的重要条件,并通过 PPP 项目产品的需求与供给来实现。因此,PPP 项目的成本、外部性特征、供给和需求等因素是影响 PPP 项目产品或服务价格的主要因素。对各因素之间的关系进行简化并加以抽象,可形成 PPP 项目价格影响因素的因果关系结构图,因呈"鱼刺"形,又称为"鱼刺图",参见图 5-22,各类因素的子因素见表 5-5。

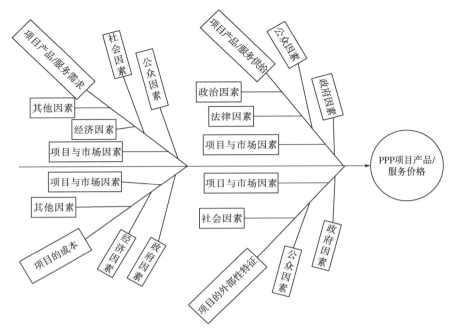

图 5-22　PPP 项目价格影响因素"鱼刺图"

表 5-5　PPP 项目产品/服务的价格影响因素表

类别	政府因素	私营投资者因素	公众因素	项目和市场因素	经济因素	社会因素	政治因素	法律因素
影响因素	利益分配机制价格政策、政府补贴或优惠、最低需求量保证、汇率变动的担保、产品/服务的水平和质量、通货膨胀担保、环境风险担保	项目科学的财务分析、期望投资回报率、定价的建议权、管理能力、项目建设投资、资本结构合理安排	公众承受能力、公众消费心理、公众需求量	项目优势特征、同类竞争项目、项目的供给量、特许经营期、项目所处的不同阶段	利率变动、汇率变化、通货膨胀、地区经济、金融市场健全程度	社会福利水平、社会诚信度、公众态度	政局稳定程度、监管机制的完善程度、官僚与腐败	法律体系完备程度、法律/法规/标准变化

　　很多学者对图 5-22 和表 5-5 归纳的 PPP 项目产品或服务价格的影响程度进行了研究。毛立玫(2007)认为影响价格形成的基本因素为供求关系和供给成本。汪文雄(2008)运用结构方程模型得到，影响轻轨 PPP 项目服务价格的因素的重要性由高至低是：政府因素、公众因素、项目和市场因素、私营投资者因素、经济因素、社会因素、政治因素、法律因素。影响隧道 PPP 项目产品价格的因素的重要性由高至低的顺序是：政府因素、私营投资者因素、项目和市场因素、公众因素、经济因素、社会因素、政治因素、法律因素。侯丽等(2012)以收费公路 PPP 项目融资模式为研究对象，运用主因子分析的方法，分析了特许经营权定价影响因素，给出了因素的影响度，认为影响收费公路 PPP 项目特许经营权定价的因素的重要性依次为：收费交通量、特许经营期、影响区公共基础设施状况、投资收益率、级差效益[①]。

———————————

① 级差效益是指在不同等级的公路上，道路使用者为完成一定的运输任务，投入一定的成本，得到的效益是不同的。

在市场营销学中,影响企业价格决策的因素通常有企业的营销目标、生产和经营成本、顾客、市场需求、竞争对手和其他外部因素等。PPP 项目产品或服务定价的最根本目标是实现社会效益的最大化。但无论如何,成本依然是影响 PPP 项目定价的重要因素。同时,PPP 项目产品或服务的价格要在公众的经济承受范围之内。由于 PPP 项目具有自然垄断性,对企业的要求比较严格,通常情况下竞争对手这一因素对 PPP 模式下产品或服务价格的影响甚小。PPP 项目的其他影响因素如经济周期、通货膨胀和利率等周围宏观环境因素对 PPP 项目的定价也都有一定的影响,具体论述会在后面的价格调整策略中涉及,在此暂不作讨论。因此,影响 PPP 项目产品或服务的价格的因素主要包括:①定价目标;②社会公众的承受能力(CA);③产品/服务成本(C);④市场需求量(Q);⑤政府的补贴和优惠(W);⑥产品供给能力(Q_0);⑦政府对价格和投资收益率的限制。

三、价格形成分析

在项目识别阶段,政府根据公共需求调研、市场咨询以及项目财务分析等信息拟定 PPP 项目的初始价格,使得初始价格能有效反映公共需求和公共利益。然而,吸引社会资本参与公共项目,产品或服务价格或标的价格不只是反映公共利益,还要考虑社会投资者的合理收益,这也是 PPP 项目对社会投资者的报酬和激励。通过公开招投标方式选择社会投资者,政府和社会投资者通过竞争性谈判确定双方可以接受的价格,综合考虑公共利益、市场竞争、政府能力以及企业预期等关键因素,最终确定签约价格或合同价格。PPP 合同签订后,政府和社会投资者按照合同约定提供资金、资源或资产等,以保障公共利益和实现合理收益为公私合作伙伴的社会经济目标,共同应对合同执行过程中发生的风险事件,动态调整合同约定的产品或服务价格,从而实现 PPP 项目持续运营和伙伴关系的稳健性。基于此,PPP 项目从立项到运营过程中涉及初始价格、标的价格、合同价格以及调整价格,这也是 PPP 项目定价机制的基点。

(一)合同签订之前

合同价格是政府和潜在社会资本投资者最为关心的指标,也是约束合同双方行为的重要条件。在签订合同之前,政府和社会资本投资者会从各自所代表的组织目标出发,按照不同的定价策略制定至少自己可以接受的价格。然而,政府为了吸引社会资本投资者和发挥公共资源的挤入效应,综合公共利益和市场信息制定标的价格;社会资本投资者为了扩大中标概率,也综合考虑公共利益和企业能力制定投标价格;在选定中标候选人之后,政府和社会资本投资者通过"讨价还价",最终确定双方可以接受的价格,即合同价格。

PPP 项目价格制定工作应该综合考察产品或者服务的社会平均成本和市场供需状况、公众承受能力、政府补贴与优惠以及社会经济环境等因素,保证产品或服务价格的合理性。同时,针对定价模型中的价格参数应按照《中华人民共和国价格法》的相关规定进行价格和成本调查,听取消费者、经营者和有关方面的意见,这样才能确保参数的准确性和真实性。此外,由于 PPP 项目具有一定的自然垄断性,消费者的可选择性被大大削弱,而市场准入又有严格限制，消费者难以通过购买来表达意愿，进而影响决策，因此必须赋予消费者在定价阶段就可以参与决策的权利，必要时进行价格听证。详见图 5-23。

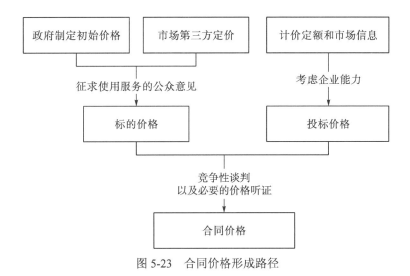

图 5-23　合同价格形成路径

（二）合同签订之后

公私双方签订 PPP 项目合同后，按照合同约定投入资源并建立公私合作伙伴关系，基于"3E+P"的原则共同应对项目建设运营过程中出现的难题，包括产品定价及价格调整问题。在 PPP 项目建成并投入运营期间，项目所处的社会、政治、经济和法律等环境不断变化，合同约定的不确定应对策略很难保证产品或服务价格的稳定性，因此价格动态调整是不可避免的，PPP 项目定价主体根据合同约定的调整条件合理处理调价问题。

1. 价格调整前提条件

可以在 PPP 项目特许协议中规定提出价格调整申请的前提条件，即考虑公众、私营机构及政府等利益相关方和 PPP 项目内外部环境因素（如物价指数上涨、竞争环境变化、政府财政收入变化、社会福利水平变化等因素）变化来确定，达到下面两个条件之一就可由申请主体提出调价申请：

（1）达到规定的调价周期，如每 1～2 年根据前年和去年的基础数据进行调整；

（2）当价格超出合同规定的变化幅度时就可申请进行价格调整，如 3%～5%。申请人认为必要时对 PPP 项目价格的合理性水平进行考察，并对调价申请进行充分论证，提供相关论证材料。

2. 申请主体

PPP 项目定价机制的调价申请主体不再局限于 PPP 项目的经营者，申请的权利可以赋予企业协会、行业行政主管部门和消费者。目前，我国相关法律只规定了经营者发起调价申请的权利，对消费者提出价格调整的权利缺乏规定或规定不完善，这影响到了价格的公正制定：当 PPP 项目的价格水平过低时，经营者有很大的积极性向管理部门提出提价申请；当价格过高时，消费者却没有足够的依据或操作性程序及时地提出降低价格的申请。行业主管部门的价格调整理由主要侧重于宏观经济的稳定和政府职能的履行，并需要价格监管机构和监管主体监管其行为的独立性，避免其成为特殊利益的代言人。

3. 政府核定

申请人提出价格调整申请后，由独立的价格主管部门对申请方案进行程序与内容的审核。首先应对申请者提供的资料进行程序审查，包括资料是否齐全和真实有效，是否符合相关法律和法规规定。如果资料不全，则要求补全相关的证据和材料。其次，程序审查通过后，进行成本审查与财务状况的评审，这项工作应该交给独立的第三方而不是由物价部门及其下属的单位去完成。因为价格主管部门无论是在能力方面，还是公正性方面，都存在一定的问题，容易引起公众的质疑。我国的听证办法也明确规定，对申请人提交的有关财务状况的说明材料需要评审的，应当将材料提交给具有合法资格的社会中介机构进行评审，由社会中介机构出具能证明材料真实性的评审报告。

4. 价格调整方式

PPP 项目价格调整方式不是在调整时临时决定，而是在此前的定价机制设计时就已考虑，也就是说 PPP 项目的定价方式依然适用于 PPP 项目的价格调整，使其不受主观倾向所影响。具体操作方式是结合调研和听证所得到的社会物价变化指数，分析成本变化情况，根据投入物的成本变化来确定价格限制区间。同时结合项目所处的行业环境和经济环境来分析生产效率提高对成本的影响。PPP 项目产品或服务质量评价可以通过消费者反馈或监管部门的综合信息来分析。同时需要确定法定投资收益率和政府补贴优惠等参数。其价格调整过程如图 5-24 所示。

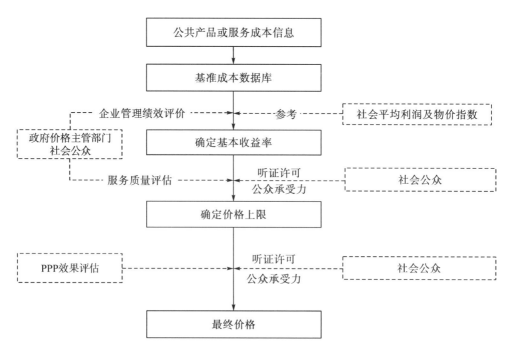

图 5-24　PPP 项目调整价格的形成

四、定价实证分析

定价主体要依据怎样的手段将定价要素组合起来并实施定价行为，是本节要解决的另一关键问题。系统科学的定价机制不仅要在内容上合理，更要在程序上规范。PPP 项目产品或服务的价格应体现定价机制的内容公正，而程序上的规范性则要依赖于科学合理的定价方式与方法。因此，定价方法是 PPP 项目定价系统中的又一重要子系统。

(一)基于效用的多目标规划模型

PPP 项目定价是一种政府、私人部门和公众都接受的最优均衡定价方法，即多目标规划定价方法。这种方法以 PPP 项目的定价目标为导向，以定价原则为规范，综合考虑定价的影响因素，能够使 PPP 项目多个定价主体的定价目标达到系统均衡，是一种非常适合 PPP 项目定价的方法。由于这种方法能够使 PPP 项目定价主体的效用都达到最优化，因此也可以称为最优效用定价法。

多目标规划模型由两个基本部分组成：①两个以上的目标函数；②若干个约束条件。模型可描述为如下形式：

$$\begin{cases} \max(\min)Z = F(\boldsymbol{X}) \\ \boldsymbol{\Phi}(\boldsymbol{X}) \leqslant \boldsymbol{G} \end{cases}$$

其中，　$\boldsymbol{X} = [x_1, x_2, \cdots, x_n]^{\mathrm{T}}$——规划决策变量向量；

　　　　$F(\boldsymbol{X}) = [f_1(x), f_2(x), \cdots, f_k(x)]$——目标函数的向量；

　　　　$\boldsymbol{\Phi}(\boldsymbol{X}) = [\phi_1(x), \phi_2(x), \cdots, \phi_m(x)]$——约束函数向量；

　　　　$\boldsymbol{G} = [g_1, g_2, \cdots, g_m]$——常数向量。

(二)PPP 项目定价机制多目标规划模型建立

1.目标函数建立

社会效益是指产品和服务对社会所产生的好的结果和影响。根据公共经济学原理，公共产品和服务产生的社会效益主要由消费者(社会公众)剩余、生产者(私人部门)剩余、负的外部效应组成。生产者剩余是指生产者出售一种商品得到的收入 $[p \times Q(p) + W]$ 减去成本(C)，即企业赚的利润。消费者剩余是指消费者为购买一种商品愿意支付的货币量 $[p_t \times Q(p)]$ 减去他实际支付量 $[p \times Q(p)]$ 的结余部分，其中，p_t 为消费者能承受的价格。负外部效应(E)，又称外部不经济，是指未能在价格中得以反映的，对交易双方之外的第三者所带来的成本，比如造纸厂会污染环境，也会给除造纸厂之外的其他人造成损失，用 E 表示公共产品或服务的负外部效应。因此，运用约束模型可建立 PPP 项目定价机制的目标函数——社会效益最大化函数，用下式表达：

$$\max S = \lambda_1[p \times Q(p) + W - C] + \lambda_2[p_t \times Q(p) - p \times Q(p)] - E \tag{5.1}$$

2.约束条件设置

(1)政府对价格的限制。

政府对公共项目公私合作的产品或服务通常有价格上限和价格下限约束,假设价格上限为 p_{max},价格下限为 p_{min},则政府的限价约束条件为

$$p_{min} \leqslant p \leqslant p_{max} \tag{5.2}$$

(2) 社会公众承受能力(支付意愿)的限制。

$$p \leqslant p_t \tag{5.3}$$

(3) 社会需求约束。

公共产品的社会需求与其价格仍存在一定的函数关系,即 $Q=Q(p)$,且 $Q'(p) \leqslant 0$,具体函数关系要视具体的产品/服务而定。一般情况下公共产品的约束条件为

$$Q_{min} \leqslant Q \leqslant Q_{max} \tag{5.4}$$

式中,Q_{min}——最低社会需求;

Q_{max}——生产者最大生产能力。

(4) 政府财政补贴约束。

一个国家或地区的财政投资能力毕竟有限,这也是 PPP 模式产生的主要原因。因此,政府在对社会公众和企业进行财政补贴和优惠时必须要考虑政府的财政能力,在预算范围内进行合理的补贴和优惠,以提高合作效率。

$$0 \leqslant W \leqslant W_0 \tag{5.5}$$

(5) 企业合理盈利约束。

公共产品或服务由于具有公益性质,其必然要求企业的盈利是在合理的区间 $[a, b]$ 内,而不是像一般的市场产品那样,单纯的由市场决定其盈利。

$$a \leqslant p \times Q + W - C \leqslant b \tag{5.6}$$

3. PPP 项目中产品或服务的定价的多目标规划模型

目标函数:

$$\max S = \lambda_1 [p \times Q(p) + W - C] + \lambda_2 [p_t \times Q(p) - p \times Q(p)] - E$$

约束条件:

$$\begin{cases} p_{min} \leqslant p \leqslant p_{max}; \\ p \leqslant p_t; \\ Q_{min} \leqslant Q \leqslant Q_{max}; \\ 0 \leqslant W \leqslant W_0; \\ a \leqslant p \times Q + W - C \leqslant b \end{cases}$$

五、定价机制思考

PPP 定价机制既体现了公共产品价值的货币表现形式,关系到各参与方的经济利益与风险的分担,又是公共项目产权与成本效益管理机制运行的核心,是保障 PPP 项目成功的重要条件。没有合理的价格形成机制,公私合作机制就无从发挥作用。因此,实施公共项目公私合作必须建立科学、合理、有效的公共项目定价机制。

(一)组织结构

基于已有的分析，将 PPP 项目定价系统的组织结构设置为既有横向又有竖向的矩阵式组织结构，如图 5-25 所示，通过要素间的相互作用把要素联系在一起，共同支持 PPP 项目定价机制的运行。

(1)各主体在定价各阶段都要遵循一定的原则来执行定价行为，这些原则共同构成 PPP 项目空间定价系统的边界。

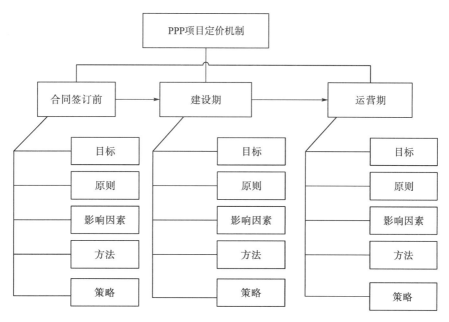

图 5-25　PPP 项目定价系统组织结构

(2)价格制定的影响因素在 PPP 项目定价各阶段子系统中发挥其自身的协调作用。

(3)PPP 定价策略是定价方法正确运用的有力保障，只有将三个阶段的相关机制设计完善并严格按其执行，才能保证 PPP 项目定价方法的系统功能充分发挥、资源得到最有效配置，最终的价格才能体现 PPP 项目定价系统的优势。

(二)成本激励与表露机制设计

在 PPP 项目产品或服务价格确定以及调整的博弈中，定价主体之间面临着生产成本信息不对称[①]的难题，信息不对称导致价格信号失灵，难以反映合作主体和社会公众的需求或偏好，而激励相容是优化定价机制的有效途径(曾军平等，2009)。激励相容的成本控制和显示机制要求在 PPP 项目产品或服务价格形成过程中，明确规定成本构成及其标准，规范价外加价或其他收费行为，条件成熟时按时向社会公布各行业的平均成本，以维护社会公众利益。PPP 项目的成本激励与显示是全过程的系统管理。PPP 项目的价格管制者通

---

① 信息不对称理论是指在市场经济活动中，各类人员对有关信息的掌握程度不同。对信息掌握程度较大的人员，往往处于比较有利的地位，而对信息掌握程度很小的人员，则处于比较不利的地位。

过成本激励政策促使私人部门努力降低成本，提高生产效率，以实现资源的最优配置，减少资源浪费。主要有以下策略：

(1) 慎重选择合作伙伴。合作伙伴的选择是 PPP 项目建立的首项内容，它是一个相互选择的双向过程，不仅是公共部门选择私人合作伙伴，私人部门在进行投标决策时以及决策前也要从长远利益出发，仔细选择投资项目。私人部门要认真考虑自身企业的资质与能力水平，结合项目的特点，合理评估合作与项目运营风险，否则盲目投标可能给企业带来得不偿失甚至两败俱伤的后果，最终导致项目失败和资源的浪费。公共部门在接到企业的投标书后，坚持公开、公平和公正的原则，明确准入条件，严格审查私人投标部门的资质和能力水平、信誉情况等，对投标报价进行严格核算与考察，确保其真实有效性。

(2) 制定严密的 PPP 项目合作协议与合同。PPP 项目的合同结构相当复杂，合作各方在招投标和确定中标单位并签订合作协议的过程中，要通过谈判确定合理的特许权期限、产品或服务的质量标准、定价方法和标准、协议双方的责权利、履约担保、监督机制和违约责任等。定价的方法和标准要有利于企业主动降低成本，提高劳动生产效率。

(3) 建立 PPP 项目成本指标体系基础数据库。PPP 项目的成本指标要有章可循，有证可查。完善 PPP 项目建设与运行服务定额与标准，建立 PPP 项目运行与服务成本指标体系，包括成本构成、成本指标的解释、成本指标的核定标准、定价成本核算表等内容(刘长翠等，2011)。按照图 5-26 的路径制定 PPP 项目定价成本指标体系，并结合环境变化及时更新成本数据。

(4) 在 PPP 项目建设过程中强化财务管理和审计监督，严格控制投资支出，严肃财经纪律。建立行之有效的内部结算控制制度，所有 PPP 项目建设资金必须纳入财务统一核算；专款专用，对挪用、截留等侵蚀建设资金的行为坚决予以纠正，对违纪违规数额巨大的单位和个人从严查处并予以曝光。

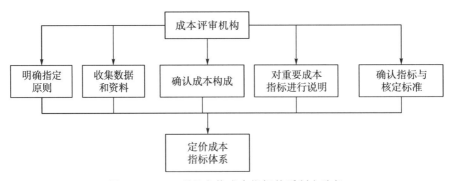

图 5-26   PPP 项目定价成本指标体系制定路径

(三)定价机制的运行规律

PPP 项目定价系统思考尤其表现在定价全过程的考虑和定价要素的相互关联的综合考虑。它依赖于公私两个部门的相互合作，通过有效的信息交流，及早考虑项目定价全过程的所有因素，尽快发现并解决问题，最终使定价工作协调一致。PPP 项目定价机制的运行规律如图 5-27 和图 5-28 所示。

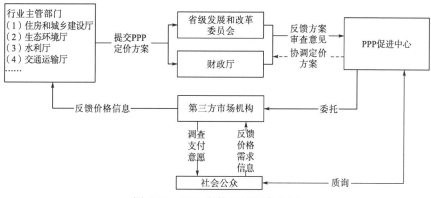

图 5-27 PPP 定价反馈协商机制

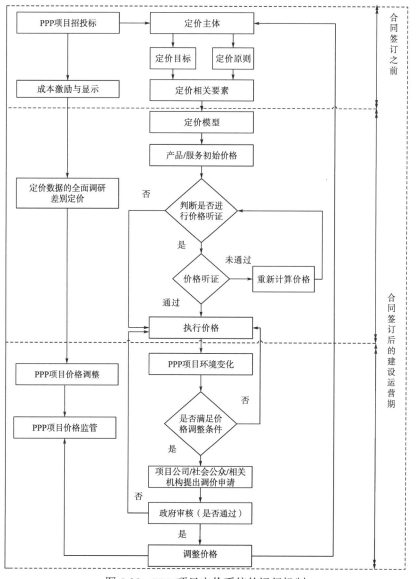

图 5-28 PPP 项目定价系统的运行机制

第五节　PPP模式激励机制创新

　　激励本质上是一种公共政策安排，其核心目的是解除信息不对称，降低机会主义行为风险，激励社会资本投资者在追求自身利益的同时能够达到政府的公共利益目标，从而提高合作效率和合作公平性。

一、激励机制的必要性

　　PPP伙伴关系的建立意味着一个新的利益与风险分配格局的形成。公私合作模式的成功开展离不开公私合作双方合理的风险分担和利益共享机制，而激励机制是公共部门和私人部门在合作过程中利益分配的重要组成部分。由于公共项目的公益性目的，其盈利能力不能通过市场调节，因此政府往往在特许经营期通过一定的财政转移支付改善公共项目的盈利能力，从而达到激励的目的。因此，本研究假设在激励机制作用中，主要是通过政府的转移支付条款，提高私人部门收益的方式，促进公私合作的效率。但是激励机制不仅仅局限于通过利益分配的方式发挥作用，因为经济学研究中的声誉模型进一步扩展了激励的作用方式，进一步完善了激励体系。

　　在保证社会效益的前提下，政府采取各种转移支付政策维持企业的正常运营。转移支付机制是政府实施的利益返还机制，可以实现公共项目正外部效应的内部化。科学合理的激励机制的建立可以避免政府在项目建设资金缺乏的背景下，为加快基础设施的建设而不合理地承诺过多的转移支付，最终导致负担过重而出现合作失败的情况。

　　除了因为公共项目的公益性比较强所引致的经济效益比较低而必须实施激励政策外，实施激励政策的经济学基础是信息不对称理论。委托代理关系的多样性，形成信息不对称性，影响了合作效率。传统模式下，政府与公众之间的关系是单一委托代理关系，公私合作新模式却存在着政府-公众、政府-企业、公众-企业的多样代理关系。由于参与各方的目标差异性存在，极容易产生信息强势者的道德风险。公私合作模式的"双层"委托代理关系，即第一层次是公众作为国有资产的所有者将其资产委托给政府进行管理；第二层是政府作为委托人将资产委托给私营合作者。政府和企业为了满足公众的公共产品需求，实施经营产权转移，导致政府和公众无法获得企业经营成本、经营效益等信息，处于信息的弱势地位。在此情况下，政府(代理人)和公众(委托人)之间存在严重的关于公共产品供给成本方面的信息不对称。由于无法获得完全的信息，社会资本投资者根据自身利益最大化做出的决策，可能与政府的目标不一致或甚至相反，因此解除信息不对称是政府必须实施激励机制的根本原因。

　　通过以上分析，可知激励机制首先应该关注私营合作者在特许经营期内的收益，保证其收益的合理性，即通过激励实现 $NPV \geqslant NPV_{min}$，具体的激励作用如图5-29所示，其中NPV，即net present value，称为净现值；TO表示特许经营期；TC表示建设期；TE表示项目的经济寿命。其次，应该建立保证社会资本投资者持续合作积极性的转移支付机制以弥补信息不对称所造成的效率损失。

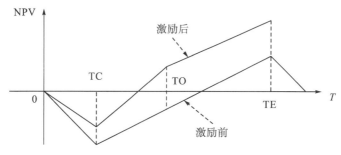

图 5-29　激励对公共项目外部性的改善

二、委托代理模型分析

假设政府实施激励的手段仅仅是采用利益分配的方式，即将合同的利益分配条款简化为一次性的转移支付，即社会资本投资者的收益为 $\mathrm{RE}(a,\varepsilon)=m$，其中 $a(0\leq a\leq 1)$ 为社会资本投资者的努力程度，ε 代表随机因素的干扰，m 代表政府给予社会资本投资者的激励额度。社会资本投资者的努力程度为 $a(0\leq a\leq 1)$，主要指社会资本投资者在以下两个方面的努力：①投资积极性，即社会资本投资者通过追加投资，提升公共项目的服务水平，拓展盈利能力；②提升自身的管理能力，降低运营成本，通过企业自身管理流程、管理理念的改进实现成本优化。社会资本投资者需要承担风险，即随着努力程度的增加，社会资本投资者付出一定的投资或者成本，即 $C(a,\varepsilon)$ 满足

$$\begin{cases} \dfrac{\partial C(a,\varepsilon)}{\partial a}>0 \\[2mm] \dfrac{\partial^2 C(a,\varepsilon)}{\partial^2 a}>0 \end{cases}$$

社会资本投资者的努力同样对政府的收益影响巨大，政府的收益包括投资回报、基础设施条件的改善、公众满意度的增加、政府公信力的提升等。假设政府的收益函数为 $\mathrm{RG}=\mathrm{RG}(a,\varepsilon)$，且函数满足

$$\begin{cases} \dfrac{\partial \mathrm{RG}(a,\varepsilon)}{\partial a}>0 \\[2mm] \dfrac{\partial^2 \mathrm{RG}(a,\varepsilon)}{\partial^2 a}>0 \end{cases}$$

这里的政府的收益函数并不代表其最终的收益，因为其中一部分将以经济收益 m 的形式转移给社会资本投资者，作为社会资本投资者收益。

(一)政府激励的道德风险分析

目前，政府在利益分担机制上，一般通过承诺固定投资回报率的方式实施。即采用固定转移支付的方式保证私营合作者的 $\mathrm{NPV}\geq \mathrm{NPV}_{\min}$，最终实现社会资本投资者的收益为 $m=C(a,\varepsilon)+\mu_0$，其中 μ_0 为政府的转移支付额度，保证社会资本投资者的效用（王晓州，

2004）。如图 5-30 所示，按照政府利益最大化原则，政府收益在 a_2 处达到最大。然而通过固定转移支付模式（μ_0）虽然保证了社会资本投资者合理的投资收益，但是使得社会资本投资者享受不到积极投资带来的绝大多数收益，尤其是社会经济效益的增长，因为公共项目本身的正外部性是不可忽视的。

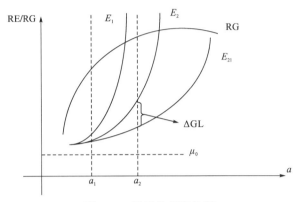

图 5-30   激励的额度分析

进一步分析可以发现，社会资本投资者的积极性取决于其自身的投资主动性，虽然政府可以通过竞争机制（如前期的招投标过程和谈判阶段）选择一个具有竞争力的承包商作为项目的社会资本投资者（如 E_2 优于 E_1），但是不能保证 E_2 在合作过程中始终处于 a_2；而且在合作期间，E_2 企业可能真实的成本曲线是 $C_{21}(a,\varepsilon)$，但是其释放的成本信息却表明处于 $C_2(a,\varepsilon)$，这样政府将多支付 $\Delta\mathrm{GL} = C_2(a,\varepsilon) - C_{21}(a,\varepsilon) > 0$，从而导致社会资本投资者的道德风险问题。

公私合作模式是一种基于项目建设和运营而建立的伙伴关系，这种伙伴关系的有效建立仅仅靠契约实现利益的让渡和风险的转移是不够的，更需要政府持续保持监督机制，以保证这种伙伴关系的透明和公平。目前政府在选择公私合作模式时，往往回避与社会资本投资者的关系，尤其是当社会资本投资者是私营企业时，部分地方政府错误地认为公私合作模式是一种单纯的工程交易，是一种一次性的特许权转让。即使在合同签订以后，在特许经营期内社会资本投资者也需要政府的参与。政府的参与不仅仅限于风险的应对、利益的分担，更重要的是政府在审计方面持续跟进，代表公众监督社会资本投资者的运营表现。建立相应的信息公开机制，保证项目建设和运营信息的及时公开、有效，让社会资本投资者的行为得到公私合作各主体的监督，通过这种方式促进监督主体的多样化，降低政府的监督成本。

（二）政府激励中的逆向选择

由于社会资本投资者的成本状态和其自身的效率水平以及努力程度存在很大的相关性，假设高效率的社会资本投资者的成本为 $C_2(a)$，低效率的社会资本投资者的成本为 $C_{21}(a)$。由于信息不对称，存在高效率社会资本投资者和低效率社会资本投资者之间的相互伪装问题，即产生逆向选择。由于激励机制的最终目的是最大化政府的收益（公共利益），政府需要针对不同类型的社会资本投资者实施不同的激励。在本节分析中将以上假设的部分函数具体化，其中成本函数 $C(a,\varepsilon)$ 简化为 $\dfrac{1}{2}ba^2$（b 为成本系数，b 大于 0；b 越大，同

样的努力 a 带来的负效用越大），即 E_2 的成本函数为 $C_2(a) = \dfrac{1}{2}\bar{b}a^2$，$E_{21}$ 的成本函数为

$C_{21}(a) = \dfrac{1}{2}\underline{b}a^2$，政府的收益函数为 RG。

1. 完全信息条件下的激励机制

在完全信息条件下，由于政府在特许经营期的任何时间都确切地知道社会资本投资者所处的状态，即确定其成本函数是 $C_2(a)$ 还是 $C_{21}(a)$。那么政府就可以根据社会资本投资者的具体类型制定最佳激励水平，以保证社会资本投资者处于最佳努力水平。

政府给予社会资本投资者的转移支付为 m，则在完全信息条件下 $U_{21} = \underline{m} - \dfrac{1}{2}\underline{b}a_{21}^2$，

$U_2 = \bar{m} - \dfrac{1}{2}\bar{b}a_2^2$，其中 U 代表社会资本投资者的效用函数。按照 $RG'(a_{21}) = C_{21}'(a_{21}) = \underline{b}a_{21}$ 和

$RG'(a_2) = C_2'(a_2) = \underline{b}a_2$ 的原则，得出两种社会资本投资者的最佳状态分别为 a_2^* 和 a_{21}^*。为了保证社会资本投资者最基本的效用需求，假设社会资本投资者获得的效用必须满足

$$\begin{cases} U_2 \geqslant \mu_0 \\ U_{21} \geqslant \mu_0 \end{cases}$$

则此时政府的转移支付为

$$\begin{cases} \underline{m}^* = \dfrac{1}{2}\underline{b}a_{21}^{*2} + \mu_0 \\ \bar{m}^* = \dfrac{1}{2}\bar{b}a_2^{*2} + \mu_0 \end{cases}$$

即社会资本投资者虽属于不同的类型，其转移支付的额度均是保证 $U=0$，即社会资本投资者的效用为零。因此，在完全信息条件下政府会根据社会资本投资者的不同类型选择适合的契约类型，当私营合作者处于 E_2 类型时选择 $\bar{m}$，当私营合作者处于 E_{21} 时，选择 $\underline{m}$。在两种契约下，私营合作者的效用均为 μ_0。

2. 不完全信息条件下的激励转移支付

在不完全信息条件下，由于政府不确定社会资本投资者的具体类型，因此设社会资本投资者以概率 p 处于 E_{21}，概率 $(1-p)$ 处于状态 E_2。则政府效用函数可表达为

$$p\left[RG(a_{21}) - \underline{m}\right] + (1-p)\left[RG(a_2) - \bar{m}\right] = p\left[RG(a_{21}) - \dfrac{1}{2}\underline{b}a_{21}^2\right] + (1-p)\left[RG(a_2) - \dfrac{1}{2}\bar{b}a_2^2\right]$$
$$- \left[pU_{21} + (1-p)U_2\right]$$

因此，在不完全信息条件下的规划问题变为

$$\max_{\{(U_2,a_2),(U_{21},a_{21})\}} p\left[RG(a_{21}) - \dfrac{1}{2}\underline{b}a_{21}^2\right] + (1-p)\left[RG(a_2) - \dfrac{1}{2}\bar{b}a_2^2\right] - \left[pU_{21} + (1-p)U_2\right]$$

s.t. $\quad U_{21} \geqslant U_2 + \dfrac{1}{2}\Delta b a_2^2$ （5.7）

$\quad U_2 \geqslant U_{21} - \dfrac{1}{2}\Delta b a_{21}^2$ （5.8）

$\quad U_2 \geqslant \mu_0$ （5.9）

$\quad U_{21} \geqslant \mu_0$ （5.10）

其中，式(5.7)和式(5.8)为激励相容约束。式(5.7)保证高效率的社会资本投资者不会选择低效率的生产方式，因为选择 a_{21}，社会资本投资者 E_{21} 可以获得 $\frac{1}{2}\Delta ba_2^2$，因此要使得 E_{21} 主动选择 a_{21}，而不是 a_2，就必须多支付 $\frac{1}{2}\Delta ba_2^2$，即信息成本。式(5.8)是保证低效率的社会资本投资者不会选择高效率的生产方式，事实上，式(5.8)是没必要的，因为社会资本投资者 E_2 不会主动选择 a_{21} 进行生产，因为选择 a_{21} 将使得社会资本投资者的效用降低 $\frac{1}{2}\Delta ba_{21}^2$。同时，通过式(5.9)、式(5.7)可以直接推导得出式(5.10)，即 $U_{21} \geqslant U_2 + \frac{1}{2}\Delta ba_2^2 \geqslant 0$。式(5.7)和式(5.9)必须是紧的(闫辉等，2011)，即要想使政府的收益最大化，必须使

$$U_{21} = U_2 + \frac{1}{2}\Delta ba_2^2 \tag{5.11}$$

$$U_2 = \mu_0 \tag{5.12}$$

将式(5.11)和式(5.12)代入原规划问题得出：

$$\max_{\{(U_2,a_2),(U_{21},a_{21})\}} p\left[\mathrm{RG}(a_{21}) - \frac{1}{2}\underline{b}a_{21}^2\right] + (1-p)\left[\mathrm{RG}(a_2) - \frac{1}{2}\overline{b}a_2^2\right] - \left[pU_{21} + (1-p)U_2\right]$$

$$= p\left[\mathrm{RG}(a_{21}) - \frac{1}{2}\underline{b}a_{21}^2\right] + (1-p)\left[\mathrm{RG}(a_2) - \frac{1}{2}\underline{b}a_2^2\right] - \mu_0 p \frac{1}{2}\Delta ba_2^2$$

(1) 对 a_2 求导得 $(1-p)\left[\mathrm{RG}'(a_2) - \overline{b}a_2\right] = p\Delta ba_2$，根据 $\mathrm{RG}'(a_2^*) = C_2'(a_2^*) = \underline{b}a_2^*$ 以及 $\frac{\mathrm{dRG}(a)}{\mathrm{d}a} > 0$ 和 $\frac{\mathrm{d}^2\mathrm{RG}(a)}{\mathrm{d}^2 a} < 0$，得 $a_2^\# < a_2^*$，即为了使政府收益最大化，对于 E_2 类型的社会资本投资者，其最佳的努力程度$\left(a_2^\#\right)$应该低于完全信息条件下的努力程度$\left(a_2^*\right)$。此时政府的转移支付额度为 $\overline{m}^\# = \mu_0 + \frac{1}{2}\overline{b}a_2^{\#2} < \overline{m}^* = \mu_0 + \frac{1}{2}\overline{b}a_2^{*2}$。

(2) 对 a_{21} 求导得 $\mathrm{RG}'(a_{21}) - \underline{b}a_{21} = 0$，与完全信息条件下的情况完全一样，推寻可得 $a_{21}^\# = a_{21}^*$，即在不完全信息条件下，对于 E_{21} 类型的社会资本投资者，最佳努力程度$\left(a_2^\#\right)$与 a_2^* 相等，政府的转移支付额度为 $\underline{m}^\# = \mu_0 + \frac{1}{2}\overline{b}a_{21}^{\#2} + \frac{1}{2}\Delta ba_2^{\#2}$。

在完全信息条件假设下，不存在激励性转移支付的问题，因为政府掌握了足够的信息，可以了解社会资本投资者的行为。在这种情况下，政府可以通过招投标过程选择最佳的社会资本投资者，通过完全信息条件下的分析可以发现，政府应该在招投标过程中选择 E_{21} 而不是 E_2，在特许经营期内选择转移支付额度 $\underline{m}$，以保证政府效益的最大化，在特许权合作期内社会资本投资者的效益为 μ_0。此时保留效用是最小值，这是由竞争机制决定的，如图 5-31 所示。

在不完全信息条件下，政府需要额外的转移支付以激励社会资本投资者达到最佳的努力水平。通过不完全信息条件下的分析可知：$a_{21}^\# = a_{21}^*$，$a_2^\# = a_2^*$，$\overline{m}^\# = \mu_0 + \frac{1}{2}\overline{b}a_2^{\#2}$，$\underline{m}^\# = \mu_0 + \frac{1}{2}\overline{b}a_{21}^{\#2} + \frac{1}{2}\Delta ba_2^{\#2}$。①在不完全信息条件下，激励性转移支付应充分考虑社会资本

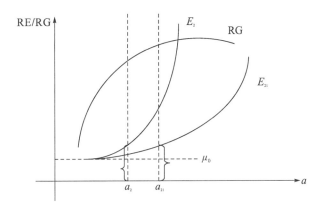

图 5-31　完全信息条件下的转移支付机制

投资者的经营成本和最佳努力程度，社会资本投资者的成本越高，转移支付的程度越大，以保证至少大于保留效用（μ_0，通过竞标选择的最佳值），最佳努力程度越大转移支付的额度应该越大，这也是激励性转移支付的原则。②通过比较 $\overline{m}^{\#}$ 和 $\underline{m}^{\#}$ 可知，激励性转移支付应该根据实际社会资本投资者的不同类型制定不同的激励标准，如果社会资本投资者处于较高效率状态（即社会资本投资者 E_{21}），那么激励性转移支付应为 $\frac{1}{2}\Delta \overline{b} a_2^{\#2}$；如果社会资本投资者处于低效率状态（即社会资本投资者 E_2），政府的转移支付将会下降 $\left(\frac{1}{2}\overline{b} a_2^{*2}-\frac{1}{2}\overline{b} a_2^{\#2}\right)$，其值大于0，即激励性转移支付机制对于低效率的社会资本投资者是不利的，甚至在这种状态下激励性转移支付变成了一种惩罚机制，如图 5-32 所示。

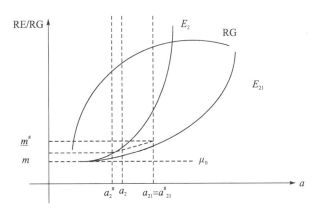

图 5-32　不完全信息条件下的转移支付机制

　　根据分析得到以下结论：①公私合作伙伴关系是 PPP 项目激励机制的基点，这种伙伴关系的有效建立仅仅靠契约实现利益的让渡和风险的转移是不够的，需要政府持续保持监督机制，以保证这种伙伴关系的透明和公平。②激励策略、类型或额度与私人部门的努力程度密切相关。如对运营期的价格调整，激励社会资本投资者积极创新风险或不确定事件的应对能力，从而降低效益损失。因此，政府或 PPP 促进中心可以制定 PPP 项目效果评价机制，定期评估项目运营效果，并把评估效果和价格或补贴等建立联系，从而激励社会资本投资者的主动创新行为。③信息公开透明是建立和实施激励机制的重要条件。在完全信息条件假设下不存在激励性补贴问题，因为政府掌握了足够的信息，可以了解社会资本投资者的行为。在这种情况下，政府可以通过招投标过程选择最佳的社会资本投资者，这是由竞争机制决定的。在不完全信息条件下，政府需要通过额外的补贴以激励社会资本投资者主动公开信息，从而降低 PPP 项目全生命周期的不确定性，实现激励的最佳效用。

三、激励主体与客体

激励主体是制定激励机制并推动实施的责任主体，政府是激励主体，但是从具体的责任主体细化方面考虑，可以在已有政府公共项目参与主体的基础上，设立一个独立的 PPP 管理中心，作为承担政府部门角色的激励主体。这个独立的 PPP 管理中心是专门针对公私合作模式而设立的，所以公私合作中的政府部门就是 PPP 管理中心。此外，在激励的纵向层次分析中指出，在公私合作的建设运营阶段需要政府主体制定绩效考核目标，监督主体监督运营方案实施，考核主体确定实施结果。在政府设立独立 PPP 管理机构的前提下，制定绩效考核目标和考核实施结果的职责应由 PPP 管理中心承担；监督运营方案实施的责任主体不仅包括 PPP 管理中心，还包括传统的监管部门，主要指投资主管机构、建设部门、审计部门和财政部门等。

在设立 PPP 管理中心的前提下，激励主体的结构如图 5-33 所示。在激励机制方面，PPP

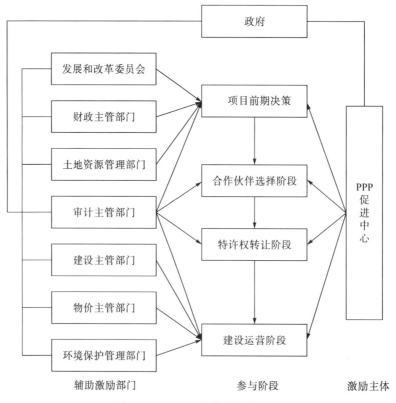

图 5-33　公私合作激励主体设置

管理中心是政府部门的代表，在公私合作不同阶段履行对应激励机制规定的职责，承担运营阶段激励政策制定、实施和调整的角色。在传统监管部门的配合下，负责监督项目实施过程中私营合作者的行为，分阶段制定具体的绩效考核目标并考核。传统监督机构的主要职责是根据责任分配推进项目发展，在各自职责范围内协助 PPP 管理中心监督各个阶段。

激励的客体是主体实施激励措施的作用对象。基于前期研究，在众多利益相关者中最重要的是政府和私营合作者(社会资本投资者)，所以激励机制的客体是社会资本投资者和运营阶段主要代表社会资本投资者利益的项目公司。社会资本投资者在激励机制中的职责是根据政府部门的激励政策实施项目，制定具体方案并接受政府监督和考核。

四、激励机制思考

(一)公私合作动态激励的设计原则

1. 运营期激励为主，建设期激励为辅

建设期激励的方式是提前将激励额度以投资的形式投入到项目中，无法建立起激励与运营期社会资本投资者绩效之间的联系，从而不利于实施激励性转移支付。相反，公私合作项目的运营期为 20～30 年，政府可以制定激励调整周期，在运营期的每个激励调整周期结束时，重新调整激励额度。因此，应该以运营期激励为主、建设期激励为辅的方式，将转移支付的大部分通过合同保证条款的形式安排在运营期。由于部分法律规定某些公共项目中国有股份必须占到总投资的一定比例，因此政府可以在建设期给予一定的补贴，分担一部分投资，这样也有利于缓解某些大型公共项目投资规模过大，使社会资本投资者负担过重的情况。

2. 激励机制与监管审计机制结合

在信息公开的基础上设立监管机制有利于获得社会资本投资者绩效的相关信息，从而可以根据监管审计的结果科学地确定激励的额度。监管和审计主要是在运营期间对项目公司的监管和审计，主要的监管和审计的内容关系到转移支付额度的成本、价格、利息、外汇等，以及其他有关公共利益方面的监管，这包括公共项目的产品质量、服务质量、公众服务满意度、公共基础设施的运营和维护、管理水平等。

3. 激励额度与绩效考核结合

根据不完全信息条件下逆向选择分析的结论，社会资本投资者在运营期内会有不同的成本状态。因此，激励机制需要与社会资本投资者的绩效建立联系，使补贴额度是社会资本投资者各个考核周期的绩效考核结果的函数。当处于高效率状态时，实施 $\underline{m}^{\#} = \mu_0 + \frac{1}{2}\bar{b}a_{21}^{\#2} + \frac{1}{2}\Delta ba_2^{\#2}$；反之，实施 $\underline{m}^{\#} = \mu_0 + \frac{1}{2}\bar{b}a_2^{\#2}$。激励额度与各个时期的绩效建立联系有利于避免在补贴一次性投入之后所导致的社会资本投资者积极性下降的情况，使合作各方在整个合作期间始终存在危机意识并意识到积极合作将促成较高的补贴预期，从而在整个合作期内保持较高的努力程度，达到激励的目的。

(二)转移支付的作用过程

1.合作谈判阶段

政府首先要进行项目激励额度的评价和测算，从而确定政府采用公私合作模式建设公共项目的可行性。在确定激励额度前，政府需要考虑以下主要因素：①与社会资本投资者谈判确定的投资收益率，通过竞争性谈判过程，政府可以选择较低的投资收益率回报要求；②项目谈判确定的风险分担原则，将转移支付原则与风险承担水平相适应；③公共项目合作期间的公共需求能力、原材料需求和管理费用等的预测。考虑以上因素有利于政府评价项目的盈利能力，从而可以确定为了保证社会资本投资者的合理投资回报（μ_0）需要实施的补贴额度。相应的政府激励的评价主要是通过计算社会资本投资者的净现值的方式进行，即 $NPV \geqslant NPV_{min}$；同时，为了确保社会资本投资者不因项目产品需求量的变化而获得超额利润(王东波等，2010)，有研究进一步优化了转移支付方案，以保证 $NPV_{min} \leqslant NPV \leqslant NPV_{max}$。

其次，政府需要与社会资本投资者通过谈判过程确定转移支付实施方案，这包括建设期和运营期激励各自所占的比例和具体的转移支付方式。在确定了不同时期的激励额度和具体的实施方式后，将其在政府与社会资本投资者的特许经营合同中通过保证条款的形式确定下来，相应的保证条款有限制竞争条款、主权豁免、土地使用优惠政策、投资回报保证、需求量保证、价格变更程序、税收优惠和外汇保证等。

2.建设与运营阶段

在项目的运营阶段，需要建立与政府转移支付核算、监督审计和信息公开相适应的动态运营过程，需要政府公共项目管理部门联合监督部门、审计部门和社会资本投资者同时参与。

(1)政府制定绩效考核目标和转移支付方案等。

绩效考核目标是确定目前社会资本投资者管理的项目公司的类型，即 E_2 或者 E_{21}。绩效考核目标根据上一个审计期社会资本投资者的绩效表现进行动态调整。在确定了政府的绩效考核目标之后，根据考核目标建立激励方案和激励实施标准。当社会资本投资者处于 E_2 时，则激励额度为 $\underline{m}^{\#} = \mu_0 + \frac{1}{2}\bar{b}a_{21}^{\#2} + \frac{1}{2}\Delta ba_2^{\#2}$；当社会资本投资者处于 E_{21} 时，则激励额度为 $\overline{m}^{\#} = \mu_0 + \frac{1}{2}\bar{b}a_2^{\#2}$。

(2)社会资本投资者制定运营方案并实施。

社会资本投资者根据政府的转移支付实施方案和标准制定运营方案计划并实施。在不完全信息条件下，逆向选择和道德风险主要发生在此阶段，社会资本投资者会以自身利益最大化为目标制定合理的运营计划，即选择自身的努力程度 a。

(3)根据考核结果实施激励方案。

政府公共部门联合监督审计部门的考核结果，按照预先制定的激励实施标准实施激励性转移支付。激励的实施以及考核结果需要反馈到建立绩效考核目标和激励方案阶段，作为下一阶段考核目标和激励方案制定的重要参考，详见图5-34和图5-35。

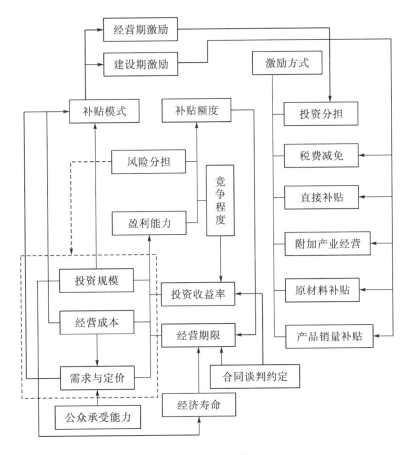

图 5-34 激励实施方式的确定过程

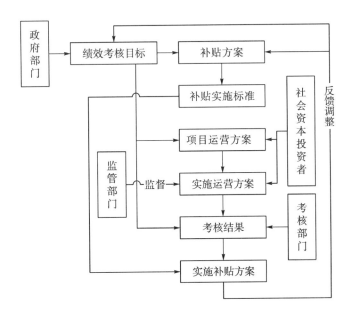

图 5-35 动态激励的实施过程

（三）激励程序

激励流程设计就是综合考虑以逆向选择为代表的事前机会主义行为和以道德风险为代表的事后机会主义行为，分别对伙伴选择阶段、特许权转让阶段和建设运营阶段进行分析，从而构建公私合作全过程的激励运作流程，如图 5-36 所示。

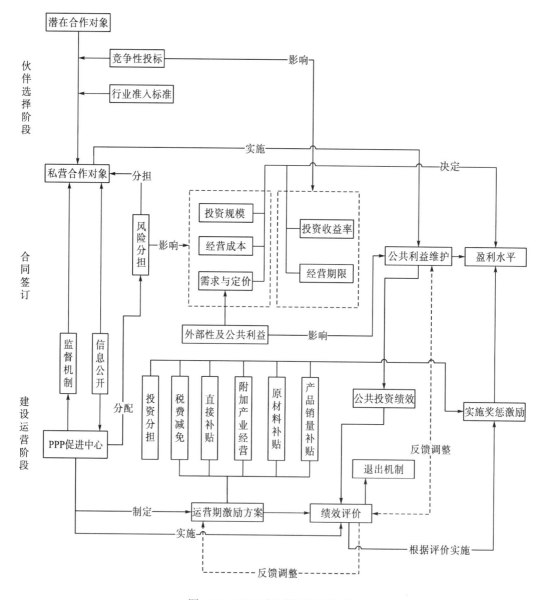

图 5-36   PPP 项目激励机制构建

（1）在社会资本投资者选择阶段，竞争机制是激励的重点，政府在此阶段中的激励措施主要为环境层激励和政策层激励。如图 5-36 所示，政府通过竞争性投标过程选择社会资本投资者,政府建立行业准入标准制度将对私营合作者的信誉等起到隐性激励的因素纳入标准体系中,此外,投标的竞争性是否充分将会影响到社会资本投资者在公私合作中要求的投资收益率和经营期限等合同条款,所以竞争程度高有利于政府选择要求最低投资收益率和最少经营期限的私营合作者。

(2)在确定社会资本投资者之后,公私合作进入特许权移交阶段,此阶段在签订特许权移交合同时要合理地分配双方的风险,建立风险分担激励机制。通过风险可能导致的剩余索取权实施激励,其次根据维护公共利益方面的投资额度和绩效实施奖励与惩罚激励。如图 5-36 所示,项目的外部性及公共利益要求决定了公共利益投资方面的额度,奖励与惩罚激励主要是以税费减免、经营期延长或缩短、产品价格补贴等具体的合同层措施为主。

(3)最后,在建设运营期,激励的重点是划分不同的考核阶段定期实施考核,根据各考核期的考核结果实施奖励与惩罚措施的调整,必要时提前进入退出程序。考核的主要标准是各个考核期公共利益取得的成果,划分考核阶段的方式强化了社会资本投资者的表现与激励额度之间的关系,因此私营合作者会更加注重公共利益的维护。由于运营期要远远长于建设期,而且运营期是实现公共利益的主要阶段,所以运营期将是激励的重点阶段。整个过程尤其是建设运营期要加强监督力度并保证信息公开。

总之,通过对 PPP 机制的理论研究、案例分析和实际机制设置,我们对 PPP 机制有了更进一步认识,即 PPP 机制遵循"3E+P"的原则,是政府实施的具备普遍规律性和重复性的制度与工作。

本 章 小 结

通过分析我国公共项目建设管理的发展历程,梳理 PPP 的现状及相关问题,提出了构建我国 PPP 机制的重要性。在剖析英国典型 PPP 机制和我国香港地区 PPP 机制的基础上,借鉴机制优势,充分考虑我国中央及地方政府管理特点,指出完备的法律体系是 PPP 的基础,伙伴关系是 PPP 机制的立足点,为设计地区 PPP 机制提供了理论依据。本章得到的研究成果是:①建设性地提出了政府 PPP 机构设置,构建了创新型的政府 PPP 专业化机构设置、运行机制和机构职能思考;②基于伙伴关系理论和市场配置资源,构筑了 PPP 主体和客体市场准入与退出机制、招投标程序和相关指标;③基于 PPP 主体与客体的关系,解析了 PPP 定价与协调原则、标准和流程,定价机制的要素、方法以及方式,激励主体与客体等,构建了西部地区 PPP 运行机制,可为西部地区 PPP 项目指南框架设置提供分析基础。

第六章　PPP 项目政府伙伴治理机制研究

　　科学、系统和有效地建设公共项目公私合作(PPP)机制和制度环境是地方社会经济可持续发展的引擎。政府公共项目政策体系是 PPP 治理机制和治理能力综合着力的结果。本章在 PPP 合作伙伴关系理论指引下,分析伙伴关系存在的风险和利益冲突,进一步提出伙伴关系的"3E+P"原则,其落脚点是"政府是推动 PPP 制度和机制的实施主体"。注重科学定位,强调和谐关系、合作效益、合作效果和合作效率的结合,构筑以公私伙伴关系价值为导向的全过程平等、协商和协同的合作管理模式。创新政府与社会资本投资人合作的责任和诚信、政策和治理机制,是提升 PPP 合作质量和合作价值的途径。

第一节　PPP 合作伙伴关系实现与维系

一、伙伴关系风险

　　在前面相关章节中,对国内外 PPP 的研究与实践规律进行了回顾、剖析和推论,从 PPP 的概念与本质、伙伴关系的内涵与外延理论分析、案例剖析等方面,给出了合作伙伴运行机制的结构与运行的探索性结论,由于政府与社会资本投资者伙伴关系存在风险和利益冲突,必然与政府治理体系和治理能力之间存在联系,因而有必要进一步讨论政府伙伴关系治理的前提。

(一)PPP 模式特征

　　PPP 模式与传统融资模式的区别主要包括:

　　(1)正向效应。创新全社会经济资源配置方式、优化公共财政投资绩效、有效提供公共产品或服务、全面推进政府公共投资管理改革。

　　(2)利益关系。公私双方形成合作体,由于目标不同、意愿差异、利益要求、分配要求等,形成了多层次、多结构和多类型的利益关系。

　　(3)合作类型。目前,实施的 PPP 模式是广义的 PPP 项目,其实 PPP 存在各种合作类型,例如 BOT、BOO、PPP、TOT 等,因此自然就有合作类型的复杂性。

　　(4)契约类型。政府与社会资本投资者合作是关系性契约,约定双方经济利益关系、风险关系、产权关系、协同关系和资产关系等。

　　(5)管理责任。一方面,政府内部存在多层次的公共管理部门,需要承担职能管理、分权管理、协调管理和集约管理等责任；另一方面，政府外部面临着公众利益、社会利益和市场利益等责任。

（6）技术管理。政府与社会资本投资者合作是面对不同行业、产业或部门的基础设施和公用事业设施公共项目，例如交通领域的铁路、公路、地铁等，环保领域的水污染治理、城市垃圾发电等，农业水利领域的水库、灌溉等，市政领域的管道、路灯、停车场等。

（7）影响因素多元化，主要有经济结构、金融、税收、技术、知识、政策等。

因此，面对 PPP 项目各类风险因素，无论是政府还是社会资本投资者都面临着挑战，这些挑战并不是单个主体能够解决的。

（二）政府风险

PPP 模式在世界各国的发展并非一致，近年来，私人部门在公共基础设施领域的投资有所减少。根据世界银行 PPP 风险与危机形态的报告，发展中国家基础设施领域的私人投资在 1997 年达到顶峰，欧洲和亚洲中部国家基础设施领域的私人投资在 2000 年达到顶峰，此后都有下降的趋势。这就为我们提出了必须关注的问题，即政府在实施 PPP 模式前应准备何种治理关系和治理机制才能促使 PPP 合作。政府实施 PPP 的主要特点包括以下几个方面：

（1）政策过度干预或排斥。公共项目中政府具有显著的政策垄断性、资产专用性和产权控制性，因而十分容易出台强制性政策，过度干预市场主体行为，例如地区的国有企业参与政策、公共项目市场排斥政策、项目产权安排政策和市场竞争政策等，影响市场配置资源的效用和功能，从而导致公共项目公私合作失灵。

（2）制度低效率。不可否认政府公共政策对市场管理的高效率，公共项目公私合作中政府既是发起者，同时也是参与者、监管者和消费者。政府作为特定的"经济人"，政府主体具有与市场经济人一致的特性，存在谋求个体效用或利益个性最大化的特征。这些特征导致政府进行公共决策的决策效用大于社会公众效用，导致公共选择政策会偏离公共目标，制度在制约或规范政府作为参与者行为方面效率低。

（3）区域垄断。因公共产品供给与需求的地区性和利益性，政府可以通过行政管理政策排斥、限定和控制竞争行为。行政规定缺乏竞争机制的另一重要因素是，公共物品的非竞争性和非排他性决定了其只能由政府部门提供，因而导致社会投资者丧失参与区域公共项目竞争的信心。

（4）信息不对称。公共项目管理领域的信息不对称主要表现在：第一，行政组织职能分散是内部信息不对称的主要原因；第二，行政职能决策与执行信息不对称，行政管理部门的制度和程序手续繁多、复杂和低效率；第三，公共项目在特许权授予、建设和运营阶段忽视与公众信息沟通、公众参与和社会监督；第四，由于公共基础设施项目投资巨大、合作周期长、行政监管不专业等问题，政府与社会投资者需要建立长期的信息沟通机制，促使合作目标实现。

（5）市场垄断竞争。政府与社会资本投资者合作提供公共产品或服务，其本质就是借助市场经济配置资源的优势，提升公共项目供给与需求最佳的匹配效率。由于我国混合经济体制的特点，国有企业保持着强势的规模、市场份额和政府政策等的优势，导致公共项目市场领域极易出现国有资本企业垄断竞争市场的现象。

总之,政府的优势主要表现在其宏观的管控能力、政策的创新能力和较大的抗风险能力上;其显著的劣势即因缺乏竞争、激励等机制所导致的政府行为的低效率和沉重的财政压力。另外,政府组织的庞大复杂所造成的信息不对称也是客观存在的。

(三)社会资本投资者的风险

(1)利己目标。社会资本投资者是 PPP 项目的投资人。社会资本投资者可能是自然人,但更多的是企业组织。市场经济的"利己性"决定了企业的基本目的是盈利。社会资本投资者和代表政府的股权投资机构合作成立 PPP 项目公司,投入股本形成项目公司的权益资本。因而社会资本投资者往往以企业利润最大化作为合作首选目标,导致在合作中放弃公共利益最大的目标,使得合作是为更多地获得市场利益,放弃公众利益,导致合作失败。

(2)专业能力。社会资本投资者的专业能力主要涉及技术、市场、信息、管理、公共事务处理和风险预防与危机处理等方面。

(3)合作协调风险。大多数社会资本投资者都具备应对市场风险的能力,但是在公共项目合作过程中,私人部门需要转换独自经营的习惯,面对政府和公众合作模式的挑战,因而,这决定了企业需要重新学习与政府和公众相协调的能力。例如,北京某水厂的水价问题,由于关系到公众利益,遭到来自公众的阻力,政府为维护社会安定和公众利益也反对涨价。

(4)合同风险。公共项目公私合作是由系列关系性合同组成的,其本质上不是纯商业性的合同。合同订立要在风险分担和利益分配方面兼顾公平与效率,而社会资本投资者往往会忽视这个关键点,因此在项目运营价格、收益和租金等方面与政府产生矛盾,导致项目谈判时间长、交易成本高,最终可能导致合作失败。

(四)PPP 项目风险

PPP 模式基础设施项目参与方众多、不确定性因素多、对环境影响大、实施周期长、经济技术风险大,并在国民经济中占重要地位。项目实施过程常受多种因素干扰,其不确定性影响时间跨度大,因此政府与社会资本投资者共同正确认识和把握项目风险(表 6-1)是十分重要的,包括:

(1)政策风险。政策风险是指地方政府的政策形式、制度环境和合作机制,经济法律变化,产生项目融资失败或损失的风险。

(2)金融风险。金融风险是指由于利率变化、汇率变化等使得银行贷款不能顺利偿还,对项目产生负面影响。金融风险主要包括货币兑换和自由汇出风险、利率风险、汇率风险和通货膨胀风险。

(3)组织风险。PPP 项目的组织层次复杂,组织体系庞大,在整个组织机构内部,会产生种种风险,不利于项目的正常生产运营。组织风险主要分为道德风险、人才缺乏风险和经营管理风险。

(4)环境风险。环境风险是指与 PPP 项目有关的所有环境问题,包括项目建设地的气候环境状况、自然灾害情况以及环境保护要求。

(5)信用风险。由于 PPP 项目是一个委托代理项目,其在实施过程中信息不能在各层级、各合作者之间顺畅流通，会导致双方信息不对称。因此，参与方的信用必须要有保证，以避免由于合作者信用问题而对自身造成风险。

(6)完工风险，完工风险是指项目完工后无法达到预期运行标准或者无法完工，或者延期完工而带来的风险。其后果非常严重，不能预期投产经营，就没有足够支付生产和偿还债务的费用，导致贷款利息增加，从而增加了项目总成本。

(7)经营风险。经营管理风险是指项目公司在项目经验管理过程中，由于经营管理者的管理水平低下，给项目带来不可预计的风险，例如监督风险、质量风险等。它们对项目的运营影响极大，直接决定项目的可操作性，因此运营过程中的风险同样导致合作危机。

表 6-1　PPP 项目风险

分类	内容
系统风险	政策风险、金融风险、法律风险
非系统风险	完工风险、经营风险、信用风险、组织风险、合同风险、环境风险

(五)PPP 项目风险化解

基础设施的 PPP 项目风险化解与利益均衡是确保基础设施项目成功的关键因素。基础设施 PPP 融资风险较为复杂，许多风险都不能采取有效的防范措施进行控制。但是，这些风险在各参与方之间的合理分配，可以有效降低 PPP 项目总体风险程度，从而确保基础设施 PPP 项目的成功运作实施。

二、伙伴关系的利益冲突

(一)政府利益要求

一般而言，政府拥有赋予或否定社会资本投资者特许经营权的权力，充分理解政府的利益要求是有效降低公私双方冲突的重要途径。

在 PPP 模式下，政府不再是仅仅以授权者、管制者、监督者、推动者、支持者等外部角色参与项目，而强调其合作者的角色。政府在具体的 PPP 项目实施过程中的作用表现在两个方面：一方面作为 PPP 项目的一个重要参与方参与项目的开发和运营，另一方面作为公众利益的代表对 PPP 项目实施规制。对于政府而言，由于其特殊的行政地位，其更注重从宏观层面上进行项目考察，更关注国民经济影响、社会影响之类的指标。通过PPP 项目融资，政府期望在不增加财政负担的条件下进行基础设施建设，将政府承受的项目风险和责任转移给社会资本投资者，可避免政府直接投资的管理机制缺陷，如投资额无法控制、产品质量无保障等。

(二)社会资本投资者利益要求

社会资本投资者是 PPP 项目的主要股东，充分理解社会资本投资者的利益要求有利于确保项目利益的成功分配。社会资本投资者参与 PPP 项目的主要动机是寻求与风险相匹配的项目收益。私人投资者通过 PPP 项目融资获取项目的投资收益且开拓新市场，以及从项目本身获得稳定的经营利润；为了维护其根本利益要求，私人投资者会寻求各种法律、政策环境方面的保护，从而产生围绕法律、政策、环境方面的利益要求。因此，政府介入和支持度高，一定程度上降低了政策和法律方面的风险及成本。

(三)政府与社会资本投资者利益冲突原因分析

在我国西部地区基础设施项目公私合作中，社会资本投资者的投资收益必定以产品或服务收入得以体现。基础设施的产品或服务的收益均来源于消费者，包括公众消费者承担或由公众消费者和政府共同承担。无论是公众消费者还是政府，都是地方政府关注的项目社会成本的组成部分。社会资本投资者希望投资收益越大越好，政府希望社会成本越低越好。因此，PPP 项目公私双方存在利益冲突的潜在危险。

我们引用囚徒困境博弈模型对 PPP 项目中政府与社会资本投资者的利益冲突进行分析。假设合作中双方积极合作可得到的收益为 3，消极合作可得到的收益为 4，一方消极合作而另一方积极合作得到的利益为 1，双方消极合作的损失为 2。用支付矩阵加以说明，见表 6-2。

表 6-2　PPP 项目合作中公私双方的博弈

社会资本投资者	政府	
	积极合作	消极合作
积极合作	3, 3	1, 4
消极合作	4, 1	2, 2

从上述支付矩阵可以看出，若社会资本投资者采取积极合作的态度，则政府的最佳反应是消极合作，这样政府的报酬是 4，大于双方同时采取积极合作态度时的报酬(政府的报酬为 3)。若社会资本投资者采取消极合作的态度，政府的反应应该还是消极合作，其报酬是 2，大于采取积极合作的报酬 1。[2, 2]是 PPP 项目公私双方博弈的 Nash 均衡，即公私双方都会选择消极合作。而[3, 3]对应的积极合作结果结构是公私双方都采取积极合作行为，即[积极合作，积极合作]。很显然，[积极合作，积极合作]是双方具有相同的积极合作类型，结果达到 Pareto 最优[①]。[2, 2]这个均衡比起[3, 3]来说，博弈双方的报酬都降低了，可见此均衡是个低效率的均衡点。这个博弈结果是 PPP 项目公私双方个体理性与集体理性发生冲突的结果，原因是无论是政府还是社会资本投资者都想利用对方的积极合作获得额外报酬，引发相互的不信任、不努力，从而导致项目严重亏损。

因此，如何协调政府与社会资本投资者关系尤为重要，即在保证 PPP 项目整体利益最大化并合理保障 PPP 项目利益相关者单方利益的条件下，尽可能减少各利益相关者偏离的程度，也就是尽可能减少图 6-1 中角 γ 的度数。

---

① Pareto 最优，即帕累托最优，是指资源分配的一种状态，在不使任何人境况变坏的情况下，不可能再使某些人的处境变好。

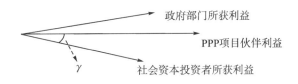

图 6-1　PPP 项目伙伴利益关系

　　PPP 项目必然在社会资本投资者利益和公共利益之间进行权衡，公私双方的利益冲突就不可避免地产生了。而冲突产生的原因，一般来说有以下两方面：

　　其一，合作伙伴目标的不一致。组成 PPP 项目的协作成员之间存在合作关系，但缺乏建立在如合资、合并、合营等关系之上的行政的或经济的控制体系，各协作成员通常只有部分目标重合，很难使所有成员的目标都完全一致。PPP 项目利益相关者可能为谋求自身利益最大化而不顾伙伴利益，最终导致项目失败。

　　其二，合作契约的不完备性。由于各成员企业所掌握的信息是不完备的，导致 PPP 项目利益相关者签订的契约往往是不完备的。契约的不完备直接导致契约各方利用不完备契约损害其他成员的利益，进而导致合作的失败。从某种意义上说，PPP 项目的执行过程就是利益相关者之间的利益冲突、协调和实现的过程。冲突的解决和共识的达成能够扩大项目成果，并使利益相关者自愿为预期成果投入。

　　通过以上分析可知，政府与社会资本投资者形成的公私合作伙伴关系，面临着风险与冲突的影响，只有正视 PPP 项目全过程问题，建立 PPP 项目的政府与社会资本投资人的合作机制体系，特别是建立政府的监管机制，才能保持合作伙伴关系动态协调、动态平衡和和谐发展。

三、伙伴关系的基础

（一）PPP 本质的严谨性

　　（1）合作伙伴关系。"伙伴关系"是由"伙伴"和"关系"组成的，前面已谈及伙伴概念，而"关系"尚未进一步明确。"关系"概念在中西方均有定论，但差异却很大。中国是十分注重人际关系的国家，"仁义礼智信"就是典型概括，其中朋友关系讲的是"信"，即诚信。中国式关系是关系与交往关系结合在一起，西方式关系(relationships)本质是独立个体在交往中形成联系，如今在中式关系的影响下，西方式关系也开始关注交往，但西方式关系没有中国式关系所注重和擅长的关系及关系网络的构建(张缨，2001)。本研究中的公私伙伴关系，从主旨对象来看是广义上的社会关系，既包含了政府之间的关系，即政府之间垂直领导、执行行政命令和协作工作的关系，也包括了市场企业之间的社会资本关系，以及政府与企业之间的横向合作关系。

　　它是从感性到理性，又从理性到实践反复循环的，从而确立了我国西部地区独特的、理性的和正式的 PPP 新经济形态中的必然联系，因此，应在西部地区公共投资实践中广泛应用政府与市场关系。20 世纪初，发达国家及国际组织沿用的"公共部门与私人部门合作",即"公私合作伙伴关系",发达国家以英国、美国、澳大利亚等为典型代表;发展中国家如泰国、印度、南非和巴西等开展了 PPP 模式实践;国际货币基金组织、亚太经济合作组织、亚洲开发银行等公共组织推荐的 PPP 模式中,更注重界定"公私合作伙伴关系",在亚洲城市发展中心的《城市基础设施项目公私合作指南》中指"共同承担风险、分享项目收益的长期伙伴"。对 PPP 的定义,无论是我国的"政府与社会资本合作"概念,还是国际通行的"公共部门与私人部门合作"概念,其本质都是科学解释和有效建立"公私合作伙伴关系",内涵是政府和市场主体共同为公众利益提供特定公共产品或服务,依据法律关系、市场关系和契约关系,共同遵守的政策原则、行为准则和逻辑规则。其外延是维系伙伴关系的市场规则与公共规则相结合的公共政策保障。其目的是实现公共利益最大,即公众福利和地区社会发展的利益最大。

(2)伙伴关系结构。PPP 是为提供公共产品或服务、实现公共项目或服务的公共效益,公共部门与私人部门建立起基于全生命周期关系型契约的合作伙伴关系,从而进行项目融资、建设和经营的管理模式。在西部地区,伙伴关系就是明晰政府建立 PPP 促进中心专业部门与国有资本、混合社会资本和国际资本的关系,结合 PPP 项目全生命周期的"米切尔评分法"利益相关者的特征(见图 6-2 和表 6-3),构成了公私合作伙伴关系类型,即契约伙伴关系、决策伙伴关系、风险伙伴关系和利益伙伴关系。

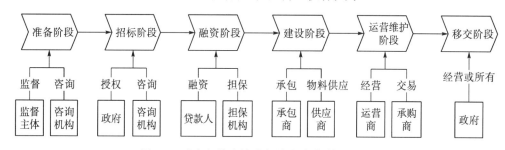

图 6-2　政府与社会资本投资人合作利益关系

资料来源:修改于本课题阶段性研究成果(2013 年)。

表 6-3　PPP 项目利益关系分类表

核心利益相关者	一般利益相关者	边缘利益相关者
政府、私人投资者	项目发起人、银行	
项目公司	承包商、经营商、供应商、担保公司等	
投资人、决策人	基础设施使用者	纳税人、社会就业

资料来源:修改于已有课题研究成果(2008 年)。

契约伙伴关系在公私双方全过程合作中通过合同或契约形式划分双方责任和义务。决策伙伴关系是公私双方依据对 PPP 项目控制权的多少以及项目建设和运营的重要性,确认合作伙伴双方分享决策的权力,并在决策过程中共同行使投融资、运营和管理的决策权力。风险伙伴关系是公私双方依据所承担的风险程度形成的,旨在改进服务效能,实现风险共担、节约成本的伙伴关系。利益伙伴关系是公私双方按各自承担的既有责任形成的,政府责任目标是公共利益最大化,私人部门的目标是取得项目经济利益最大化,PPP 项目的目标是两者效应的叠加。因此，政府的优势是能制定政策并拥有相应的权利，私人部门的优势是能进行投融资、技术先进、管理高效和市场信息丰富，政府与私人部门以优势互补的形式，在 PPP 项目中都承担着社会角色，发挥各自优势，以合约、协商、购买和联盟等各类形式组成伙伴关系。

（二）伙伴关系价值

伙伴关系价值沿用于市场营销学的理论与实践，其显著的特征是承诺、合作、信任、沟通、参与以及冲突的共同解决等(Mohr et al.，1994)，其核心是承诺、信任和满意三个维度(姚作为，2005)，对 PPP 同样具有重要的借鉴意义。

利益协调的实质是政府与社会资本投资者通过契约约定利益分配关系，保证各参与方利益不受损害。利益分配是指公共部门与项目承担单位之间、项目合作单位之间以及承包单位内部的收益分配情况，利益分配行为的主要标准是收益，主要内容有经济(economy)、效率(efficiency)、效果(effectiveness)和伙伴价值(partnership value)等四部分。

(1)经济效益是合作双方通过公共项目建设与运营取得的经济收益与运营成本的差额，是公共项目取得的财务利润的指标，构成投资经济总回报。

(2)效率可以从经济学、管理学、社会学等不同学科做出科学的解释，其基本意义在于基础设施项目建设投入与产出的贡献程度，公共项目总体效率是公共项目推动城市社会经济发展效益和人民享受社会福利的总和，其核心是公共项目经济效率、项目运营效率和资本效率的总和。项目效率主要是产品功能、成本和价值关系实现，即管理效率是管理投入与管理成本的关系，资本效率则是资本投入与效益的关系。

(3)效果是合作项目预期实现的经济利益目标产生的结果。PPP 项目是否实现了经济目标预期的结果，简单地说就是是否达到了政府与社会资本投资者共同的目标。例如，是否实现社会投资的合理收益、合理成本；是否以最合理的资源投入，实现最优的投资，获得公众较高的满意度。

(4)伙伴价值是政府与社会资本投资者在公共项目全生命周期中，双方基于共同目标、诚信守约、信息沟通和合作共赢的原则，所创造的伙伴关系价值，其本质是公私合作伙伴关系全过程最优化，主要分为：政府与政府之间、政府组成部门之间、政府与公众之间、政府与社会资本投资者之间的伙伴关系价值，以及社会资本投资者伙伴关系价值的总和。而最重要的是政府伙伴关系价值和政府与社会资本投资者伙伴价值。

国际上提出的"物有所值"原则主要集中在经济、效率、效果，重点在效果。然而，PPP 不仅是政府与社会资本投入的物质资源、资本、资金的配置问题，更重要的是双方建立"合作共赢、风险共担、信息公开和诚实守信"的伙伴关系，形成健康的伙伴关系。

基于此，借鉴国际上确立的物有所值原则，结合本课题组长期研究的成果，增加了我国 PPP 模式伙伴关系价值(partnership value)，给出了我国 PPP 定量与定性相结合的指标结构，见表 6-4。

因此，"3E+P"成为我国西部公共项目公私合作的目标和绩效评价的标准，也更符合我国和谐管理的人文理念、行为特征和性格属性。伙伴关系既是一种价值的观念，更是创造价值的行动。

表 6-4　　"3E+P" 理论指标结构

维度	因素
经济	①项目规模或投资额；②经济发展水平；③建设成本；④运营成本；⑤运营收益；⑥政府财政补贴；⑦公共产品或服务的价格；⑧项目利润率；⑨政府投资额
效率	①投资计划完成率；②政府监督管理效率；③PPP 项目立项审批期限；④PPP 行政管理部门数量；⑤PPP 项目利益相关者沟通交流频率；⑥资金使用效率；⑦项目运营中设施或设备维护频率；⑧利率变化率；⑨项目纠纷协调次数；⑩项目风险分配系数；⑪有效的退出机制；⑫合作各方的信息透明度（包括信息更新频率）；⑬公众投诉次数；⑭公共产品或服务价格调整频率；⑮技术更新和评估次数；⑯PPP 项目就业人数
效果	①费用效果比值；②项目目标完成情况；③公共需求满足程度；④特许政策的连续性和稳定性；⑤市场竞争程度；⑥政府行政执行力度；⑦政治/政策的支持度；⑧政府对公共服务的满意度；⑨企业对公共服务的满意度；⑩公众对公共服务的满意度；⑪项目质量评估等级
伙伴关系价值	①完备的公私合作法律体系；②政府与社会资本信息公开程度；③政府对公私合作的满意度；④企业对公私合作的满意度；⑤公众对公私合作的满意度；⑥政府的履约能力；⑦企业的履约能力；⑧政府的财政承受能力；⑨企业的投资融资能力；⑩政府的公信力；⑪企业的社会声誉；⑫PPP 项目公司的管理能力；⑬合作主体观念、价值观或认知能力差异

（三）伙伴关系价值实现路径

市场营销理论中的伙伴关系价值指企业与顾客商业关系中的顾客价值（张广玲等，2006），被广泛使用的是商品经济公平范式与政治经济学范式。而 PPP 伙伴关系价值应以公共利益最大化为目标。政府与社会资本投资者建立的伙伴关系价值可以通过伙伴关系质量的不同变量进行评价，包括信息沟通程度、公众满意程度、公共项目发挥效益或效率、收益与成本率、知识、能力和权利以及创造的服务价值等指标。

政府与社会资本投资者伙伴关系价值，主要包括：

（1）满意价值。伙伴关系的满意被认为是交易关系最重要的基础。"满意"被定义为"市场经济中一个公司对与另外一个公司工作关系的各个方面的正面感情状态的评价"（严兴全等，2005），因此在政府与社会资本投资者合作的情况下，我们将合作伙伴关系满意定义为"公私双方合作实际努力的效果与契约约定条件相比较的行为及主观认知"通过评价系统的结果。总之，满意程度会随着公私双方对过去合作效果的正向评价而不断积累，最终成为检验双方伙伴满意的结论，是"社会公众"的评价，而非"自检"的结果。

（2）信任价值。信任是政府与社会资本投资者合作的前提。建立信任的基础是政府能够做到公平、公开和公正，建立信息公开的渠道和科学、高效的评价体系，包括政府的诚信、合作组织、提供的公共服务、法律规则和资源补偿等。同时，社会资本投资者也应该具备专业知识、能力、市场、资金、人力和诚信等资源优势。这样才能促进合作双方现在和将来的彼此信任，从而产生合作信任价值。

（3）承诺价值。承诺通常在公共项目公私合作中表现为特许权协议、政策与法规、各项契约，也是政府与社会资本投资者在项目全生命周期（见图 6-3）中共同遵守合同的行为表现和结果。PPP 合作期划分为 6 个阶段，其中较重要的是签约、建设、运营和移交阶段，政府主要表现在前面两阶段，而社会资本投资者的重点是运营移交阶段。无论各自的行为表现如何，项目阶段划分存在客观事实，一旦在签署特许权协议后，都表现为政府与社会资本投资者共同的承诺，从而构成 PPP 项目价值因素，承诺实现就是双方按照约定向公众提供更好的公共产品或服务。

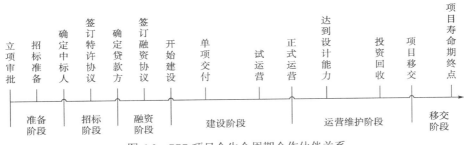

图 6-3　PPP 项目全生命周期合作伙伴关系

因此我们认为，政府与社会资本投资者伙伴价值的本质就是"人"与"物"要素的诚信、信任和满意的共同绩效。实现方式是可执行的合作运行机制，建立这一机制的责任由政府主体承担，如图 6-4 所示的伙伴关系价值实现路径。

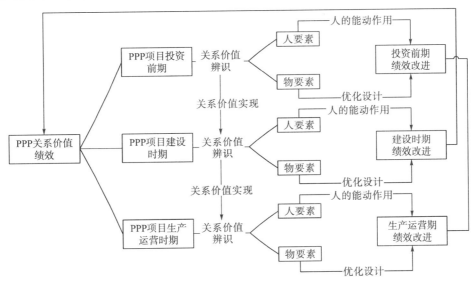

图 6-4　PPP 关系价值实现路径

四、伙伴关系维系

"维系"是来自于企业产品营销学理论与营销实践关系中的概念，也是公共管理学中研究政府与企业之间、政府部门之间、企业群体之间处理市场竞争关系的问题（Kranton，1996）。因此，关系维系通常是保持、维持和增进关系客户内在联系的过程。

PPP 是政府与社会资本投资者的伙伴关系，其内涵是公共资源配置与市场资源配置结合的结果，也是两大集体选择方式的结合，既属于经济利益的结合，也属于社会关系的体现。其本质上是两大价值观的融合，即公共利益价值观和经济利益效率观。其关系外延则突出表现在两方面：一是经济利益领域，如资源控制程度、组织产权配置、产品价格决定、过程风险与利益分担、效率与效果等关系；二是社会关系领域，如伙伴关系认可、社会成本与社会效益、社会信用程度和伙伴关系的递进政策及规则，即伙伴关系的公平与效率关系。

前面分析中提出了政府与社会投资者的伙伴关系存在典型的风险冲突和利益冲突,因此在处理这些冲突的逻辑思维上,不应仅采取单一的制度与规则方式,而是双方从社会和经济领域角度,通过维系伙伴关系的4种途径来处理。

(一)伙伴价值

伙伴价值是公平与效率的结合。公平如果解释为平等(简·埃里克·莱恩,2004),这就意味着政府与社会资本投资者合作的基础是平等,而非政府或企业内部的科层制关系。在市场经济环境中,公共利益与企业利益贯穿于 PPP 项目谈判、建设和经营的全过程,合作双方的观念、认识和行为在提供产品或服务的过程中实现公众消费公平和福利最优化,是伙伴价值一致的目标。政府最大的优势是拥有公共资源和动员能力,同时更需要尊重私人部门的市场效率配置权,公平与效率结合是促进公私伙伴关系良好运行的基础和前提。政府须在厘清监管职能、协调职能和协同职能的基础上,保证市场有效运行,避免加剧PPP 项目最初的不公平性。因此,西部地区政府首先应确立 PPP 模式的伙伴价值观念;其次以公平、公开和公正为原则引导合作伙伴的逻辑思维;最后是建立公平优先、效率促进的指导原则,全面推进 PPP 项目组织建设、政策规则建设和合作机制建设。

(二)伙伴组织

公共项目公私合作不仅是认识和观念上的一致性,而且必须建立科学、有效的运行伙伴组织,保证伙伴价值的实现。PPP 项目的伙伴组织结构包括伙伴型政府间组织、政府部门组织和 PPP 项目组织。政府间伙伴组织解决、协调区域性 PPP 项目,政府部门间组织监管、协调和督促特定伙伴项目,而 PPP 项目公司则是公私伙伴利益关系协同体。因此,为了保障西部地区公共项目公私合作可持续,政府有责任创新组织体系和组织运行机制,从传统公共项目政府垄断管理向伙伴型政府进行"质"的转变。基于共同发展的利益,落实政府部门间的合作、协调和协同等,降低双方的决策成本、交易成本、信息成本、社会信用成本和管理成本,促进竞争、提升效率、重视效益、增加规模经济(张志红,2013),见图 6-5 和图 6-6。

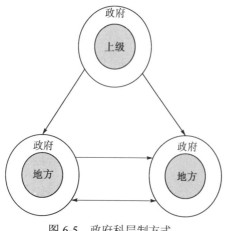

图 6-5　政府科层制方式

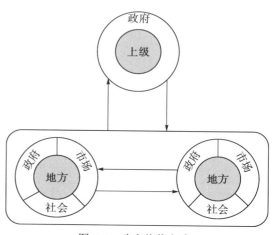

图 6-6　政府伙伴方式

(三)伙伴政策和规则

公共项目的特征是集共同消费性与排他性于一身(简·埃里克·莱恩，2004)，因而会出现"市场失灵"。此种失灵现象并不是由公共产品技术与经济性问题所导致的，很大程度上是公共政策或规制所导致的。我国公共项目政策规制中提出了"政府与社会资本投资者合作"模式及相关配套政策，但从已有的 PPP 政策和规制看，缺乏系统的 PPP 政策和规制设计，特别是对长达 10~20 年的运营期的伙伴协调政策和规制，很容易出现"政府失灵"的问题。因此，政府应该承担起市场根本不能完成的公共政策和规制责任，以伙伴价值最优化为导向，创新西部地区区域或各地方特定环境的 PPP 公共政策、伙伴规制体系和运行机制系统。具体而言，就是引导政府与市场合作的优势互补关系，即包括资源、资金、服务、人才、技术、管理等互补，以此形成伙伴配置模式，运用政策和规制解决市场失灵问题和公平问题(Kahn，1970)。

(四)伙伴机制

伙伴机制就如同政策和规制的具体实现而产生的效率。我国现行的政府部门结构和公共项目投资、建设和管理运行机制是非常有效率的，这可以从我国青藏铁路的指挥部模式和国家体育场的 PPP 案例得到验证。但不能说我国 PPP 项目的机制就是有效率的，因为前者是政府从投资、建设和运营管理一手包办，而"鸟巢"PPP 项目则是特例，因为在当时背景下我们并没有成熟的、全生命周期的、伙伴式的 PPP 项目运行机制。如果我们将 PPP 模式推广到所有公共项目领域，这种特例式办事程序就不适用了。因此，在已有政府行政管理效率的基础上，从职能式效率到伙伴式效率的改进需要一个过程。我们比较重视公私合作的前端效率，而忽视运营阶段的合作效率；重视与国有企业合作效率，而忽视与民营企业和外资企业的合作效率；重视政府监管效率，忽视市场监督和公众监督效率。因此，在西部地区推进 PPP 模式的过程中，应以伙伴价值为导向，政府重点构筑面向全社会投资者的伙伴选择的公平与竞争、契约合同、风险与收益分担、激励与约束和信息网络等机制体系，通过制度性、机制性的安排提升公私双方维系伙伴关系的信心和行动的效率。

总之，维系 PPP 伙伴关系需要政府与社会投资者的共同努力，而非某一方的意愿或行为。面对信息网络化、技术创新、管理创新和社会日益复杂的分工，无论是地方政府还是社会其他参与者，都难以掌握完备的信息去解决合作中不计其数的难题。因此，需要参与 PPP 的各方齐心协力主动维系伙伴关系，降低伙伴关系失败的风险。

第二节 PPP 模式中的政府定位

一、PPP 项目政府定位与作用

(一)公共项目公私合作模式的经济特性

(1)公共资本和社会资本的结合。PPP 项目具有混合经济的属性，政府掌握的公共资源体现为货币资本、土地资本和实物资本，构成了公共资本，属于全民或集体所有。社会资本主要由企业或个人资本、实物资本和技术知识资本等构成，成为获得企业目标利润的基础，属于企业或个人所有。公共资本与社会资本合作，具有资本的逐利性，项目运营具有明显的经济特征。

（2）公共部门和私人部门利益共享。公共部门和私人部门利益共享并不意味着二者的利益目标相同，公共部门参与公共项目的建设是为了服务社会，提高基础设施的质量和效率；而私人部门参与公共项目建设的目标是获得经济利益。虽然二者的利益目标有差异，但要实现二者的目标的条件是一样的，即 PPP 项目的成功建设和运营，这也是二者能够合作的基本条件。公共部门和私人部门只有在实现项目价值的前提下，各自的目标才会达到。所以双方必须以发挥项目的最大价值作为参与公共项目合作的目标。

（3）公共部门和私人部门风险共担。公私合作模式追求的是各参与方的"共赢"，要实现这个目标，各参与方必须风险共担。参与方不能为了自己的利益把风险都转移给他人，在 PPP 项目中，风险是根据各参与方的权利和享有的利益按照"相互协调、共同决策、风险共担和利益共享"的原则进行分配的。项目的风险价值分配实际上决定了项目的成败。为此，必须科学设立或选择风险价值标准，例如社会平均折现率和特许期。

（二）PPP 项目中政府角色定位

明确 PPP 项目中政府的角色，是厘清 PPP 项目各方协作者权利义务的基础，也是建立政府 PPP 政策的前提。PPP 中政府的角色与传统公共项目管理中政府的角色存在根本的差异，这就是要针对 PPP 模式建立政府政策或公共政策支持的重要原因。

在本课题的已有研究中，政府的角色界定如下：

（1）特许权授予者（项目发起者）。特许权在通常的商业活动中是指一个公司把自己内部的品牌或者应用技术等无形资产的使用权在一定的特许协议规定范围内转让给另外一个公司使用。这是一种纯粹的商业活动。但是 PPP 项目中的特许权是一种政府特许权经营方式或投资方式，指的是用特许权的方法建设基础设施等公共项目、为社会提供公共服务等。政府为了弥补财政资金的不足及充分利用社会资金和技术优势，通过特定的合作经营模式，实现风险共担和利益共享。因此，政府是特许权的授予者。

（2）管制者。政府参与 PPP 融资模式所进行的投资项目通常是一些具有公共产品性质的项目，甚至有一些涉及自然垄断产业。PPP 项目运营直接关系到国计民生，政府为了保障社会公众的利益，必须对其进行一定的管制。否则如果任由私人投资者按照自己的意愿和利益追求去投资与逐利，那么可能就会出现价格、市场垄断等结果，必然导致消费者的利益受到损害。通常政府对于 PPP 项目的管制包括经济和社会两个方面的指标，前者如限制公共服务的价格，后者如定期对工程的质量、安全性能等进行管制。作为好的管制者，政府应该建立一系列公正完善的管制体系，这是保证 PPP 项目顺利运行的重要基础，只有这样才能既维护社会资本投资者利益又维护公众消费者利益。

（3）合作者和支持者。PPP 伙伴关系是 PPP 项目的本质。政府与社会资本投资者合作形成了"婚姻"式的基本关系，其特征为诚信自愿结合、地位平等与独立、法定财产共有及求同存异。基于伙伴型政府的定位，在项目中发挥其合作和支持功能，主要手段是提供政策支持、信息支持和制度支持。政策方面，为了引导社会资本投资者的资本进入公共项目建设，政府首先应建立一套基于伙伴关系的政策框架，国家或地方政府应对 PPP 发展战略、发展规划、PPP 项目具体发展模式及配套的支持方案等做出详细的规定，让社会资本投资者知晓，并为其参与投资决策提供依据。在信息支持方面，建设项目、政策与制度全方位的网络信息平台、交易信息平台和价格运营管理平台，提升双方的诚信度和透明度。在制度方面，构筑伙伴关系制度体系和伙伴关系机制系统，使其可以有效降低 PPP 项目实施过程中的交易成本，减少项目运行中的信息不对称等问题，也为双方适应这种合作方式提供了实际的运行管理环境。

至此，我们明确了 PPP 项目中政府的角色和定位，提出政府、社会资本投资者和社会公众三个利益主体之间建立的是伙伴关系，其合作本质的特征是合作目标一致性、合作长期性、平等协调性和风险利益共享。具体职责见图 6-7。

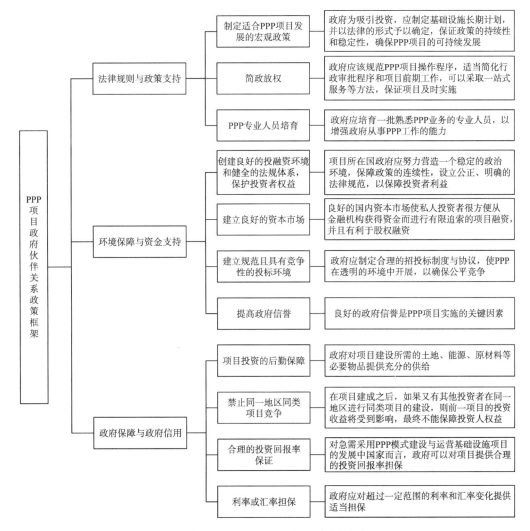

图 6-7　PPP 项目政府伙伴关系政策框架

(三)政府推动 PPP 伙伴制度建设的作用

政府(尤其是地方政府)是 PPP 项目的重要发起者、合作者和监管者,能否科学、明确和清晰界定政府的角色和责任将直接影响 PPP 全过程。在传统的公共项目管理模式中,政府是决定公共投资、项目建设、项目监管和运营管理的垄断者,扮演着公共部门和市场企业的多重角色。在两种不同模式中区分政府的角色是非常难的。由于 PPP 模式在我国处于发展初期,政府在两种模式中不断转变其功能,发挥着多重作用。因此,明晰政府的作用与功能,对于可持续引导社会资本投资人参与,有效实现合作效益和合作效率,具有重要的实际意义。

(1)政府保障作用。从公共项目政府政策与社会资本投资人的关系来看,一方面,政府政策为 PPP 提供了全过程的保障作用,主要包括:政府行为政策、政府管理政策、政府财政政策、政府税收政策和政府服务政策等。具体的,政府行为政策如中央政府或地方政府的 PPP 合作指南、政府与社会资本合作指导性意见、PPP 合同范本和政府 PPP 改革方案等;政府财政政策方面,如规范政策性财政资金补偿规定、出资规定和租金契约等。这直接影响 PPP 项目的融资性,影响着社会资本的资金结构、投资主体结构和风险调控管理等方面。另一方面,政府政策会对项目融资形成一定的制约,尤其是在开放的市场经济环境下,政府政策具有延滞性和可变性,政策相对落后的情况会制约公共项目融资的发展,因而政府有责任建立科学、有效率和负责任的合作伙伴的运行机制,以提供全社会公平与效率的公共政策服务。

(2)政府推动作用。PPP 项目的市场特点是政府与社会资本投资者达成公开、公正和平等的伙伴关系,因此政府与社会资本投资者在合作过程中,政府不仅是项目合作的监管者,也扮演着符合市场规则的遵守者、守信者和服务者,作为合作方,政府行为的规范与监督,对政府职能部门的设置以及全程合作程序设计是必要的。PPP 模式与其他公共项目管理的相同之处,在于项目建设与运营过程中,受到社会环境、经济环境、市场环境等的影响,对合作环境因素的错误认识与评估差异,将给整个项目带来不可预计的损失和风险。

(3)政府创新伙伴关系作用。地方政府在创新公共投资管理、推进国家和地方 PPP 制度的进程中,"伙伴关系"的定位是构建新型政府间关系、政府与市场关系的重要起点。把伙伴型关系引入公共投资领域中,能够促进政府间合作和互动,促进政府公共项目行政管理模式的改革,理顺政府行政职能部门间参与公私合作项目监督、管理和提供公共服务的关系,促进政府 PPP 项目治理机制和治理能力进步,促进市场主体参与公私合作市场关系的良性竞争,改善竞争秩序,最终达到"合作双赢",将发展伙伴型关系作为解决 PPP 模式可持续发展的主要途径。

二、PPP 项目政府政策规划

(一)政府伙伴政策目标

PPP 项目涉及政府部门、社会资本投资者、金融机构、建设承包商及运营商等参与方,是这些部门共同参与、相互作用形成的一种特殊的组织形式，见图 6-8。从 PPP 项目全过程谈判、可行性研究，到招标、项目建设，再到运营阶段，是政府与社会资本投资者各方参与、相互协调、共同决策的过程。可以说 PPP 是由各个独立的子系统相互联系在一起形成的一个网络化的开放性系统。PPP 项目中政府与社会资本投资者是基于某个项目而形成的以"双赢"或者"多赢"为理念的合作形式，参与各方可以达到与预期单独行动相比更为有利的结果。由此，PPP 具备了协同学的基本特征，在 PPP 模式中运用协同理论进行组织、协调，达到最终的协同效应，对 PPP 实现最终目标是十分有利的。

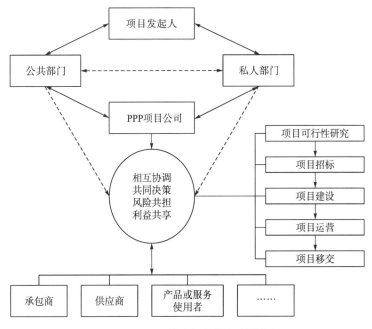

图 6-8　PPP 模式运行框架结构图

因而，发挥市场配置资源的决定性作用和更好发挥政府作用，需要政府部门之间、政府与社会资本投资人之间、社会资本投资人之间构成合作系统，对于这个复杂的系统来说，存在着很多制约协同效应实现的因素，因此需要合理的伙伴政策来保障协同效应的实现。

(二)政府伙伴政策原则

由于政府与社会资本投资者之间存在信息的非对称性，导致了其准入、定价和风险与利益分配等存在一定程度的信息不对称，因而政策的制定应遵循以下基本原则：

(1)互惠互利原则。遵循双赢规则，获取社会效益和经济效益是公私双方的共同目的，公共利益充分考虑公私双方期望的投资收益，形成合作信任关系。

(2)收益与风险对称原则。在制定利益政策时，以"风险分担、利益共享"为原则，即合作双方的利益分配应与各方承担的风险和投资大小相称。

(3)结构利益最优原则。即从实际出发，在 PPP 项目中，政府需要在一定程度上监督私人投资者，促使公私双方的努力程度最大化，故公私双方的监督力度和努力程度也在一定程度上影响着 PPP 项目的收益。

(4)公平与效率原则。PPP 项目作为一个整体系统，需要利益相关者之间的紧密合作，公平有利于利益相关者之间合作精神的培育，避免各方之间矛盾的产生。同时要求利益相关者提高效益、节约成本。

(5)信息公开原则。合作双方信息公开和充分沟通，是保证降低风险和冲突的基础。因此，应减少信息不对称问题，使政府与社会资本投资者在 PPP 项目合作中保持信息透明。

(三)PPP 项目伙伴利益关系模型

影响 PPP 项目合作利益分配的因素是多方面的，从"风险分担，利益共享"原则出发，分析影响项目合作的风险分担与利益分配因素。此外，还要考虑 PPP 项目公私双方各自的努力水平，以及公共部门对 PPP 项目的监督力度。因而，影响 PPP 项目利益分配的因素结构见图 6-9。

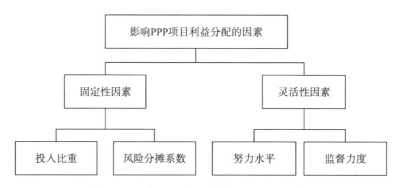

图 6-9　影响 PPP 项目利益分配的因素结构

1.公私双方的努力水平

PPP 项目是以公私双方的合作为基础的，那么团队合作就有可能会导致单方的偷懒行为，从而影响到项目整体的收益及利益分配。当公私双方努力水平越高时，项目的社会效益就会越高，社会评价也越高。

2.公共部门的监管程度

在 PPP 项目建设开发及运营过程中，公共部门仍然以监督者的身份对项目起着重要的作用。由于私人投资者和公共部门都缺乏直接控制能力，因双方信息的不对称，可能发生项目参与方偷懒或者挪用资产等不道德甚至不法行为。因此，公共部门的监督力度对项目的效率有着很积极的影响作用。加大公共部门的监督力度，可以降低参与方的不道德甚至不法行为发生的可能性，从而增加 PPP 项目的收益。

3.公私双方的投入资本(财政补贴)

资本的本性是追求利润。投资者项目活动资本投入越大，期望报酬越大。PPP 项目通过建立公私双方的信任合作机制，使得双方都愿意为达到项目的最优目标而付出更多的投资，但前提是该追加的投资能够为各自带来相对应的超额收益。

公私双方采取的初始投资策略分别为 I_g、I_p，期望报酬分别为 $E_g(I_g)$、$E_p(I_p)$，通过建立相互信任的公私合作关系，分别增加投入 ΔI_g、ΔI_p，即

$$\begin{cases} I'_g = I_g + \Delta I_g > I_g, I'_p = I_p + \Delta I_p > I_p; \\ E'_g(I_g) = E_g(I'_g) > E_g(I_g), E'_p(I_p) = E_p(I'_p) > E_p(I_p) \\ \Delta E_g(I_g) = E'_g(I_g) - E_g(I_g), \Delta E_p(I_p) = E'_p(I_p) - E_p(I_p) \end{cases} \quad (6.1)$$

式中，$\Delta E_g(I_g)$、$\Delta E_p(I_p)$ 为积极合作的附加收益。为了简化分析，暂不考虑风险因素。

根据公平分配原则，增加投入带来的附加收益的分配应该与投入增加的比例对等，即

$$\Delta I_g/(I_g + \Delta I_g) = \Delta E_g(I_g)/E'_g(I_g) \quad (6.2)$$

$$\Delta I_p/(I_p + \Delta I_p) = \Delta E_p(I_p)/E'_p(I_p)$$

故，应该有

$$\begin{cases} \partial E_g(I_g)/\partial I_g > 0 \\ \partial E_s(I_s)/\partial I_s > 0 \end{cases} \quad (6.3)$$

即该期望报酬函数是一个递增函数，在投资大小这一单因素影响下，公私双方要求收益随着投资的增加而增加。

4. 公私双方的风险分摊

PPP 项目不可避免地存在各种风险问题，也涉及风险责任归谁承担的问题。各类风险的度量及分摊方法对收益的分配也有重要影响。私人投资者参与 PPP 项目的首要目的是寻求与风险相适应的合理回报，合理的风险分配是建立高效伙伴关系框架的基础，也是各方形成共赢理念的前提条件。而风险应与获得收益的机会对等。任何一方承担风险的前提是能够获得一定的收益，其承担的风险越大，期望得到的收益也就越高。

(四)政府伙伴利益分配模型

1. 基本假设

(1)环境情况稳定。稳定的政治和法律环境、无大的决策变动等。

(2)视利益均衡为一静态状态，即利益经过协调得到的公平分配状态。

(3)在 PPP 项目的总收益既定的情况下，研究 PPP 项目核心利益相关者的利益分配问题。各方利益指各方获得的利益总额，包括通过项目获取的直接收益和政策性补贴、税收优惠等，但不考虑运营成本。

(4)假定公私双方经过有效沟通，有积极合作的意向，即双方的努力程度假定为100%，而作为监督方的政府部门对被监督方(社会资本投资者)的监督力度也是 100%。故在建立数学模型时，将二者视为常量。

(5)基于风险分担、投资决策对利益分配的影响，以风险分担情况和合作投资比例为利益分配的决定性因素，视二者为利益分配模型的主要变量，分析其与利益分配模型的关系。

2. 基于风险调整的利益分配模型的建立

$$
\begin{cases}
V_{\mathrm{g}} = V_{\mathrm{total}} \cdot \left[\lambda \cdot \left(I_{\mathrm{g}} - b \right) + \left(1 - \lambda \right) \cdot X \right] \\
V_{\mathrm{p}} = V_{\mathrm{total}} \cdot \left[\lambda \cdot \left(I_{\mathrm{p}} - b \right) + \left(1 - \lambda \right) \cdot Y \right] \\
I_{\mathrm{g}} = I_{\mathrm{p}} = 1, X + Y = 1 \\
0 \leqslant \lambda \leqslant 1, 0 \leqslant b \leqslant 1
\end{cases}
\tag{6.4}
$$

式中，V_{total} 表示 PPP 项目总收益现值；V_{g} 为政府部门的收益现值；V_{p} 为社会资本投资者的收益现值；λ 为利益分配中的投资重要程度系数，而 $1-\lambda$ 为利益分配中的风险重要程度系数；I_{g} 为政府部门投入在项目总投入中的比重；I_{p} 为社会资本投资者投入在项目总投入中的比重；X 为政府部门所承担的风险在项目总风险中的风险比重；Y 为社会资本投资者所承担的风险在项目总风险中的风险分摊比重；b 为政府部门与社会资本投资者风险偏好差异所引起的政府部门对社会资本投资者的转移支付调整系数。因政府部门为风险中性，社会资本投资者为风险厌恶性，故当项目实际总收益 V_{total} 小于项目预期总收益 V_{e} 时，政府部门应当为社会投资者的风险厌恶提供一定的补偿机制以吸引社会资本投资者的参与，即 b 的取值应当为

$$
\begin{cases}
\text{当} V_{\mathrm{total}} < V_{\mathrm{e}} \text{时，} 0 < b < 1, \text{此时} b \text{为项目实际收益低于私人收益时，} \\
\qquad\qquad\qquad\qquad \text{政府部门给予社会资本投资者的补贴} \\
\text{当} V_{\mathrm{total}} \geqslant V_{\mathrm{e}} \text{时，} b = 0
\end{cases}
\tag{6.5}
$$

3. 参数的确定方法

(1) 投资重要程度系数与风险重要程度系数。

(2) 转移支付调整系数。公共经济学认为公共部门是风险中立者。而市场上的社会资本投资者一般表现为风险厌恶型。社会资本投资者在项目投资中的效用可表示为该投资的收益与风险的函数，即效用函数：

$$
U = E(r) - A\sigma^2
\tag{6.6}
$$

式中，r 表示市场的无风险收益；E 和 σ 分别为投资的预期收益和风险；A 代表投资者的风险厌恶指数，A 的值越高，代表该投资者的风险厌恶程度越高。如果投资者是风险厌恶者，A 为正值，且 A 越大，其厌恶程度越大；公共部门 $A=0$，则 $U = E(r)$。

结果表明，项目运营方是风险厌恶者，它要求的风险溢价高于承担风险的成本，而公共部门要求的风险溢价等于承担风险的成本。即在同样的风险条件下，保持两者的风险溢价要求相同，那么风险厌恶者要求的效用要高于风险中立者。因此，为了吸引社会资本投资者的参与，政府部门不得不对社会资本投资者在收益上做出一定的承诺，即在项目实际收益低于项目预期收益时，政府部门应当给予社会资本投资者一定的补贴，在收益函数中通过转移支付调整系数 b 来体现。b 的取值应当根据实际项目的风险情况，结合项目管理专家相关专业经验，由公私双方在项目前期共同协商决定。

(3) 投入比重。投入的核算与分配，根据各伙伴在实施过程中的实际付出来确定伙伴的投资额。具体采取哪种确定方法，则可以根据实际情况而定。

(4) 风险分摊系数。根据 PPP 项目风险分配的原则，采用风险评价方法——基于层次

分析的模糊数学评价来确定风险的分摊。

首先，假设 X、Y 为公私双方的风险分摊系数，项目的风险共有 m 种，其编号分别为 1，2，$\cdots$，m，同一种风险有 $x_i + y_i = 1$。

X、Y 为公私双方风险总系数：

$$X = \alpha_1 x_1 + \alpha_2 x_2 + \alpha_3 x_3 + \cdots + \alpha_m x_m$$
$$Y = \alpha_1 y_1 + \alpha_2 y_2 + \alpha_3 y_3 + \cdots + \alpha_m y_m$$

$$(6.7)$$

其中，α_i 为各类风险的权重系数。

在前面项目风险识别以及国内外部分 PPP 项目案例研究的基础上，结合 Keeney 和 Raiffa 提出的指标选择五原则(完整性、可行性、可分解性、无冗余性、规模最小)，将 PPP 项目风险评价简化为六类风险因素，且每个风险因素都有若干个风险子因素，建立评价指标体系，见图 6-10。

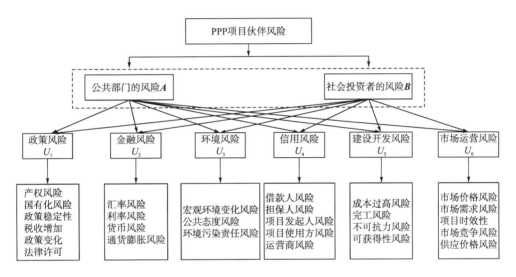

图 6-10　PPP 项目风险评价指标体系

以金融风险系数的确定为例来说明 PPP 项目中单个风险系数的确定方法。根据图 6-10，$U_2=\{$汇率风险，利率风险，货币风险，通货膨胀风险$\}$，根据其对金融风险影响程度的不同，分别赋予各因素相应的权向量 $A = (\omega_1, \omega_2, \omega_3, \omega_4)$。评价因素的评语集 $V=\{$低，较低，中等，较高，高$\}$，并赋予评价集各元素以量值 $V=(0.1，0.3，0.5，0.7，0.9)$，表示评价集各元素与金融风险数值大小的对应关系。

为了得到从 U 到 V 的模糊关系矩阵，可邀请有关项目管理专家组成金融风险评估小组，根据四种因素处于不同评价程度的对应关系，对各风险因素的高低进行评价。然后统计所有专家的评价结果，并把各个因素各等级的评价结果折合成[0，1]区间的数值，从而得到各因素的模糊向量：A_1，A_2，A_3，A_4。得出从 U 到因素评价的模糊关系矩阵 R_E：

$$R_E = \begin{bmatrix} A_1 \\ A_2 \\ A_3 \\ A_4 \end{bmatrix} = \begin{bmatrix} r_{11} & r_{12} & r_{13} & r_{14} & r_{15} \\ r_{21} & r_{22} & r_{23} & r_{24} & r_{25} \\ r_{31} & r_{32} & r_{33} & r_{34} & r_{35} \\ r_{41} & r_{42} & r_{43} & r_{44} & r_{45} \end{bmatrix} \tag{6.8}$$

进行金融风险单因素的模糊综合评价，可得到：

$$B_E = A_E \times R_E = (\omega_1, \omega_2, \omega_3, \omega_4) \cdot \begin{bmatrix} r_{11} & r_{12} & r_{13} & r_{14} & r_{15} \\ r_{21} & r_{22} & r_{23} & r_{24} & r_{25} \\ r_{31} & r_{32} & r_{33} & r_{34} & r_{35} \\ r_{41} & r_{42} & r_{43} & r_{44} & r_{45} \end{bmatrix} = [b_1, b_2, b_3, b_4, b_5] \tag{6.9}$$

则公私双方金融风险的大小分别为

$$\begin{cases} X_B = \boldsymbol{B}_E \times V^T \\ Y_E = 1 - X_E \end{cases} \tag{6.10}$$

采用以上方法求出的风险系数不完善，很难在两者之间进行横向比较。为了使两者间的风险更具可比性，应当对 X_E 进行一定的修正。

用公私双方对项目金融风险不同的影响重要程度系数 C_g 和 C_p 来对 X_E 进行修正，同时从单个利益相关者参与合作对整个项目的进度、费用的影响程度和对项目成功实施的影响等方面来衡量其影响重要程度系数。由于这种影响程度估计的不确定性因素很大，同样具有模糊性特点，因此仍然可以采用模糊综合评价法得到 C_g 和 C_p。则修正公式为

$$\begin{cases} X_E' = \dfrac{X_E \cdot C_p}{X_E \cdot C_p + Y_E \cdot C_g} \\ Y_E' = \dfrac{Y_E \cdot C_g}{X_E \cdot C_p + Y_E \cdot C_g} \end{cases} \tag{6.11}$$

与上述方法类似，同理求得其他风险因素系数，并用层次分析法求风险因素各自的权重系数 $\alpha_1, \alpha_2, \alpha_3, \cdots, \alpha_6$，即得政府部门风险分摊系数$(X)$和社会资本投资者风险分摊系数$(Y)$：

$$\begin{cases} X = \alpha_1 x_1 + \alpha_2 x_2 + \alpha_3 x_3 + \cdots + \alpha_6 x_6 \\ Y = \alpha_1 y_1 + \alpha_2 y_2 + \alpha_3 y_3 + \cdots + \alpha_6 y_6 \end{cases} \tag{6.12}$$

通过以上数学逻辑推理，可为制定政府与社会资本投资者伙伴利益分配政策提供依据。

4. 实例分析

2003年重庆某大型垃圾发电PPP项目核心利益相关者为政府部门A和社会投资者B，合作期为25年。经评估，该项目总收益现值为20亿元。该项目投资额较大，且因国内尚不存在此类项目涉及的先进技术，故根据资深专家团队意见汇总分析，公私双方讨论确定该项目投资重要程度系数取0.4，风险重要程度系数为0.6。根据双方协商，如果 $V_{total} < V_e$，转移支付调整系数确定 b 取0.06，且公私双方投资比重分别为0.25、0.75，而有关风险分摊的情况经评估，得出结论如下：

政策风险$(\alpha_1 = 0.1)$：$x_1 = 0.9435$，$y_1 = 0.0565$

金融风险$(\alpha_2 = 0.25)$：$x_2 = 0.388$，$y_2 = 0.612$

环境风险（$\alpha_3 = 0.2$）：　$x_3 = 0.305$，　$y_3 = 0.695$

信用风险（$\alpha_4 = 0.05$）：　$x_4 = 0.254$，　$y_4 = 0.746$

建设与开发风险（$\alpha_5 = 0.25$）：　$x_5 = 0.3428$，　$y_5 = 0.6572$

市场运营风险（$\alpha_6 = 0.15$）：　$x_6 = 0.2165$，　$y_6 = 0.7835$

根据收益公平分配方法，求解此项目中的公私双方收益分配比例。

根据已知风险分摊情况及式（6.12），即得政府部门风险分摊系数为 $X = 0.3832$，社会投资者风险分摊系数为 $Y = 0.6168$。

由式（6.4）即得

$$\frac{V_g}{V_p} = \frac{\lambda \cdot (I_g - b) + (1 - \lambda) \cdot X}{\lambda \cdot (I_p + b) + (1 - \lambda) \cdot Y} \tag{6.13}$$

将参数代入式（6.13），即得以下两种情况：

（1）当 $V_{total} < V_e$ 时，$b = 0.06$，

$$\frac{V_g}{V_p} = \frac{0.4 \times (0.25 - 0.06) + 0.6 \times 0.3832}{0.4 \times (0.75 + 0.06) + 0.6 \times 0.6168} = \frac{0.3059}{0.6941} = 0.4408$$

从计算结果可以看出，政府部门的收益分配系数为 0.3059，社会投资者的收益分配系数为 0.6941，即公私收益分配的比例为 0.4408。

（2）当 $V_{total} \geqslant V_e$ 时，$b = 0$，

$$\frac{V_g}{V_p} = \frac{0.4 \times 0.25 + 0.6 \times 0.3832}{0.4 \times 0.75 + 0.6 \times 0.6168} = \frac{0.3299}{0.6701} = 0.4924$$

从计算结果可以看出，公共部门的收益分配系数为 0.3299，私人投资者的收益分配系数为 0.6701，即公私收益分配的比例为 0.4924。

至此，该研究结论为公私合作双方的利益分配提供了可量化的指标，同时，为促进双方在 PPP 项目融资模式下的合理的利益协调提供了重要的协调依据，对促进 PPP 项目中政府与投资者双方实现责权明确、风险分担、有效合作和利益共享提供了关键性的判别前提。

以下是政府与社会投资者伙伴政策框架：

（1）准入条件。在境内外依法注册的独立的法人实体或者由多个法人实体组成的联合体，拥有 BOT 项目的经验和业绩；资信情况良好，拥有运作项目所需的经济实力和技术能力。

（2）项目特许权协议。PPP 项目公司负责垃圾焚烧发电厂的运营管理、全部设施的维护和资产更新。政府部门负责监察环境质量、经营监管和垃圾处理补贴。政府承担垃圾量风险、购买电量风险。社会投资者承担经营风险（如 CPI 变动）、政策风险、履约风险。

（3）补贴购电协议。重庆电力公司按照《购电协议》购买特许公司的全部发电量，重庆电力局供电的价格是上网价格加上 0.25 元/（kW·h），根据 CPI 变化情况，定期调整电价补贴。

按照《项目特许权协议》，政府应给予垃圾焚烧发电厂垃圾处理费补贴 69.9 元/t。根据 CPI 变化情况，政府定期调整垃圾处理费补贴。

（4）垃圾供应及运输协议。政府部门负责垃圾供应量 1200t/d 和保证垃圾燃烧质量，如果政府部门不能保证垃圾总运量，企业将不能保证发电量，政府承担由此带来的利益差额损失。

(5)约束与退出条件。特许经营过程中：

①因政府严重违约，政府应给予特许公司合理补偿。

②因特许公司严重违约，政府将另选企业经营垃圾发电厂。

③因公共利益需要，政府应给予特许公司合理补偿。

④特许经营期 25 年结束，社会投资者可报请政府延长特许经营期限，如其总体服务质量和服务价格水平明显优于其他同类企业，政府给予优先考虑。

第三节　PPP 项目政府伙伴关系治理机制

从概念界定到治理研究，政府作为 PPP 模式中公共利益的集中代表，既是项目发起者和合作者，又是项目的监管者和支持者。明确政府在 PPP 项目全生命周期中扮演的"双重"角色和具备的"双重"职能，是探索政府在 PPP 项目中的定位与管理职能的前提。我国公共项目治理的主要代表性研究有：尹贻林教授团队从政府、项目公司角度探索了项目治理理论与实践方法，构建了治理模式；丁荣贵(2008)从管理学的角度更加关注多组织合作项目的治理；沙凯逊等(2004)探讨的是建设项目或者建筑市场制度层面的问题。他们的研究有效提出了 PPP 项目公司共同建设、运营和管理的机理、机制和实践方式，为防范合作风险、指导有效合作提供了理论依据。我国在政府或地方政府政策层面、组织层面和管理层面尚未开展 PPP 项目治理机制研究，缺乏政府 PPP 制度系统的顶层设计(叶晓甦等，2013)。

国际经验表明，PPP 治理机制是制度控制运行的一种伙伴关系管理模式，主要有三个方面：①政府伙伴政策和伙伴组织机制；②社会监督和公众参与伙伴机制；③项目公司的合作伙伴治理机制。

一、政府与伙伴关系治理机理

地方政府是区域性政府。地方政府有广义和狭义之分，广义的地方政府泛指地方的国家机构体系，包括代议机关、行政机关和司法机关；狭义的地方政府仅指行政机关，不包括立法机关和司法机关(黄顺康，2005)。本书所指的西部地区地方政府是广义的地方政府，包括地方各级行政机关、立法机关和司法机关等。根据我国宪法规定，行政区域划为省、自治区、直辖市以及特殊情况下设立的特别行政区；省、自治区以下分为自治州、县、自治县和市；县、自治县以下又分为乡、民族乡、镇；直辖市和较大的市分为区、县(王浦劬，2012)。因此，西部地区政府伙伴治理，特别是政府伙伴监管治理是重点。

政府与社会资本投资者的伙伴模式，并不能说明一切矛盾与冲突的消失，在基础设施项目的投资、建设、运营和管理的全生命过程中，同样表现在具体利益者目标、利害关系和利益行为的冲突，即"道德风险"。经营管理的信息不对称，导致对公众利益的逆向选择，甚至使公众利益受损。其根本原因是多利益主体会对组织目标产生影响并受到组织目标影响(张维迎，1996)。因而，本课题组在如何保持伙伴关系的持续性与和谐性方面，提出了政府与社会资本投资者都存在组织、机制和系统治理关系的特点。

(一)PPP治理的地方性

治理的地方性是指政府和社会资本投资人合作项目具有地点固定性，即特定项目在固定的地方或地方区域。西部地区政府具有政府行政治理的多样性特征，即省(自治区、直辖市)结构。要求厘清不同类型的地方政府与区域政府的府间关系、政府职能部门间关系，以"伙伴关系"的价值观念，构建新型政府间关系、政府部门间关系和政府组织间关系，将伙伴型关系引入PPP管理创新中，保持与加强政府间的合作和互动，促进政府在PPP项目中治理观念、治理能力、治理组织和治理机制的重塑。形成伙伴型政府间、部门间关系，使得传统的地方政府"命令+职能"管理，向"协调+促进"的多元主体PPP项目合作模式的治理机制系统转变。

(二)PPP治理的利益性

治理的利益性是指政府和社会资本投资人为提供公共产品或服务、实现特定公共项目的公共效益而建立的项目全生命期关系性契约的合作伙伴、融资、建设和经营管理模式。政府利益包括区域政府间利益、政府部门间利益和领导与个人间利益；社会资本投资者利益包括集团企业内部之间利益、联合体间利益。他们合作的利益包括公共利益和商业利益。公共利益是体现公私双方合作的最高目标，利益的目标是社会公众和地方社会发展的总体效益。商业利益是特定公共项目所能取得的经济效益、财务利润和经营效率。在面对利益的目标选择中，公私双方存在着客观性和结构性冲突，并不能采取简单的"风险共担、收益共享、交易公平、诚信守约"[①]原则解释能够约定的利益目标，需要在政府间、政府部门之间和政府与社会投资者之间建立起平等的伙伴型治理组织，需要切实有效的关系治理、产权治理和合同治理的复合物，协调与约定双方共同合作的利益目标，逐步构建具有伙伴合作特征的新型治理关系。

(三)PPP治理的特殊性与普遍性

治理的特殊性是指政府和社会资本投资人为了实现特定公共项目和特定公共项目发挥的公共效益在伙伴对象、伙伴类型、伙伴时段和伙伴空间做出科学的预算和正确的决策。特殊性表现：第一，公共项目的类型差异。基础设施包括交通运输，具体有高速公路、城市间铁路、城市地铁和城市地面公共交通等；公用设施包括博物馆、图书馆、体育场馆等；市政设施包括地下管道、路灯管理、城市停车场、广场和公园等。因而PPP项目客体具有特殊性。第二，伙伴类型多样性。按政府参与产权划分，包括BT、PPP、BOT和BOO等，它们的组织、运行、管理、风险与利益等都存在各自的特征。第三，按特许经营划分，伙伴时段不同。合作谈判期，通常为2~3年；项目建设期，一般为1~5年；项目经营期，

---

① 参见：重庆市人民政府.重庆市人民政府关于印发重庆市PPP投融资模式改革实施方案的通知(渝府发〔2014〕38号)[Z].

这一周期较长，通常为 10～30 年。治理的普遍性是指伙伴的客体不同、类型不同、阶段不同和形式不同，但它们的合作本质都是实现共同利益目标，项目运行程序相同，都要经历谈判特许权协议、融资、建设、经营各个环节，都必须建立相同的项目治理、合同治理和政府治理的伙伴关系治理环境。在合作伙伴关系的形成、成长和成熟过程中，伙伴冲突、矛盾和危机存在不同特征，同时伙伴治理的本质、治理环境和治理前提是一致的。

PPP 项目既存在项目管理问题和伙伴关系问题(Abednego et al.，2006)，又是合同治理和关系治理的关系(Zheng et al.，2008)。因此，依据伙伴治理的理念，我国西部地区政府伙伴精神需要不断的制度化、系统化和机制化，只有增强政府伙伴的治理能力和治理体系建设(政府遵守契约精神是通过合同约定、市场规则和法治精神协调伙伴关系，减少政府和市场失灵的风险)才能保障 PPP 伙伴关系逐步扩大到医疗卫生、教育、社区养老、培训、就业等诸多公共服务领域。

二、政府与伙伴关系产权治理

PPP 项目本质是政府与社会资本投资者建立的伙伴关系模式，涉及合作伙伴关系如何建立、怎样建立等重要问题。无论是从公共项目载体，还是公私双方主体，合作伙伴都被认为是 PPP 项目公司的实体。项目公司首先遇到的问题就是公司谁出资，出资多少，如何安排公司决策层、管理层和经营层。决策层安排则取决于公司股权结构和资本结构等，即项目公司控制权人。管理层和经营层则符合公司委托代理关系，重点是 PPP 项目发起和运营两阶段合理股权结构的选择和调整方法，实质上解决了 PPP 项目公司治理的核心问题(盛和太等，2011)。

基于以上分析，我们可以将 PPP 项目伙伴控制权定义为：政府与社会资本投资者为实现效益最大化而投入 PPP 项目的资源的控制权集合。它包含了 3 层含义：PPP 项目控制权主体是政府部门、社会资本投资者和社会公众；控制权的目标是为了实现各方效益最大化而结成的伙伴关系；控制权结构主要包括投入项目资源的实质控制权和经营期间、信息充分条件下的剩余控制权，即 PPP 项目公司的经营决策权、经营管理权和收益分配权。

(一)政府与社会资本投资者伙伴产权治理结构

公私合作产权关系是以基础设施项目为载体的项目治理，项目治理是通过一套管理系统、规则、协议、关系和结构，提供一种项目开发和执行的框架(Bekker et al.，2007)。政府是基础设施项目的发起者，拥有基础设施的初始控制权。它的控制权是指政府部门、私人部门与社会公众为达到期望的利益目标，以投入项目的资源为基础行使的一切控制权，包括所有权、支配权、决策权、管理权等(叶晓甦等，2011a)。PPP 项目控制主体凭借与各方签订的合同契约实现其控制权的转移和配置，契约是 PPP 项目控制权传递的媒介。政府部门通过契约将项目控制权让渡给政府部门和私营部门共同组建的项目公司，政府部门自身则保留决策权与监督权。项目公司负责整个项目的融资、建造、运营与维护，掌握了 PPP 项目的实际控制权。产权具有激励约束和优化资源配置的功能，从而改善伙伴关系和提升伙伴合作的效率。

基于理论分析，PPP 项目控制权治理分为三个层次，见图 6-11 和表 6-5。

在制度-监督层，一方面政府部门拥有 PPP 项目的决策控制权，通过建立一整套决策和审批机制，实现对 PPP 项目的所有权治理，同时政府应对项目合作伙伴进行规划，设置政府部门伙伴协调机构，建立体系化的制度保障、伙伴审批、责任追究和有效监管治理机制。伙伴政府部门能充分合理地利用各职能部门的管理资源，推进 PPP 项目成功，承担责任风险和维护公共利益。另一方面，通过社会监督伙伴和公众参与监督治理，可以减少社会资本投资者、政府部门的机会主义行为。社会公众主要通过参与治理、社会舆论、听证会等参与方式，推进政府部门间、政府与社会资本投资者伙伴间和政府与市场公平竞争次序的建设。

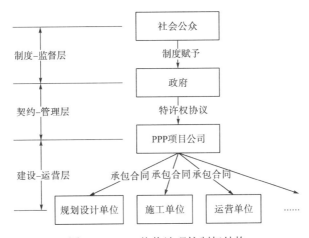

图 6-11　PPP 伙伴治理控制权结构

表 6-5　PPP 伙伴治理控制权治理层次

治理层次	伙伴关系	治理功能	治理途径
制度-监督层	公众、政府部门	制度赋予	审批、监督、舆论
契约-管理层	政府部门、项目公司	政府转移控制权	合同管理
建设-运营层	项目公司及各承包单位	项目公司转移控制权	合同管理、成本控制

在契约-管理层，依据 PPP 产权治理、准入治理、项目价格和监管治理等规则，政府部门实现与优秀社会投资者组成 PPP 项目公司，通过产权治理明晰所有权、经营权、剩余控制权、剩余索取权等权属配置，安排双方资源准备、资金准备和人力准备，完成 PPP 项目责、权、利伙伴利益与风险的平衡。

在建设-运营层，一方面，政府部门伙伴运用市场法规赋予的监管、服务和管理责任，实现执法行为，提供技术管理行为和专业的公共服务；另一方面，在 PPP 项目伙伴合作过程中，完成项目建设。进一步实施长期的经营伙伴的咨询、绩效评价、组织支持、维护市场及合作利益等伙伴治理行为。这一阶段时间长、风险高、效益显著，更需要展现伙伴治理的诚信精神和治理机制的完善程度，公用事业体育场馆 PPP 项目伙伴治理产权结构见图 6-12。

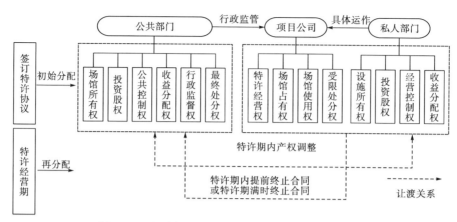

图 6-12　公用事业体育场馆 PPP 项目产权治理结构

(二)政府与社会投资者伙伴治理效率证实

政府与社会资本投资者伙伴治理关系仅从"投入"与"收益"的简单比较是无法科学解释与衡量 PPP 项目伙伴关系治理的关键因素和治理效率的,控制权治理理论的引入则能很好地明晰这个问题。在 PPP 伙伴的全生命周期合作中,政府与社会投资者凭借拥有的控制权配置,实施 PPP 项目的决策、合作、实施与运营及退出行为。在控制权形成、转移和分配的过程中,治理效率也随之产生,控制权的运动是伙伴关系治理产生的基础,也能反映出伙伴治理是否有效。因此,探索伙伴关系治理的运动路径,必然能找到政府与社会投资伙伴治理关系的重要相关因素,从中筛选出关键的因素,就能准确地判断 PPP 伙伴关系治理的逻辑性和实用性。

1. 指标体系构建

依据第三章中西部地区的调查表及相关数据,并进一步分析国内外文献研究成果,结合发达国家项目案例和各国政府政策指南规范,筛选控制权运动规律与伙伴合作相关因素指标。根据 PPP 项目控制权层次,将得到的 47 个指标分类整理为合作主体、合作环境、建设运营三个序列,从而建立伙伴治理指标体系,见表 6-6。

表 6-6　PPP 项目伙伴治理效率指标体系

指标序列	指标类别	因素	指标编号
合作主体	政府主体	具备明确的合作部门	F1
		政府部门的行政执行力度	F2
		对项目的合作态度	F3
		具备清晰的政府合作指南	F4
		明确的合作项目审批流程	F5
		政府的履约能力	F6
	企业主体	企业的履约能力	F7
		企业的融资能力	F8
		企业的投资能力	F9
		企业的社会责任、公信力	F10
		企业的盈利预期	F11

指标序列	指标类别	因素	指标编号
合作环境	公众主体	公众是 PPP 项目参与主体	F12
		公众意见对 PPP 科学决策影响	F13
		公众的支持对合作有效性影响	F14
	政策法律环境	完备的公私合作法律体系	F15
		激励的财政、土地和税收政策	F16
		合理的定价政策	F17
		政策的支持度	F18
		特许政策的连续性和稳定性	F19
		具有规范的招投标制度	F20
		具有公正的纠纷协调机制	F21
		适宜的政府财政担保机制	F22
		合理的风险分担机制	F23
		有效的退出机制	F24
	经济环境	物价指数	F25
		利率变动	F26
		汇率变化	F27
		税率或补贴	F28
	社会环境	政府对合作的满意度	F29
		合作各方的信息公开程度	F30
		合作者内部信息的有效沟通和反馈	F31
		公众对公共服务的满意程度	F32
	市场监督	政府监管机制	F33
		公众监督机制	F34
		第三方监管机制	F35
建设运营	工程建设	项目公司的工程管理能力	F36
		承包商的管理水平	F37
		承包商的技术能力	F38
		工程风险管理能力	F39
		合同管理能力	F40
	项目运营	政府对公共产品收入的分配权	F41
		运营商的运营能力	F42
		运营商的运营成本	F43
		项目运营财务风险	F44
		合理的价格协调机制	F45
		项目的可持续运营	F46
		政府收购的政策和条件	F47

2. 基于因子分析模型的关系数据分析

因子分析最常用的理论模式如下：

$$Z_j = a_{j1}F_1 + a_{j2}F_2 + a_{j3}F_3 + \cdots + a_{jm}F_m + U_j \tag{6.14}$$

其中，$j=1,2,3,\cdots,n,n$ 为原始变量总数；Z_j 为第 j 个变量的标准化分数；F_i $(i=1,2,\cdots,m)$ 为共同因素，又称 F 公共因子，因为它们出现在每个原始变量的线性表达式中（原始变量

可以用 X_j 表示，这里模型中实际上是以 F 线性表示各个原始变量的标准化分数 Z_j ）；m 为所有变量共同因素的数目；U_j 为变量 Z_j 的唯一因素，又称为特殊因子，表示了原有变量不能被因子解释的部分，其均值为 0，相当于多元线性回归模型中的残差；a_{ji} 为因素负荷量，$a_{ji}(j=1,2,3,\cdots,n;i=1,2,3,\cdots,m)$ 称为因子载荷，是第 j 个原始变量在第 i 个因子上的负荷。如果把变量 Z_j 看成 m 维因子空间中的一个向量，则 a_{ji} 表示 Z_j 在坐标轴 F_i 上的投影，相当于多元线性回归模型中的标准化回归系数。

通过因子分析的相关性分析、提取因子、因子旋转、关键因素确定与命名等步骤，经过总方差分解，可以看到共有 10 个因子旋转后特征值大于 1，它们的累计方差贡献率为 71.367%。总体上，这 10 个因子反映了原有变量的大部分信息，因子分析效果较理想。

3. 碎石图

碎石图可以作为数据分析得出主因子结果的验证和参考，见图 6-13。对于合作主体序列碎石图，第 1 个成分的特征值很高，对解释原有变量的贡献最大，第 3 个以后的成分特征根都较小，对解释原有变量的贡献很小，因此可以忽略，那么合作主体序列提取 3 个因子是适合的。按照类似的分析方法，可以得到合作环境指标序列和建设与运营指标序列两个序列中提取因子的参考个数分别为 6 个和 3 个。

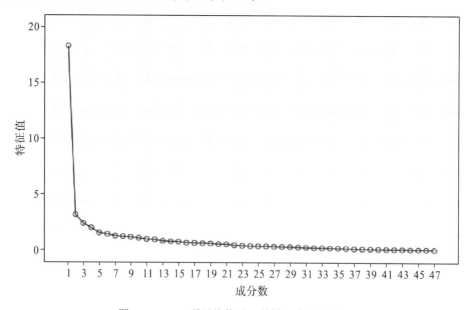

图 6-13　PPP 项目伙伴治理关键因素关键特征

采取主成分分析法选取特征值不小于 1 的因子作为主成分（即关键因素）。经过总方差分解，可以得到三个序列，分别有 3 个、5 个和 3 个共 11 个特征值，不小于 1 的因子，它们的累计方差贡献率分别是 80.49%，81.52%和 83.41%。整体来说，这 11 个因子提供了初始指标的大多数信息。

最后，按照控制权的三个层次将关键因素归类为（表 6-7）：制度-监管层、契约-管理层和建设-运营层。

表 6-7　PPP 项目治理关系重要性

层次	关键因素	要素变量	层次	关键因素	要素变量
制度-监管	合作渠道	F1	建设-运营	风险管控	F22
		F2			F29
		F4			F23
	政府政策	F15		运营能力	F41
		F16			F43
		F17			F46
	监督机制	F33		承包商管理	F36
		F34			F37
		F35			F38
	公众参与	F12		经济环境	F25
		F13			F26
		F14			F27
契约-管理	融资能力	F8			F28
		F9			
	履约能力	F6			
		F7			
		F40			
		F47			
	信息公开	F30			
		F31			

(三)政府与社会投资者产权伙伴治理机制构建

政府与社会资本投资者合作是围绕双方签订的 PPP 项目合作契约而展开的。以此，依据产权配置机理和效率的分析，为建立以伙伴产权治理为核心的机制提供以下思考。

1. 制度-监管层

制度-监管层包含 4 个关键因素：政府政策、合作渠道、监督机制及公众参与。此层次中影响效率的主要因素是政府政策，政府部门通过制定相关规章制度掌握项目的决策控制权，政府政策直接决定了决策、审批流程、准入、监督等机制的形态。科学治理政策是要政府有责任创新伙伴型政府组织，特别是政府与社会资本投资者间的合作组织，在 PPP工作中形成互助关系，使得政府与社会资本投资者间的关系模式发生"质"的变化，构建伙伴竞争秩序、重塑伙伴诚信关系、促进市场良性竞争，最终达到双赢互利。

合作渠道因素包括地方政府、政府合作部门的合作态度及实在表现，体现在合作部门、合作指南、政府履约能力、行政执行力度等方面，合作渠道是项目控制权顺利转移和配置的保证，畅通的合作渠道能有效提高伙伴质量和伙伴效率，最终提升合作伙伴价值。由于政府既是政策的制定者又是控制权的拥有者，不健全的监督机制容易导致项目控制权的配置失灵，从而降低项目合作效率。

公众参与因素影响项目合作效率的程度较低，因为现有制度缺乏明确和落实的 PPP 公众参与目标、实施制度、参与机制和参与效力规定，导致公众参与的意识弱、方式和渠道不明。

2. 契约-管理层

契约-管理层包含 3 个关键因素：履约能力、信息公开与融资能力。项目中各参与主体对项目的控制权是建立在合同的基础上的，合同一方对约定义务的履行也是另一方行使权利的基础。然而地方政府履约监制薄弱，尤其存在政府轮换，常会出现责任推诿的现象，导致合作项目效率降低，甚至失败。因此，科学的治理途径是建设以剩余控制权为核心的伙伴信息管理机制，提升伙伴信息的公开、透明和准确性，从而降低信息不对称性，提升伙伴关系的效率。

3. 建设-运营层

建设-运营层包含 4 个关键因素：承包商管理、运营能力、风险管控和经济环境。承包商管理包括施工单位对自身的管理和项目公司对施工单位的管理。建设阶段，由施工单位负责项目实体的建造，其自身管理能力直接决定了工程的质量、成本与工期，而此时项目公司通过掌握项目剩余控制权对施工单位进行管理，以保证项目朝着预期目标顺利实施。运营能力包括集约运营成本、提供服务质量、运营风险控制、项目运营经验等伙伴要素。PPP 项目成功的标志不仅在于签约阶段和建设阶段，更重要的是后期的运营及提供的服务，运营阶段控制权再次转移。社会资本投资者通过特许经营合同获得了运营权，如果没有监督约束机制，利益驱使将造成公共产品的垄断，影响项目合作效率。

4. 程序治理

程序治理包括 2 个关键因素：公众参与、信息公开。见图 6-14。

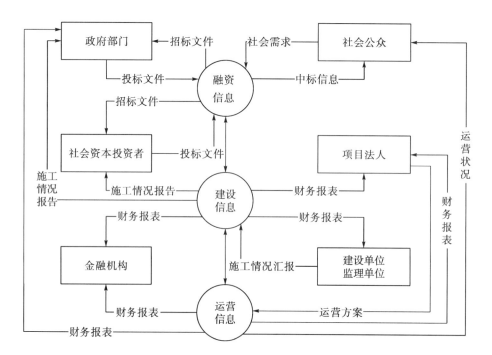

图 6-14　政府、社会资本投资者和公众参与动态关系治理 PPP 信息网络

1) 公众参与

PPP 项目实施的目的就是为公众提供公共产品和服务,可以说 PPP 项目是为公众而发起、建设与运营的,只有公众认可的项目才称得上是成功的。让公众参与 PPP 项目,可以发挥公众在监督、评价等方面的重要作用。重视公众意见、接受公众监督、确保公平竞争,以实现社会利益为目标,也是 PPP 项目物有所值的一部分。

2) 信息公开

信息公开是构筑 PPP 信息网络的基础,充分体现了"3E+P"基本原则,将促使社会资本投资者清晰地认识到政府部门对项目的需求,同时使政府部门全面地了解社会资本投资者的能力从而正确地做出决策。同时,信息公开也是公众参与 PPP 项目招投标的监督与评价的前提,降低了双方的寻租现象,提高了政府与社会资本投资者的公信力。

因此,政府治理机制是以公私合作伙伴关系为基础,以公共利益最大化为目标,全过程保障公私合作伙伴价值公平与效率所确立的政府组织模式、信息沟通渠道和监管程序的网络化制度。

三、政府与伙伴关系监管治理

基于 PPP 伙伴关系导向的政府与社会资本投资者的监管治理体制和监管机制是保障公私合作可持续发展的重要条件,从新公共管理学角度解释,是实现新型资源配置和充分发挥政府主导作用的实现途径。

(一)PPP 项目政府监管本质

监管是英文"regulation"的翻译,通常也被译成"规制"或"管制",规制是对该种产业的结构及其经济绩效的主要方面的直接的政府规定,以及在合理条件下服务所有用户时应尽义务的规定。公共项目资源配置领域存在典型的市场失灵现象,其政府监管则是社会公共机构依照一定规则对企业的活动进行规制的行为,是行政机构制定并执行的直接干预市场机制或间接改变企业和消费者供需政策的一般规则或特殊行为。国外基于市场失灵理论、信息不对称理论、委托代理理论和新兴的激励与约束、公共选择、第三方独立监督理论以及政府权力等理论,提出了 PPP 项目政府监管。目前,我国在借鉴西方理论分析思路和研究方法的基础上,结合中国国情提出了 PPP 项目政府监管定位、监管机理、机制重构和规制创新等可借鉴的结论。

我们认为,PPP 项目的治理本质是以伙伴关系为价值导向的政府监管治理职能和治理机制的重塑。因此,PPP 的政府监管是以法为准绳,实施激励与约束的行政管理职能。

PPP 项目政府监管特征(叶晓甦等,2010)见图 6-15。

(1)政府监管的本质是伙伴关系治理。

(2)政府监管具有伙伴关系双重职能,即政府对公共项目行政的监督与管理职能,以及政府对伙伴关系的促进、协调和服务的管理职能。

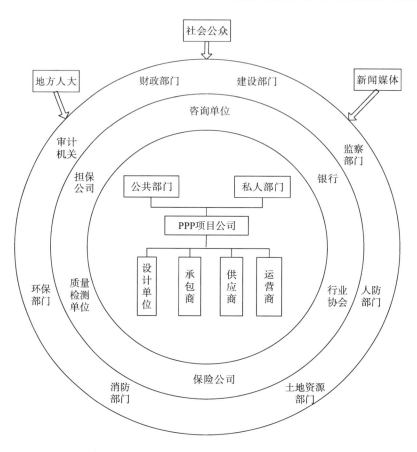

图 6-15　PPP 项目监管伙伴治理关系结构

(3)政府监管目标是优化 PPP 伙伴关系，提高伙伴价值质量，提升公共产品/服务的公平与效率，最终实现公共利益最大。

(4)政府监管内容包括：①运行机制监管，即对私人部门资质的规定、审查及退出事项的规定，主要包括公私伙伴的准入与退出、公共产品定价、公私合作产权配置、伙伴风险与收益的分担、伙伴运营/服务的质量和绩效以及伙伴的诚信守约等；②产品/服务价格监管，主要是公共产品/服务项目经营过程中的收费金额、数量及其调整的管理；③公共产品/服务质量，即对提供产品和服务质量的管理；④普遍服务。

(5)政府监管的方式包括：行政执法权政策与规制；伙伴关系的契约诚信守约实施；提供公共服务，包括公共咨询、信息咨询、绩效评价、社会公平与正义关系等服务。

(二)PPP 项目政府监管政策与治理要素

1. 我国目前政府监管存在的问题

(1)政府行政管理代替政府伙伴治理。无论是学界研究还是 PPP 实践，都是基于政府代表公共利益、提供公共服务的基本前提。因此，政府具有天然的行政管理权，依据现行政府的行政管理政策和机制实施管理行为。以伙伴关系为导向的政府监管则必须科学分解行政权力并进行监督与管理，伙伴合作提供政府应尽的公共服务管理，即从"责任"和"义务"两个方面重构政府监管行政行为和行政服务行为，政府行政管理行为是政府依法对公共项目供给、财政政策、国有资产、公共服务效益与效率和伙伴关系质量进行全面管理。政府伙伴治理则是政府以伙伴型角度，从同一目标出发，基于契约和产权治理，对市场伙伴的支持、促进和指导，进一步提供政府配置资源优势的各种服务咨询、绩效建议和诚信守约行为。

(2)政府多重监管、效率不高。政府对公共项目监管具有行政法规赋予的监督与管理权力。目前我国政府或地方政府的管理部门，例如发展和改革委员会对 PPP 项目立项审批、价格监管以及社会投资者选择具备规划权、核准权和审批权；财政主管部门具备公共投资项目预算规划权、预算审批和预算执行监管权；建设主管部门负责对项目招投标与建设过程进行监督；行业主管部门负责技术标准的执行、特许经营权授予及服务质量监管等。其他部门，如政府环保部门、安全监督部门、物价部门各自都有部分监管权限，可以说是传统监管模式，其职能是清晰界定的，责任是明确的。面对伙伴关系的维护、冲突等问题，以及在伙伴项目发挥公共效益、效率和经济利益时，政府是行政监管还是伙伴服务，缺乏清晰的界定，存在推诿，甚至出现监管缺失，导致整体伙伴关系协调困难、监管效率低下，不能实施有效监管。

(3)监管方式单一。目前政府以行政权力实现 PPP 项目行政监督与管理，在面对利益主体多元化、伙伴治理关系化和市场配置资源化的创新模式时，公私合作的地方政府监督管理开始向多元主体、协商主体和协同主体监管治理方式转变。多元主体表现在政府与社会投资者、政府与公众、社会投资者利益之间和政府部门间的伙伴治理体系，重塑政府部门监管职能和伙伴职能；协商主体是公私合作伙伴双方遵守法规和 PPP 指南规则的原则，运用市场规则、经济规则、程序规则和社会公平效益规则等，在信息充分的条件下，实现公平、公开和公正的市场伙伴式的交易与管理行为。协同主体是构成伙伴关系后，公私伙伴为实现共同目标，达成伙伴最佳利益和共同努力，以提供公共利益，实现伙伴价值、经济利益和经济效果，组建的团队组织模式实质是构成了伙伴式的利益共同体。

因此，PPP 项目监管治理需要多维度、多层级和多方式的监督与管理信息网络。在厘清 PPP 项目政府监管治理本质的基础上，明确政府伙伴治理监管要素非常重要。

2. 政府伙伴治理要素

(1)监管治理主体。在 PPP 促进中心的主要协调下，发挥政府行政职能监管部门、行业技术监管部门和市场监管部门的合力。

(2)监管治理客体。PPP 项目客体是参与公私伙伴活动的社会主体，包括公共部门、市场经济主体(主要是企业及企业联合体)和公共项目资产实体。

(3)监管治理方式。主要的依据和手段是国家法律或政策、各种市场法规或制度、PPP 专项法规或规则、特定项目各项技术标准或规范等。政府监管方式有政府行政监管和专项业务监管，例如项目立项审批、审计监督和财政监督；独立的市场监督，例如具备 PPP 项目工程咨询执业资格的注册律师事务所、注册会计师事务所和工程咨询的企业或个人；社会公众依法参与的监督方式。

3. 政府伙伴治理能力

政府参与 PPP 项目从提升和增进治理能力方面来说是实现伙伴关系、维系伙伴关系的重要基础。Henisz(2006)指出了 PPP 中存在的需要进行治理的问题：制度环境和市场竞争；组织模型和行为；不同的利益相关者和这些利益相关者参与的作用；合同安排和风险转移；组织文化。政府的治理能力体现了政府治理行为的水平和质量，是对政府治理稳定性、有效性和合法性的直观度量。在政府与社会资本合作伙伴关系中包含了伙伴关系治理能力、市场关系治理能力和项目伙伴治理能力，其中以关系治理能力为核心。伙伴关系治理能力包括了目标凝聚能力、资源配置能力、工具效用能力和责任控制能力等，见表 6-8。提升、增进和创新政府与社会资本合作伙伴的治理能力，才能实现政府的伙伴监管治理。

表 6-8　政府 PPP 中的各项治理能力

伙伴关系治理能力	市场关系治理能力	项目伙伴治理能力
目标凝聚能力	法制和治理能力	效益与成本控制能力
资源配置能力	谈判交易能力	合同契约管理能力
工具效用能力	信息公开能力	风险控制能力
责任控制能力	利益协调能力	技术标准能力
组织创新能力	机制创新能力	招标投标能力
伙伴协调能力	诚信守约能力	项目融资能力

(三)构建政府伙伴治理监管体系

依据我国西部地区各省(自治区、直辖市)政府目前的行政管理体制，结合伙伴型政府创新价值导向，构建政府与社会资本投资者伙伴监管治理体系目标、治理结构、治理基本原则和运行机制。

1. 确立伙伴型政府监管目标与机制

PPP 项目政府伙伴监管治理终极目标是在提供公共项目或服务的过程中实现公共利益最大化。具体目标是保障政府与社会资本投资者合作伙伴价值，保障公共产品/服务质量，即社会总体效益和公众福利。确保公共项目公私合作全生命周期的各个合作环节，政府行政监管、政府独立监管、社会监督和公众参与监督的分工合作、现职能划分和协调一致，见图 6-16。

2. 政府伙伴治理监管职能

依据伙伴监管治理机理，结合建设服务型政府或伙伴型政府的原则，政府监管职能分为政府行政监管部门、政府协调部门和政府协同部门，其监管职能分类见表 6-9。

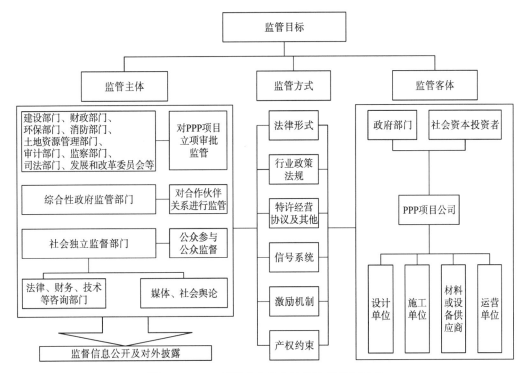

图 6-16　PPP 项目政府伙伴治理监管机制结构

表 6-9　政府监管治理职能分类对比

政府行政监管职能 (简·埃里克·莱恩，2004)	政府协调职能	政府协同职能
法规	指南	准则
程序	效率	效益
预期	适应	信息
责任	指导	目标
公开	案例	秘密
申诉	协商	退出
合法性	原则	契约
公共利益	伙伴关系	PPP 项目

3. 政府伙伴治理监管原则

研究在遵循依法监管、依规监管和市场经济效率的基础上，提出以下四项重要原则：

(1) 公共利益最大原则。基于提供公共产品/服务的经济属性，政府伙伴在 PPP 项目监管过程中确保总体经济效益、伙伴价值、经济效率和经济效果最优，更要遵循公众意愿，接受公众评价。

(2) 伙伴关系协调原则。PPP 项目政府伙伴监管过程符合公共项目全生命周期规律，在政府部门间、政府与社会资本投资者间和政府与公众间建设全过程监管与监督信息网络平台，确保伙伴监管治理的机制、体系和系统的实现。

（3）伙伴治理效率原则。明晰政府伙伴监管部门，有利于行政管理、协调管理和协同管理的职能设置，确保主体分明，职责落实和服务到位，消除多重监管，降低交易成本，提升伙伴价值。

（4）协调服务与协同管理并存原则。通过伙伴关系的分割，将政府监管与服务职能分离，参与管理和共同管理功能分离。小政府、大服务的伙伴型政府模式创新，有利于推进市场经济的良性竞争、建立政府的公信力和改善社会资本参与公私合作伙伴的环境。

4. 伙伴治理监管内容

PPP 项目伙伴关系中，政府伙伴治理监管的客体主要包括参与伙伴合作中的政府协同部门、社会资本投资主体和特定合作的公共项目资产实体。既包括 PPP 项目公司，也包括与 PPP 项目公司的一切利益相关者，见图 6-17。

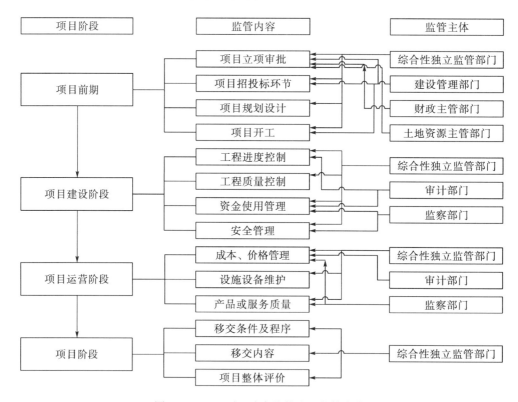

图 6-17　PPP 项目政府伙伴治理监管内容

5. 伙伴治理监管方式

（1）政府独立监管机构全过程监管。政府设立省（自治区、直辖市）政府的 PPP 促进中心，在中心内部设置独立监管协调部门，主要参与监管政策、规则和伙伴关系协调的顶层设计。

（2）政府伙伴行政监管。包括行政职能监管、专业领域监管和行业技术与服务监管。如发展和改革委员会、财政部门、建设部门、环境保护部门等，主要职责包括项目立项、财政资金投入和私营部门伙伴选择等严格的监管。其他监管部门就建设项目质量、生态和技术服务等内容进行监管。财政、审计部门、国资委等部门承担专业领域的政府监管工作。

（3）社会伙伴监督治理。社会独立伙伴治理机构依法赋予PPP执业资格，是具备公信力的律师事务所、会计师事务所和工程咨询公司等。它们为政府和社会资本主体、公众主体等提供专业的服务，起到法律赋予的独立性、专业性和公信力的监督服务作用。

（4）社会公众参与监督。社会公众是PPP项目的需求者、利益者、消费者和监督者。PPP项目提供服务质量，公众是最终评价的受众。因此，公众应参与监督的决策、建设和运营服务关键节点，是提升中国物有所值的"3E+P"标准的真正效用主体。

我们划分四类新型伙伴治理的监管主体，新设立政府综合性独立监管机构及其职能设置，从而为PPP项目的伙伴关系构建了体系化的伙伴治理监管机制。

四、体育场馆PPP项目治理机制

重庆某体育中心坐落于重庆主城南岸区，是集体育赛事及全民健身、休闲娱乐为一体的大型综合性体育设施，总占地面积344.36亩，总投资2.4亿元。该体育中心按照"两馆一中心一广场"建成，体育场馆还有2万多平方米的商业区和可容纳600多辆车的地下停车场。

运用PPP模式将场馆变成政府与社会资本投资者合作经营，以此设计PPP伙伴关系治理的政府监管体系。

（一）产权治理优先

首先分析该体育场馆利益相关者的构成，见图6-18，其PPP项目伙伴关系及产权结构关系见图6-19。

1. 所有权

该体育场馆属公共财政投资，权属性质是国有产权。

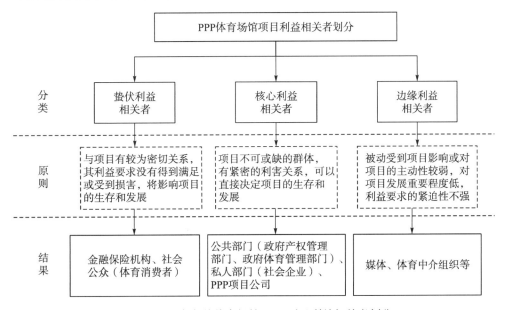

图6-18　重庆市某体育场馆PPP项目利益相关者划分

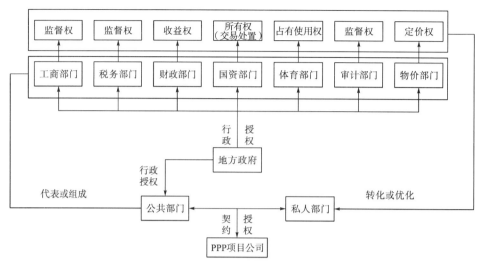

图 6-19　重庆市某体育场馆 PPP 项目产权治理结构

2. 经营权

该体育场馆的占有权、使用权、处置权等按投资比例分割给社会资本投资者。

（1）使用权的分割。场馆资产分为有形资产和无形资产。其中有形资产包括体育场馆的房屋建筑、场馆的设施设备、商铺门面、停车场、场馆范围内的地皮空地等。而无形资产则包括资源型、知识型、权利型、经营型、观念型五种类型，如图 6-20 所示。

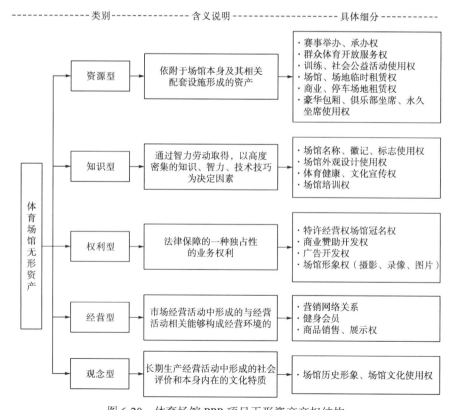

图 6-20　体育场馆 PPP 项目无形资产产权结构

（2）占有权的分割。占有权是场馆使用权和处置权实现的前提，通过对场馆的使用权进行分割，相应地，为保证私人部门经营权的实现，必须将与使用权对应的部门的占有权分割给私人部门。

（3）剩余控制权。公共部门将场馆的占有权、使用权、处置权分割给私人部门，其中不能通过合同明晰的部分就形成了剩余控制权。私人部门参与体育场馆运营的利益驱动就是获得场馆运营的收益，即获得剩余索取权，如图 6-21 所示。

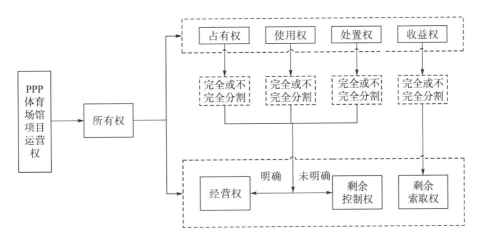

图 6-21 重庆市某体育场馆 PPP 项目产权治理关系分类

（二）政府与社会投资者利益分析

在对该体育场馆公私伙伴利益调查的基础上，本课题组划分了 PPP 伙伴利益治理关系，见表 6-10。

表 6-10 重庆市某体育场馆 PPP 伙伴利益治理关系

大型体育场馆服务功能	公共部门	私人部门
体育赛事服务	★★★	★★★
公众体育活动服务	★★★	★
体育训练服务	★★★	★
体育文化服务	★	★★
体育休闲服务	★	★★★
体育商业服务	★	★★★
体育培训服务	★★	★★
体育组织服务	★★	★

(三)体育场馆 PPP 项目伙伴治理运行机制分析

根据公益设施的体育场馆设施类项目的资产特点、管理特点和运行流程特点,设计了政府与社会资本投资者伙伴治理运行流程,即伙伴治理主体、治理客体和运行机制,如图 6-22 和图 6-23 所示。

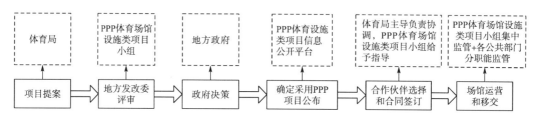

图 6-22 重庆市某体育场馆 PPP 项目伙伴合作运行流程

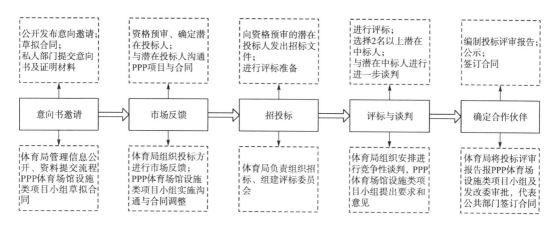

图 6-23 重庆市某体育场馆 PPP 项目社会资本投资者选择流程

(1)私人部门的选择。

(2)PPP 项目公司的组建、合同签订及场馆资产的移交。

(3)场馆的运营。

(4)运营期满场馆的移交。

(四)体育场馆伙伴治理监管机制思考

1. 公私合作伙伴

在该项目主管部门(体育局)和社会资本投资者之间建立伙伴关系,签订特许权经营协议。成立 PPP 体育场馆设施类项目小组进行核实和审查。

2. PPP 公私伙伴关系

PPP 体育场馆运营公司按市场运作,其运营全过程向政府伙伴治理主体报告。

3. 社会监督

第三方机构定期对体育中心的运营进行全面的评估和评价,由 PPP 体育场馆设施类项目小组对最终结果进行核查。

　　体育局代表公众部门作为实施主体，应该搭建社会监督平台，接受来自社会公众、体育中介、媒体的反映，将此纳入体育中心运营公益性服务开展效果的评价中，如图 6-24 所示。

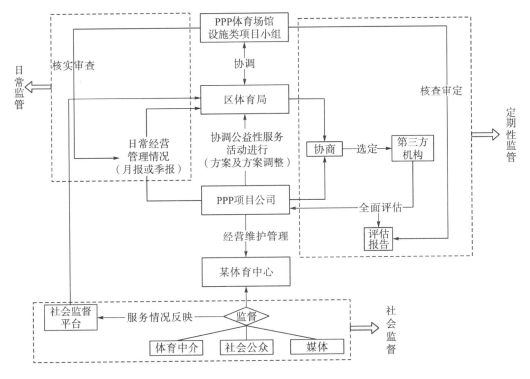

图 6-24　重庆市某体育场馆 PPP 模式政府伙伴治理机制

(五)运营移交

　　合同期满前的一定时期开始进入该体育场馆的移交过渡期，由区体育局组织安排，联合 PPP 体育场馆设施类项目小组和有关职能部门(如审计、财政、国资委等)对运营期的情况进行全面的核算、评估，完成体育中心资产、经营权、资料等的全面移交。

本 章 小 结

　　本章讨论了无论是中国的"政府与社会资本合作"概念，还是国际通行的"公共部门与私人部门合作"概念，其本质都是建立"公私合作伙伴关系"；提出了四种类型的伙伴关系，即契约伙伴关系、决策伙伴关系、风险伙伴关系和利益伙伴关系。公共项目公私合作伙伴，不同于一般的商业伙伴，更为重要的是合作伙伴价值和通过伙伴价值去获得的社会价值；决定伙伴价值的核心条件是诚信、信任和满意。至此，我们深入讨论了伙伴关系价值"3E+P"内涵和"3E+P"衡量指标原则。通过梳理政府与社会资本投资者合作过程的风险冲突、利益冲突和 PPP 项目风险，提出了公私合作伙伴关系维系的四个基本途径。

政府与社会资本投资者合作形成了"婚姻"式的基本关系。基于伙伴型政府的定位，政府在 PPP 项目中发挥其监管、协调和支持功能。

运用治理理论和伙伴关系理论，揭示了西部地区地方政府与社会资本投资者伙伴治理中存在的四个基本特征，即治理的地方性、利益性、特殊性和普遍性。地方政府伙伴精神需要不断地制度化、系统化和机制化，重点对 PPP 项目产权治理进行了理论推理，提出了产权治理在制度-监管层、契约-管理层和建设-运营层的主要影响因素，从而为思考政府监管机制奠定了理论基础。

PPP 项目政府监管，目前较多研究成果是基于公共管理理论分析思路和研究方法。我们以伙伴关系价值为导向，提出了政府监管的本质是政府伙伴式的监管治理。政府监管职能结构分为行政监管、协调职能和协同职能，其中行政监管职能属于 PPP 促进中心发挥协调的监管方式；社会监督主体包括第三方市场监督主体和公众。由此构建了 PPP 项目政府伙伴治理监管机构与机制，并通过重庆市某体育场馆 PPP 项目案例，提出了政府伙伴监管治理机制。

第七章　公共项目公私合作指南框架构建

"无规矩不成方圆"，政府与市场都是法治规则下的资源配置方式。在公共项目资源配置领域，政府与社会资本投资人是法治规则的合作伙伴关系。本章在针对我国目前尚未在顶层设计公共项目政府与社会资本投资者合作市场规则的情境下，结合课题组长期研究的理论与实践成果，在借鉴国内外成熟经验的基础上，结合前面探讨公私伙伴关系价值机制和政府伙伴治理机制的结论，结合西部地区社会经济发展和公共项目管理的优势，顺理成章地形成公共项目公私合作(PPP)法规指南，就政府与社会资本投资人合作伙伴指南的基础理论、立章观念、指导原则和基本结构进行研究，以此作为政府与社会资本投资者共同遵循的行为准则和实践指导，期待为政府制定法规提供决策依据，为社会资本投资人合作决策与实践提供理论指导和行为依据，为从事 PPP 事业的专业人员提供职业经验判断，为 PPP 立法研究"抛砖引玉"。

第一节　公共项目公私合作指南定位

一、公共项目公私合作指南是公私合作伙伴关系的法则

改革开放 40 年以来，我国经历了公共项目投资领域计划经济—计划下商品经济—社会主义市场经济的体制改革历程，同时也是公共产品或服务从政府垄断供给到商品经济作用，再到市场配置基础作用，持续到市场配置资源决定性作用的深刻转变。公共项目公私合作(PPP)从 1988 年"沙头角 B 电厂"BOT 项目融资方式开始，到如今全国制度化推行政府与社会资本合作项目融资，提出了创新政府与市场共同开展公共项目投资活动、经济活动和管理活动的崭新课题。市场经济与政府关系问题的理论争论、实际践行和法制规范由来已久，并将持续地进行下去。我国政府与社会资本投资者因公共投资项目而合作的理论、实践和法治关系才刚刚开始。法制是法治的基础，我国已经开展的 PPP 项目是"项目融资"，也是"公私合作"；是国外的 PPP 经验概念，也是"政府与社会资本合作"；是政府主导行为，也是市场配置资源行动。本书提出了"政府与社会资本投资人合作的伙伴关系"理论概念的定义，进一步解释了其内涵与外延的关系，在此基础上，认为其是公共项目政府与社会资本投资人合作活动中政府主体、市场主体和公众参与主体共同承认和遵守的法律制度，是实施 PPP 模式行为的法制规则。我国政府与社会资本共同参与公共项目投资活动已经从政府重点的、单个的和行业的基础设施项目，发展到全社会涉及公众

利益的公共项目或公共服务，从公共投资到涉及社会资本投资，从政府管理关系到市场交易关系及行为，确定法定 PPP 概念，规范合作主体行为，建立公平、公开与公正的市场关系是政府必须面对的重大课题。仅靠政府"通知"和"咨询专家"、社会组织和政府官员解释及培训难以克服目前认识模糊、概念不清和规则不明等问题。因此，制定我国的 PPP 指南是当务之急，同时也是 PPP 机制的政府保障。

二、公共项目公私合作指南是公私合作伙伴关系实践的规则

公共项目建立的伙伴关系是政府主体与社会资本投资主体共同参与的投资决策、工程建设和运营管理的全生命周期实践活动。任何实践活动都具备自身的规律和特点，建立在正确的思维、认识和规则的基础之上，正如毛泽东同志的"实践论"，从实践到认识，再实践再认识，即要求人们在进行政府与社会资本投资者的合作实践时，首先应在正确认识的基础之上开展实践活动，然后对这一活动进行总结、归纳，升华合作的规律，使其成为指导实践的规制。依据前面章节的逻辑分析，西部地区开展公共项目公私合作既是认识的开始，也是实践活动的总结，但仍然处于起步阶段。借鉴国外 PPP 指南和实践的经验，结合我国实际情况，制定具有指导性和操作性的 PPP 指南，成为政府创新公共项目投资实践规则的首要任务。一是明晰 PPP 实践的认识观念，即合作伙伴关系；二是规范 PPP 实践主体与客体权利与义务目标、原则、内容和程序；三是约定 PPP 项目契约关系、经济关系和伙伴关系；四是按特定行业合作项目制定活动范围、计算规则、重要参数、生产要素和技术标准等；五是提供合作双方的法律依据、合作文本和服务标准等规则。因此，PPP 指南是 PPP 实践活动的规则，是实施公共项目公私合作机制坚实的基点。

三、公共项目公私合作指南是公共项目公私合作法律体系的补充

中国的法律体系是以宪法为纲领、以法律为主干，以行政法规、部门规章、规范性文件为重要组成部分的有机整体。从英国、澳大利亚和中国香港特别行政区的 PPP 实践可知，PPP 指南是公私合作法规体系中至关重要的一部分，英国和我国香港地区政府应用的是行政法规性质，菲律宾和南非则将它作为法律体系的一部分，美国则是将它作为行业规范。通常，法律法规是对 PPP 应用进行原则性的规制，而指南则是指导实践活动的重要规则，不同的国家与地区根据自己的实际情况选用指导公私合作实践的模式。制定 PPP 指南的过程其实也是完善 PPP 相关法律规范的过程，我国现行法律法规体系中典型的代表是会计行业，由《中华人民共和国会计法》法律和《企业会计准则》部门规章组成，《企业会计准则》包括：1 个企业会计基本准则、41 个企业具体准则和 2 个具体会计工作操作指南。当前，从我国公共项目政府管理角度来看，主要由政府项目的《中华人民共和国政府采购法》、工程项目市场法律的《中华人民共和国招标投标法》、政府与社会资本合作的《国务院关于创新重点领域投融资机制鼓励社会投资的指导意见》(国发〔2014〕60 号)、国家主管部门的规范性文件以及地方政府的规范性文件等组成；从专业性角度来看，除国

家发展和改革委员会的《政府和社会资本合作项目通用合同指南》、《财政部关于推广运用政府和社会资本合作模式有关问题的通知》（财金〔2014〕76 号），以及《政府和社会资本合作模式操作指南(试行)》等部门规章具备实践的指导性外，其他地方政府的 PPP 项目融资改革方案等行政法规，其内容、原则和程序均抽象、不具体，指导性较弱。同时，国家部委的 PPP 部门规章规定的行政效力范围有限、权威性不足和关键概念解释缺乏统一性等，各省(自治区、直辖市)的 PPP 实践仍然缺乏顶层的指导。因此，制定适合我国的 PPP 指南有利于提升 PPP 实践的社会公信力，以政府行政法规形式颁布有利于充实我国 PPP 法律规范体系，奠定公共项目公私合作机制法制基石。

第二节　典型国家和地区公共项目公私合作指南框架分析

一、国内外公共项目公私合作指南建设

从世界各个国家和地区的 PPP 立法实践看，主要有三种立法模式：一是由立法机构或行政机关制定统一的专项法律，通过专项法律对 PPP 进行管理和指导，如巴西、韩国、菲律宾等；二是不制定统一的专项法律，而就项目的具体方面制定单项法律法规和规范指引，如英国、美国及中国香港地区等；三是不制定统一的专项法律，以现行法律形成规范PPP 的制度框架，如澳大利亚。在没有形成专项法律的情况下，各个国家和地区在实践中的做法一般都以 PPP 指南的形式对公私合作项目进行管理，2010 年 1 月，经济合作与发展组织(Organization for Economic Cooperation and Development，OECD)在 PPP 与传统公共采购模式的比较研究中，对其部分成员国进行了问卷调查。在发放问卷的 31 个国家中，22 个国家做出了有效回应，其中有 20 个国家真正应用了 PPP 模式，包括澳大利亚、奥地利、智利、丹麦、法国、英国、韩国和南非等国家。结果显示，大部分国家应用现有的法律和规章准则对 PPP 项目进行规范及管理，包括公共采购法律、合约管理法律和预算法律等。在这 20 个国家中，有 8 个国家制定了专门的 PPP 法律或准则，其中有 6 个国家只应用 PPP 专门法律或准则对 PPP 项目进行规范，而一些国家则是将 PPP 专门法律或准则与公共采购法律并用，见表 7-1。

表 7-1　国际上 PPP 法律制度框架的构成与应用

PPP 法律制度框架构成	数目	采购法与专门 PPP 法律、准则的应用	数目
公共采购法律	12	应用采购法	9
合同、特许权、预算法律	15	采购法与专门 PPP 法律、准则并用	3
专门的 PPP 法律或准则	8	应用专门 PPP 法律、准则	6
特定行业法律(交通、医疗)	7	两者都不用	2
其他法律规章	2		
没有相关法律	0		

资料来源：课题组阶段性研究成果。

根据表 7-1 的分析可知，PPP 模式在国外发展较早，在法律制度方面都比较成熟。反观我国，在实际中，PPP 模式在我国的发展并不好。以交通运输为例，在日益增长的交通需求、巨大的项目投资需求和财政压力下，我国政府开始修整大型交通运输基础设施项目融资的相关政策，开始由政府融资转向 PPP 模式融资；同时，从中央到各级地方政府通过出台法律法规和规章积极参与到制度变迁中。但是自 2009 年后，由于一些私营企业的投机行为和政府官员的不法行为，私营企业的参与逐渐减少，大量大型的交通运输项目开始转由国有企业承担(Mu et al.，2011)。

改革开放以来，在公共投资领域的改革中，政府主要以国务院深化投资领域改革方案形式出台政府行政法规，对项目融资模式分别以部委专项政策形式出台文件通知。2014年至今，在公共投资领域"发挥市场在资源配置中起决定性作用和更好发挥政府主导作用"，全面推进政府与社会资本在公共基础设施领域实施公私合作伙伴的 PPP 模式，成为公共投资领域新型的资源配置方式，这也对政府公共投资管理政策提出了新要求。为了落实国家政策，促进政府与社会资本合作，财政部和国家发展和改革委员会分别推出了《关于印发政府和社会资本合作模式操作指南(试行)的通知》(财金〔2014〕113 号)和《关于开展政府和社会资本合作的指导意见》(发改投资〔2014〕2724 号)及其附件(以下简称《意见》)，对 PPP 项目的发起与识别、合同体系、伙伴选择、风险分担基本框架、监管架构等进行说明。然而，存在的主要问题是：①对幅员 960 万 km^2 的大国而言，仅仅以部委文件、意见或通知形式决定一种制度建设是缺乏顶层设计的。②两部委的 PPP《意见》，虽然属于政府行政规定，但其法律权威性、国际通用性、市场认可性都是存在局限性的，例如财政部(财金〔2014〕113 号)通知的首页明确划定了通知对象，即"各省、自治区、直辖市、计划单列市财政厅(局)、新疆生产建设兵团财务局"，其意义是只通知财政政府管理部门，收到的执行，未收到的不执行。这对于政府主体与社会资本投资主体而言，降低为财政部门与社会资本合作。③两部委的 PPP《意见》对于关键概念解释、政府管理责任与义务、具体实施程序和承担的法律责任与义务等，存在多处冲突、不一致和自成一体情况。这既不利于地方政府开展 PPP 合作实践，也不利于地方政府出台本地区的 PPP 项目政策或规则。反而引发社会投资主体引用政策条款时面临选择困境。④我国加入 WTO 后，市场已经是国际市场，政府出台的"社会资本"合作对象自然包括了国际资本的投资人。作为一个在国际上负责任的大国，更应该在出台政府行政性法规上具有科学性、严谨性和国际性，在借鉴国际上 PPP 政府法规成熟的国家的经验与教训的基础上，总结 PPP 专家研究成果、社会经济、科学研究成果、政府管理经验，结合各地社会经济发展的实际情况，制定适合本国的政府行政法规；在符合中国国情的同时，也应与国际惯例相协调，将普遍规律与特殊实际相结合，保证其国家信用和政府信用，这成为国家及地方政府与社会资本投资者建立合作伙伴关系的指导性规则。因此，构筑我国国际性与本地区特征相结合的PPP 政府法规制度体系和 PPP 专项操作指南是十分重要的，这也是促进国家"一带一路"倡议和新型城镇化国家战略的加速器。

二、国内外公共项目公私合作指南结构

(一)英国 PFI 指南

英国是最早实施 PPP 模式的国家,也是目前 PPP 模式运用最为成熟的国家之一。英国公私合作模式大体上经历了三个阶段:①20 世纪 70 年代末,英国政府为解决政府巨大的财政压力,大规模出售国有企业,进行私有化改革;②20 世纪 80 年代至 90 年代早期,立法强制规定政府通过招投标,以合同承包的形式在公共项目和公共服务领域引入私营企业,以提高公共项目的供给效率;③1992 年欧盟各国签署马斯特里赫特条约(Maastricht Treaty),英国政府面临基础设施改善的施政目标与财政支出压力,财政大臣 Norman Lamont 在财政部秋季汇报中宣布政府将正式启动私人主动融资(private finance initiative,PFI),2000 年英国正式提出 PPP 的概念,PFI 即 PPP 模式的典型。经过四十多年的建设,英国政府的 PPP 法规建设与应用一直处于全球较成熟的地位。

英国 PPP 项目大多采用 PFI 模式,虽然在 2011 年提出了 PF2 这一新模式,但由于 PFI 发起较早且较成熟,所以该部分以 PFI 系列指南代表英国 PPP 指南,详见图 7-1。PFI 系列指南分为多个文本,包括《PFI:迎接投资挑战》(PFI:Meeting the Investment Challenge)、《PFI:加强长期合作伙伴关系》(PFI:Strengthening Long-Term Partnerships)以及详细的技术性指南(图 7-2)。技术指南包括:物有所值指引(Value for money guidance)、业务工作组指引(Operational taskforce guidance)、融资指引(Finance guidance)、财政部工作小组技术指引(Treasury taskforce technical notes)、简易指引(General guidance)、PFI 标准化合同(Standardization of PFI contracts(SoPC)version4)等。

《PFI:迎接投资挑战》的主要内容包括:描述了在政府的公共服务投资计划实施过程中 PFI 起到的虽小但重要的角色;描述了与其他采购模式一样受到使用限制和严格的"物有所值"评估时,政府如何实施 PFI 项目;对 PFI 项目绩效研究的结果进行分析,通过建立公私合作关系改进 PFI 的措施以及保证 PFI"物有所值"的实现不是以剥削员工福利为代价的措施;最后针对进一步改进"物有所值"评估方法、施行项目系统和快速获得私人融资益处的能力提出建议。《PFI:加强长期合作伙伴关系》在《PFI:迎接投资挑战》提出的措施的基础上,提出了进一步改善措施以支持 PFI 在公共服务供应中日益重要的角色,其主要内容包括:在政府研究的基础上建立 PFI 模式的可操作性和合同的灵活性;制定使政府更好实现"物有所值"能力的措施;寻求支撑 PFI 采购的专业方法以减少采购次数,以及当地政府在 PFI 模式中如何决策会获得核心技术和能力的支持;最后总结归纳了 2003 年以来政府持续改善"物有所值"评估和 PFI 采购程序的措施和相关研究。总之,这两个文件主要探索和描述了 PFI 项目运行中涉及的主要问题以及如何更好地实现 PFI 项目,让读者了解"物有所值"评估、采购程序改善等。

在技术性指导部分,PFI 指南包括了上文提到的六个部分。第一部分"物有所值指引",介绍对 PFI 项目"物有所值"进行评估的定性评估指南和定量评估指南,详细介绍了评估的程序和定量评估工具。第二部分"业务工作组指引",这部分又由四个文本构成:①基

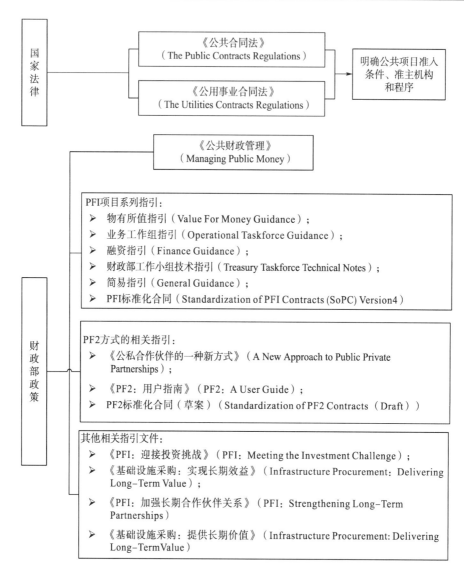

图 7-1 英国国家 PPP 政策法律法规体系

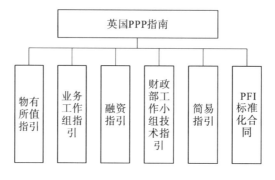

图 7-2 英国国家 PPP 技术指南体系

准管理和市场测试指南,指导公共部门 PFI 合约管理员通过软服务的基准管理和市场测试实现资金的使用价值;②项目过渡指南,在项目由采购向运营过渡阶段为项目管理人员和合约管理人员提供支持;③业务项目的变更协议(在 PFI 标准化合同第 4 版之前使用),帮助签订了 PFI 合同的政府当局在 PFI 项目运行过程中在适当的时候设立资源协议以变更管理;④合同到期指南,在 PFI 合同向其他任何一种新的管理方式过渡时协助公共部门合约管理人员实现对它的管理和过渡。第三部分"融资指引",是对 PFI 项目中与融资有关的各种问题进行指导,包括利率与通货膨胀管理、PFI 合同中内部收益率的计算和使用、债务融资优先竞标、再融资的准则及收益计算和 SPENS 条款在 PFI 项目中的应用。第四部分"财政部工作小组技术指引",这是由财政部工作小组发布的技术说明,并包含不同的主题。技术说明分别指导如何任命和管理 PFI 项目顾问,对优先竞标人的指定和与其如何合作,如何实现 PFI 项目的设计质量等问题。第五部分"简易指引",包括对项目治理、竞争性谈判采购程序、PPP 会计安排、组建联营企业以及复杂资本投资程序管理等问题的指导。第六部分"PFI/PF2 标准化合同",包括对 PFI 项目中出现的所有关键问题的指导。技术性指导部分的内容全面且详细,对 PFI 项目中主要的"物有所值"评估、融资、项目管理和合约管理等问题的处理进行了详细的介绍,使公共部门和私营部门充分理解 PFI 项目运行的具体程序和方法。详见图 7-3。

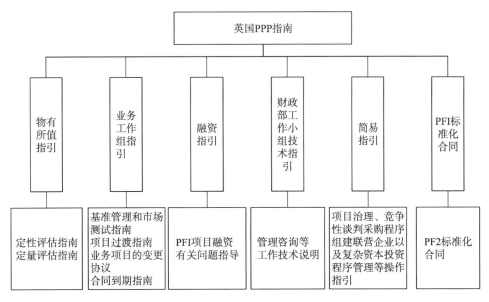

图 7-3　英国国家 PPP 技术指南体系结构

(二)澳大利亚国家 PPP 政策及指引

澳大利亚对 PPP 模式的应用是从 20 世纪 80 年代开始的,主要应用于基础设施领域,目的主要是解决政府财政紧缺、财政收支不平衡的问题。澳大利亚 PPP 政府的行政法规建设与英国不同,它是由下而上的,即先由州政府实施地方政府的 PPP 指南,最后形成了当今的国家 PPP 体系。

2000 年开始，澳大利亚以维多利亚州为开端，各联邦部门和各州政府相继发布了 PPP 模式的相关规范指引、准则和协议等，对 PPP 项目的健康有序发展起到了重要作用。但是，由于各州和各联邦政府部门的 PPP 法规政策存在差异，造成 PPP 模式在全国范围内发展不平衡，从而导致了 PPP 项目效率不高和私营企业难以参与公私合作的问题。为解决这一问题，澳大利亚联邦政府在 2004 年组建了国家 PPP 论坛(National Public Private Partnership Forum)，并在 2008 年以《澳大利亚基础设施法案(2008)》(Infrastructure Australia Act 2008)为基础组建了澳大利亚基础设施委员会(Infrastructure Australia，IA)，从而建立了统一合作的 PPP 沟通管理平台；2008 年，澳大利亚基础设施委员会在澳大利亚政府委员会的批准下颁布了《国家 PPP 政策及指引》(National PPP Policy and Guidelines)，对全国范围内的 PPP 项目进行规范；《国家 PPP 政策及指引》统一适用于联邦政府的各个州及辖区并替代各个州原有的 PPP 相关政策指引，同时各个州也可以在允许范围内进行修改和补充。

澳大利亚的《国家 PPP 政策及指引》也由多个文本构成，分别为"国家 PPP 政策框架"和"国家 PPP 指南概述"，以及由 8 个文本构成的国家 PPP 详细指南材料。

"国家 PPP 政策框架"主要针对现有的 PPP 政策框架进行介绍，包括：政策制定管理机构，如澳大利亚基础设施委员会(IA)、澳大利亚政府理事会(Council of Australian Governments，COAG)等的职责；PPP 政策及其框架的目标、适用范围和应用；PPP 项目评估的内容；PPP 应用过程中的关键原则以及 PPP 项目治理的机构。"国家 PPP 指南概述"第一部分对国家 PPP 指南目标、适应范围以及指南所包含的内容进行介绍；第二部分对 PPP 模式进行介绍，描述了 PPP 的定义、特征、优势、"物有所值"理念以及与公众利益的关系；第三部分对 PPP 项目决策过程的重要问题进行介绍，如投资与采购决策的关键步骤、主动提交项目建议书和如何作为 PPP 模式实施项目；第四部分为 PPP 项目成功实施的原则、政府审批和关键阶段及流程，PPP 项目中需重点考虑的问题如廉洁与公正、利益冲突、信息公布原则等；第五部分是介绍风险配置和商业原则；第六部分为"物有所值"理念的介绍，包括相关概念的描述和公共部门比较值(public sector comparator，PSC)的作用等；最后进行总结和相关附录的展示。

《国家 PPP 政策及指引》的详细指南材料有 8 个文本，包括采购模式分析、PPP 执行指南、社会性基础设施的商业原则、公共部门比较值指南、折现率制定方法指南、管辖权调整说明、经营性基础设施的商业原则以及商业准则的使用指南。①采购模式分析：解释在应采用 PPP 模式的公共基础设施项目中如何考虑并选择一种合适的采购方法，为 PPP 模式可行性评估提供一个框架。②PPP 执行指南：向联邦及各州的政府部门和机关就 PPP 流程如何实施的问题提供指导，主要从政府的角度描述 PPP 项目如何实施。③社会性基础设施的商业原则：详细介绍联邦、州及区域政府对于社会性基础设施 PPP 项目的现有首选商业原则，这个指南文件需要与其他指南材料描述的流程结合使用。④公共部门比较值指南：就如何在 PPP 项目实施过程中构建 PSC 及相关问题为联邦、各州和地区政府部门和机关提供指导。⑤折现率制定方法指南：为折现率的制定提供一种方法，这个折现率是用于评估与 PPP 相比较的公共部门比较值的相对"物有所值"；这个指南主要关注的是社会性基础设施折现率的确定。⑥管辖权调整说明：针对各个州 PPP 政策指南与国家

PPP 政策指南或指南以外的不同，本指南文件对其调整要求进行详细说明。⑦经营性基础设施的商业原则：详细介绍联邦、州及区域政府对于经济基础设施 PPP 项目的现有首选商业原则，介绍社会性基础设施与经济基础设施的区别。⑧商业准则的使用指南：指导商业原则的实用型指南，是构建基础设施合同的基础。详见图 7-4。

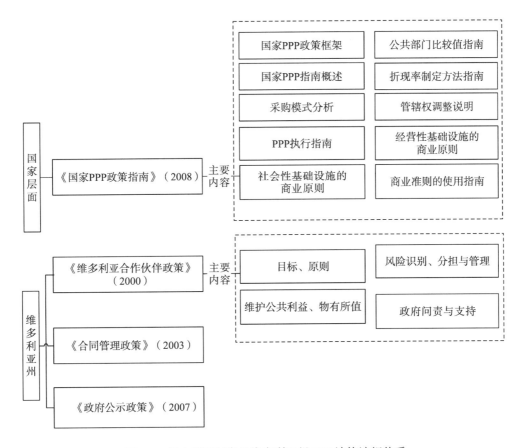

图 7-4 澳大利亚国家及维多利亚州 PPP 法律法规体系

（三）南非 PPP 指南

南非借鉴英国 PPP 指南形式，其特点是以国家法律形式出现。1997～2000 年，早期的 PPP 项目出现在公路、监狱、水务和旅游业。多年以来，南非政府一直致力于营造 PPP 模式的发展环境。首先，1997 年南非政府内阁批准成立了一个跨部门的 PPP 工作小组，它负责制定一系列的 PPP 项目政策、法律并进行体制改革。其次，在 1999 年内阁政府通过了 PPP 发展的战略框架，2000 年发布了依据《公共财政管理法》制定的《财政部 16 号准则》，对 PPP 模式进行管理。最后，南非政府将 PPP 法规升格为 PPP 法律规范体系。

南非政府的 PPP 指南文件包括《公私合作伙伴指南》和《标准化 PPP 规定》，这两个文本都是依据《公共财政管理法》和《财政部 16 号准则》制定的，两个文件须配套使用。《公私合作伙伴指南》（以下简称《PPP 指南》）包括 9 个模块的内容，每个模块对应《公共财政管理法》第 76 章的相关内容，与《PPP 标准化规定》（以下简称《PPP 标准》）构成财政部的一项 PPP 实践注释(national treasury PPP practice note)。南非国家 PPP 指南显著的特征是规定严格的法定程序。PPP 项目周期主要分为两个时期，分别是 PPP 项目准备期和 PPP 项目实施期；PPP 项目准备期又分为开始阶段、可行性研究阶段和采购阶段；PPP 项目实施期分为开发阶段、移交阶段和退出阶段。PPP 指南政府重点监管的是项目准备期，因为在这一时期涉及法定的四次财政部批准授权。

　　PPP 指南共由 9 个模块组成。分别是：①模块 1，南非共和国 PPP 模式的相关法规介绍，主要是对《财政部 16 号准则》的介绍；②模块 2，在 PPP 项目中如何实施好黑人经济振兴法案；③模块 3，项目开始阶段的工作介绍；④模块 4，关于项目可行性的研究；⑤模块 5，项目采购过程及内容；⑥模块 6，PPP 合约的管理；⑦模块 7，审计方面工作人员的职能和权力及如何进行 PPP 项目审计；⑧模块 8，关于 PPP 项目的会计处理；⑨模块 9，对项目融资的介绍。具体如图 7-5 和图 7-6 所示。

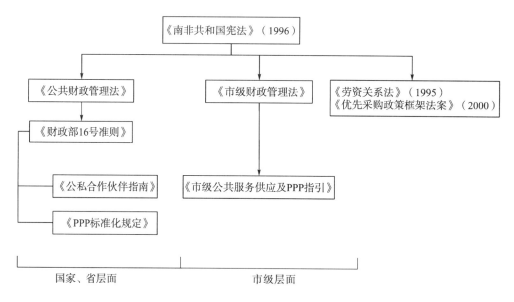

图 7-5　南非国家 PPP 法律法规体系

　　南非国家 PPP 标准是组成 PPP 法规体系的核心。《财政部 16 号准则》提出了最关键的指标，包括在 PPP 合同中的三个关键指标，即"风险大量转移"、"物有所值"和"可购性"。对于无法通过 PPP 标准处理的关键问题，通过 PPP 标准只能进行识别但不能得到详细的考虑，这样的情况必须在项目可行性研究阶段对其进行识别。PPP 标准的目标是促进人们对 PPP 项目中典型的技术、经营和财务风险的了解，参与主体必须了解这些风险在 PPP 项目实施过程中是如何进行转移和分担的。更重要的是，应该了解到 PPP 标准关注的重点是 PPP 项目风险的合理预测，而不是关注 PPP 是不是合适的公共服务供应模式，行业问题也不是 PPP 标准关注的重点。

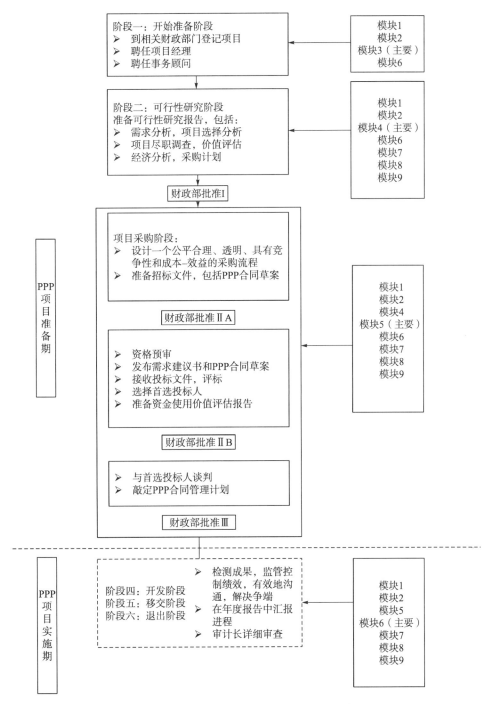

图 7-6　PPP 指南模块与项目阶段的关系

(四)中国香港地区 PPP 指南

中国香港地区是我国公共项目公私合作(PPP)模式和政府行政法规管理体系建设最为成熟和规范的地区。香港地区政府是在借鉴英国 PPP 模式优点的基础上，结合香港地区社会经济发展的实际情况和中国人文背景特点，成立了政府体系化、专业化和社会化结合的 PPP 管理机构，政府完成顶层组织机构设计，即特区政府政务司下设的"效率促进组"（efficiency unit，EU），并由该组织负责全港 PPP 行政法规体系配置，见图 7-7。

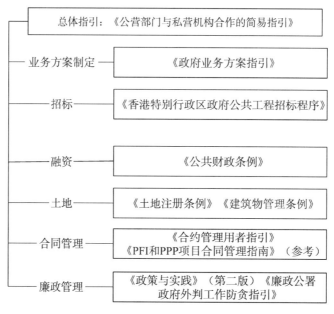

图 7-7　中国香港地区政府 PPP 行政法规体系

　　中国香港地区政府 PPP 行政法规的特征是采用"政策+指南"的方式。《公营部门与私营机构合作的简易指引》（2008 年 3 月第二版）（以下简称《PPP 简易指引》）为政府管理行政法规提供依据，各项具体业务指导性规则包括：《政府业务方案指引》指导制定业务方案、《香港特别行政区政府公共工程招标程序》指导政府部门进行 PPP 项目招标、《公共财政条例》提供政府融资指导政策等。此外，PPP 项目涉及相关的法律及法规配套，如涉及土地、城市规划、工程合同等依据《土地注册条例》《建筑物管理条例》《合约管理用者指引》等，涉及政府官员廉政管理的依据《政策与实践》（第二版）、《廉政公署政府外判工作防贪指引》。

　　中国香港地区的《公营部门与私营机构合作的简易指引》（2008 年 3 月第二版）共计13 章及附录。第 1 章主要介绍什么是 PPP 和应用 PPP 模式的好处，包括 PPP 模式的应用发展情况、PPP 的应用形式、PPP 模式的应用条件和适用项目范围、PPP 模式中公共部门与私营机构各自的角色和职能等 19 个问题；第 2 章为传统采购模式与 PPP 模式的对比，包括设施产品采购的比较、服务采购的比较、融资和付款的比较等。第 1 章、第 2 章对PPP 模式及其相关的事项进行了比较完整的描述，对促进公共部门和私营企业对 PPP 模式的认识和理解起到了重要作用。第 3 章到第 13 章是对 PPP 模式应用中所涉及事项处理的详细具体的指导。其中，第 3 章及附录 C 解释 PPP 项目的构建及相关问题并给出构建流程图，主要步骤为：筹划并拟定业务计划、申请拨款、技术评估与咨询，从而确定用地需求、邀请提交项目意向书、政策及拨款批准、采购及甄选、开始提供服务、付款及合约管理。第 4 章、第 5 章分别为如何制定业务计划和合作伙伴的选择，其中对"物有所值"
（value for money）、公共部门比较值（public sector comparator，PSC）、项目意向书（expression
of interest，EOI）和建议书邀请（request for proposal，RFP）等进行了详细介绍。第 6 章至第
8 章是对 PPP 项目中重点工作的指导，包括风险管理、融资与支付和绩效管理，内容涉及
风险因素、风险分配等问题的处理并给出 PPP 项目风险矩阵的例子、公共部门与私营机
构如何处理融资问题以及在 PPP 项目中私营机构的绩效管理、合约管理等。第 9 章至第
13 章是对 PPP 项目涉及的其他一些问题的处理指导，包括 PPP 合同变更、员工聘任、公
私双方法律权利与权力、土地问题以及政府廉洁与腐败问题。由此可见，香港地区 PPP
指南基本上对 PPP 项目所涉及的工作和事项进行了完整的介绍，是指导 PPP 实施的重要
文件。详见图 7-8。

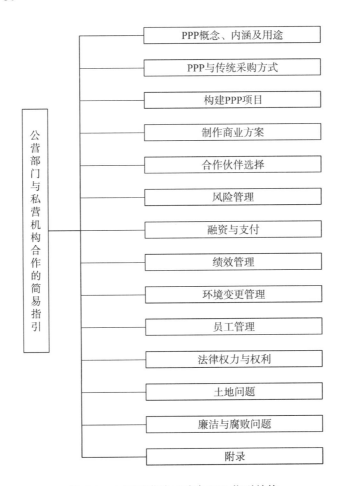

图 7-8 中国香港地区政府 PPP 指引结构

中国香港地区政府的 PPP 指引特征：第一，理念体系清晰可见，即公私合作的伙伴
关系；第二，指引重点是设立公共利益最大化原则，即包括社会责任、信息透明度、政府
与私人部门的公平性、社会公众参与、消费者权益保障、社会公共安全、隐私、利益相关

者或群体的权益等；第三，政府监管到位、责任明晰和具体，例如在项目层面上，根据需要成立业主委托人小组，由它负责项目的监督工作，并定时检查 PPP 合约履行情况，向政府部门报告。在私人部门经营过程中，政府相关管理部门或其授权人有权在任何合理的时间内，调阅 PPP 项目运营过程的相关资料、查阅财务账目和记录，在合同期限内，通过定期召开会议保持公私双方的信息交流顺畅，避免由于信息不对称导致的各种问题。

三、对我国制定公共项目公私合作指南框架的启示

（一）制定公共项目公私合作指南的法律位阶

国际上，不同的国家和地区 PPP 指南的法律位阶是不同的，这取决于本国或本地区的法制体系、社会经济制度体系、政府行政管理特征和公共项目资源管理发展历史沿革等因素，如在英国、澳大利亚、南非和中国香港地区其 PPP 指南的法律位阶也是不尽相同。对英国和我国香港地区而言，PPP 指南属于行政法规；澳大利亚 PPP 指南的法律位阶是既保持有地方州政府的法规体系，又存在国家层面的政府法规体系；南非则是确立的法律地位。其目的和作用都是相同的，即在州政府或国家层面能发挥全社会公私合作的驾驭功能。我国是一个大国，各省（自治区、直辖市）的社会经济发展不平衡，但是国家行政管理采取的是中央集权与地方发展相结合的模式，中央部委、省级政府和地方政府及部门均有公共项目投资计划管理权，因此，可借鉴澳大利亚和我国香港地区公共项目公私合作政府行政法规体系模式，即"两级定制"法，国家层面进行顶层行政法规体系设置，地方政府以国家顶层体系为主，结合地方实际特点设置行政法规。这样既能实现国家重点工程项目的公私合作伙伴关系，保持对国家重点项目政府与社会资本投资者合作机制的实施，又能符合地方政府作为项目发起人和社会资本投资者的伙伴关系特征，保障 PPP 运行机制的实现。同时也可以根据不同省市对国际市场的开放程度，在不与宪法、法律、行政法规以及本省（自治区、直辖市）的地方性法规相抵触的前提下，授予其更灵活的法定权限，由地方省级人民代表大会通过，可以制定地方性法规，报全国人民代表大会常务委员会备案后施行。

（二）制定 PPP 指南框架结构的启示

虽然国际上各个国家（地区）的 PPP 法规体系不尽相同，形式上也各异，但是它们组成的 PPP 指南的逻辑框架结构都是相同的，我国香港地区 PPP 指引的逻辑结构也与其他国家（地区）是相似的。基本逻辑结构是：PPP 基本指南、具体指南和操作指南。

（1）PPP 基本指南。重点是理论研究成果、实践经验与教训总结，在结合本国及本地区社会经济发展、人文风俗习惯、法制体系、民主制度发展和市场经济关系等的基础上，发挥统领和对未来实践发展原则解释的作用。基本内容包括基本理论、基本概念解释、基本原则、基本方法及基本程序。例如英国、澳大利亚、南非和我国香港地区 PPP 基本指南的内容主要包括两部分：第一部分，PPP（英国为 PFI）及其相关政策的介绍，包括 PPP(PFI) 的定义、特征、适用范围，优、劣势及政策框架，以及 PPP 的重要理念、原则等，属于理论介绍部分；第二部分，为 PPP 项目实施过程提供详细的技术指导，包括融

资、风险、建设与运营等方面。

（2）PPP 具体指南及应用操作手册（指南）。它是以 PPP 基本指南为依据，根据以下四个方面的内容制定更具有针对性的行政法规或法案：①基础设施所属的不同类型、行业和公私合作多样性的合作模式等；②以及运用程序、关系性伙伴契约；③处于不同的建设、运营阶段；④某个项目类型、项目技术特殊性、重大工程的影响和特定民族区域等。其内容上重点关注技术性、实际性、特殊性和法规程序性等要求。

在具体操作指南方面，一般由各类专项指引构成。技术指导部分一般包括 PPP 项目立项、项目流程、合作伙伴甄选、风险管理、融资与支付管理、合同管理及谈判、绩效管理等以及其他相关指南，见图 7-9。如英国的物有所值指引、业务工作组指引、融资指引、财政部工作小组技术指引、简易指引和 PFI 标准化合同；澳大利亚的采购模式选项分析、PPP 执行指南、公共部门比较值指南和折现率方法指南；南非的 PPP 指南，即模块 3 到模块 9；香港的 PPP 指南为第 3 章到第 13 章，而第 1 章、第 2 章为基本概念、理论解释；第 3 章到第 13 章为应用规则，即 PPP 项目构建、业务计划制订、选择合适的私营机构、风险管理、融资与支付、绩效管理和条件变更、员工聘任问题、法律权利与权力等问题。

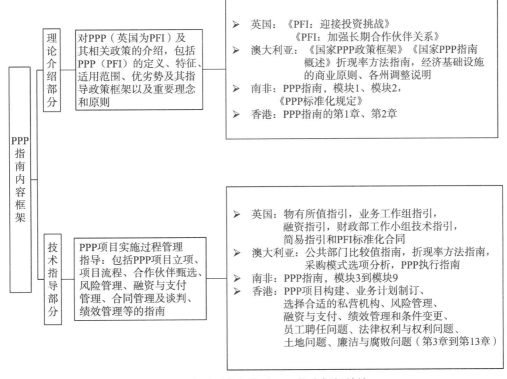

图 7-9　典型国家和地区 PPP 指南框架精炼

（三）制定 PPP 指南的阶段性

各国或地区制定 PPP 指南的发展时段是各有差异的，我国香港地区也不例外。但政府都十分重视 PPP 法规的层级建设、制度与机制建设和持续的修正及完善。

在 PPP 指南的制度建设中，第一，确立法规层级，即都是在政府行政法规层面，这主要是由于确立政府 PPP 指南的行政管理政策部门都是最具权威的。如英国是在内阁办公室设置 PPP 相关部门，我国香港是设立在特区政府政务司。第二，PPP 指南的制度与机制同步进行。在制度内容结构上，PPP 指南重点放在了基于 PPP 理论和本质概念的科学性上。例如英国 PPP 理论部分主要放在《PFI：迎接投资挑战》和《PFI：加强长期合作伙伴关系》两个文件中展示，澳大利亚是《国家 PPP 政策框架》和《国家 PPP 指南概述》这两个文件，我国香港地区 PPP 指引放在了第 1 章和第 2 章中，这些解释能十分清楚地告诉社会"什么是 PPP"。第三，建设明晰的 PPP 指南机制。无论是政府出版的 PPP 指南文本，还是在政府网站，都能便捷、快速和醒目地找到 PPP 政策、PPP 指南、PPP 操作程序，甚至提供很多 PPP 完成的案例和合同文本等，这能极大地提高 PPP 合作效率、降低公私合作交易成本、提升政府的信息质量和私人部门合作的诚信以及政府合作的公信力。例如，在英国、澳大利亚维多利亚州和中国香港地区的政府网站，都非常清晰地展示了 PPP 准入条件，见表 7-2。

表 7-2 英国、澳大利亚维多利亚州和中国香港地区的 PPP 准入条件

国家(地区)	分类	条件
英国	经济和财务能力	相关风险赔偿保险
		业务相关的账户申明
		前三个年度的财政说明
		所依赖的其他经济实体或联合体内成员的能力
		必要可行的资源
	技术和专业能力	过去 5 年的项目经历
		技术人员或服务可靠性
		专业设施设备、质量保证措施等
		专业资质资格
		环境管理措施
		过去 3 年职工和管理人员的年平均人数
		专业的设施设备、工器具列表
澳大利亚维多利亚州	一般条件	理解项目目标和政府对项目的要求
		理解项目关键问题的挑战，并提出解决问题的方法和建议
		管理协调能力
	经验和能力	PPP 经历经验
		在当地或国际上成功设计、建设、融资、维护和运营主要基础设施的经验和能力
		联合体组建经验
	融资和资金能力	内部联合体风险分配
		拟定资金结构
		理解和接受公共部门所提出的风险分配和商业原则
		具有相应的融资能力，完成项目相关的合同义务
	其他条件	证明没有利益冲突

续表

国家(地区)	分类	条件
中国香港地区	财务资产类	项目资产报表
		联合体成员的财务状况
	企业类	项目职员的雇用条款
		恪守道德行为规范的承诺说明
		廉洁方面的问题
		遵守劳工条例的记录
	技术类	联合体成员的相关工作经验
		主要员工的资质及经验
		创纪录
	项目类	合适的风险分担
		提出可能的利益冲突及缓解措施
		交付方式与方法
		联合体期望报酬率

资料来源：本课题阶段性研究成果。

　　根据上述分析可知，政府 PPP 指南就是要解决"PPP 是什么，怎么形成伙伴关系，如何实施 PPP"的问题。一方面，介绍 PPP 相关的基本概念让读者对 PPP 有初步的认识，更重要的是要介绍 PPP 的宗旨、理念、原则等。另一方面，由于 PPP 模式的复杂性和创新性，需要对 PPP 流程及其各个阶段中的工作内容以及其他关键问题进行详细介绍，即首先是明确政府的首要责任是提供系统的、科学的和体系化的制度服务和 PPP 合作机制服务，其次才是 PPP 项目。因此，可借鉴我国香港地区政府的 PPP 指南，为构筑政府 PPP 伙伴关系制度和合作机制、创新政府公共项目投资模式提供实践性示范。

第三节　我国地方政府公共项目公私合作指南框架建设

一、重庆市公共项目公私合作指南

　　我国西部各省(自治区、直辖市)自然环境各异、地方社会经济发展水平不同，民族文化丰富，基础设施与公用设施发展基础差异较大。目前，在缺乏国家 PPP 指南顶层制度的现状下，在我国政府管理体制改革和深化市场经济体制改革的背景下，结合 PPP 项目融资实践经验和科学理论研究成果，在借鉴国内外经验的基础上，制定本省(自治区、直辖市)政府的 PPP 指南行政法规。因此，本课题提出了制定地方政府层级的 PPP 指南研究。以重庆市为例的重要原因：第一，重庆市是西部地区省级政府中最先试行公共项目公私合作的城市；第二，重庆市行政层级较简单，在公共项目管理领域市场化程度较高，市政府出台的改革政策具有了一定的基础；第三，重庆市 PPP 理论研究成果十分丰富，重庆市科学委员会在 2007～2010 年已有 PPP 研究专题, 重庆大学 PPP 研究中心的理论研究与实践成果在全国具有一定的影响力。

(一)重庆市公共项目公私合作的实践基础

自 2002 年起, 重庆市相继成立了八大国有建设投融资集团(简称"八大投"), 开始了在基础设施建设领域的市场化机制改革探索。成立了重庆市渝富资产经营管理有限公司专门负责国有不良资产的处理和相关的股权投资(赵全厚, 2011), 建立了国有企业资本产权交易中心、城市土地产权交易中心。"八大投"以国债、规费、土地储备收益、固定资产存量和税收返还的方式注入资本金, 遵循融资"三个不担保"原则和执行"三个平衡"的经营方针, 即: 政府财政不为投融资公司提供担保, 投融资公司之间不能互相担保和投融资公司的专项资金不得交叉使用的原则; 长期资产和负债平衡, 现金流量的平衡和投入产出平衡。"八大投"成立以来在缓解基础设施建设中政府的财政压力、加快重庆市基础设施建设方面发挥着重要作用。随着公共项目投融资体制的改革, 在"投、建、管、用"适当分离原则的指导下, 重庆市对在政府投资项目建设管理中实行代建制进行了探索, 成为全国最早试行政府投资项目代建制的城市之一。2003 年相继颁布了《重庆市政府公益性项目建设管理代理制暂行办法》和《重庆市政府投资项目管理办法》, 对政府投资项目建设管理进行规范并全面推行代建制。代建制实行的范围为使用各级财政预算内外资金和经有权机关批准收费筹集的资金在 1000 万元以上的项目, 以及 1000 万元以下特别重要的政府公益性项目(重庆市建设委员会, 2005)。在政府的大力推动下, 代建制模式的发展应用超过了 BT、BOT 模式。

重庆市构建地方投融资平台和应用代建制进行公共项目建设的经验对进行公共项目公私合作具有重要参考价值。2014 年重庆市政府出台了《重庆 PPP 投融资模式改革实施方案》行政法规, 同时推出了 10 个 PPP 项目, 金额高达 1200 亿元。重庆市政府观念的转变是公私合作成功的关键因素之一。因此, 重庆市政府深化行政管理体制改革, 从根本上实现政企分离, 建立 PPP 机制, 将引领西部地区政府与社会资本投资主体的全面合作, 进一步完善市场配置资源的决定性作用和发挥政府作用, 并将其转化为公共项目公私合作的强大动力。

(二)直辖市的特点

重庆市政府在政府行政管理层级上是指隶属于中央政府直接管辖的地方性省级政府, 是西部地区 12 个省级行政区中层级最少、行政效率较高和城市规模最大的城市型政区, 在国家政治、经济、文化生活中居于举足轻重的地位。重庆市东接我国中部地区、通过黄金水道与我国东部长江经济贯通; 在国家"一带一路"倡议中又是连接西部铁路大动脉的起点, 具备承上启下的重要作用。

重庆自成立直辖市以来, 在优惠政策的扶持下, 具备了优越的招商引资环境, 如近几年微电园工业园区和保税港区的建设。此外, 在基础设施建设方面也得到迅速发展, 公路、铁路、轨道交通等的建设在近几年有了很大的发展。另外, 作为直辖市, 市政府直接对下级市辖区、县进行管理。在组织结构上减少了政府层级, 实现政府结构的扁平化; 同时提高了城乡统筹发展的能力及对市辖区、县的财政控制能力，有助于更好地分配和利用公共资源。因此，在公私合作方面，重庆市政府有更大的自主性，同时，由于招商引资的便利拓宽了融资渠道，对于公私合作的发展起到了很大的促进作用。从地域范围来看，与一般省市相比，重庆市与我国香港地区更具可比性，对其经验的参考指导性更强。

　　虽然作为直辖市，在公共项目审批方面有一定的便利，但是就我国整体而言，行政审批普遍存在程序过多的问题，重庆市也不例外。《重庆市政府投资项目管理办法》中指出"市发展改革主管部门负责政府投资项目计划的编制和督促实施，市财政、建设、审计、监察等相关部门按各自职责对政府投资项目进行管理和监督"。因此，基于公私合作发展阶段，从投资计划阶段、项目立项阶段和项目建设阶段对重庆市公共项目政府管理进行梳理，如图 7-10 所示。政府将公共项目管理的权力下放到发展和改革委员会、财政局、审计局、住房和城乡建设等部门，在持续优化与国有资本企业合作的同时，公共项目投资市

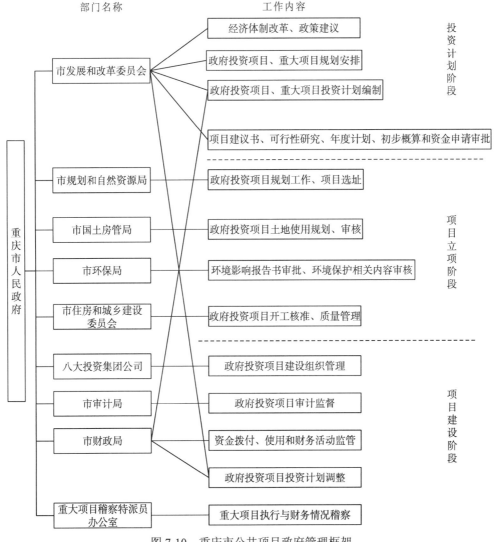

图 7-10　重庆市公共项目政府管理框架

场全面向社会开放，不仅吸收国内资本，更重要的是吸引国外资本的参与；从政府管理角度，目前政府存在着行政职能部门分管公共项目建设的情况，公共项目的管理存在多个责任主体状态，在公共项目公私合作机制上缺乏系统的、统一的、专业化的 PPP 合作机制。因此，政府部门间容易产生寻租的"经济人"现象；同时，存在着社会资本投资主体很难参与公共项目合作的机制障碍，如"与谁合作、怎样合作、如何寻找到政府的 PPP 部门、信息和盖章等"实际问题。由图 7-10 可知，在公共项目建设领域，行政审批的程序仍显得繁杂，无法建立合作关系和繁杂的行政审批程序，使私营企业就像经过了一道"弹簧门"。因此，重庆市政府应依托直辖市的优势，深化政府行政管理改革力度，简化审批程序，为公共项目公私合作创造良好的发展环境。

二、公共项目公私合作指南制定原则

PPP 指南体系既可以具备政府行政机关依法制定的行政法规性，也可能属于政府部门规章。因此，它的制定首先要遵守地方规范性文件制定的原则。依据国际经验，重庆市的 PPP 指南选择基本指南、具体指南及实际工作应用指南和专项指南的理论结构。

（一）理论依据

第一，基于伙伴关系理论，PPP 指南是激励与约束政府和社会资本投资者的伙伴关系；第二，PPP 指南是为实现 PPP 机制目的提供制度化保障；第三，PPP 指南是政府实现公共利益最大化和伙伴价值最大化的保证；第四，PPP 指南是实现"3E+P"的评价规则。

（二）基本原则

依据以上理论指引，构建 PPP 指南体系应遵循以下原则：

1. 规范性原则

政府主体与社会资本投资主体合作不仅是在基础设施领域，还将延伸到涉及公众利益的公益事业领域，因而会面临着各行业、多领域的经济与服务的复杂形式；政府与社会资本主体合作中，政府主体公共项目行政管理结构也涉及政府间、政府部门间的合作伙伴问题，因此，要实现管理职能协同、监管职能加强和市场协调职能创新，政府的机制创新需要走在前面。同时，国有资本、混合所有制资本和国际资本等合作伙伴关系建立也需要进一步明确合作目标、合作原则和市场规则。因此，吸引社会资本从本质上就是创新社会资本结构、协调社会资本关系、建设社会资本方式平台和规范社会关系行为的综合问题。有了 PPP 指南体系，社会主体包括政府和社会资本投资者均按此规范操作，从而保障政府与社会资本投资者完成伙伴关系建立，从而使公私合作关系达到规范化，大大提高了公私合作项目的成功率，并保障 PPP 项目可持续发展，实现社会公众满意的目的。

宪法是国家的根本大法，任何法律、行政法规、地方性法规、自治条例、单行条例和政策指南都必须遵循宪法的基本原则，不能与其相冲突。按照《中华人民共和国立法法》的规定"立法应当从实际出发，适应经济社会发展和全面深化改革的要求，科学合理地规定公民、法人和其他组织的权利与义务、国家机关的权力与责任"。

2. 权威性原则

PPP 指南的制定、发布和实施要通过一定的政府权威机构，这些权威机构是政府以行政法规形式对外公布的，展示政府对全社会的承诺，同时也体现 PPP 指南的权威性、严肃性和国际化。作为地方政府的 PPP 指南，第一，其本质上是政府信誉的展示；第二是法规性；第三是契约性；第四是科学性、规范性和程序性。我们在制定时，首先是基于理论研究成果，即公私合作伙伴关系，明晰政府与社会资本投资主体合作的基本关系；其次是建设 PPP 机制；最后是制定前的调查研究、征求意见、起草草案、草案论证、对指南审核发布以及对指南的后评估等。

3. 公共利益最大化原则

公共利益是指社会发展利益和公众福利利益相结合的复合体。政府与社会资本投资者合作不能停留在原始的含义，即项目融资或为了缓解政府的财政资金不足。让全社会明确，政府与社会资本投资者合作是为了提高公共产品供给和服务的质量，政府部门是公众利益的代表，公众利益始终是工作的第一位。因此，PPP 项目指南需保证 PPP 项目不与公众利益相违背，项目实施过程中不损害公众利益。PPP 项目指南的制定要以公共利益最大化为基本点。

4. 公平与效率原则

政府与社会资本合作能提高公共产品的供给效率，这是国际经验所证明了的。但是有必要明晰其前提条件，即维护市场经济的公平、公开和竞争原则。公平原则是 PPP 指南的灵魂，代表了政府与合作伙伴之间的关系，以及政府对市场伙伴的态度和行为。公平原则是强调政府与市场主体双方合作的行为准则，政府与社会资本的伙伴关系建立在公允、自愿和信息充分的基础之上。政府方面，要求公共资源、合作程序和合作规则公开；社会主体方面，要求公司信息、运营信息和合作关系公开。公开不仅是合作双方之间，更重要的是面向社会公众。因此，PPP 项目指南的制定要以实现合作公平优先、效率促进为基本原则。

5. 发展性原则

我国西部地区的公私合作实践才刚刚起步，理论研究与实践探索也才取得初步的成果，因此，应将理论概括和实践经验总结写入指南中，保持其相对稳定。但随着科学技术进步，经济活动的创新和人们理念的更新，从实践中来，到实践中去，PPP 指南必须与时俱进，进行受益人修改、充实和淘汰，更优化地指导 PPP 实践。

6. 理论与实践相结合性原则

PPP 项目管理是一项涉及社会资本关系范围广且较复杂的工作。从理论上看，它涉及经济学、管理学、工程学和公共管理学及社会学、法学等学科，在理论与实践活动中涉及直接的伙伴关系指引，因而 PPP 指南是指导公私合作实践的依据，同时也是理论与实践相结合的产物。没有先进的理论作为指导，实践活动就会产生偏差，甚至导致合作失败。PPP 项目指南的内容需要针对项目各个方面进行深入研究和详细的规定指引。因此，一方面，政府需要专业化，加强专门人才引进，提升学习、识别、谈判、交易、合作和管理等能力，从而提高公私合作效率；另一方面，在 PPP 项目指南的制定过程中，要全面考虑这些问题，以通俗易懂的方式介绍 PPP 项目管理工作，保证指南具有较强的适用性和可操作性。

三、公共项目公私合作指南框架结构

(一)基本指南

基本指南的全称是"政府与社会资本投资人伙伴关系基本指南",它是 PPP 项目融资指南体系中最核心和最重要的文件,其作用主要表现为两个方面:

第一,是 PPP 项目融资具体指南、实际工作应用指南和专项指南的制定依据。基本指南规范了 PPP 的政府与社会资本投资人伙伴关系的基本概念、基本目标、基本理论依据、基本原则和 PPP 伙伴关系的基本要素、计量原则和基本程序及文本要求等。它也是制定具体指南、实际工作应用规范和专项指南的基础,对各项具体指南的制定起着统驭的作用,可以确保 PPP 项目融资指南体系的一致性。

第二,为 PPP 实践中出现的、具体指南尚未规定的,包括的新模式、新形态和新问题提供实际处理的理论依据,以及经验逻辑指引。由于我国 PPP 尚处于探索阶段,各地经济发展水平差异较大,会不断出现新情况、新问题,具体指南有时会出现滞后的情况,会存在着一些具体指南和应用指南从来没有规范却又必须及时处理的情况,这时就可以根据基本指南的原则性规定和指南精神,依据基本指南的精神去理解与解释,从而保证实际情况处理与伙伴关系基本指南的一致性。因此,政府与社会资本投资人伙伴关系基本指南起到了指引继承与创新相结合的作用。

基于英国、澳大利亚、南非和我国香港地区 PPP 指南的研究成果,总结得出 PPP 伙伴关系基本指南的作用是要解决"PPP 是什么,PPP 项目怎么运行"的问题。从这些问题出发,指南的第一部分就是对 PPP 概念、特征和原则等内容的阐释。

基本指南结构和内容:

(1)PPP 项目的发展情况,包括 PPP 的兴起以及在其他国家和地区的发展和应用情况;

(2)PPP 伙伴关系的定义,明晰政府与社会投资人合作伙伴关系概念、结构、目标、原则及本质;

(3)PPP 伙伴关系的特征和关系要素,归纳各国和地区 PPP 模式的类型,并将 PPP 模式与其他管理模式进行详细比较;

(4)PPP 伙伴关系重要信息及"3E+P"内容,如"经济、效率、效果和伙伴关系价值";重要概念解析,如公共部门、公共利益、社会资本和公众关系等;

(5)PPP 伙伴关系建立的基本流程,这是进入详细技术指导部分的基础。

(二)具体指南及实际工作应用指南

具体指南的全称是"政府与社会资本投资人合作 PPP 项目具体指南",应用指南的全称是"政府与社会资本投资人合作工作应用指南"。它们是对公共项目公私合作客体,即项目按行业、产业的分类和涉及公共项目技术、市场交易、项目融资、客户关系、政府行为和财务关系等通用性、特殊性业务做出的规范。

在借鉴国内外经验的基础上,制定适合我国西部地区的具体指南及实际工作应用指南，如图 7-11 所示。

基本结构和内容包括：

（1）PPP 项目通用指南。主要针对基础设施项目、公用事业项目、公共服务类项目分别制定指南。如基础设施项目中，可分为交通运输类、农林水利类、市场设施类等，交通运输类分为公路、机场、港口、桥梁、轨道交通、通信等。

（2）PPP 项目市场交易指南。主要包括 PPP 合同通用条款和文本、PPP 招投标文件、项目融资指南。

（3）PPP 项目融资政府具体指南。政府公共服务指南、政府监管指南、政府财政指南、政府伙伴关系指南、政府审计指南和政府设立 PPP 机构指南等。

（4）PPP 项目财务关系指南。包括 PPP 项目会计准则、财务信息指南、财务管理指南等。

（5）PPP 项目通用技术指南。包括 PPP 物有所值工作手册、公路项目价格计算标准手册、知识产权工作手册、质量安全工作手册、生态环境质量要求手册等。

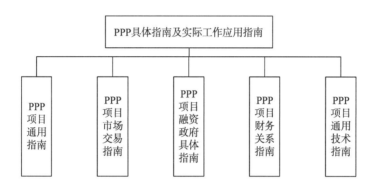

图 7-11　PPP 具体指南及实际工作应用指南体系

（三）专项指南

专项指南的全称是"政府与社会资本投资人合作×××PPP 项目指南"。它主要是依据基本指南规范条款和精神，针对特定项目需要和经营模式需要专门列示的特殊 PPP 指南。同时也包括提供专项案例示范指南和政策规范等。

（1）特殊项目指南。它包括项目模式和经营模式。项目模式主要是类似国家超级工程项目的特许经营、国际间重大合作项目和新型经营模式，根据实际需要颁布。

（2）PPP 案例指南。它主要是通过案例方式给出指引。

四、公共项目公私合作指南具体结构安排

基于 PPP 指南内容分析，结合重庆市建设管理特征，本课题组将重庆市 PPP 指南体系分为四个部分，即 PPP 基本指南、PPP 具体指南、实际工作应用指南和专项指南，并把 PPP 标准合同列为 PPP 具体指南组成部分，如图 7-12 所示。

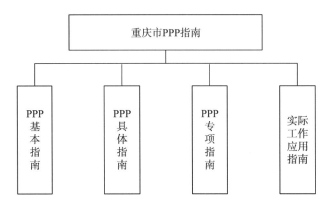

图 7-12　重庆市 PPP 指南体系

（一）PPP 伙伴关系基本指南

以重庆市为例，研究、实践出台的《重庆市人民政府与社会资本投资人合作伙伴关系基本指南》（或称《重庆市 PPP 项目融资伙伴关系基本指南》），其内容包括 PPP 的内涵、特征、原则、类型、结构等重要条款。

（二）PPP 项目具体指南

由于我国公共项目领域涉及交通运输、市政工程、文化体育、环境保护以及医疗卫生等产业或行业，各项目在项目决策、建设和运营阶段具有特定的专业门类、建造技术、运营经济环境、市场消费对象和行业管理要求的差异性，需要针对不同行业的特点出台具体的应用指南，如图 7-13 所示。因此，课题组结合重庆市公共项目基本特征，提出《重庆市人民政府与社会资本投资者合作 PPP 项目具体指南》（或称《重庆市 PPP 项目融资具体指南》），设置 PPP 通用项目指南，每一个通用指南由三部分组成，如图 7-14 所示。

（三）PPP 实际工作应用指南

PPP 项目管理涉及项目识别、财务预算、风险管理以及合同管理等内容，每一部分内容都关系着项目的成败，我国工作人员具有使用实际工作操作手册的传统习惯，对具体的

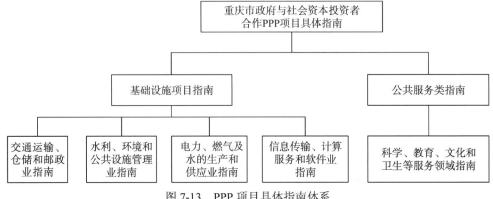

图 7-13　PPP 项目具体指南体系

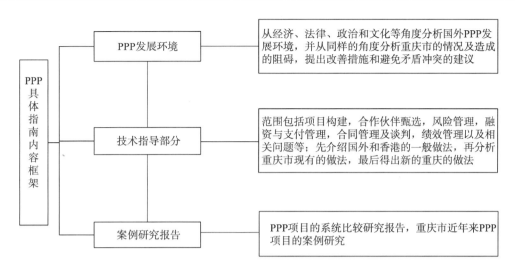

图 7-14　PPP 具体指南结构和内容安排

工作程序、办事程序和管理程序进行制度化与规范化,这是提升运行机制效率的必要条件,因此,提出了制定《重庆市人民政府与社会资本投资者合作 PPP 项目应用指南》的设想。因此,详细的技术、程序和方法应用指南是必要的。在项目识别阶段,政府财政承受能力和公共项目物有所值是关键的指标;PPP 项目合同签订后,公私双方按照合同约定参与公共项目投资、建设与运营活动。PPP 项目涉及产品价格制定、财务支付、风险管理及政府公共服务采购,明晰的应用指引有助于 PPP 项目的可持续经营。PPP 技术应用指南的结构安排如图 7-15 所示。

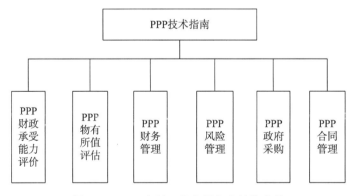

图 7-15　PPP 实际工作应用指南结构安排

(四)专项指南

专项指南的全称是"重庆市人民政府与社会资本投资人合作×××PPP 项目指南"或"重庆市×××PPP 项目融资专项指南"。在技术创新、网络信息化创新和市场经济不断变化的背景下,为适应市场经济模式的创新,特别是适应全球经济形态和国际市场规则创新等新情况、新问题,就特定经济形态、信息化模式和市场规则的项目进行专门研究并制定专门项目指南,以增进新公共项目公私合作的针对性、合作质量和合作效率为目的。

主要结构与内容包括：项目基本情况、公私合作伙伴关系、项目融资产业、行业技术与管理、项目融资公众服务质量评价、项目融资绩效评估、项目生态环境技术与评价等。

本 章 小 结

制定 PPP 指南是我国 PPP 事业发展的必然要求。政府与社会资本投资主体建立伙伴关系、维系伙伴关系和解除伙伴关系，必须尊重法律法规的权威性、严肃性和科学性。本章通过借鉴国内外经验，以重庆市为案例，构建了政府与社会资本投资者伙伴关系的 PPP 指南理论框架结构和基本内容，包括《政府与社会资本投资人合作伙伴关系基本指南》、《政府与社会资本投资人合作 PPP 项目具体指南》及《政府与社会资本投资人合作工作应用指南》等，为我国成立 PPP 促进中心、展开公共项目公私合作伙伴关系工作设置了理论性和实际操作性都较强的示范模式，为政府决策提供了可靠的理论依据。

第八章　研究结论与政策建议

  本书将我国公共项目公私合作(PPP)机制理论方法和运行机制系统研究作为管理科学、工程管理理论与新型公共项目公私伙伴关系管理研究的重要结合点，将规范研究与实证研究、案例研究、方法研究和观念研究及关系治理对策研究相结合，体现了多学科、跨领域与融合性特征，具有鲜明的理论前沿性、现实应用性和实践指导性，为管理学、工程学与社会学的理论融合研究开拓了视野，提供了新的理论基础和研究范式。本研究基于公共项目投资的政府与私人部门、市场与公共项目等形成的四个维度(3E+P)，首次提出了政府与社会资本投资者以公共项目为基础的全生命周期"伙伴关系价值"理论基础系统，分别从管理学、经济学、工程学、社会学和可持续发展五个层次展开对伙伴关系的讨论，最终形成了"伙伴关系—伙伴价值—伙伴机制—伙伴治理和伙伴指南"逻辑框架。

  从伙伴关系理论、委托代理、信息不对称、资本资产价值和社会资本等理论指引方面，分析了政府与社会资本投资者合作存在伙伴关系价值的逻辑脉络，运用工程学、经济学、管理学和计量学特定的手段和方法进行定量测算、估价和计量，运用系统动力学、结构方程等数学工具模拟伙伴价值的指标关系，建立了PPP运行规律的4个准则层、9个子层和47个指标层，构成了PPP政府与社会资本投资者之间、公私合作双方与公众之间和公私合作双方与公共项目之间的伙伴关系验证体系框架。运用伙伴关系和伙伴效率验证结论，提出了公私伙伴关系是主体自我控制的资源或资产组成的，而资源或资产具有价值属性，因而伙伴关系是具有价值的。伙伴关系通过特定的计量方法，实现公私合作在经济、效率、效果和伙伴价值等四个维度的总体目标最优化。首次构筑了伙伴关系的理论结构，即"3E+P"。其效用包括：①辨析PPP项目的属性，即一个项目是否是PPP项目；②创新我国PPP项目绩效评价的标准，即中国及西部特色的"物有所值"原则。因此，中国的公私合作伙伴关系是PPP伙伴机制、伙伴治理、伙伴指南研究和实践的理论基础，是检验公共项目公私合作成功的标准。

  本课题组长期致力于西部地区PPP项目实践的参与、调研与研究。重庆市PPP模式探索走在西部地区各省(自治区、直辖市)的前列，因而我们选择了重庆市三个不同时段的PPP项目典型案例展开梳理与解析，发现政府始终在PPP决策、运行机制和相关PPP政府指导意见等方面表现出有趣的同质现象，即政府处于垄断地位，尚未建立伙伴关系机制。针对显著的问题，从问题导向和确立伙伴价值理论逻辑关系出发，遵循PPP伙伴运动规律，解决前沿性和实用性问题，分别从伙伴型政府组织机构设置、准入与退出机制设置、公共产品定价规制建设与管理、激励因素和激励基本程序等四个角度提出了伙伴价值导向的西部地区公私合作运行机制理论应用路径；同时，借鉴英国和我国香港地区政府PPP

机制体系特点，运用定量模型方法演绎伙伴关系与运行机制的重要因素；提出准入机理是伙伴互认标准和公共服务绩效考核变更伙伴的条件。反之，如果社会投资方达不到服务质量要求将会被约谈，被要求改进或退出；从价格激励角度，政府须考虑社会成本、项目成本和利益之间的辩证关系，综合考虑政府与社会资本投资者目标函数需求与公众利益目标需求存在的价格约束条件。而社会资本投资者提供高效的产品和服务，实现合理回报收益；利益目标是 PPP 运行机制的特征，伙伴激励理论作为政府间、政府部门间和政府与社会投资者间的理解工具，更优于委托-代理和信息不对称理论的解释，虽然伙伴激励并不能单独地成为伙伴运行的工作程序，但在所有伙伴机制运行、政策框架制定和契约的关键节点条款中都能理性地见到，它是构成伙伴型政府科学制定政策、规制、方案、契约和指南的重要参考。

政府与社会资本投资者的伙伴关系可以用"婚姻"的基本关系描述，在这场合作姻缘的维系过程中，必然出现项目风险方式冲突和利益冲突，必须运用政府伙伴治理原理和治理机制实现行政监管、协调监督和协同管理，更重要的是将伙伴关系、伙伴机制、伙伴治理落实在公私伙伴指南中。因此，我们提出了重庆市政府与社会资本投资者伙伴关系指南框架设想，构建了省(自治区、直辖市)PPP 项目伙伴关系指南，以保障 PPP 项目全生命周期伙伴关系的可持续发展。

至此，研究成果对进一步推进 PPP 理论创新、方式创新和实际工作指导具有一定的理论与实践参考价值。希望通过对基础设施和公用事业的研究与实践，对我国 PPP 模式可持续发展起到借鉴作用。

第一节　研究结论

一、公共项目公私合作机制源于伙伴关系本质

从 20 世纪 80 年代初 PPP 项目试点，到 2014 年体系全面推进，我国在"政府与社会资本合作"领域的理论研究与实践经验积累都处于探索阶段。从 PPP 理论角度来说，包括理论基础研究、理论体系研究和理论应用研究；从实践案例出发，表现为经验与教训的特殊性与普遍性归纳和总结。由此可见，潜心探索理论基础与实践规律的融合，成为我国PPP 模式体系建设的指导标准。基础理论就是回答什么是 PPP 模式的本质，政府与社会投资者基于公共项目形成的"伙伴关系"，是建立在法律与规制基础上的统一体，包括机体模式与结构、机制与制度、政策与监管、服务和管理等。我国 PPP 项目的实践尚在探索阶段，虽有部分成果，但权威资料与统计信息不对称，国内学者研究各成学派，理论交流未能规范化和定期化，特别是 PPP 概念研究成果不多，其结论的理论性和适用性不足。因此，科学、准确地解释公共项目公私合作或者政府与社会资本合作概念，由浅入深、简明扼要的PPP 定义是 PPP 基础理论的重点，由于 PPP 概念本质与目标不明确，导致政府与社会资本投资者合作关系各项运行机制交叉、关系混乱，市场交易成本高、谈判时间长，

项目产权不明晰、合作效率低，政府监管与服务的职能错位等，这会严重影响市场合作信心，最终导致市场配置资源的功能弱化，使公共项目提供的服务无法让公众满意，无法实现公共利益最大化。研究认为：公共项目公私合作，本质是构成合作伙伴关系，组成 PPP 命运共同体，以此为本质创新政府与社会资本投资者合作机制，奠定 PPP 研究与实践应用的理论基础。

二、公共项目公私合作机制理论体系与实践应从经济、效率、效果和伙伴关系价值四个维度诠释

公共项目公私合作(PPP)机制是一个涉及多学科，指导理论系统和运行过程复杂的概念，其结构是由以政府与社会资本投资者为核心的主体和公共项目客体组成；在市场配置资源和政府配置资源的运动过程中，遵循伙伴关系准则、项目全生命周期规律，以实现公共利益最大化目标，将伙伴关系转化为伙伴价值，按照经济、效益、效果和伙伴关系四个维度，通过合作伙伴准入与退出、公共产品定价、风险分担与收益分配、合作激励与约束和政府伙伴监管等运动，实现整体社会效益和满足公众福利。因而，政府与社会资本投资者从建立伙伴关系，衡量伙伴价值，伙伴运行机制完成协调、协同和监管全过程，运用 PPP 伙伴规制指南来保障其实现。因此，我们认为，要构建我国 PPP 机制，需要在本书提出的伙伴关系理论体系指导下，借鉴国内外伙伴关系经验与教训，结合我国或地区实际情况，针对特定行业或产业公共项目的经济环境、市场环境、法律环境和社会环境，从宏观与微观角度，可持续地实践公私合作机制。

三、公共项目公私合作机制是伙伴关系运动规律的实现

PPP 伙伴关系是经济价值、经济效率、经济效果和伙伴价值的集合体，它是市场机制和政府作用协同运动的结果。我国社会经济发展进入新常态，公共项目投资领域必须重构市场配置体系和政府管理体系。从市场配置角度看，其决定作用表现在：①PPP 全生命周期运动逻辑；②市场经济公平、竞争和价格的运动规则；③社会诚信和法治的运动原则；④政府与社会投资者伙伴关系的"3E+P"的原则。因此，应构建以科学、系统的激励与约束为基础的公私伙伴的准入与退出机制、定价机制和风险分担机制，为可持续推进伙伴关系、评价政府和社会资本投入的绩效提供公众满意的标准。如伙伴选择的公平与效率、价格的公益性与经济性、政府投入与社会资本投资者投入的效率和效果，以及项目提供的公共服务质量。因此，我们认为，PPP 机制最核心的是弄清楚政府与社会资本投资者全生命周期合作是否在努力促进伙伴关系的最优化，运行机制在政府间、政府与社会资本投资者间和政府与公众间协同关系的效率和效果如何，进而不断地完善、协调和改进 PPP 项目运动机制信息网络。

四、政府伙伴治理能力与治理机制是保障

在整合公私伙伴机制的系统中，政府的主导作用是不可忽视的。这基于公共项目的非营利性、非他性、非竞争性和共同消费性，为其保障机制绩效评价体系的权威性提供了理论依据。目前，我国 PPP 机制是建立在政府行政管理的基础之上的，面临着经济结构转型、政府职能转型的严峻挑战，政府管理目标将从控制管理向伙伴管理转变，从职能模式向伙伴型转变。政府定位建立在伙伴关系之后，表现出多重角色：①行政监管；②协调管理；③协同管理。因而，我们创新了 PPP 项目的政府伙伴治理关系，以监管公共利益的实现、协调合作伙伴价值和协同实现公共项目效益。政府伙伴治理能力是实施伙伴机构建立、改善政府协调与协同信息网络、加强政府公共效益的监管模式。在目前尚未出台国家顶层 PPP 法规体系时，地方政府有责任和能力率先创新地方 PPP 法规，探索新型的公私合作伙伴治理指南，对伙伴关系性质、目标、原则、机构、功能、程序制度、监管、协调和协同等予以详尽规定，明晰界定合作主体决策的权利、职责。因此，我们认为，PPP 机制可持续的核心是创新伙伴型政府的治理体系和提升政府伙伴的治理能力。

第二节　研 究 创 新

一、突破了传统研究成果理论和系统性的局限

将我国的 PPP 理念、模式和机制植根于伙伴关系的理论基本逻辑框架，结合经济学、管理学、工程学和可持续发展四门学科理论，构建了政府与社会投资者伙伴关系概念和伙伴关系理论表达系统，即"伙伴关系—伙伴机制—伙伴治理和伙伴指南"逻辑，形成了我国特色的 PPP 模式伙伴理论研究系统。

二、构建了以伙伴价值为导向的政府伙伴治理机制

本书重塑了政府 PPP 伙伴关系，从伙伴型政府、伙伴机制、伙伴程序和伙伴职能四个角度探索了 PPP 伙伴治理机制，包括政府伙伴监管系统、政府协调系统和政府协同系统，并与社会监督系统相协调，是较为完善的政府伙伴治理管理体系。同时结合国家"一带一路"倡议和各地区区域发展战略，提出了政府区域合作的 PPP 伙伴治理机制，为我国地区 PPP 可持续发展提供了可借鉴的依据和模式。

三、提出了公私合作伙伴关系价值

本书在研究中坚持"洋为中用"和理论与实际相结合的思路，依据理论指导实践的路径，认为我国 PPP 机制一定要有可操作性，必须要落地。在应用国际上 PPP 项目广泛运用的"物有所值"原则的基础上，结合和谐思想，提出了中国的 PPP 项目"物有所值"原则，即在经济性、效率性、效果性的基础上，增进了"伙伴价值"衡量标准，即"3E+P"。本书能以更全面和可持续的观点，展现中国 PPP 机制的本质属性和实用性特征。

四、拓展了公私合作项目中政府监管伙伴的功能

长期以来，在我国公共项目投资、建设和管理的全过程中，政府职能都表现出了财政预算严肃、建设监管有效和后期管理清晰的优势，同时表现出了政府规划、设计、施工、竣工行政管理系统完善，政府投资与采购市场机制、法规制度和监管机构完整等特征。但面临 PPP 伙伴新型模式时，出现了人们意想不到的障碍。我们运用案例分析、国外经验与教训和伙伴理论分析，提出了完善政府监管职能、改进政府协调职能和创新政府协同职能的监管模式及运行机制，具有重要的理论意义。

五、构建了政府和社会资本投资者合作伙伴指南框架

建立 PPP 机制必然伴随着法治化、制度化和规范化的进程。本书在比较各国和各地区 PPP 模式的基础上结合我国 PPP 实践，以指南为前提，以诚信为核心，以机制为实现途径，以监管为保障，设计了具有理论基础性和实用性的《政府与社会资本投资者合作伙伴关系指南》的体系结构，由基本指南、具体指南及实际工作应用指南（手册）和专项指南三部分组成。从而为西部地区建立体系化、规范化和制度化的 PPP 模式提供了可供参考的教案建议。

第三节　研　究　不　足

一、公共项目公私合作机制研究内容

PPP 机制研究具有涉及学科领域多、理论体系交叉、应用方法复杂等特点；公共项目建设实践具有涉及行业或产业庞大、投资类型各异、影响范围大等特征。本书的研究内容包括 PPP 模式合作伙伴机制运动的专题性、全生命周期和关系环境的独特性，以及 PPP 模式在理论与实践上的新颖性、探索性和阶段性。在研究中本课题组遇到了严峻的挑战，本着探求真理和实践修正的原则，从基础理论逻辑出发，抓住关键节点、摒弃次要思路，

对一些机制内容进行了取舍。在次级机制的系统性、操作性和完善性方面，本书的内容还有待持续研究和实践充实。

二、公共项目公私合作机制的实践性

PPP伙伴机制的国际经验证明，机制机理理论的清晰与系统，机制实践的有效与效率一定是经历不断的、长期的探索总结的结晶，呈现出阶段性的特点。据英国学者的总结，中国处于基础起步阶段，德国处于成熟阶段，英国和美国已是经典阶段，而且还在不断进步。PPP的成功与否与以下因素有关：①政府PPP模式意愿、决心和治理机制改革进程；②公共项目资源市场化程度；③法制和规制的完善程度。然而，本书仅从西部实践的案例角度进行分析，这对于探求实践可操作层面的政府伙伴治理机制还存在不足，因而对于伙伴关系，有待后续深入研究。

三、公共项目公私合作机制经验与实验基础数据

本书搜集的案例与经验数据，主要是通过对国外的一手案例进行翻译、参与重庆市PPP项目企业和政府部门的实践调研取得。但由于西部地区社会经济发展的不平衡，公共项目政府与社会资本投资者合作开展程度的差异明显，政府缺乏权威性的PPP统计年鉴、案例信息披露和社会信息公开渠道。此外，西部地区真正意义（符合国际惯例）上的PPP项目较少，个别处于运营期，有的处于签约期，多数项目尚在可行性研究期。我们在借鉴国际案例、数据信息和文献研究方面做出了最大努力，但在指标的共性、案例的普遍性和数据完备性选择方面还有待进一步探索和商榷，个性化特征指标、案例等需要进一步补充和完善。

第四节　政　策　建　议

一、加强中国公共项目公私合作特色理论研究

中国的PPP理论研究与实践应用始于项目融资，持续于社会主义市场经济体制的深化改革，面临着人民日益增长的美好生活需要与不平衡、不充分的发展之间的矛盾。不平衡、不充分表现为：经济方面，是收入的不平衡，包括地区、城乡收入的不平衡；消费不充分，即消费支出占GDP的比例不足40%，仍然是世界大国中消费支出最低的国家之一，因此难以满足经济增长对消费的需要。在社会公共服务提供方面，主要体现在教育、医疗、社会保障等方面的不平衡和不充分；在教育方面，从教育的经费投入、教育质量和就学机会来看，农村还落后于城市，中西部还落后于东部；在健康和医疗方面，卫生健康资源投入、医疗卫生服务质量普及性和有效程度及健康水平在城乡和地区之间还存在较大差距；

在社会保障方面，中国的社会保障支出占 GDP 的比例以及养老保险覆盖率不够充分，难以满足人民对社会保障的需求以及人口老龄化的需要。因此，政府在公共基础设施、公益事业设施、公共服务设施的服务规模和质量等方面的关注亟待全面提升。

基于这样的事实，我国政府和社会投资者合作模式理论的研究不应局限于公共项目建设投资与融资、风险与利益分配、合作效率和公共服务提供方式等微观问题，还必须扩展到政府与市场、政府与企业、政府与公众以及 PPP 领域的公共治理等宏观问题。虽然与此相关的学科，如经济学、管理学、财政学、公共管理学等都不同程度地阐释了部分相关原理、理论和方法，但都难以满足目前我国 PPP 实践发展的需要。因此，本书从以下几个方面提出了建议：

第一，政府和企业合作是"人"构造项目命运共同体的价值创造模式，是构筑公共项目政企合作伙伴关系的理论基础。一方面，中国特色社会主义理论体系为构筑 PPP 命运共同体和伙伴关系提供了强大的理论支撑；另一方面，西方 PPP 理论体系与我国 PPP 实践环境存在差异性，难以解决中国问题，包括伙伴关系、价值关系、市场环境和合作机制等。因此，应创新性地指导中国特色的政府和社会投资人合作实践的命运共同体理论体系。

第二，政府和企业合作风险管理理论与权责分担实践在西方单边主义、零和博弈理论逻辑及实际运营方面存在重大弊端，导致政企合作关系动荡、项目价值受损和公共价值难以实现。具体包括：政府与社会投资人的价值观存在本质差异；合作关系变为价值策略的博弈；实际风险决策与利益执行的逆向选择；再谈判导致资源浪费和管理效率低下等问题。因此，应重构伙伴政府、政企伙伴关系，构筑政府、企业与公众服务机制的创新理论。

第三，基于中国特色社会主义"人类命运共同体"理论，特别是"金砖伙伴关系"理论，探索中国特色的 PPP 合作伙伴机制关系，基于 PPP 是"人"合作理论，即"共建"、"共赢"、"共享"和"共同"，构筑 PPP 项目全生命周期的经济利益、经济效率、经济效果和伙伴关系价值，即"3E+P"的理论逻辑关系。

第四，基于我国社会制度的优越性，结合我国社会主义经济建设的动态发展阶段，不仅需要从微观上科学分析、厘清和规范 PPP 复杂的交易结构、风险与利益分配关系，还需要从宏观上构建我国 PPP 新型的治理结构，提升政府的治理能力，实现政府与企业、公众等社会主体之间的有效合作机制，促进理论创新、机制创新和制度创新。

二、深化 PPP 项目理论体系与机制实践融合

科学理论是指导实践的正确选择。我国 PPP 理论研究虽取得了一定的研究成果，主要体现在 PPP 概念本质综述研究、准入与退出、风险与收益分担、政府监管和国外政府政策选择等热门领域，同时在 PPP 项目机制、项目定价、项目公众参与和项目治理等应用理论方面也有所推进。但在 PPP 伙伴理论、伙伴机制、伙伴监管和治理及社会资本理论研究领域尚未开展规范性研究。我们应遵循"认识—实践—再认识—再实践"的规律，而不是模仿式研究；把握政府研究与政府、社会资本投资者、市场和公共项目关键要素的紧密联系，方能构筑中国自身的 PPP 模式理论体系，解决实践中的难题。今后需要有理

论突破，方能将之有效运用于实际，深入、系统地研究政府与社会投资者伙伴关系、伙伴机制、伙伴监管和伙伴的政策规制，形成理论基础体系。

三、创新 PPP 政府治理体系与管理机制

回到本书研究开宗明义提出的"公共部门与私人部门基于特定公共项目合作形成的伙伴关系"的基本概念和公共项目的经济性与社会属性，政府作为公共部门的核心主体，必须弄清在 PPP 全生命周期中是越位还是缺位，是否具有效能和效率，公私合作项目是否取得了社会效益，公众是否享受到福利。在研究过程中，由于公共项目合作决策会议信息、谈判信息和相关活动信息难以获取，以及研究学者与政府部门合作的非紧密性，都导致定性与定量分析数据难以采集，因而难以用数据和模型来客观揭示政府部门行为效益和效率的相关性，难以评价政府间、政府部门间的关系以及运行机制绩效水平与管理机制之间结果的一致性。因此，局部的或个体的搜集信息、规范分析和实际的具体方式与措施难免存在研究缺陷，对研究过程同样有制约作用。

四、改进 PPP 理论研究的思考

本书研究的重点是构建我国 PPP 机制的理论体系以及运行管理机制，因而理论研究起点是基于"伙伴关系"及"伙伴价值-伙伴机制-伙伴治理"的研究逻辑框架，试图讨论它们之间的关系，需要进一步进行实际调查并与模型、数据相结合，达到渗透运用。我们希望在 PPP 模式运行机制与 PPP 项目运行机制中去探索它们的相关性，但对这方面的研究明显不足。研究方法上，原有公共项目政府管理机制需要从实践中去跟踪、观察、搜集和测试数据，特别是在如今的网络信息时代，如何运用现代信息技术、管理技术在经济、效益和效果方面试用中国特色的"物有所值"原则和伙伴价值定量研究方法，同样需要从理论观念、理论方法和技术手段上创新，如在伙伴态度、意识和决策方面，心理学和认识学非常重要，这将是今后非常有意义的研究主攻方向。

第五节　结　束　语

"无规矩不成方圆"。传统政府公共项目投资系统和运行机制，促进了我国社会经济的发展和城镇化建设的进步，但同时其制度与机制不能完全适应社会主义市场经济体制，显现出弊端。关于在我国"公共管理学"的研究中是否严格区分"公共部门"和"私人部门"的问题，西方前沿的学术研究也无定论，他们通常也是模糊地划分其结构。公共部门是庞大的管理系统，并随着社会不断创新而变动，其核心是政府，关注着公共利益最大化的目标；私人部门，即市场经济中的公司企业实体，从事着实现自我经济利益目标的活动。这两大类主体围绕着公共项目资源而合作，是因为政府放弃了公共项目资源以前在投资、

建设和运营事务方面某些垄断的政策,突破了政府传统运行机制和管理系统上的阻碍,希望通过公共项目资源投资机制变革去实现基础设施项目资源在经济、效率和效果方面的业绩。因此,PPP 伙伴机制成为保障合作伙伴共同利益目标实现,规范伙伴目标、意愿和行为的规则,成为提升伙伴关系价值的评价标准和检验伙伴合作效率与效果的工具,是公共项目公私合作科学化、系统化和制度化的前沿课题。

公共项目公共部门与私人部门合作形成的伙伴关系是 PPP 模式的本质,是市场经济体制的发展塑造了公私伙伴关系,而非沿用于所有制体制。公共资本与社会资本同时在相同的经济活动合作中出现是经济学、公共管理学和社会资本学理论所证明了的,因而从理论上改善和提高对我国公私伙伴关系认识的系统性,在实践上提升公私伙伴合作价值、协调伙伴关系和伙伴协同发展,对推进我国 PPP 伙伴机制的建设具有指导意义。

政府在公私合作中必须发挥支撑性作用,建议主要从以下途径实现:第一,加强政府在 PPP 模式中法制赋予的监管职责;第二,改进与创新政府伙伴治理机制和治理能力;第三,政府治理与社会治理的有机融合;第四,创新专业与高效的 PPP 伙伴型政府组织机构。只有这样,才能真正实现 PPP 机制建设的可持续发展,才能真正有效地发挥市场作为配置资源的决定性作用。

“公私合作”或“公私合营”概念自中华人民共和国成立之初就存在,然而并非指在公共项目或基础设施领域。

我国 PPP 机制研究可以说才刚刚开始,但“公私合作”和“政府和社会资本合作”似乎已成为管理学、政治学、社会学、经济学和工程管理学等领域的研究热点。这种情况确实为中国特色的 PPP 模式研究与实践提供了丰富的经验及成果。但是在有关中国 PPP 理论与实践的研究中,应该避免几种倾向:第一,将中国的 PPP 本质定义特殊化,忽视对国际惯例或西方已经相对成熟的合作机制理论和计算工具的使用。第二,将西方的公私合作理论和测量方法照搬到中国,忽视中国市场经济体制中混合经济体的真实内涵。第三,对“社会资本”概念的内涵与外延扩大化,忽视对概念的科学定义,脱离了社会学科和公共管理学科对已有概念的科学观点,认为物质资本、信息资本和人力资本等以外的任何组织都称为“社会资本”,这实际上会导致社会资本概念的泛化和滥用。第四,公共项目的政府和企业合作仅以风险管理、责任分配、投资评价理论和测量方法的形式进行,实践中存在着决策的悖论,导致出现零和博弈,与中国的 PPP 是政府人和企业人合作、是命运共同体形成的伙伴关系本质相背离。从这层意义上分析,理论研究学者有必要深入到中国的 PPP 项目实践活动中,发现与归纳公共项目中的政府和企业合作规律,以期有创新理论与实践模式出现。

参 考 文 献

陈耀华. 2006. 采用 BOT 模式建设重庆同兴垃圾焚烧发电厂案例研究[D]. 重庆: 重庆大学.

陈元生. 2004. 九五时期深化投资体制改革的主要任务[J]. 工程咨询, (8): 6-7.

程开明. 2006. 结构方程模型的特点及应用[J]. 统计与决策, (10): 22-25.

程翼. 2005. 政府资源配置职能的理论综述[J]. 经济研究参考, (68): 23-31.

重庆市建设委员会. 2005. 重庆推行政府投资项目代建制管理方式[J]. 中国勘察设计, (2): 23-24.

邓小鹏, 李启明, 汪文雄, 等. 2008. PPP 模式风险分担原则综述及运用[J]. 建筑经济, (9): 32-35.

丁煌. 2000. 公共选择理论的政策失败论及其对我国政府管理的启示[J]. 南京社会科学, (3): 44-49.

丁茂战. 2006. 我国政府投资治理制度改革研究[M]. 北京: 中国经济出版社: 74-76.

丁荣贵. 2008. 提高政府关注项目的治理成熟度[J]. 项目管理技术, (8): 74-76.

杜亚灵. 2008. 基于治理的公共项目管理绩效改善研究[D]. 天津: 天津大学.

杜亚灵, 尹贻林. 2010. 基于治理的代建项目管理绩效改善研究[J]. 北京理工大学学报(社会科学版), 12(6): 19-26.

杜亚灵, 尹贻林. 2011. PPP 项目风险分担研究评述[J]. 建筑经济, (4): 29-34.

杜亚灵, 尹贻林, 严玲. 2008. 公共项目管理绩效改善研究综述[J]. 软科学, 22(4): 72-76.

方福前. 2001. "经济人"范式在公共选择理论中的得失[J]. 经济学家, 1(1): 88-95.

菲吕博腾·E, 佩杰维奇·S. 1991. 产权与经济理论: 近期文献概览[J]. 经济文献杂志, (1): 33-41.

傅强, 彭选华. 2006. 十一五期间我国利用外资总量预测及其对经济增长与产业结构调整影响的分析[J]. 经济与管理研究, (6): 18-20.

高鸿业. 2004. 西方经济学(微观部分)[M]. 3 版. 北京: 中国人民大学出版社: 381.

高旺. 2006. 西方国家公用事业民营化改革的经验及其对我国的启示[J]. 经济社会体制比较, (6): 23-28.

高颖, 张水波, 冯卓. 2014. 不完全合约下 PPP 项目的运营期延长决策机制[J]. 管理科学学报, 17(2): 48-58.

格里·斯托克, 华夏风. 1999. 作为理论的治理: 五个论点[J]. 国际社会科学杂志(中文版), (1): 19-30.

郭有群. 2007. 扩大公共投资, 缓解经济失衡[J]. 商业研究, (11): 150-152.

国家发展和改革委员会, 住房和城乡建设部. 2006. 建设项目经济评价方法与参数[M]. 北京: 中国计划出版社.

何大安. 2003. 投资选择的交易成本: 一个从宏观调控层面的分析[J]. 经济研究, (12): 52-60.

何寿奎. 2010. 基于管理效率的公私合作项目伙伴选择与激励机制[J]. 数学的实践与认识, 40(8): 1-7.

何寿奎, 傅鸿源. 2008. 公共项目公私伙伴关系监管体系与监管途径[J]. 建筑经济, (12): 75-78.

何寿奎, 孙立东. 2010. 公共项目定价机制研究: 基于 PPP 模式的分析[J]. 价格理论与实践, (2): 71-72.

侯丽, 王松江. 2012. 基于收费公路 PPP 项目特许经营权定价影响因素研究[J]. 项目管理技术, 10(2): 26-29.

胡德宝. 2010. 我国自然垄断行业的特殊性及其改革路径[J]. 经济理论与实践, (3): 34-35.

胡丽, 张卫国, 叶晓甦. 2011a. 基于 PPP 模式的城市基础设施融资风险识别研究[J]. 甘肃社会科学, (1): 234-237.

胡丽, 张卫国, 叶晓甦. 2011b. 基于 SHAPELY 修正的 PPP 项目利益分配模型研究[J]. 管理工程学报, 25(2): 149-155.

胡象明. 2001. 关于公共部门的界定与公共管理学的研究范围——兼谈公共管理学与行政管理学的关系[J]. 武汉大学学报(社会科学版), 54(5): 557-562.

黄少安. 1992. 论产权的含义、内容和内部关系[J]. 中国社会科学院研究生院学报, (5): 10-13.

黄顺康. 2005. 论地方政府研究的若干基本问题[J]. 理论月刊, (5): 66-68.

贾国宁, 黄平, 张文炜. 2010. 重庆水务上市模式分析及其对水业市场化改革的启示[J]. 中国给水排水, 26(8): 11-14.

贾康, 孙洁. 2009. 公私伙伴关系(PPP)的概念、起源、特征与功能[J]. 财政研究, (10): 2-10.

简·埃里克·莱恩. 2004. 公共部门: 概念·模型与途径[M]. 3版. 谭功荣, 等译. 北京: 经济科学出版社: 15.

杰弗瑞·布伦南, 詹姆斯·M. 布坎南. 2004. 宪政经济学[M]. 冯克利, 等译. 北京: 中国社会科学出版社: 3-56.

靖继鹏, 张向先, 李北伟. 2007. 信息经济学[M]. 北京: 科学出版社: 126-137.

科斯·R, 阿尔钦·A, 诺斯·D, 等. 1994. 财产权利与制度变迁: 产权学派与新制度经济学派译文集[C]. 上海: 上海人民出版社.

柯永建, 王守清, 陈炳泉. 2009. 私营资本参与基础设施 PPP 项目的政府激励措施[J]. 清华大学学报(自然科学版), 49(9): 1480-1483.

赖丹馨, 费方域. 2010. 公私合作制(PPP)的效率: 一个综述[J]. 经济学家, (7): 97-104.

蓝国彬, 樊炳有. 2010. 我国体育公共服务供给主体及供给方式探析[J]. 首都体育学院学报, 22(2): 27-31.

李殿勋. 2007. 重庆直辖十年: 行政体制改革与政府管理创新[J]. 重庆行政, (2): 14-16.

李公祥, 尹贻林. 2011. 城市基础设施项目 PPP 模式的运作方式选择研究[J]. 北京理工大学学报(社会科学版), 13(1): 50-54.

李国璋, 何江. 2002. 西部大开发, 关键是克服西部的软投入制约[J]. 软科学, (1): 53-55.

李红兵. 2004. 建设项目集成化管理理论与方法研究[D]. 武汉: 武汉理工大学.

李健盛. 2008. 政府公共投资的国际比较及启示[J]. 经济纵横, (6): 91-93.

李景源. 1983. 马克思的主体-客体理论[J]. 哲学研究, (3): 6-13.

李景源, 韩铁城. 1990. 简论主体和客体概念[J]. 哲学研究, (5): 45-47.

李世蓉. 2005. 政府工程建设项目管理中值得注意的几个问题[J]. 建筑经济, (1): 12-15.

李秀辉, 张世英. 2002. PPP: 一种新型的项目融资方式[J]. 中国软科学, (2): 51-54.

李妍, 薛俭. 2015. 城市基础设施公私合作模式中的政府监管机制研究: 基于参与主体之间的博弈分析[J]. 上海经济研究, (5): 72-78.

林衡博, 高延鹏. 2004. 论政府主导型资源配置模式的现实意义[J]. 商场现代化, (10): 40-41.

林建华, 任保平. 2009. 西部大开发战略 10 年绩效评价: 1999—2008[J]. 开发研究, (1): 48-52.

林南. 2005. 社会资本——关于社会结构与行动的理论[M]. 张磊, 译. 上海: 上海人民出版社

刘宝宏. 2001. 信息不对称条件下的消费者行为[J]. 商业经济与管理, (7): 18-21.

刘长翠, 初美. 2011. 政府定价成本指标体系: 框架设计与制定路径[J]. 中国物价, (1): 30-34.

刘国亮. 2002. 政府公共投资与经济增长[J]. 改革, (4): 80-85.

刘军, 富萍萍. 2007. 结构方程模型应用陷阱分析[J]. 数理统计与管理, 27(2): 268-272.

刘尚希, 王宇龙. 2008. 财政政策: 从公共投资到公共消费[J]. 财政与发展, (4): 16-23.

刘诗白. 2010. 政治经济学 [M]. 2版. 成都: 西南财经大学出版社: 220-221.

刘世锦. 2014. 进入增长新常态下的中国经济[J]. 中国发展观察, (4): 17-18.

刘小玄, 赵农. 2007. 论公共部门合理边界的决定经济研究: 兼论混合公共部门的价格形成机制[J]. 经济研究, (3): 45-56.

刘晓斌. 2014. 地方政府公共投资融资困境、债务风险与对策[J]. 宁波大学学报(人文科学版), (1): 97-103.

刘新平, 王守清. 2006. 试论 PPP 项目的风险分配原则和框架[J]. 建筑经济, (2): 59-63.

卢洪友, 卢盛峰, 陈思霞. 2011. 公共品定价机理研究[M]. 北京: 人民出版社: 2.

卢现祥, 朱巧玲. 2012. 新制度经济学[M]. 北京: 北京大学出版社: 157.

罗刚健. 1983. 论主体和客体[J]. 哲学研究, (9): 31-37.

马维野, 池玲燕. 1995. 机制论[J]. 科学学研究, 13(4): 2-7.

毛立攻. 2007. 特许权经营模式下市政工程价格模型研究[D]. 上海: 同济大学.

欧文·E.休斯. 2004. 公共管理导论[M]. 北京: 中国人民大学出版社: 7-9.

欧亚 PPP 联络网 (EU-AsiaPPPNetwork). 2010. 欧亚基础设施建设公私合作案例分析[M]. 王守清, 译. 辽宁: 辽宁科学技术出
    版社.

潘彬, 戚国裕, 鲍良, 等. 2012. 公共投资项目绩效评估研究[M]. 北京: 中国人民大学出版社: 10-11.

裴劲松, 王丹. 2010. PPP 项目在中国的发展应用: 以北京地铁 4 号线运营为例[J]. 经济师, (10): 23-25.

彭为, 陈建国, Cui Q B, 等. 2014. 公私合作项目物有所值评估比较与分析[J]. 软科学, (5): 28-33.

钱学森. 1988. 论系统工程[M]. 长沙: 湖南科学技术出版社: 623.

邱皓政, 林碧芳. 2009. 结构方程的原理与应用[M]. 北京: 中国轻工业出版社: 31-36.

任旭, 刘延平. 2010. 构建政府投资建设项目后评价机制研究[J]. 中国行政管理, (3): 67-69.

任志涛. 2007. 基础设施公私伙伴关系的激励机制[J]. 西安电子科技大学学报 (社会科学版), 17(5): 27-32.

荣泰生. 2009. AMOS 与研究方法[M]. 重庆: 重庆大学出版社.

沙凯逊, 宋涛, 赵锦锴, 等. 2004. 从非对称信息看建设市场的整顿和规范[J]. 建筑经济, (1): 82-85.

沙治慧. 2004. 市场化: 投资体制改革的必由之路[J]. 经济体制改革, (3): 101-102.

盛和太, 王守清, 黄硕. 2011. PPP 项目公司的股权结构及其在某养老项目中的应用[J]. 工程管理学报, 25(4): 288-392.

石莎莎, 常志兵. 2013. 城市基础设施 PPP 项目治理机制的进化博弈和策略研究[J]. 建筑经济, (1): 67-71.

时现. 2003. 关于公共工程投资绩效审计的思考[J]. 审计与经济研究, 18(6): 28-31.

斯蒂芬·范埃弗拉. 2006. 政治学研究方法指南[M]. 陈琪, 译. 北京: 北京大学出版社: 25-28.

汤伟钢, 严玲, 尹贻林. 2006. 公共项目交易中的治理模式研究[J]. 财经问题研究, (7): 71-77.

唐国华. 2008. SITY2000 垃圾焚烧技术及烟气净化工艺在重庆同兴发电项目中的应用[D]. 重庆: 重庆大学.

唐兴伦. 2012. 以改革的精神创新投融资体制机制——重庆投融资模式及其对我区的启示[EB/OL]. http: //www. gzwd. gov.
    cn/art/2012/11/5/art_2445_19624. html.

陶青, 仲伟俊. 2002. 合作伙伴关系中合作程度对其收益的影响研究[J]. 管理工程学报, 16(1): 66-70.

田国强. 2003. 经济机制理论: 信息效率与激励机制设计[J]. 经济学 (季刊), 2(2): 271-308.

汪辉勇. 2008. 公共价值含义[J]. 广东社会科学, (5): 56-61.

汪文雄. 2008. 城市交通基础设施 PPP 项目产品/服务价格模型研究[D]. 南京: 东南大学.

王东波, 宋金波. 2010. 不确定收益下公路 BOT 项目特许期决策方法研究[J]. 预测, 29(2): 58-63.

王明方. 2006. 论机制建设与创新[J]. 江淮, (3): 9-11.

王浦劬. 2012. 论当代中国地方政府的法律定位[J]. 国家行政学院学报, (6): 12-22.

王诗宗. 2009. 治理理论及其中国适用性[M]. 杭州: 浙江大学出版社.

王守清, 柯永建. 2008. 特许经营项目融资[M]. 北京: 清华大学出版社: 6-16.

王先甲, 韩东, 王广民. 2007. 基于可竞争市场理论的输电市场管制机制设计[J]. 系统工程理论与实践, 27(6): 111-116.

王晓州. 2004. 建设项目委托代理关系的经济学分析及激励与约束机制设计[J]. 中国软科学, (6): 77-82.

王雪青, 喻刚, 邴兴国. 2007. PPP 项目融资模式风险分担研究[J]. 软科学, 21(6): 39-42.

王亚娟, 刘益, 张钰. 2014. 关系价值还是关系陷入? ——供应商与客户关系耦合的权变效应研究[J]. 管理评论, 26(2): 165-176.

王艳洁, 郑小贤. 2001. 可持续发展指标体系研究概述[J]. 北京林业大学学报, 23(3): 103-106.

王永齐. 2002. 民间资本介入地方公共产品供给的理论思考[J]. 上海交通大学学报(社科版), (2): 78-82.

王卓甫, 简迎辉. 2006. 工程项目管理模式及其创新[M]. 北京: 中国水利水电出版社: 5-6.

魏后凯, 蔡翼飞. 2009. 西部大开发的成效与展望[J]. 中国发展观察, (10): 32-34.

文健东. 1996. 公共选择学派[M]. 武汉: 武汉出版社: 9-19.

吴建南, 章磊, 阎波, 等. 2009. 公共项目绩效评价指标体系设计研究——基于多维要素框架的应用[J]. 项目管理技术, (4): 13-17.

吴林海, 侯博, 高申荣. 2011. 基于结构方程模型的分散农户农药残留认知与主要影响因素分析[J]. 中国农村经济, (3): 35-48.

吴明隆. 2009. 结构方程模型——Amos 的操作与应用[M]. 重庆: 重庆大学出版社.

吴志成. 2004. 西方治理理论述评[J]. 教学与研究, (6): 60-65.

夏征农, 陈至立. 2009. 辞海[Z]. 6 版. 上海: 上海辞书出版社: 815-1588.

徐飞, 宋波. 2010. 公私合作制(PPP)项目的政府动态激励与监督机制[J]. 中国管理科学, 18(3): 165-173.

亚当·斯密. 2011. 国富论: 第四卷[M].谢宗林, 译. 北京: 中央编译出版社: 792-793.

闫辉, 王要武, 张磊. 2011. 公益性公共建筑节能激励契约设计[J]. 工程管理学报, 25(4): 399-404.

严玲. 2005. 公共项目治理理论与代建制绩效改善研究[D]. 天津: 天津大学.

严兴华, 唐小飞, 李燕晨. 2005. 关系质量和关系类型的组合对关系价值的影响[J]. 统计与决策, (9): 130-132.

杨宇, 谢琳琳, 张远林, 等. 2006. 公共投资建设项目决策中的公众参与机制[J]. 重庆建筑大学学报, 28(2): 107-110.

姚作为. 2005. 关系质量的关键维度——研究述评与模型整合[J]. 科技管理研究, 25(8): 132-135.

叶晓甦, 邓云. 2014. 伙伴关系视角的 PPP 基础设施项目可持续性实现途径研究[J]. 科技管理研究, (12): 189-193.

叶晓甦, 戚海沫. 2015. PPP 项目合作效率关键影响因素研究: 基于控制权视角[J]. 项目管理技术, 13(4): 9-14.

叶晓甦, 徐春梅. 2013. 我国公共项目公私合作(PPP)模式研究述评[J]. 软科学, 27(6): 6-9.

叶晓甦, 杨俊萍. 2012. 基于多目标规划模型的 PPP 项目定价方式研究[J]. 统计与决策, (6): 74-77.

叶晓甦, 张永艳. 2010. 我国 PPP 项目政府监管机制[J]. 建筑经济, (4): 91-95.

叶晓甦, 何雨聪, 吴书霞. 2005. 政府特许项目(BT)融资模式的设计与探索[J]. 管理工程学报, (S1): 224-226.

叶晓甦, 牛元钊, 潘升树. 2011b. 我国城市水务供给行业公私合作体制探索——基于重庆水务集团公私合作案例分析[J].工业技术经济, 31(3): 56-62.

叶晓甦, 吴伟, 吴书霞. 2009. PPP 模式下公共项目融资信息模型的构建探索[J]. 建筑经济, (3): 35-38.

叶晓甦, 易朋成, 吴书霞. 2011a. PPP 项目控制权本质探讨[J]. 科技进步与对策, 28(13): 67-70.

尹贻林, 闫孝砚. 2002. 政府投资项目管理模式研究[M]. 天津: 南开大学出版社: 12.

尹贻林, 卢晶. 2007. 我国公共投资范围研究[J]. 上海经济研究, (10): 11-21.

于长革. 2006. 政府公共投资的经济效应分析[J]. 财经研究, 32(2): 30-41.

于景元, 钱学森. 1992. 关于开放的复杂巨系统的研究[J]. 系统工程理论与实践, (5): 8-12.

于真. 1989. 论机制与机制研究[J]. 社会学研究, (3): 57-62.

余菁. 2004. 案例研究与案例研究方法[J]. 经济管理, (20): 24-29.

俞可平. 2001. 治理和善治: 一种新的政治分析框架[J]. 政治学研究, (9): 40-44.

袁竞峰, 邓小鹏, 李启明, 等. 2007.PPP 模式立法规制及其在我国的应用研究[J]. 建筑经济, (3): 95-99.

袁竞峰, Skibniewski Miroslaw J, 邓小鹏, 等. 2012. 基础设施建设 PPP 项目关键绩效指标识别研究[J]. 重庆大学学报(社会科学版), 18(3): 57-63.

袁竞峰, 王帆, 李启明, 等. 2012. 基础设施 PPP 项目的 VfM 评估方法研究及应用[J]. 现代管理科学, (1): 27-30.

袁丽丽. 2006. 城市土地资源配置的经济学分析[J]. 经济师, (9): 7-8.

约拉姆·巴泽尔. 1997. 产业的经济学分析[M]. 费方域, 段毅才, 钱敏, 译. 上海: 上海人民出版社.

约瑟夫·E.斯蒂格利茨. 2005. 公共部门经济学[M]. 北京: 中国人民大学出版社: 123.

Y.巴泽尔. 1997. 产权的经济学分析[M]. 上海: 上海人民出版社: 2-3.

曾凡军. 2013. 整体性治理分析框架下的公私合作伙伴关系重构[J]. 湖北行政学院学报, (1): 84-89.

曾军平, 杨军昌. 2009. 公共定价分析[M]. 上海: 上海财经大学出版社.

詹建芬. 2005. 公共产品短缺的政府经济学分析[J]. 社会主义研究, (1): 77-80.

詹姆斯·N.罗西瑙. 2010. 没有政府的治理[M]. 张胜军, 刘小林, 译. 江西: 西江人民出版社.

詹遥. 2010. 重庆水务集团 16 日发行 A 股[EB/OL]. 重庆晨报. http://cqcbepaper.cqnews.net/cqcb/html/2010-03/05/content_1120055.htm. 2010-03-05.

张广玲, 武华丽, 余娜. 2006. 关系价值构成维度评述研究[J]. 科技进步与对策, 23(10): 192-195.

张雷宝. 2004. 地方政府公共投资研究[J]. 财政研究, (3): 57-60.

张涛, 于志凌. 2008. 企业持续改进的组织行动模型实证研究[J]. 南开管理评论, 11(6): 94-102.

张维迎. 1996. 所有制、治理结构及委托-代理关系: 兼评崔之元和周其仁的一些观点[J]. 经济研究, (9): 3-15.

张五常. 2000. 经济解释: 张五常经济论文选[M]. 上海: 商务印书馆: 427.

张小航, 杨华. 2013. 创造公共价值: 我国公共体育服务改革的新动向[J]. 天津体育学院学报, 28(2): 151-156.

张小雁. 2005. 公共选择与政府决策行为[J]. 党政论坛, (2): 16-18.

张增国, 贺瞰. 2007. 村级公共物品的供给机制研究——公私合作模式的运行机制分析[J]. 农村经济, (8): 88-91.

张喆, 万迪昉, 贾明. 2008. PPP 三层次定义及契约特征[J]. 软科学, 22(1): 5-8.

张志红. 2013. 地方政府社会管理创新中的伙伴关系研究[J]. 南开学报(哲学社会科学版), (4): 9-12.

张志铭. 2009. 转型中国的法律体系建构[J]. 中国法学, (2): 140-148.

赵成根. 2006. 新公共管理视角的政府管制模式转型分析[J]. 学海, (3): 89-98.

赵鸿雁. 2009. 公共工程投资效益审计若干问题探讨[J]. 审计研究, (1): 20-22.

赵丽, 郭守亭. 2014. 环境不确定状态下关系价值的实现路径[J]. 技术经济, 33(9): 119-124.

赵全厚, 杨元杰, 赵璧, 等. 2011. 地方政府投融资管理模式比较研究[J]. 经济研究参考, (10): 9-18.

赵宇, 李洪波, 张宗益. 2006. 垄断行业的进入博弈及管制绩效评价研究[J]. 系统工程学报, 21(6): 606-611.

《中国建设年鉴》编委会. 2009. 中国建设年鉴(第七篇)[R]. 北京: 中国建筑工业出版社: 633-634.

周达林. 1982. 谈谈反馈控制原理[J]. 江西财经学院学报, (2): 92-93.

朱志刚. 2003. 财政支出绩效评价研究[M]. 北京: 中国财政出版社: 25-26.

Abednego M P, Ogunlana S O. 2006. Good project governance for proper risk allocation in public–private partnerships in Indonesia[J]. International Journal of Project Management, 24(7): 622-634.

Ahmed S A, Ali S M. 2006. People as partners: facilitating people's participation in public-private partnerships for solid waste management[J]. Habitat International, 30(4): 781-796.

Akerlof G. 1970. The market for "lemons": quality uncertainty and the market mechanism[J]. The Quarterly Journal of Economics, 84(3): 488-500.

Akintoye A, Beck M, Hardcastle C. 2003. Public-Private Partnerships: Managing Risks and Opportunities[M]. Oxford, UK: Blackwell Science.

Alchian A, Demsetz H. 1972. Production, information costs and economic organization [J]. American Economic Review, (62): 77-95.

Aschauer D. 1989. Public investment and productivity growth in the group of seven[J]. Economic Perspectives, 13(9): 17-25.

Bai C E, Lu Y, Tao Z G. 2009. Excludable public goods: pricing and social welfare maximization[J]. Economics Letters, 103 (2): 72-74.

Bekker M C, Steyn H. 2007. Defining "project governance" for large capital projects[C]. Windhoek: Africon, 20(2): 1-13.

Bennett A. 1998. Sustainable public/private partnerships for public service delivery[C]// Natural Resources Forum, Oxford, UK: Blackwell Publishing Ltd, 22(3): 193-199.

Besley T, Ghatak M. 2001. Government versus private ownership of public goods[J]. Quarterly Journal of Economics, 116(4): 1343-1372.

Beveridge W. 2000. Social insurance and allied services. 1942 [R]. Bulletin of the World Health Organization , 78 (6) : 847.

Bovaird T. 2004. Public-private partnerships from contested concepts to prevalent practice[J]. International Review of Administrative Science, 70(2): 199-215.

Breton A. 1996. Competitive government: an economic theory of politics and public finance[M]. Cambridge, UK: Cambridge University Press.

Broadbent J, Gill J, Laughlin R. 2003. Evaluating the private finance initiative in the National Health Servic[J]. Accounting, Auditing and Accountability Journal, 3(16): 422-445.

Buchanan J M. 1965. An economic theory of clubs[J]. Economica New Series, 32(125): 1-14.

Cheung E, Chan A P C, Kajewski S. 2012. Factors contributing to successful public private partnership projects: comparing Hong Kong with Australia and the United Kingdom [J]. Journal of Facilities Management, 10(1): 45-58.

Clifton C, Duffield C F. 2006. Improved PFI/PPP service outcomes through the integration of alliance principles[J]. International Journal of Project Management, 24 (7): 573-586.

Coase R H. 1960. The problem of social cost[J]. Journal of Law and Economics, 56(4): 1-13.

Coase R H. 1974. The lighthouse in economics[J]. Journal of Law and Economics, 17(2): 357-376.

Construction Industry Institute. 1991. In Search of Partnering Excellence[M]. The U. S. : Construction Industry Development Agency.

Coulson A. 2008. Value for money in PFI proposals: a commentary on the UK treasury guidelines for public sector comparators[J]. Public Administration, 86(2): 483-498.

Crafts N. 2006. Regulation and productivity performance[J]. Oxford Review of Economic Policy, 22 (2) : 186-202.

Denhardt R B, Denhardt J V. 2000. The new public service: serving rather than steering[J]. Public Administration Review, 60(6): 549-559.

Doh J P, Ramamurti R. 2003. Reassessing risk in developing country infrastructure[J]. Long Range Planning, 36(4): 337-353.

Efficiency Unit. 2008. An Introductory Guide to Public Private Partnerships[S]. The Administration office.

El-Gohary N M, Osman H, El-Diraby T E. 2006. Stakeholder management for public private partnerships[J]. International Journal of Project Management, 24(7): 595-604.

Ellram L M. 1991. Supply chain management: The industrial organization perspective [J]. International Journal of Physical Distribution and Logistics Management, 21(1): 13-22.

Essig M, Batran A. 2005. Public-private partnership-Development of long-term relationships in public procurement in Germany[J].

Journal of Purchasing& Supply Management, 11 (5) : 221-231.

Farquharson E, Encinas J. 2010. Treasury Infrastructure Finance Unit: supporting PPP financing during the global liquidity crisis[EB/OL]. http: //wbi. worldbank. org/wbi/document/uk-treasury-infrastructure-finance-unit-supporting-ppp-financing-during-global. 2010-03-01.

Fischer K, Jungbecker A, Alfen H W. 2006. The emergence of PPP task forces and their influence on project delivery in Germany[J]. International Journal of Project Management, 24 (7) : 539-547.

Fourie F C, Burger P. 2000. An economic analysis and assessment of public-private partnerships (PPPs)[J]. South African Journal of Economics, 68 (4) : 305-316.

Francesconi M, Muthoo A. 2006. Control rights in public-private partnerships[J]. Journal of the European Economic Association, 9 (3) : 551-589.

Gangwar R, Raghuram G. 2015. Framework for structuring public private partnerships in railways[J]. Case Studies Transport Policy, 3 (3) : 295-303.

Gestel N V, Koppenjan J, Schrijver I, et al. 2008. Managing public values in public-private networks: a comparative study of innovative public infrastructure projects[J]. Public Money & Management, 28 (3) : 139-145.

Ghobadian A, O' Regan N, Gallear D. 2004. Public Private Partnerships: Policy and Experience[M]. Basingstoke, UK: Palgrave Macmillan.

Glendinning R. 1988. The concept of value for money[J]. International Journal of Public Sector management, 1 (1) : 42-50.

Grimsey D, Lewis M K. 2005. Are public partnerships value for money? Evaluating alternative approaches and comparing academic and practitioner views[J]. Accounting Forum, 29 (4) : 345-378.

Grossman S, Hart O. 1986. The costs and benefits of ownership: a theory of vertical and lateral integration[J]. Political Economy, 94 (4) : 691-719.

Gsrvin M J . 2010. Enabling development of the transportation public-private partnership market in the United States[J]. Journal of Construction Engineering and Management, 136 (4) : 402-411.

Hambros S G. 1999. Public private partnerships for highways: experience, structure, financing [J]. Applicability and Comparative Assessment, (18) : 32-36.

Haralambides H, Gujar G. 2011. The Indian dry ports sector, pricing policies and opportunities for public-private Partnerships[J]. Research in Transportation Economics, 33 (1) : 51-58.

Hart O. 2003. Incomplete contracts and public ownership: remarks and an application to public private partnership[J]. Economic Journal, 486 (113) : 69-76.

Hart O , Moore J. 1990. Property rights and nature of the firm[J]. Journal of Political Economy, 98 (6) : 1119-1158.

Hayllar M R. 2010. Public-private partnerships in Hong Kong: good governance-the essential missing ingredient?[J]. The Australian Journal of Public Administration, 69 (S1) : 99-119.

Henisz W J. 2006. Governance issues in public private partnerships[J]. International Journal of Project Management, 24 (7) : 537-538.

Hirose K, Fujita M, Takeuchi M, et al . 2003. Transaction costs relational contracting and public private partnerships a case study of UK defense[J]. Journal of Purchasing& Supply Management, 9 (3) : 97-108.

H M Treasury. 2006. Value for money assessment guidance[S]. The Stationery office.

H M Treasury. 2012. Standardisation of PF2 contracts (draft) [S/OL]. http: //www. nationalarchives. gov. uk/doc/-opengovernment-licence/ or write to the Information Policy Team, The National Archives, Kew, London TW9 4DU. 2012-12.

Hodge G A. 2004. Risks in public-private partnerships: shifting, sharing or shirking? [J]. Asia Pacific Journal of Public Administration, 26(2): 155-179.

Hofmeister A, Borcher H. 2004. Public-private partnerships in Switzerland: crossing the bridge with the aid of a new governance approach[J]. International Review of Administrative Sciences, 70 (2): 217-232.

Holtz-Eakin D, Newey W, Rosen H S. 1998. Estimating vector autoregressions with panel data[J]. Econometrica, 56(6): 1371-1395.

Jensen M C. 2000. Value maximization, stakeholder theory, and the corporate objective function[J]. Journal of Applied Corporate Finance, 22(1): 1-19.

Johnstone S , Ackers P, Wilkinson A. 2009. The British partnership phenomenon: a ten year review [J]. Human Resource Management Journal, 19(3) : 260-279.

Jørgensen T B, Bozeman B. 2002. Public values lost? Comparing cases on contracting out from Denmark and the United States[J]. Public Management Review, 4(1): 63-81.

JØrgensen T B, Bozeman B. 2007. Public values: an inventory[J]. Administration & Society, 39(3): 354-381.

Kahn A E. 1970. The Economics of Regulation: Principles and Institutions[M]. New York: John Wiley & Sons.

Kelly G, Mulgan G, Muers S. 2002. Creating public value: an analytical framework for public service reform[R]. London: Cabinet Office, UK government.

Kickert W J, Klijn E H, Koppenjan J. 1999. Managing Complex Networks[M]. Strategies for the Public Sector, London: Sage: 146.

Kranton R E. 1996. The formation of cooperative relationships[J]. Journal of Law, Economics, & Organization, 12(1): 214-233.

Kumaraswamy M M, Anvuur A M. 2008. Selecting sustainable teams for PPP projects[J]. Building and Environment, 43(6): 999-1009.

Kwak Y H, Chih Y Y, Ibbs C W. 2009. Towards a comprehensive understanding of public private partnerships for infrastructure development[J]. California Management Review, 51 (2): 51-78.

Lambert K. 2003. Project governance[J]. World Project Management Week, (27): 45-48.

Li B, Akintoye A, Edwards P J, et al. 2005. Critical success factors for PPP/PFI projects in the UK construction industry[J]. Construction Management and Economics, 23(5): 459-471.

Liaab T H Y. 2012. Public participation in infrastructure and construction projects in China: from an EIA-based to a whole-cycle process[J]. Habitat international, 36(1): 47-56.

Ling T. 2002. Delivering joined-up government in the UK: dimensions, issues and problems[J]. Public Administration, 80(4): 615-642.

Martinez-Lucio M, Stuart M. 2002. Assessing partnership: the prospects for, and challenges of, modernisation[J]. Employee Relations, 24(3): 252-261.

Medda F. 2007. A game theory approach for the allocation of risks in transport public private partnerships[J]. International Journal of Project Management, 23 (3): 213-218.

Mohr J, Spekman R. 1994. Characteristics of partnership success: partnership attributes, communication behavior, and conflict resolution techniques [J]. Strategic Management Journal. 15 (2): 135-152.

Moore M. 1995. Creating Public Value: Strategic Management in Government[M]. Cambridge, MA: Harvard University Press.

More T A. 1999. A functionalist approach to user fees[J]. Journal of Leisure Research, 31 (3): 227-244.

Mu R, de Jong M, Koppenjan J. 2011. The rise and fall of public-private partnerships in China: a path-dependent approach[J]. Journal of Transport Geography, 19 (4): 794-806.

Mun S I, Nakagawa S. 2010. Pricing and investment of cross-border transport infrastructure[J]. Regional Science and Urban Economics, 40 (4): 228-240.

Naoum S. 2003. An overview into the concept of partnering[J]. International Journal of Project Management, 21 (1): 71-76.

New South Wales Treasury. 2006. Working with the government: Guidelines for privately financed projects.

Ng S T, Wong J M W, Wong K K W. 2013. A public private people partnerships (P4) process framework for infrastructure development in Hong Kong[J]. Cities, 31 (2): 370-381.

Nijkamp P, Burch M V, Vindigni G. 2002. A comparative institutionalevaluation of public-private partnerships in Dutch urban land-use andrevitalization projects[J]. Urban Studies, 39 (10): 1865-1880.

Nilsson J E. 1996. Should roads be commercialized? Asymmetric and incomplete modeling of public institutions with a transport sector application[R]. San Jose, CA, Centre for Researchon Transportation and Society Working Paper : 4-16.

Noël M, Brzeski W J. 2005. Mobilizing private finance for local infrastructure in Europe and Central Asia: an alternative public private partnership framework[R]. World Bank Working Paper: 462.

Nunnally J C. 1978. Psychometric Theory[M]. 2nd ed. New York: McGraw-Hill: 261.

O' Flynn J. 2007. From new public management to public value: paradigmatic change and managerial implications[J]. The Australian Journal of Public Administration, 66 (3): 353-366.

Pollitt C. 2003. Joined up government: a survey[J]. Political Studies Review, 1 (1): 34-49.

Ragoobaran T, Whalleye J, Harle D. 2011. Public and private intervention for next-generation access deployment: possibilities for three European countries[J]. Telecommunications Policy, 35 (9-10): 827-841.

Reynaers A M. 2014. Public values in public-private partnerships[J]. Public Administration Review, 74 (1): 41-50.

Runde J, Offutt J P, Selinger S D, et al. 2010. Infrastructure public-private partnerships re-defined: an increased emphasis on "partnerships" [J]. Journal of Applied Corporate Finance, 22 (2): 69-73.

Samuelson P. 1954. The pure theory of public expenditure[J]. Review of Economics and Statistics, 36 (4): 388-389.

Schaller B. 2010. New York City's congestion pricing experience and implications for road pricing acceptance in the United States[J]. Transport Policy, 17 (4): 266-273.

Scharle P. 2002. Public-private partnership (PPP) as a Social Game[J]. Innovation, 15 (3): 227-252.

Siegel S, Castellan N J. 1988. Non-parametric statistics for the behavioral sciences[M].New York: McGraw-Hill, Inc.

Spackman M. 2002. Public–private partnerships: lessons from the British approach[J]. Economic Systems, 26 (3): 283-301.

Stoker G. 2006. Public value management: a new narrative for networked governance?[J]. American Review of Public Administration, 36 (1): 41-57.

Tang L. 2011. Effective and efficient briefing in public private partnership projects in the construction industry[D]. Hong Kong: The Hong Kong Polytechnic University of Department of Building and Real Estate.

Tuerner J R. 2006. Towards a theory of project management: the nature of the project governance and project management[J]. International Journal of Project Management, 24 (4): 93-95.

Vokurka R J. 1998. Supply partnership: a case study[J]. Production and Inventory Management, 39 (1): 30-35.

Walker B C. 2000. Privatization: sell out[R] . The Australina Experience.

Walker H, Brammer S. 2009. Sustainable procurement in the United Kingdom public sector[J]. Supply Chain Management: An International Journal, 14 (2): 128-137.

Weihe G. 2008. Public-Private Partnerships and Public-Private Value Trade-Offs[J]. Public Money & Management, 28 (3): 153-158.

Weisbrod B A. 1974. Toward a theory of the voluntary non-profit sector in three-sector economy[A]. E S Phelps. Altruism Morality and Economic Theory[C]. New York: Russell Sage Foundation, 171-195.

Wilson D T, Jantrania S. 1994. Understanding the value of a relationship[J]. Asia-Australia Marketing Journal, 2 (1): 54-66.

Xu Y L, Sun C S, Skibniewski M J , et al. 2012. System Dynamics (SD) based concession pricing model for PPP highway projects[J]. International Journal of Project Management, 30 (2): 240-251.

Yi L, Wang H. 2013. Analysis of construction of large infrastructure projects based on PPP mode through cooperative game[C]. Proceedings of 20th International Conference on Industrial Engineering and Engineering Management, DOI 10. 1007/978-3-642-40072-8_39.

Yin R K. 2003. Case Study Research: Design and Methods[M]. 5nd ed. Newbury Park: Sage Publications.

Zhang W R, Wang S Q, Tiong R L K, et al. 1998. Risk management of Shanghai's privately financed Yan an Donglu tunnels[J]. Eng Construct Architect Manage, 5 (4): 399-409.

Zhang X Q. 2005. Critical success factors for public-private partnerships in infrastructure development[J]. Journal of Construction Engineering and Management, 131 (1): 3-14.

Zheng J, Roehrich J K, Lewis M A. 2008. The dynamics of contractual and relational governance: Evidence from long-term public-private procurement arrangements[J]. Journal of Purchasing & Supply Management, 14 (1): 43-54.

附录 1 国家自然科学基金及社会科学基金资助项目清单

（一）与 PPP 相关的国家自然科学基金资助项目（2000~2015 年）

年份	项目名称
2015	PPP 项目的控制权配置研究
2015	不对称 PPP 模式的风暴潮灾害保险合作机制研究
2015	基于赤水河流域生态补偿的 PPP 模式选择及风险分担机制研究
2015	水务特许经营项目重新谈判影响因素研究及契约优化设计
2015	PPP 项目争端谈判及其治理机制研究
2015	PPP 项目多利益主体承诺升级机理与控制研究
2015	基于激励性管制的 PPP 污水处理项目服务价格调整机制研究
2015	全生命周期视角下 PPP 项目的契约设计与优化研究
2014	PPP 项目特许经营合同再谈判与补偿机制研究
2014	BOT 项目超额收入分配及补贴决策模型研究
2014	PPP 项目社会风险的机理分析、动态评估与综合治理研究
2014	以系统绩效为导向的农村公共卫生服务公私合作机制研究
2014	基于公私合作的工程担保市场治理模式创新研究
2014	公私合营(PPP)垃圾焚烧发电项目垃圾处理费的计算、优化与调整研究
2013	城市公用事业特许经营权竞标机制分类设计与管制政策研究
2013	PPP 项目中信任的动态演化机理研究：基于政府部门的视角
2012	需求不确定条件下收费道路 BOT 项目柔性合同研究
2012	特许经营合约中的准租金挤占和治理研究——以 4S 特许汽车经营合约为例
2012	BOT 项目提前终止补偿决策模型与应用研究
2012	基于员工视角的公私部门合作(PPP)中企业动机对社会福利及其绩效的影响研究
2012	国际 PPP 项目的融资效率研究
2012	契约视角下 PPP 项目"合作困境"解决机制研究
2012	基于实物期权的我国公共租赁房 PPP 融资定价模型及政策研究
2011	国际 PPP 项目合约治理研究
2011	社区特许经营视角下的自然遗产地旅游开发造血式生态补偿模式研究——以香格里拉普达措国家公园为例
2011	基于风险分析的 PPP 水项目特许定价及其机制研究
2011	基于 VFM 视角的公共基础设施项目 PPP 模式选择模型及应用研究
2010	不确定环境下 BOT 项目特许经营者选择研究
2010	具有收益约束的 BOT 项目特许价格与特许期联动调整模型研究

续表

年份	项目名称
2010	基础设施 PPP 项目残值风险动态预测与监控方法研究
2009	公私部门合作(PPP)模式下契约设计对合作效率的影响研究
2009	基于实物期权理论的我国 PPP/PFI 项目风险管理研究
2008	我国公共项目公私合作的范式选择与财政补偿机制研究
2007	不确定条件下的 BOT 项目特许期决策模型及应用研究
2007	中国 PPP 项目风险公平分担机制研究
2006	西部城市 PPP 项目融资风险控制模式研究
2005	基于风险分担的 BOT 项目特许定价模型研究
2004	PPP/BOT 项目财务评价方法的改进和风险分析方法的应用
2001	政府公共项目建设的制度创新研究——私人主动融资 PFI
2000	交通道路 BOT 投资决策问题的研究

资料来源：国家自然科学基金委员会网站，http://isisn.nsfc.gov.cn/egrantindex/funcindex/prjsearch-list.

(二)与 PPP 相关的国家社会科学基金资助项目(2002~2015 年)

年份	项目名称
2015	政府与社会资本合作(PPP)模式立法研究
2015	公私合作开展环境治理的模式创新与法律保障研究
2015	我国公租房建设公私合作的运行机制与契约治理研究
2015	PPP 模式的民生基础设施建设问题研究
2015	新常态下矿业"或有环境负债"PPP 模式治理机理研究
2015	公私合作特许经营项目全生命周期财政风险监管技术研究
2015	市场决定性作用下 PPP 项目协同监管模式研究
2015	公私合作开展农村环境综合治理的模式创新与法律保障研究
2015	公用事业公私合作中垄断问题的法律规制研究
2014	PPP(公私合作伙伴)中财政资金引导私人资本机制创新研究
2014	基础设施领域财政支持公私合作伙伴(PPP)机制创新
2014	政府购买公共服务公私伙伴关系 PPP 模式研究
2014	契约治理视阈下我国大型体育场馆公私合作研究
2013	政府信息资源开发中的公私合作研究
2013	基础设施产业特许经营合约中的政府承诺问题及其治理研究
2013	我国城镇准经营性基础设施项目公私合作机制研究
2013	特许经营酒店网络的绩效评价与治理策略研究
2012	行政法视野下的公私合作治理研究
2010	西部地区公共项目公私合作机制研究
2009	我国教育领域的"公私合作伙伴关系"研究
2008	当前我国城市公用事业的公私合作改革与政府监管-基于公共管理的研究
2008	BOT 模式在污水处理项目中的应用及相关法律问题
2002	BOT 法律问题研究

资料来源：全国哲学社会科学规划办公室网站，http://fz.people.com.cn/skygb/sk/.

附录2 关于“西部地区公共项目公私合作机制研究”的调查问卷

研究对象说明：

公共项目：由国家政府、事业机构等从事的为社会大众提供公共设施或服务的产品。例如体育场馆、市政公用设施、博物馆、公路交通项目等。

公共项目公私合作：公共和私人部门为提供公共产品或服务，实现特定公共产品的公共效益而建立的项目全生命期合作关系（PPP、BOT、BT、ABS 等模式）。

请针对下面的问题，在各问题的备选答案中选出您认为正确或者最合适的答案。如果您认为备选答案中未能包括您的意见，您可以在备选答案后填写出您的意见。

第一部分 专家基本资料

1.您所在的省市：_____

2.您所在工作单位的性质： （ ）

A.政府部门　　B.国有企业　　　C.民营企业　　　D.科研机构　　　E.其他____

3.您在建设及相关领域工作的时间： （ ）

A.1～5 年　　　B.6～10 年　　　C.11～15 年　　　D.16～20 年　　　E.20 年以上

4.公共项目公私合作过程分为五个阶段，请您判断参与主体在不同阶段对合作效率的影响。

0＝不能介入　　1＝参与　　　2＝参与并提出意见　　3＝参与决策　　4＝具有否决权

参与方＼阶段划分	项目立项	招标投标	项目实施	项目运营	项目移交
政府部门	[　]	[　]	[　]	[　]	[　]
企业(私有)投资人	[　]	[　]	[　]	[　]	[　]
公众及专家	[　]	[　]	[　]	[　]	[　]

5.您认为目前我国公共项目公私合作存在的主要障碍有(多项选择)：

□市场准入机制　　　　　□激励机制　　　　　　　　□定价机制

□政府监管机制　　　　　□风险分担与利益分配机制　　□其他_____

6.您认为公共项目公私合作的法律依据是(多项选择)：

□国家层面的一般法律法规　　　　　　□地方层面的一般法律法规

□国家层面的公私合作法律法规　　　　□地方政府公私合作法律法规

第二部分 公共项目公私合作影响因素评估

填表说明：

现实情况：请您评价该因素在实际公共项目中的现实状态(符合程度/高低程度/发生的可能性)。3 分制含义：1——低、2—— 一般、3——高。

影响程度：请您根据您多年的研究与实践经验判断因素对公共项目公私合作效果和效率的影响程度。5 分制含义：1——很低、2——低、3—— 一般、4——高、5——很高。

(1)请您给出公共项目公私合作中合作主体的影响因素。

序号			影响因素	现实状态	影响程度
1-1			具备明确的合作部门	[ ]	[ ]
1-2		政府参与方	政府部门的行政执行力度	[ ]	[ ]
1-3			对项目的合作态度	[ ]	[ ]
1-4			具备清晰的政府合作指南	[ ]	[ ]
1-5			明确的合作项目审批流程	[ ]	[ ]
1-6	合作主体		政府的履约能力	[ ]	[ ]
1-7			企业的履约能力	[ ]	[ ]
1-8		企业参与方	企业的融资能力	[ ]	[ ]
1-9			企业的投资能力	[ ]	[ ]
1-10			企业的社会责任公信力	[ ]	[ ]
1-11			企业的盈利预期	[ ]	[ ]
1-12		公众参与方	公众是 PPP 项目参与主体	[ ]	[ ]
1-13			公众意见对 PPP 科学决策影响	[ ]	[ ]
1-14			公众的支持对合作有效性影响	[ ]	[ ]

(2)请您判断公共项目中合作环境相关的影响因素。

序号			影响因素	现实情况	影响程度
2-1			完备的公私合作法律体系	[ ]	[ ]
2-2			激励的财政、土地和税收政策	[ ]	[ ]
2-3			合理的定价政策	[ ]	[ ]
2-4		政策法律因素	政策的支持度	[ ]	[ ]
2-5	合作环境		特许政策的连续性和稳定性	[ ]	[ ]
2-6			具有规范的招投标制度	[ ]	[ ]
2-7			具有公正的纠纷协调机制	[ ]	[ ]
2-8			适宜的政府财政担保机制	[ ]	[ ]
2-9			合理的风险分担机制	[ ]	[ ]
2-10			有效的退出机制	[ ]	[ ]

续表

序号		影响因素	现实情况	影响程度
2-11	经济因素	物价指数	[　　　]	[　　　]
2-12		利率变动	[　　　]	[　　　]
2-13		汇率变化	[　　　]	[　　　]
2-14		税率或补贴	[　　　]	[　　　]
2-15	社会因素	政府对合作的满意度	[　　　]	[　　　]
2-16		合作各方的信息公开程度	[　　　]	[　　　]
2-17		合作者内部信息的有效沟通和反馈	[　　　]	[　　　]
2-18		公众对公共服务的满意程度	[　　　]	[　　　]
2-19	市场监管因素	政府监管机制	[　　　]	[　　　]
2-20		公众监督机制	[　　　]	[　　　]
2-23		第三方监管机制	[　　　]	[　　　]

（注：最左侧"合作环境"为 2-15 至 2-23 的总分类）

(3) 请您判断公共项目中项目建设与运营相关的影响因素。

序号		影响因素	现实情况	影响程度
3-1	工程建设	项目公司的工程管理能力	[　　　]	[　　　]
3-2		承包商的管理水平	[　　　]	[　　　]
3-3		项目复杂性	[　　　]	[　　　]
3-4		工程风险管理能力	[　　　]	[　　　]
3-5		合同管理能力	[　　　]	[　　　]
3-6	项目运营	政府对公共产品收入的分配权	[　　　]	[　　　]
3-7		运营商的运营能力	[　　　]	[　　　]
3-8		运营商的运营成本	[　　　]	[　　　]
3-9		项目运营财务风险	[　　　]	[　　　]
3-10		合理的价格协调机制	[　　　]	[　　　]
3-11		项目的可持续运营	[　　　]	[　　　]
3-12		政府收购的政策和条件	[　　　]	[　　　]

（注：最左侧"项目建设与运营"为 3-1 至 3-12 的总分类）

(4) 若您认为尚有其他因素对于公共项目公私合作的效率和效果有重大影响请在下表中列出：

序号	影响因素	发生情况	影响程度
1	＿＿＿＿＿＿＿	[　　　]	[　　　]
2	＿＿＿＿＿＿＿	[　　　]	[　　　]
3	＿＿＿＿＿＿＿	[　　　]	[　　　]
4	＿＿＿＿＿＿＿	[　　　]	[　　　]
5	＿＿＿＿＿＿＿	[　　　]	[　　　]

(5) 您对公共项目公私合作的建议和看法：